철학을 다시 쓴다

있음과 없음에서 함과 됨까지

철학을 다시 쓴다

윤구병 글

있음과 없음에서 함과 됨까지

보리

살아 계셨을 때나 돌아가시고 난 뒤에나
쉰 해 가까이 '존재론'의 진창 속에서 '참'과 '거짓',
'좋음'과 '나쁨'도 제대로 가리지 못하고 허둥대면서
'할' 짓 제껴 두고 못 '된' 짓만 일삼는 못난 제자 노는 꼴
죽 지켜보신 박홍규 선생님께 이 책을 바친다.
'자네, 또 거짓말하고 있네!' 하고 꾸짖으실
선생님의 목소리가 귀에 쟁쟁하다. 능청스럽게 딴전을 펴야지.
'입만 벌리면 저도 모르게 거짓말이 술술 나와요. 헤헤.'

《있음과 없음》을 펴낸 지 거의 십 년이 가깝습니다.

왜 존재와 무가 아니고 있음과 없음이냐고 묻는 이들이 있었습니다. 그때마다 제가 되물었습니다.

"지난 한 달 동안 존재나 무라는 말 몇 번이나 써 보셨어요?"

대답이 없습니다. 또 물었습니다.

"있다, 없다, 이다, 아니다라는 말을 안 쓰고 단 오 분이라도 말을 이어 갈 수 있습니까?"

고개를 흔듭니다.

"진리가 무엇이냐, 허위가 무엇이냐 물을 때 쉽게 대답이 나오던가요?"

아니랍니다. 계속 물어봤습니다.

"우리는 묻고 대답할 때 '참'과 '거짓'을 말로 가리는데 어떤 때 참말이라고 하고 어떤 때 거짓말이라고 하지요?"

"그야 쉽죠. 있는 것을 있다고 하고 없는 것을 없다고 하는 것, (무엇)인 것을 이라고 하고 (무엇이) 아닌 것을 아니라고 하는 게 참말이고, 있는 것을 없다고 하거나 없는 것을 있다고 하는 것, 인 것을 아니라고, 아닌 것을 이라고 하면 거짓말이죠."

이번에는 쉽게 대답합니다. 그렇습니다. 바른 말로 묻지 않으면 바로 대꾸할 수 없습니다. 세 살배기 어린애도 쓰고, 까막눈인 시골 어르신도 알아듣는 우리 말로 서로 주고받을 수 있다면, 참과 거짓은 또렷이 드러납니다.

"한 걸음 더 들어가서 선이란 무엇이냐, 악이란 무엇이냐고 물을 때 말문이 막히지 않던가요?"

고개를 끄덕입니다.

"힘 있는 사람들이 힘센 나라에서 들여온 어려운 말을 쓰지 않고, 누구나 주고받을 수 있는 쉬운 우리 말로 다시 묻겠습니다. 어떤 때 우리는 좋다고 하고 어떤 때 나쁘다고 하지요?"

"있을 것이 있고, 없을 것이 없는 게 좋은 거고, 없을 것이 있거나, 있을 것이 없으면 나쁜 게 아닌가요?"

이번에도 대답이 시원합니다.

이렇게 참과 거짓이 쉽게 가려지고, 좋음과 나쁨이 뚜렷이 드러나면, 우리는 그때 비로소 '참 세상'과 '좋은 앞날'을 꿈꿀 수 있습니다. 이 거짓 세상을 바꾸어 좋은 세상 만들 수 있습니다. '억압' '착취' '탐욕' '전쟁' '증오' '이기심'은 모두 있는 놈들이 더 많이 가지려고 '힘센 나라'에서 들여

온 몹쓸 것, 몹쓸 짓, 없을 것들이고, 없애야 할 것들입니다.

이른바 '지배계급' 은 '언어의 폭력' 을 '제도화' 해서 '이데올로기적인 국가 기구' 를 만들어 내는데, 이 일에 부림을 받는 이들은 '인문학' 을 앞세우는 '지식인' 들이기 십상입니다.

우리는 이 사람들을 '식민지 지식인' 들이라고 부르는데, 이이들은 열에 아홉이 '폭력적인 국가 기구' 의 앞잡이들입니다. 말로는 '민주화' 를 부르 짖어도, 이이들이 입 밖에 내는 말들을 들으면 '아니올시다.' 세 살배기, 다섯 살배기도 알아들을 수 있는 말로 참과 거짓, 좋음과 나쁨을 가려낼 수 없는 이들이 어떻게 바른 생각을 일깨울 수 있고, 거짓에 맞서 좋은 앞날을 가꿀 올곧은 뜻을 세울 수 있겠습니까?

그리스 사람들은 그리스 말로 '철학' 을 했습니다. 그리스 '철학' 에서 가장 앞세우는 '철학자' 소크라테스는 장터에서 주고받는 말로 옳고 그름, 좋고 나쁨을 가렸습니다.

'철학' 이 대학 울타리 안에 갇히면서 말이 어려워지기는 했으나 그래도 아직 불란서 사람은 불란서 말로, 독일 사람은 독일 말로, 영미 사람들은 영어로 '철학' 을 합니다. 모두 제 나라 말로 글을 씁니다.

글보다는 말이 먼저입니다. 따라서 우리 말이 우리 글에 앞섭니다.

'말' 은 입에서 나와 귀로 들어가는, 뜻을 담은 '소리' 입니다. '말소리' 에는 '뜻' 만 아니라 '느낌' 도 담겨 있습니다. '말소리' 의 숲으로 들어가는 길은 어린애들의 놀이마당을 거칩니다. 재잘재잘 물이 흐르고 쫑알쫑알 산새들이 웁니다. 깡충깡충 토끼가 뛰고, 머루 알이 조롱조롱 달려 있습니다. 얼룩 바지를 입은 새끼 멧돼지들이 옹기종기 모여 호비작호비작 흙을 팝니다. 온갖 소리 흉내, 짓 흉내가 숲을 흔들고 바람에 말 씨앗을 날립니다.

누리는 누르고, 풀은 푸릅니다. 물은 맑고, 불은 밝고, 바람은 붑니다. 아이들 입에서 나오는 소리는 하나하나 말로 영글고 글이라는 그림으로 모래 위에 그려집니다. 깔깔은 웃음이 되고, 앙앙은 울음이 되고, 억지로 부리는 몸은 몸부림이 되지요.

느낌이 와 닿지 않는 말은 말이 아니고, 그런 말을 글로 옮겨 봤댔자 살아가는 데 도움이 되지 않습니다.

이 책에 담긴 '철학적 내용' 은 어렵습니다. 우리 말로 쓴 대목이 더 어려울 것입니다. 제가 우리 말을 제대로 못 배운 탓입니다. 저는 글을 다듬으면서 제 글이 온통 거짓투성이라는 걸 뼈저리게 느낍니다. 그러나 적어도 이 글은 힘센 나라, 힘 있는 철학자들을 본뜬 흉내 글은 아닙니다.

이 책이 이런 모습으로 선보이게 된 데에는 '연구공간 수유너머'에서 열두 차례에 걸쳐 거짓말 잔치를 벌일 수 있게 주선해 준 고미숙 선생과 선완규 선생, 그리고 어지러운 원고를 매만지고 다시 차례를 정해서 일반 독자들도 읽을 만하게 재편집한 보리출판사 편집부 덕이 큽니다.

살아 계셨을 때나 돌아가시고 난 뒤에나, 쉰 해 가까이 존재론의 진창 속에서 참과 거짓, 좋음과 나쁨도 제대로 가리지 못하고 허둥대면서 '할' 짓 제껴 두고 못 '된' 짓만 일삼는 못난 제자 노는 꼴 죽 지켜보신 박홍규 선생님께 이 책을 바칩니다.

2013년 2월
윤구병

책을 읽기 전에

1부 '좋음'과 '나쁨'에서는

지구 역사에서 '생명의 시간'이 '자연의 시간'과 '인간의 시간'으로 나뉘게 된 과정을 신화와 공동체 역사를 통해 자세하게 설명하고 있습니다.

기독교 창세기와 단군신화를 글쓴이의 독특한 관점으로 해석하고, 그 내용을 바탕으로 최초의 공동체, 농경공동체, 유목공동체, 도시사회가 생겨나게 된 배경과 형성 과정을 알기 쉽게 들려줍니다. '시간적인 경험의 축적'이 지혜의 함수가 된 농경사회와 '공간적인 경험의 확장'이 지혜의 함수가 된 유목사회의 변천사, 그리고 고대 해안 도시사회에서 현대 도시사회에 이르기까지 의사소통 수단이 어떻게 발달했는지에 대한 내용까지 두루 만날 수 있습니다.

이처럼 농민들의 세계, 유목민들의 세계, 도시인들의 세계를 하나하나 풀이하고 견주면서, 인류 역사에서 문자와 지식이 생겨나기 전에 벌어졌던 여러 가지 이야기를 흥미롭게 들려주고 있습니다. '있음과 없음' 그리고 '함과 됨'이라는 철학의 근본 문제에 쉽게 다가갈 수 있도록 길잡이가 되어주는 장입니다.

2부 '있음'과 '없음'에서는

강단 철학에서 흔히 쓰는 '존재(存在)'나 '무(無)'라는 말 대신, '있음'과 '없음'이라는 우리 말로 서양 존재론을 새롭게 해석했습니다. 고대 그리스에서 현대에 이르기까지, 서양 존재론 전통의 맥을 짚어 가면서 '존재'와 '운동'의 문제를 중심에서부터 파고든 내용을 주요하게 담았습니다.

글쓴이는 파르메니데스, 제논, 플라톤, 아리스토텔레스, 플로티노스를 비롯한 여러 서양 고대 철학자들이 펼친 그리스철학의 핵심 개념들을 낱낱이 파헤치고 분석했습니다. 데미우르고스, 이데아, 아페이론(무규정적인 것) 같은 철학 기본 개념들에 대한 치밀한 논증은 기존에 만나기 어려웠던 새로운 존재론의 세계로 안내합니다. 또 헤겔, 베르그송, 마르크스 같은 근대 철학자들의 학설이나 현대 실증과학의 이론들도 '있음'과 '없음'의 관점으로 설명하고 있습니다.

이러한 과정을 거쳐서, '있는 것'이 '없는 것'과 더불어 있기 때문에 현상세계는 모순이 가득하고, 이 모순에 따라 끊임없이 변화와 운동이 생겨난다는 '운동의 생성 원리'를 이끌어 냈습니다. 또한 서양철학사에서 그동안 비껴갔던(외면했던) '없는 것이 있다'는 이론도 밝혀냈습니다.

3부 '함'과 '됨'에서는

'있음과 없음'이라는 존재론 문제가, '현대와 도시'라는 시공간 개념과 연계되면서 '함과 됨'이라는 실천 문제로 이어집니다. 생명의 시간이 인공의 시간으로 바뀐 도시사회에서, 인간 정신의 산물인 여러 법칙들과 연관된 문제들을 모두 '함'과 '됨'이라는 철학 개념으로 풀이하고 있습니다.

글쓴이는 운동의 서로 다른 두 가지 형태인 '함(능동의 힘)'과 '됨(수동의 힘)'은, 온갖 모순이 가득한 이 세상에서 '무엇을 할 것인가?' '어떻게 될 것인가?'를 묻고 실천하는 일이라고 설명합니다. 없을 것이 있고 있을 것이 없는 '나쁜' 세상을, 모든 생명체가 더불어 잘 살아갈 수 있는, 있을 것이 있고 없을 것이 없는 '좋은' 세상으로 만들기 위해서는, '되는' 대로 살 것이 아니라 스스로 주체성을 갖고 반드시 무엇인가 '해야 한다'고 주장합니다. 실천하는 철학자로 살아온, 글쓴이의 삶과 세계에 대한 깊은 통찰과 함께 인류의 미래에 대한 전망까지 두루 만날 수 있는 장입니다.

정리 | 보리출판사 편집부

차례

일러두기

1 이 책은 1993년부터 1997년까지 철학 전문지 〈시대와 철학〉에 '있음과 없음'을 주제로 연재한 글과, 2008년에 〈연구공간 수유너머〉에서 '함과 됨'을 주제로 강의한 내용을 함께 엮은 것입니다. 이 가운데 〈시대와 철학〉에 연재한 글은(108~255쪽, 277~326쪽), 2003년에 출간되었다가 절판된 《있음과 없음》(보리출판사)에 실렸던 글을 다시 담은 것입니다.

2 본문 글자 가운데 다른 색으로 쓴 글씨는 글쓴이가 강조한 것들입니다.

3 본문에 나오는 그리스어, 독일어, 라틴어, 영어, 프랑스어 표기는 다음 규정에 맞췄습니다.

　　ㄱ 우리 말 발음으로 표기한 경우, 소괄호 '( )' 안에 로마자로 표기한 원어를 나란히 적어 놓았습니다.
　　　 보기) 기그노메논(gignomenon), 데미우르고스(demiourgos), 아페이론(apeiron), 힐레(hyle)

　　ㄴ 번역한 말로 표기한 경우, 대괄호 '〔 〕' 안에 로마자로 표기한 원어를 나란히 적어 놓았습니다.
　　　 보기) 같은 것〔tauton〕, 부동의 원동자〔kinoun akineton〕, 정신〔nus〕, 한계〔peras〕

　　ㄷ 사람 이름은 우리 나라 외래어 표기법에 따랐습니다.

1부

'좋음'과 '나쁨'

"있을 것이 있고, 없을 것이 없는 세상이 좋은 세상이고
있을 것이 없고, 없을 것이 있는 세상이 나쁜 세상입니다."

좋음과 나쁨

'primum vivere, deinde philosophari.'

"이게 라틴어죠. 무슨 말입니까? 혹시라도 배운 분?"

"프리뭄 비베레, 데인데 필로소파리."

"예, 무슨 뜻이죠?"

"생이 먼저고, 철학은 나중이다."

"그렇죠! 우선 살고 볼 일이고 철학을 하는 것은 그다음 일이다.(일동 웃음.)"

뭘 해야 살지, 우리 한번 골 싸매고 덤벼 봅시다. 저도 혼자는 못 사니까 살려고 지금 이 짓을 하고 있습니다. 여러분들도 혼자서는 잘 살 수 없는 세상이죠. 그렇지 않습니까? 사람은 스스로 제 앞가림을 해야 살아남을 수 있지만 스스로 제 앞가림을 한다는 게 쉽지 않습니다. 벌이나 개미처럼 여럿이 힘을 합해야 제 앞가림도 할 수 있게 태어난 생명체이기 때문에 더불어 사는 힘을 길러야 합니다.

"더불어 사는 세상, 이것을 뭐라고 부르죠?"

"사회요."

"그렇죠. 사회! 더 흔한 말로 시골 노인들은 '세상살이'라 그러죠. 조금 교육받은 분들, 초등학교 문턱이라도 가 본 사람은 사회라고 그러고, 그것도 안 배운 분들은 다 세상이라고 그럽니다. 그러면 우선 살고 보아야 하는데 제대로 살 수 있으려면, 좋은 세상에서 태어나야 하지 않겠습니까? 아무리 팔뚝에다가 문신 새겨서 '착하게 살자'고 결심해도 소용없지 않습니까? 그렇죠? 요즘에는 또 '바르게 살자'는 말도 나옵니다. 우리가 매사에 참되고 정직해라 이런 얘기를 듣게 되는데 참되고 정직해서 뭐해요?

여러분들 안데르센의 《벌거벗은 임금님》 읽으셨죠? 그 동화에서 임금이 옷을 벗고 나다니는데, '정말 옷 멋있습니다' 하고 어른들이 거짓말을 하는 대목이 나옵니다. 왜 그런 거짓말을 합니까? 살아남으려고 하는 거죠. 임금한테 잘못 보이면 당장 가는 목숨이니까, 살아남으려고 거짓말을 하는 거 아닙니까? 그러면 좋은 세상은 거짓이 발붙이기 힘든 세상, 일부러 거짓말을 하지 않아도 되는 그런 세상, 그래도 살 수 있는 세상, 《벌거벗은 임금님》에 나오는 국민들처럼 알몸으로 돌아다니는 권력자에게 옷이 멋있다고 이야기하지 않아도 살 수 있는 세상, 그게 좋은 세상이겠죠. 실천하고 연관되는 문제이기 때문에 또 여러분들에게 한마디 여쭈어 보겠습니다. 어떤 때 우리는 좋다고 그러고 어떤 때 나쁘다고 합니까?"

"건강, 생명 들에 부합하면 쾌로 느껴지고 그것이 좋은 것인 거 같아요. 죽음, 질병 들에 부합하면 자기 생명이 단축되는 거니까 불쾌감을 느끼게 되고 그것이 결론적으로 나쁨이 되는……."

"좋은 대답을 하셨습니다. 플라톤이 쓴 《대화편》* 가운데 《필레보스》** 편이 있는데, 바로 거기에서 지금 말씀하신 것과 비슷한 내용이 나옵니다. 그 옆에 계시는 남자분, 어떤 때 우리는 좋다고 하고, 어떤 때 우리는 나쁘다고 그러죠?"

"내 마음에 들면 좋고, 마음에 안 들면 나쁘고……."

"그렇죠? 주관 영역으로 들어오게 되면 그 말도 맞는 말이 될 수 있습니다. 벙거지 쓰신 분, 어떤 때 좋다 그러고 어떤 때 나쁘다고 합니까? 자기 개인감정을 객관화시키려고 하지 말고 느끼는 것을 솔직하게 말씀해 보십시오."

"제가 좋으면 좋고 나쁘면 나쁘고."

아, 인간이 왜 이렇게 퇴화하는지 모르겠어요. 점점 머리가 나빠지는 게 무슨 법칙인 거 같아. 우리 동네 할아버지 할머니한테 물어보면 적어도 그렇게 대답은 안 합니다. 제가 연모하는 연상의 여인이 있습니다. 저보다 아홉 살밖에 많지 않습니다. 이제 칠십 대 중반이신데 그 풍천 아주머니한테 제가, "아짐, 어떤 때 우린 좋다 그러고 어떤 때 우린 나쁘다고 그래요?" 하고 물으면 그 풍천 아주머니는 저한테 "철학 교수까지 했다는 게 그것도 몰라? 에이, 있을 것이 있고 없을 것이 없으면 좋은 것이고, 없을 것이 있고 있을 것이 없으면 나쁜 것이제." 하고 딱 부러지게 대답합니다. 이 말 맞아요?

아까 어느 분이 구체로 질병을 예로 들었으니까 이야기해 볼게요.

"우리 몸이 건강하려면 질병은 있을 거예요, 없을 거예요?"

■　　소크라테스가 제자들과 나눈 이야기를 대화체로 담아 낸, 플라톤이 펴낸 책들을 말한다. 《소크라테스의 변명》 《필레보스》 《티마이오스》 들이 있다.
■■　　플라톤의 후기 《대화편》으로 '필레보스'라는 사람 이름을 제목으로 붙인 것이다. 플라톤의 중용 사상과 창조 사상을 엿볼 수 있고, 〈즐거움에 관하여〉라는 부제를 붙일 정도로 즐거움에 대해 집중해서 다루고 있다.

"없을 거요."

"없을 것이죠? 있으면 나쁜 것이죠? 그렇죠? 지금 제가 배가 고픈데 그 릇에 밥이 하나도 없다, 텅 비어 있다 그럴 때는 어때요? 나쁘죠? 있을 것 이 없어서 그런 거죠? 한 걸음 더 나아가 자유, 평등, 평화, 우애, 관용, 이 런 것들은 있어야 할 것입니까 없어야 할 것입니까?"

"있어야 해요."

"그렇죠? 이런 것들이 고루 있어야 좋은 세상이죠? 그다음에 억압, 착 취, 전쟁, 이기심, 탐욕, 이런 것은 어떻습니까?"

"없어야 할 것이요."

"없어야 할 것이죠? 있으면 나쁜 세상이죠. 우리가 좋은 세상을 앞당기 려면 있어야 할 것을 있게 하고 없어야 할 것을 없게 하고 그래야겠죠? 여 기에서 말의 생김새를 눈여겨봅시다. 우리 민족은 대단히 예민한 민족이고 철학하는 데 좋은 머리를 선천적으로 타고났습니다. 여러분들도 일상생활 에서는 그 좋은 머리로 이야기를 잘하는데 갑자기 쉬운 질문을 하면 얼어 붙어 가지고 온갖 어려운 낱말을 다 꾸며 내서 대답을 어렵게 합니다. 자기 확신도 없으면서.(일동 웃음.) 다음 말을 같이 봅시다.

있을 것이 있고 없을 것이 없다. → 좋다.
있을 것이 없고 없을 것이 있다. → 나쁘다.

동의하십니까?"

"예."

"여러분들 전부 나중에 속았다고 투덜대지 마세요. 이 강의 내용은 전부 여러분들 동의를 얻어 진행하고 있습니다. '있을 것이 있고 없을 것이 없다'는 좋다는 말이고, '있을 것이 없거나 없을 것이 있다'는 나쁘다는 말이죠? 그런데 자세히 살펴보세요. 있을 것, 없을 것에서 '을'은 뭡니까?"

"당위요."

"왜 당위가 미래 시제로 표현이 될까요? 독일어로는 졸렌(sollen)이라고 그러죠. 왜 이 당위가, 해야 할 일이 미래 시제로 표현이 될까요? 과거 시제나 현재 시제로 표현이 되지 않고 왜 미래 시제로 표현이 되겠습니까? 미래는 아직 없는 건데 우리는 왜 미래를 두고 이렇게 해야 한다, 저렇게 해서는 안 된다 왈가왈부해야 하죠? 현재에 충실하면 되지. 과거는 이미 없는 거고 미래는 아직 없는 건데."

"곧 올 거니까요."

"올지 안 올지 어떻게 알아요? (일동 웃음.)"

"현재가 나빠서……."

"나쁘다는 말은 함부로 하는 게 아닙니다. 나쁜 것도 질적으로 여러 가지가 있고요. 그러니까 함부로 말해선 안 되고. '당위가 미래 시제로 표현되는 까닭을 200자 원고지 100매로 써내시오' 이러면 이 수강 신청한 분들 가운데서 절반 넘게 떨어져 나갈 것입니다. 그냥 농담입니다. (일동 웃음.)"

베르그송이 쓴 《의식에 직접 주어진 것들에 관한 시론》이라는 책이 있습니다. 우리 말로도 번역이 돼 있고요. 거기에서 나온 말을 들뢰즈가 인용합니다. 우리의 기억(기억, 몽상, 회상, 추억 다 연결이 되는 말이죠.)과 응집, 삶의 에너지가 응집되는 문제, 시간 속에서 우리의 기억, 상상, 추억 이런 것들이 어떻게 이어지는가, 공간 속에서 어떻게 펼쳐지는가, 그리고 그것이 응집되어 우리 삶의 문제를 해결하려고 할 때 모든 과거가 하나로, 현재로 모여 어떻게 미래로 집중되는가를 검토합니다. 들뢰즈가 예를 들면서 한 말 가운데 이런 게 있습니다. 한 면 한 면은 확산이 되면 어디에서는 몽상이 펼쳐지고 어디에서는 추억, 어디에서는 기억, 이렇게 전개되는 단면들이 주르륵 나오는데, 현실에서 부딪히는 삶의 문제를 해결하려고 할 때 이렇게, 저렇게 펼쳐졌던 그 모든 역사성들이 모두 어떻게 하나로 응집이 되는가를 원뿔을 거꾸로 세워 놓는 예를 들어서 설명하는 대목입니다.

제가 여러분 사고 시험을 간단히 또 한 번 하겠습니다. 원뿔이 땅에 바로 서 있다고 생각해 봅시다. 이 원뿔을 횡단면으로 나란히 자른다고 칩시다.

"수학 선생님! 이 도형은 눈에 익으시죠? 이 도형의 단면을 가로로 잘랐을 때 위쪽과 아래쪽이 같습니까, 다릅니까?"

"달라요."

"횡단면으로 잘린 단면은 아랫면과 윗면이 크기가 같습니까, 다릅니까?"

"같아요."

"아랫면과 윗면 크기가 같은 단면들이 주욱 연속이 되면 원기둥이 되는데요?"

"맞아요."

"그런데 이게 원뿔이잖아요."

"미분 정도 차이가 있어요."

"그런 소리 하지 말고요, 미분, 적분 하지 말고요. 다 얼버무리는 소리거든요."

"차이가 있어야 맞는데요. 거의 없어지는……."

"차이가 없으면 원기둥이 될 것이고, 차이가 있으면 계단이 될 것이고,

그렇지 않습니까? 우둘투둘할 것 아닙니까? 아래 것이 크고 위에 것이 작으면 우둘투둘 계단식이 될 거 아닙니까? 무한을 낱낱이 토막 내서 답을 찾자는 게 미분, 적분이잖아요. 무한 그 자체를 있는 그대로 보면, 무한이 뭐예요? 셀 수 없는 거라고 말할 수도 있는데, 헤아릴 수 없는 게 무한이죠. 누가 니 속셈이 뭐냐, 물어봤을 때 우리가 머리 굴려 가지고 딱히 이렇다 저렇다 말할 수 없는 것도 무한의 한 속성입니다. 규정할 수 없는 것, 무규정성 이것도 무한이라고 하니까요. 한정 지을 수 없다는 뜻이니까요.

수학 선생님, 아까 이야기했던 것 빼놓고, 무한에는 수학적으로 두 가지가 있는데 어떤 무한, 어떤 무한이 있습니까?"

"수렴, 발산."

"수렴이란 말도 사실은 이상한 말이기는 합니다. 발산도 수렴도 다 우스운 말인데, 어쨌든 수렴을 내적인 무한이라 그러고, 발산을 외적인 무한이라고 그러죠. 그렇죠? 이것을 베르그송은 거꾸로 뒤집어엎습니다. 공간 축에 놓지 않고 시간 축으로 봅니다. 들뢰즈는 베르그송에 의지해서 여러분들이 좋아하는 온갖 개념들을 그럴싸하게 쫙 정리해 놓았습니다. 그런데 이 도형을 놓고 그리스 철학자 데모크리토스가 같은 문제를 제기했습니다. 그리고 들뢰즈와 꼭 같은 이야기를 했습니다. '이 단면을 자르게 될 때 그것이 같다고 하면 원기둥이 될 것이고 다르다고 하면 울퉁불퉁한 계단이 되어 버릴 것이다.' 그럼 어떻게 해야 돼요? 단면으로 자른 원뿔의 윗면하고 아랫면은 어떻다고 해야 돼요?"

"미세하게 다르다."

"미세하게 다르거나 정밀하게 다르거나 하면 다 계단이 되어 버린다니까요."

"같지도 않고 다르지도 않다."

"그렇지! 바로 같지도 않고 다르지도 않다. 그렇다면 뭐 이지도 않고 아니지도 않고, 이것을 한 단계 더 추상하면 있는 것도 아니고 없는 것도 아닌 것이 된다고 그랬죠?"

귤은 사과와 다릅니다. 왜? 귤은 사과가 아니니까, 귤에 있는 어떤 것이 사과에는 없고 귤에 없는 어떤 것이 사과에는 있으니까. 그렇게 전부 있다, 없다로 수렴이 되죠. 말하자면 원뿔을 단면으로 잘라 놨을 때 우리 눈앞에 드러나는 원은, 크기가 같은 것도 아니고 다른 것도 아니라는 말은, 크기로 볼 때 아래 있는 것이 위에 있는 것이 아니고 위에 있는 것이 아래에 있는 것도 아닌데 그것을 실제로 그렇게 아니라고만 볼 수 없다, 그러니까 '다른 것도 아니고 같은 것도 아니다' '인 것도 아니고 아닌 것도 아니다' '있는 것도 아니고 없는 것도 아니다', 이것이 무규정성이라고 그랬죠. 이렇게 말해도 틀리고 저렇게 말해도 틀린다, 말하자면 불교에서 용수(나가르주나)의 〈중론〉▪처럼 아닐 비(非) 자를 무한히 읊조리는 그런 이상한 이론이 나타납니다.

'뭘 할까' 하는 데서 우리가 왔다갔다할 수밖에 없는 지점이 나타났습니다. 이렇게 할 수도 없고 저렇게 할 수도 없는 지점. 그게 실제로 우리의 존재 조건입니다.

"이럴 때 여러분들은 어떻게 해야 해요? 똑같은 거리에 건초 더미 두 개

▪ 인도 승려 나가르주나(용수는 나가르주나의 한자식 이름.)의 저술이다. 있음과 없음을 초월한 중도(中道)가 불교에서 가장 핵심이 되는 가르침으로서, '생겨나지도 않고 없어지지도 않으며, 이어지지도 않고 끊어지지도 않으며, 같지도 않고 다르지도 않으며, 오지도 않고 가지도 않는 것'이 중도라고 설명하고 있다.

가 있고 반대쪽에 굶주린 당나귀가 있다고 칩시다. 건초 더미가 색깔도 같고 모양도 같고 다 똑같은데, 이 당나귀가 어떤 것을 고를 것이냐……. 이 것은 유명한 딜레마 문제 가운데 하나인데, 안 좋은 결말이 있습니다. 끝이 안 좋은 이야기, 바로, 굶어 죽었다.(일동 웃음.) 뭘 골라야 할지 몰라서 눈만 굴리다가 죽었다는 결말입니다."

"설마요."

"그럼 여러분들은 어떻게 하겠습니까?"

"그냥 아무거나 고르죠."

"그렇지! 일단 저지르고 본다. 그렇죠? 머리 굴리지 않고 저지르고 본다."

도시 사람들은 서로 늘 같이 이야기를 나누다 보면 생각이 비슷해지죠. 그리고 생각이 비슷한 사람끼리 떼거리를 짓죠. 생각이 다르면 실제로 같은 형제라도 천리만리 거리가 느껴지고 등을 돌리면 딱 돌아보지도 않는 경우도 많습니다.

그래서 누가 무슨 말을 하는지 보면 '이 사람 어떤 사람이다' 하고 판단하게 되는데, 촌사람들은 뭐가 닮는지 아세요? 손이 닮습니다. 시골에서는 거짓말 안 통하거든. 24시간 늘 한마을에서 같이 살기 때문에 말과 행동이 달라져 버리면 사람으로 여기지도 않습니다. 말과 행동이 같아야 합니다. 도시에서는 어때요? 말로 살죠. 앞에서 말한 문제를 내는 인간들도 전부 말로 먹고사는 인간들이에요.

"손은 무언가 하는 연장이죠. 손은 도구죠. 제가 하고 있는 게 뭡니까? 놀리는 거죠? 손을 놀리는 거죠? 손발을 놀린다, 손발을 열심히 놀게 한다는 말이 무슨 말이에요? 부지런히 일한다는 거 아닙니까. 그렇죠? 일과 놀이가 둘이 아니에요. 우리가 실천하는 삶을 살 때는 일과 놀이가 둘이 아닙니다. 그런데 머리는 어떻게 해요?"

"굴려요."

"그렇죠! 그러니까 이상한 사이비 교주라든지 조직 운동가라든지 이런 사람들이 도시에서 우글우글 많이 생겨납니다. 왜 그러냐면 도시라는 삶의 공간 자체가 사람으로만 이루어졌고, 사람끼리 모이면 머리 굴려 가지고 다른 사람을 설득하고 설득당하고 그러는 것이 가장 효율적이니까. 그러나 사람과 사람 사이에 놓인 문제를 머리 굴리는 것보다 빨리 해결하는 방법이 있습니다. 뭘까요?"

"주먹이요."

네, 그렇습니다. 법은 멀고 주먹은 가깝다고 그러죠. 주먹이 더 반사적이고 더 파괴적이어서 폭력을 쓰는데, 그 형태는 뭐죠? 칼을 든다, 총을 든다……. 이런 것들이겠죠. 우리가 무엇을 하려면 맨몸으로만 하기 힘드니까 연장을 써서 하게 됩니다. 그런데 연장에는 크게 두 가지 종류가 있습니다. 사람과 사람 사이의 문제를 해결하는 데 쓰이는 연장이 있고, 사람과 자연의 문제를 해결하는 데 쓰이는 연장이 있습니다. 사람과 사람 사이의 문제를 해결하기 위한 연장은 칼이고 총이고 대포고 원자탄이고, 이런 것들입니다. 그 연장으로 빨리, 효율적으로 사람과 사람의 문제를 해결합니다. 낫이나 호미나 괭이 같은 것은 사람과 자연 사이의 문제를 해결하는 연장입니다. 그러니까 대장간에 가서 같은 '연장'이라는 이름을 가진 어떤 것을 벼리더라도 농사꾼이 대장간을 찾는 거하고 장군이나 영토를 확장하려는 욕심을 지닌 통치자가 대장간을 찾는 거하고는 서로 다릅니다. 실제로 그리스 사회에서 대장간은 굉장히 큰 역할을 합니다. 대장간이 큰 역할을 한다는 건 무엇이냐면, 전쟁이 역사의 전면에 드러난다는 말입니다. 청동기시대부터 철기시대를 거쳐 오늘날에 이르기까지, 우리가 역사시대를 '구석기—신석기—청동기—철기시대' 이렇게 나눈 것은 사실 사람과 자연의 문제를 해결하기 위한 도구의 발달 역사에 따른 것이 아닙니다. 이것은 사람과 사람의 문제를 해결하기 위한 무기의 역사입니다. 무기 재료로 역사시대를 가른 겁니다.

시대의 흐름에 따라 사람과 사람의 문제를 해결하는 다양한 양식이 나타나는데, 그 양식이 나타나는 사회 경제적인 배경과 그 배경을 이루는 저마다 다른 공동체의 형성 과정에 대해서는 다음 시간에 이야기하겠습니다.

공동체 형성 과정

　공동체는 크게 세 유형으로 나눌 수 있습니다. 우리가 '사회'라고 할 때 큰 틀에서 공동체를 가리키지 않습니까? 그러니까 농경사회, 유목사회, 도시사회처럼 말이죠. 여기서 도시사회도 특성에 따라 두 가지로 갈라질 수 있죠. 서구 마르크시스트들이 따로 구별하는 아시아적 전제▪가 이루어지는 도시사회와 지중해 연안에 장사를 하는 사람들이 모여서 이룬 해안 도시사회. 둘은 성격이 다르죠. 농경사회와 유목사회는 어디에서나 크게 다르지 않고 비슷한 측면이 드러납니다. 저번 시간에 제가 최초로 공동체를 형성하고 산 사람들은 여자들이었다고 말씀드린 적 있나요? 충분히 설명을 안 했나요? 그러면, 지금부터 여러분들이 듣는 것은 전혀 객관적인 근거도 없고 누가 책으로 쓴 바도 없는, 제 상상과 몽상, 때로는 망상까지 곁들여진 이야기라고 여기고, 열심히 한 귀로 듣고 한 귀로 흘리기 바랍니다.

▪　오랫동안 동양 여러 나라에서 이루어졌던, 수장(首長)이 절대 지배권을 가지고 다스리는 정치 형태를 말한다. 서양을 자유로운 문명사회로, 아시아를 미개한 노예사회로 여긴 서구의 전통 관점에서 생긴 말이다.

어쩌다가 머릿속에 남는 것이 있으면 담아 두셔도 되고요.

저희 집안 이야기이기도 한데(제 아들에 따르면 저는 사람보다 오랑우탄에 더 가깝다고 하니까.) 저희 집안 사정과 곁들여서 이야기를 풀어 볼까 합니다.

여러분이 아시다시피 지구는 단속적으로 또는 일정한 주기를 두고 기후변화가 끊이지 않고 이루어져 왔습니다. 지금은 인간의 관점에서 보면, 가장 최근에 있었던 빙하기가 지나고 나서 찾아온 간빙기에 해당합니다. 몇만 년 전에 천천히 날씨가 풀리기 시작하면서 간빙기가 시작했다고 그러나요? 고생물학자나 지질학자 같은 사람들 증언을 들으셨을 텐데, 저나 여러분들이나 숫자에 약하기는 마찬가지인 거 같습니다만 한 이만 년 전 정도됐다고 들었습니다. 제가 하는 이야기는 잘못된 정보일 수도 있으니 꼭 믿지는 마십시오. 독일 사람들은 이런 말을 싫어하죠. 정밀과학, 엄밀 과학 바탕 위에서 실증적인 검증이 이루어지지 않은 이론에 대해서는 질색하는 사람들입니다. 어쨌든 그건 상관이 없는 이야기이고, 간빙기가 시작된 게 이만 년 전이라고 생각해 봅시다.

"긴 세월 동안에 빙하기와 간빙기가 지구를 번갈아 가면서 덮쳤는데, 빙하기가 오게 되면 인류들은 주로 어디에 모여 살았을까요?"

"동굴 속이요."

"동굴 속? 뭐, 그렇죠. 그런데 적도 부근에 살았겠죠? 다른 데는 북극에서부터 지금의 한대지방, 온대 지방까지 전부 얼음으로 뒤덮이게 돼서 오직 적도 부근만 말하자면 따뜻한 곳이었을 테니까."

빙하기 때 적도 부근 모습을 상상 속에 그려 봅시다. 빙하기 때 적도 부근은 어떤 기온 상태고, 어떤 동물과 식물들이 자라고 있었을까요?(지금은 적도가 열대우림 지역이 되어 있어서 사람이 살기에 상당히 거북한 곳입니다. 지나치게 많은 비가 오고 따가운 햇살도 내리쬐고 있지요.)

　빙하기를 지나 간빙기가 오면서 점점 날씨가 풀림에 따라 적도 지역 생활 조건이 악화되었습니다. 그러면서 식물들 가운데 꽃 피고 열매 맺는 나무들은 점점 온대 지방으로 퍼져 가고, 짐승들 먹이가 되는 풀들도 온대 지방으로 확산되면서 자연환경이 바뀌고, 그에 따라 사람도 적도를 중심으로 남과 북으로 옮아 살게 되었겠죠? 실제로 빙하기 때 적도 지방은 과일나무도 많이 있었고, 짐승들이 풀 뜯어먹기 좋은 초원 상태였고, 넝쿨식물도 우거지지 않은 아주 살기 좋은 곳이었다고 봅니다. 게다가 적도 지역은 계절이 어떻습니까? 봄, 여름, 가을, 겨울이 나누어지나요? 아니죠? 정말 철없는 곳이었겠죠. 그래서 사람이나 다른 동물이나 풀이나 나무 같은 것도 철없이 살 수 있었고, 철없이 살 수 있는 곳이 곧 낙원이겠죠. 낙원에서는 먹이를 얻으려고 머리를 쓸 필요가 없죠. 손만 뻗으면 먹을 것이 있고, 낮과 밤 기온 차이가 없으니까 따로 입고 벗고 할 필요도 없고요.

　기독교에서 이야기하는 에덴동산은 아마 빙하기 때 적도 모습이었을 것입니다. 하나님이, 이 에덴동산에다가 생명의 나무를 하나 두고 그 생명수 아래서 배꼽 없는 아담과 이브가 살도록 했는데, 어느 날 하나님도 경악할 만한 일이 일어났다고 할 수 있습니다. 생명수에 열매가 열린 것입니다. 생명수라는 것은 영원히 살 수 있는 나무이기 때문에 생명수이죠. 그런데 그 생명수에 열매가 달린다는 것은 무엇을 의미합니까? 실제로 그 생명수는 언젠가 죽게 되지만 그 열매가 간직하고 있는 씨앗이 떨어져서 나중에 재생이 될 수 있다는 이야기죠. 그것은 하나님 처지에서 살피면 엄청나게 큰 재난이죠. 아담과 이브에게 생명수를 보고 날마다 그 그늘에서 절하고 영생을 누리라고 했는데 갑자기 열매가 맺히니까(제가 지금 소설을 쓰는 겁니다. 소설을 쓰는 건데……), 아무튼 열매가 달리니까 하나님이 깜짝 놀라서 절대로 그 열매에 손대지 말라고 이야기를 하죠. 그런데 어디선가 뱀이 나타나서 저 열매를 먹는 게 좋다고 이브를 꼬시죠. 실제로는 하나님도 너희 목숨 영원토록 보장 못하니까 저 열매를 먹어라, 이런 식으로 꼬셨겠죠. 결국 그 꼬임에 넘어가 아담과 이브는 그 열매를 나누어 먹습니다. 하나님이 이 꼴을 보고 노여워한 나머지 '너희들은 이제 이 에덴에선 살 수가 없다'고 해서 아담과 이브가 쫓겨나죠.

그런데 이 시점이 간빙기하고 겹쳤다고 생각해 봅시다. 간빙기와 겹쳐서 실제로 기온이 높아지니까 그동안 그렇게 살기 좋았던 적도 부분이 열대우림 지역으로 바뀌는 겁니다. 초원은 넝쿨이 우거진 밀림 지대가 되고, 전에는 가까이 있는 바닷가에 가면 늘 조개를 주워 마음껏 배불리 먹고 살아남을 수 있었는데 바닷물 수위가 조금씩 높아지면서 개펄이 죄다 물속에 잠겨 버리니까 점점 살기 어려워집니다. 갖가지 열매가 주렁주렁 달리던 나무들도 남과 북으로 흩어집니다. 아까 이야기한 대로 나무도 그렇고, 낟알이 달린 풀도 그렇습니다. 거기에 따라서 짐승들도 전부 먹이를 찾아 남과 북으로 퍼져 나가고 사람도 그 운명에서 크게 벗어나지 못했다고 칩시다.

온대 지방이라는 곳이 어떤 곳입니까? 철이 있는 곳이죠. 봄, 여름, 가을, 겨울 이렇게 한 철 한 철이 들고 나는 곳입니다. 그래서 온대 지방은 사람들이 한 철 한 철 나면서 철이 나고, 한 철 한 철 접어들면서 철이 들어야 살 수 있는 곳으로 바뀌는 것이죠. 그전까지 아담과 이브는 하나님이 보장해 줘서 영원히 살 수 있었고 먹을 것도 지천으로 널려 있으니까 서로 부둥켜안고 뒹굴고 살아도 걱정할 게 없었습니다. 몸에 옷을 걸칠 필요도 없었겠죠. 그럴 필요가 뭐 있었겠습니까? 그런데 이제는 마음 놓고 살 수 있는 생명의 동산인 에덴동산에서 쫓겨났으니까 때맞추어 재생산할 수밖에 없게 된 것이고, 그래서 배를 맞춰 배꼽 달린 아이들인 카인과 아벨을 낳았다고 그러죠.

이렇게 해서 태어난 아이들 가운데 카인은 농사를 짓고, 아벨은 목축을 합니다. 유목사회와 농경사회가 갈라지는 계기가 여기에서 생기게 되죠. 그렇죠? 말하자면 카인은 농사짓기에 알맞은 땅을 찾아내서 씨 뿌리고 짐승 길들이고 하면서 주저앉아 사는데, 아벨은 짐승들을 데리고 초원을 찾아서 멀리멀리 떠나는 운명에 놓인 것이죠. 그런데 성서를 보면 카인이 아벨을 죽였다고 합니다. 이 이야기는 농경공동체가 유목공동체보다도 더 지배적인 공동체가 되었다는 뜻으로 해석될 수 있어요. 원시공동체는 아프리카에서부터 소단위로 이루어진 농경공동체라고 보는 것도 가능합니다.

포유류 가운데 제법 기특한 게 사람 수컷입니다. 왜 그러냐면 유인원까지 포함해서 포유류 가운데 암컷에게 씨만 뿌려 놓고 달아나지 않는 수컷이 별로 없습니다. 그런데 사람 수컷은 암컷이 둘러놓은 울타리에서 벗어나지 못해요. 그러니까 사람 암컷들이 얼마나 영악하냐 하면, 수컷들을 가두어 놓고 부릴 수 있는 힘을 지녔어요. 여자는 온전한데 남자들은 그에 못 미쳐서 바보라는 뜻으로 '반편'이라고 불리기도 합니다. 왜 반편이냐고요? 생물학적으로도 증거가 있습니다. 사람이 더불어 살려면 언어를 통해서 의사소통을 하는 것이 굉장히 중요한데 사람 수컷은 말을 주고받을 때 왼쪽 뇌만 작용을 합니다. 그쪽에만 불이 들어와요. 하지만 암컷은 왼 뇌 오른 뇌 두 쪽 다에 언어중추가 갖추어져 있습니다. 여자가 온전한 인간이라고 하면 남자는 반편이라는 말이 맞아요. 그래서 여자들은 반편인 남자를 길들이기가 참 쉽기는 쉬웠겠어요.

사정은 이렇습니다. 말하자면 그동안에는 수컷들이 게을러도 먹고살 수 있었습니다. 적도 부근에서만 살았을 땐 손만 뻗으면 늘 먹을 것이 주렁주렁 달려 있으니까 일하지 않고도 먹고살 수 있었습니다. 그런데 얼음이 풀리면서 적도를 중심으로 양쪽에 있는 온대 지방으로 옮겨 살면서 사정이 달라집니다. 널리 풀밭이 펼쳐져 있고 나무들이 듬성듬성 서 있는 곳, 지금 아프리카 나이로비국립공원같이 온갖 야생동물들이 뛰어다니는 그런 곳이 사방에 널려 있으니까 수컷들은 사냥하러 간다고 떼 지어서 몰려 나갑니다. 요즘 아주 정밀한 조준망원경이 있는 사냥총 가지고도 짐승 사냥하기가 쉽지 않지요? 그런데 꼬챙이 하나 들고, 거기에다가 돌멩이 둘둘 감아 가지고 무슨 사냥이 되었겠습니까? 그냥 가사 노동에서 벗어나는 구실로 우르르 떼 지어서 다니는데, 그러다 보니 쫄쫄 굶고, 또 가을이나 겨울이 오면 먹고살 길이 어디 있어요? 동굴에 불 피워 놓고 덜덜덜 떨다가 굶어 죽기 직전에 나와서 옛날에 씨만 뿌리고 달아난 암컷들에게 간단 말이죠.

짐승이나 사람이나 애를 배고 갓난애가 생기면 속수무책일 경우가 많습니다. 어디 돌아다니지도 못하고 좁은 지역에 모여 삽니다. 그러면서 가까이 있는 풀이나 낟알 같은 것들을 입에 넣고 씹어 보다가 먹을 만하다 싶으면 캐다가 주변에 심고, 씨 뿌리고 해서 농작물들을 기르기 시작합니다. 짐승 새끼가 우연히 발견되면 주워다가 우리 속에 가둬서 기르기도 했죠. 수컷들이 돌아와 보니까 그동안 다 굶어 죽었을 줄 알았던 암컷들이 살아남았고, 곡식도 저장해 놓고 짐승도 길들이고 해서 겨울날 채비를 다 해 놓았단 말이죠. 그러니까 우리도 같이 살자고 궁둥이를 슬그머니 들이밉니다. 그렇게 해서 모계사회가 시작된 거죠. 주권의 출처는 경제권에 있는데, 공동체를 형성하고 경제활동을 해서 생산과 재생산할 수 있는 기초를 닦아놓은 게 여자들이었고, 남자들은 여자들이 이루어 놓은 공동체에 빌붙어산 겁니다. 남자들은 이런 이야기가 기분 나쁠지도 모르겠어요. 하지만 사실이 그렇습니다. 실제로 모계사회가 수십만 년 지속된 데에는 이런 역사적인 배경이 있습니다.

농경공동체 지혜의 함수 : 시간

제가 이런 이야기를 하면 소설 쓰고 있고, 허튼 수작 부리고 있다고 생각하는 분들도 많을 거예요. 그렇지 않다는 것을 밝히기 위해 이제부터 사람과 이웃사촌인 오랑우탄을 예로 들어서 왜 최초의 공동체가 모계사회일 수밖에 없는지 이야기를 하지요.

오랑우탄 연구에서 세계적인 권위자는 비루테 갈디카스라는 여자입니다. 비루테 갈디카스는 평생 동안 오랑우탄 생태를 연구해서 뛰어난 학문 성과를 쌓아 왔습니다. 오랑우탄도 암컷들이 공동체를 이룹니다.

"오랑우탄 암컷이 일생 동안 새끼를 몇이나 낳는 거 같아요?"

"열 마리요. 오십 마리요."

"여러분들 머릿속에는 많이 낳을수록 더 원시적이라는 생각이 알게 모르게 편견으로 자리 잡고 있습니다. 그래서 인간보다 오랑우탄이 좀 더 원시적이라고 보기 때문에 많이 낳을 거라고 생각을 하는데, 많이 낳는 오랑우탄 암컷이라고 해도 일생 동안 낳는 새끼는 많아야 세 마리쯤입니다. 왜 그런지 아세요?"

"오랑우탄이 몇 년을 사는데요?"

"대개 40년에서 50년 정도쯤 삽니다. 오랑우탄 새끼가 태어나면 그 새끼한테 나무 꼭대기에다 집 짓는 법, 나무 타고 오르내리는 법, 이 나무에서 저 나무로 건너는 법, 먹이를 찾는 법, 그리고 먹을 것과 못 먹을 것을 가르치는 데 칠 년이 걸립니다. 400가지 정도 되는 먹을 것을 자연에서 얻는 법을 새끼에게 가르쳐서 스스로 제 앞가림을 하게 만듭니다. 여러분들 가운데 먹을 것 백 가지쯤 제대로 가릴 수 있다고 말할 수 있는 사람 손들어 보세요. 만만치 않죠? 모든 생명체가 생명체인 한은 스스로 제 앞가림하는 힘을 길러야 합니다. 그래야 살아남습니다. 그 힘을 길러 주는 데 오랑우탄은 칠 년이 걸리는 겁니다. 그 기간 동안에 애를 혼자서 키우기 힘들고 하니까 암컷끼리 연대를 해서 공동체를 이루어 삽니다."

공동체 가운데 농경공동체는, 두 뒷발로 몸 전체 균형을 유지하고 느릿느릿 돌아다니면서 먹고살 것을 찾을 수밖에 없는, 인간들이 이루어 낸 공동체입니다. 활동할 수 있는 좁은 공간을 중심으로 해서 삶의 영역을 개척했고, 자급자족할 수 있는 생산지도 만들어 왔습니다. 그런데 여자로 태어나면 애를 낳아야 하고, 갓난애를 길러야 하고, 이렇게 여러 가지로 제약이 많아서 혼자서는 해결하기 어려운 문제가 많잖아요. 애를 낳을 때나 갓난애를 안고 젖을 먹일 때는 일이 생겨도 속수무책이잖아요. 도움이 필요한 수컷은 사냥하러 간다고 가 버렸으니 이웃 여자에게 같이 도와서 살자고 할 수밖에 없잖아요?

그렇게 해서 초기 공동체는 여성 중심으로 이루어져 왔는데 그 공동체는 유목공동체가 아니라 농경공동체였습니다. 여러분들 가운데 유목공동체가 먼저 생겨났을 거라 생각하고, 믿는 분들이 있을 거라고 봅니다. 또 농경공동체는 하루라도 먼저 태어난 사람이 권위를 더 갖게 되고 늦게 태어난 사람은 꼼짝 못하게 되는 위계질서가 세워진 사회라고 보기 쉽습니다. 그러니까 굉장히 엄격한 위계질서에 따라 나이 어린 사람은 아무리 좋은 생각, 바른 판단을 가지고 있어도 어른들이 부리는 억지에 꼼짝 못하는 불평등한 사회로 생각하기 쉬운데, 그렇지 않습니다. 농경공동체는 그 나름으로 엄격하게 평등 원칙이 지켜지고 있는 사회입니다. 다만 공시적인 측면에서 평등성 확보를 생각하느냐, 통시적인 측면에서 평등성을 보느냐에 따라서 조금 다를 뿐이죠. 지금 우리가 알고 있는 현대 민주주의 사회라는 것은 어느 연령 대가 넘으면 모두 투표권을 가지고 있어서, 바보가 되었든 미친 사람이 되었든 한 장의 표를 행사하는 것을 당연한 권리로 여기게 되지요. 그런 점에서만 보면 농경공동체는 불평등하기 짝이 없는 공동체입니다. 가장 나이 많은 노인이 '꽥!' 소리 지르면 모두 '죽여 주십시오' 하고 복종할 수밖에 없는 공동체거든요.

그런데 여러분들, 생각을 해 보십시오. 옛날에는 한 마을이, 농경공동체를 이루고 사는 사람들의 우주였습니다. 그 마을에서 태어나고, 자라고, 늙어서 죽고, 뒷산에 묻힙니다. 우리 나라에서는 백 년 전까지도 대부분이 그렇게 살아왔습니다. 다만 여자는 한 번 거주지를 옮기죠. 옛날에는 남자가 장가를 들어서 거주지를 옮겼는데 지금은 여자가 시집을 가서 거주지를 한 번 옮깁니다. 그런데 여자도 거의 마찬가지로 한 울타리 안에서 살아가게 되죠. 농경공동체에서는 공간적인 경험의 확장이 지혜의 함수가 되지 않습니다. 다시 말해서 이웃 마을로 가 봐야 똑같은 방식으로 똑같은 농기구를 써서 농사를 짓기 때문에 배울 게 없습니다. 어디를 가 보니 다른 삶의 형태가 꾸려져 있고 거기에서 새롭게 눈을 뜨게 되는 게 있더라, 하는 일깨움을 얻을 수 없어요. 다시 말하면 농경공동체에서 지혜는 '시간의 함수'입니다. 오래오래 한마을에 살면서 많은 일을 겪은 사람, 가뭄이 되었든 큰물이 되었든 그 밖에 여러 가지 농사 정보에 가장 밝은 사람은 오래오래 걸쳐서 경험을 쌓은 노인들입니다. 하다못해 늙으면 관절에 중풍 비슷한 게 있어서 비가 오려고 하면 쑤셔요. 일기예보보다 더 정확합니다. 그러니 자연히 노인네들에게 의논을 하게 됩니다. 무슨 일이 있을 때 찾아가서 '이런 일이 있고 상황이 이런데 어떻게 하면 좋겠습니까' 하고 물으면 대체로 노인들이 하는 이야기가 틀리지 않습니다. 그래서 권력이 노인들에게 집중이 됩니다. 나이가 든 사람일수록 더 슬기로워지지 않습니까? 시간의 함수가 지혜가 되는 마을 공동체 안에서 나이가 들면 들수록 더 슬기로워지니까 규범윤리가 확립되죠. '웃어른이 하신 말씀 틀리는 게 없다, 그리고 이건 어른들이 오랜 경험들을 통해서 확립해 놓은 윤리관이니까 이걸 벗어나면 안 된다, 다 삶의 경험이 응축돼서 우리 잘되라고, 잘 살라고 윤리 도덕을 이런 형태로 만들어 놓은 거다, 그것을 어기면 안 된다'고 해서 규범윤리가 확립이 됩니다. 역사로 보면 상고주의 역사관이 자리 잡게 되지요.

우리는 시간이 흐를수록 더 문명화되고 개명된 좋은 세상이 온다고 생각을 하죠. 그런데 옛날 사람들은 거꾸로 생각했습니다. 농경사회에 살던 사람들은 옛날이 훨씬 더 살기 좋았다고 생각해요. 서양에서도 마찬가지고 동양에서도 마찬가지입니다. 불교에서 말하기를 사람이 행동하고 말하는 것마다 옳았던 정법시대¨가 있었고, 그 뒤를 이어 임기응변이 생겨난 상법

──────────

¨　불교에서는 석가가 이승을 떠난 뒤로부터 이어지는 500년~1000년 동안을 정법시대라 하고, 그 뒤로 1000년 동안을 상법시대, 그다음에 이어지는 만 년 동안을 말법시대라고 한다. 정법시대에는 가르침, 수행, 득도가 모두 이루어지지만, 상법시대에 들어서면 득도가 사라지고 말법시대가 되면 가르침만 남는다고 한다.

시대가 있었다고 합니다. 지금은 말법시대라고 하는데 도대체 혼란하기 그지없는 세계라고 봅니다. 유교에서도 과거 요순시대가 제일 좋았다, 과거로 돌아가자는 이야기를 하지 않습니까? 서양 사회에서도 마찬가지입니다. 가장 처음에 황금시대〔golden age〕*가 있었고 그다음에 은의 시대〔silber age〕와 동의 시대〔copper age〕를 거쳐서 지금은 철의 시대〔steel age〕라고 하는데 인간 가운데 말종들만 살고 있는 그런 시기에 우리가 살고 있다는 생각을 자연스럽게 한단 말이죠. 이것은 농경민이 가진 독특한 사유 방식입니다. '옛날이 좋았다. 노인네들이 하는 말은 틀리지 않다. 우리 아버지가 나보다 더 슬기롭고 아버지보다 할아버지가 더 슬기로운데, 그 할아버지의 할아버지는 얼마나 더 슬기로웠을까?' 그렇게 자꾸 유추해 가는 겁니다. 그래서 옛날에는 아주 슬기로운 사람들이 모여 살던 이상적인 공동체가 있었는데 지금은 거꾸로 점점 종말로 다가서고 있다는 식으로 생각하는 것이 농경민들의 자연스러운 사유 방식입니다. 그렇기 때문에 관혼상제 가운데 죽은 분들을 추모하는 제사가 으뜸이고 그다음에 장례, 그다음에 혼례, 그다음에 관례, 이렇게 차례가 지어지는 것입니다.

이렇게 규범윤리가 지배를 하면서 역사를 보는 관점에서는 옛날이 좋았다는 상고주의와 함께 계절이 순환하듯이 모든 것이 순환한다는 순환사관이 자리 잡습니다. 해와 달같이 한 해를 주기로, 한 달을 주기로 순환하는 것들이 시간을 규정하기 때문에 그렇게 생각하는 것이죠. 그래서 농민들이 가지고 있는 평등 의식은 현대인들이 생각하는 평등 의식과는 아주 다릅니

■　　그리스 사람들이 인류 역사를 금, 은, 청동, 철의 네 시대로 나눈 가운데서 첫 번째 시대를 이르는 말이다. 사회 진보가 최고조에 이르러 행복과 평화가 가득 찬 시대를 말한다.

다. 농경사회가 어떻게 해서 평등한 사회라고 볼 수 있느냐 하면, 노인네들은 죽잖아요. 그러면 뒤이어 젊은 사람이 장년이 되고 또 노인이 되잖아요. 그리고 노인네들은 예외 없이 존경받잖아요. 그러니까 농경사회는 공시적인 측면에서 보면 불평등한 사회 구조지만 통시적으로 순환하는 세대의 관점에서 보면 완전한 평등이 이루어지는, 그 나름으로 엄격한 평등 사회라고 볼 수 있는 것입니다.

유목공동체 지혜의 함수 : 공간

농경공동체에서 관혼상제를 비롯한 가치관이나 역사관, 그리고 사물을 해석하는 여러 가지 틀을 하나하나 짚어 보면 재미있는 점이 굉장히 많이 있습니다. 이것을 통틀어서 농경문화라고 부르기로 합시다. 문화를 영어로는 컬춰(culture)라고 하죠. 이 말은 라틴어 쿨투스(cultus)에서 나왔습니다. 독일어나 불어나 영어나 어원은 같습니다. 쿨투스(cultus)는 라틴어 콜로(colo)라는 동사의 과거분사입니다. 콜로(colo)라는 말에는 논이나 밭을 간다는 뜻이 있습니다. 물론 여기서 파생된 여러 가지 다른 의미도 있습니다만 농사를 지으면서 농경민들 사이에 최초로 문화가 나타났다는 의미로 해석하면 되겠습니다.

기독교 창세기에 바탕을 두고 우리가 상상력을 펼쳐 보자면, 이브 계열은 카인을 거쳐서 정착민이 되어 공동체를 이루고 농사를 지었습니다. 그리고 아담 계열은 아벨을 본보기 삼아 유목민으로 집단을 이루어서 독특한 삶의 길을 걷게 되는데, 처음부터 유목민은 아니었던 걸로 여겨집니다. 유목민들이 주로 활약했던 공간들을 한번 생각해 보세요. 우리 조상들도 유목민이라고 그러죠. 우리 나라에서 갓난아이가 태어날 때 엉덩이에 몽고

반점이 찍혀 있는 것으로 봐서 몽고인들이 우리의 먼 조상이고, 몽고인들이 한반도로 말 타고 이주해 왔을 거다, 이런 식으로 추측할 수 있습니다.

"몽고, 아라비아, 바빌로니아, 아시리아, 히타이트 같은 고대 문명이 있었던 곳들에 지질학적인 공통점이 있는데 그 공통점이 무엇입니까?"

"사막이요."

"그렇지, 사막. 그 사막이 처음부터 사막이었을까요? 처음부터 사막이었다면 들어가서 살지 못했겠죠? 초원에서 사막으로 점점 바뀌었겠죠?"

초원은 사실 목축을 하기에 아주 좋은 조건을 갖추고 있는 곳입니다. 그런데 기후변화가 일어나면서 어느 순간 목초지가 점점 사막으로 바뀌는, 그러니까 비가 내리지 않고 풀이 메마르고 하면서 사막으로 바뀌는 기간들이 지속되어 왔겠죠. 유목민들은 봄, 여름, 가을, 겨울 같은 문제를 어떻게 해결하죠? 공간 이동을 해서 늘 푸른 철이 계속되도록 인위적으로 만듭니다. 위도에 따라서 풀이 자라는 철에 차이가 있습니다. 그래서 유목민들은 짐승들한테 풀을 뜯게 할 때, 이를테면 말이나 소를 기르는 제주도 한라산 주민들이 그러듯이, 풀이 먼저 자라는 차례에 따라 위쪽으로 위쪽으로 올라갔다가 가을이 와서 점점 풀이 말라 가고 먹을 것이 없어지면 다시 아래로 아래로 내려오게 하고, 그다음 해에 또 위로 위로 거슬러 올라가는 식으로 위도를 오르내리면서 목축을 합니다. 이렇게 짐승들에게 가장 알맞은 먹이가 있는 지역을 찾아서 공간 이동을 하는데 목초지가 줄어든다면 어떻게 해야 되죠? 생존권이 달린 문제이기 때문에 짐승들을 빠른 시간에 움직이게 해서 남들보다 먼저 목초지를 차지해야 됩니다. 여기에서 가장 중요한 것은 짧은 시간에 먼 거리를 누비는 수단을 마련하는 것이죠. 그게 무엇으로 나타납니까? 말이나 낙타를 길들이는 걸로 나타나죠. 그런데 말이나 낙타는 여자들이 길들이기 힘든 짐승들입니다. 일정한 체력이 뒷받침돼야 길들일 수 있는 짐승이지요. 소나 돼지나 개 같은 경우에는 쉽사리 길들일 수 있지만 말이나 낙타 같은 것은 아무나 쉽사리 길들일 수 있지 않아서 남자들 힘이 필요합니다.

이렇게 이동 수단이 마련되니까 공간 이동이 빨라집니다. 빨라진 발로 발 빠른 짐승들을 몰고 다니면서 살아갈 길을 찾는데, 농경공동체가 여성이 권력 중심에 있는 '불평등 사회(?)'였다면 이 유목사회는 남성이 위주가 되는 불평등 사회로 전환됩니다. 짐승을 길들이는 과정에서만 문제가 생기는 게 아니라 목초지가 줄어들다 보니 서로 알맞은 목초지를 차지하려고 애쓰는 과정에서 싸움이 일어납니다. 다른 유목민이 먼저 목초지를 차지하고 있다고 해서 물러설 수는 없잖아요. 그 많은 짐승 떼를 몰고 겨우 찾아갔는데, 다른 데로 가는 중간에 짐승들 대다수를 잃어버릴 수가 있고, 실제로 굶주려 죽을 수도 있으니까 한판 붙을 수밖에 없잖아요. 한판 붙으려면 어떻게 해야 해요? 싸우는 기술을 어렸을 때부터 익혀야 강인한 체력과 정신력을 갖춰서 잘 싸울 수 있죠.

농경민은 우리 나이로 열여섯이면 관례를 행하게 되고, 어른으로 인정받아 시집 장가를 가게 됩니다. 농경민의 '관례'는 유목민에 견주어 단순합니다. 이를테면 마을 나무 밑에 들돌이 있는데 누가 그것을 쉽사리 번쩍 들어 올리느냐에 따라 '그 사람 힘세다, 소 잘 몰겠다, 일 잘하겠다' 이렇게 해서 관대하게 어른으로 인정받을 수 있습니다. 하지만 유목민들은 전쟁터에 내보냈을 때 거기서 강인한 체력을 발휘해야 하고 적에게 붙들려도 굴복하지 말아야 하니까 관례가 굉장히 엄격합니다. 부족에 따라서는 자갈들을 불에 달궈 놓고 거길 지나가게 하기도 하고, 가슴에 꼬챙이를 꽂아서 24시간이나 48시간을 견디게 하기도 하고, 맨손으로 눈 덮인 높은 산에 올라가 며칠 동안 견디고 오라고 시키기도 합니다. 이렇게 강인한 체력과 정신력을 가진 젊은이가 되도록 혹독한 훈련을 시킵니다. 농경민 사회에서는 공간적인 경험의 확장이 지혜의 함수가 되지 못하고 시간을 통한 경험의 축적이 지혜의 함수가 된다고 했는데, 유목민의 경우에는 공간적인 경험의 확장이 지혜의 함수입니다. 그렇기 때문에 육체나 정신력으로나 강인한 힘을 지니고 있어서 사방으로 여기저기 돌아다녀 본 사람이나, 맞닥뜨리는 적을 이겨 내고 살아남는 자들이 가장 지혜로운 인간이 됩니다. 그래서 그 사람들에게 권력이 집중이 된다고 할 수 있겠죠. 북유럽신화에 나오는 사람들은 바다를 목축지로 삼아서 헤매고 다니던 약탈자 무리로 유명합니다. 오딘 신화를 살펴보면 삶의 지혜를 얻기 위해서 자기 눈 하나를 자기가 뽑아서 신에게 바치는 이야기가 나옵니다. 실제로는 싸우다가 눈알이 빠진 거겠죠.(일동 웃음.) 그걸 신화로 만들다 보니까 눈알을 바치고 지혜를 얻었다는 이야기가 되는 거지요. 이런 것처럼 유목민 사회는 강인한 체력과 정신력을 갖추고 있는 청장년을 중심으로 사회 구조가 바뀌게 됩니다.

여기서 노인들이나 여자나 애들은 어떤 대접을 받습니까? 고려장은 워낙은 농경민들 풍습이 아니고 유목민들의 풍습입니다. 체력이 바닥나서 움직일 수 있는 힘이 없어진 사람들은 어떻습니까? 늘 빨리 움직여야 살아남을 수 있는 유목공동체에는 짐이 될 뿐이죠. 그래서 버리고 가요. 여러분들, 〈바렌〉(The Savage Innocents, 1960)이라는 영화에 나오는 에스키모(이누이트) 부족 사람들도 유목민입니다. 이 영화에서 나이 많은 할머니를 아들이 버리고 가는 장면이 나오는데, 그 할머니는 저 멀리서 흰곰이 나타나는 걸 보며 눈을 지그시 감고 이런 상상을 하죠. '저 흰곰이 곧 와서 나를 잡아먹을 텐데, 그러면 내 영혼은 흰곰 속에 들어가 있다가 내 자식이나 손자가 저 흰곰을 잡아먹게 될 때 다시 내 핏줄과 한 몸이 된다…….' 그래서 죽음을 아주 평온한 기분으로 맞이합니다. 버리고 가는 사람은 비정해 보이고 버림받은 사람은 비참해 보이지만 그 사람들 삶에서는 이것이 가장 슬기로운 선택이고 또 그럴 수밖에 없는 선택이죠.

"유목민들 사이에서는 윤리가 규범에 따른 것이겠습니까? 이런 경우에는 꼭 이렇게 하고 저런 경우에는 꼭 저렇게 해야 한다고 조상 대대로 물려온 윤리관에 따라서 이 사람들이 행동을 할까요?"

"아니요."

네, 그렇습니다. 부딪히는 상황마다 유동적이기 때문에 이때는 이렇게 하고 저 때는 저렇게 하라는 상황윤리를 따를 수밖에 없습니다. 또 강자의 논리를 받아들일 수밖에 없습니다. 어른들을 공경해야 한다는 것보다는 강한 자들을 우러러보아야 한다고 느끼게 되죠. 재물을 분배하는 데 있어서는 어떻습니까? 농경공동체에서는 생산되는 것이 전부 유기물이어서 일 년 넘게 묵혀 놓으면 다 썩게 됩니다. 해마다 씨도 새로 뿌려야 거기서 싹이 트고 남새나 낟알이 자라게 됩니다. 씨앗을 2년만 묵혀도 싹이 잘 트지 않기 때문에 해마다 뿌릴 씨앗만 남겨 두고 나머지는 모두 고루 나눕니다. 떡을 해 먹기도 하고 거지나 가난한 사람들한테 나눠 주기도 하고……. 어쨌든 다 나누죠.

유목민한테도 나눔이 있습니다. 유목민들이 굉장히 너그러운데, 그 너그러움은 생존 조건에 바탕을 두고 있습니다. 삶터를 옮길 때는 많은 것을 버리고 떠나야 하니까요. 양이라든지 기르는 짐승들은 전부 유동자산이죠. 농경민들은 집이나 논밭이나 전부 고정자산인데, 유목민들한테 버리고 떠날 수밖에 없는 고정자산은 가치가 없습니다. 유목민들 사이에서는 고정자산에 대한 관념이 희박하니까 마구 나눠 줘 버립니다. 또 대부분이 떼 지어다니다가 도중에 만나는 농경공동체나 유목공동체에 조그만 약점이라도보이면 때려 부수고는 물건이나 짐승, 여자를 약탈해서 나눕니다. 보통 농경민들은 하루 세 끼 먹을 것만 남기고 나머지는 두루 나눕니다. 더 먹어 봐야 배탈만 나죠. 그런데 유목민들은 탈취해 온 것들 가운데 비교적 오래 보존할 수 있는 것들만 가지고 와서 분배를 합니다. 고루 나누진 않고 약탈하는 데 앞장선 사람 중심으로 분배가 이루어지겠죠. 이렇게 계속해서 목초지는 줄어들고 생존경쟁에 휘말릴 수밖에 없는 상황에서 살아야 되니까 유목공동체에서는 죽느냐 죽이느냐 말고는 길이 없는 경우도 생겨납니다.

문화를 보는 관점도 굉장히 다르죠. 농경사회는 붙박이 사회이기 때문에문화들이 다양하게 발달을 합니다. 벽에 걸어 놓고 눈을 즐겁게 하는 것들도 필요해서 집안에 민화를 걸어 두기도 하고, 낙화나 가구처럼 여러 가지손재주 부린 것들을 여기저기 남기기도 합니다. 청승맞은 시집살이 노래부터 일할 때 부르는 노래, 풍물 치고 놀 때 부르는 노래 들이 생겨나고, 할아버지 할머니들이 어린 손자들을 무릎에 앉히고 옛날이야기를 들려주기도하면서 문화유산들이 차곡차곡 쌓이게 됩니다. 유목민들도 문화가 없진 않지만 기억에 의지해서 입에서 입으로, 몸에서 몸으로 전승되는 것 말고 따로 간직해야만 하는 문화는 많지 않습니다. 그런 문화는 지극히 한정되어 있죠. 유목민들이 악기를 만든다고 할 때 어떤 악기를 만들겠습니까? 전쟁을 부추길 수 있는 심장 소리 비슷한 타악기나 뿔피리 같은 것이 고작이고, 거문고나 가야금 같은 악기는 뒷전이겠죠. 이렇게 유목 생활을 하는 사람들의 가치관, 문화관, 역사관, 그리고 사람과 사람 사이 관계를 규정하는 모든 사회 규범들이 농경민들하고는 상당히 다르게 됩니다.

사막화가 차츰차츰 진행되자 목초지를 찾아 여기저기 헤매고 다니는 과정에서 일부는 먹을 것을 구하러 모래사막을 가로질러 다니기도 했습니다. 그러면서 서로 부족한 물건을 바꾸고 하다 보니 자연스럽게 상업에 종사하는 사람도 나타나게 됩니다. 그에 따라 점점 머리 쓸 일들이 늘어나게 됐죠. 봄, 여름, 가을, 겨울이 번갈아 드는 온대 지방에 살면 사람도 짐승도 머리가 좋아질 수밖에 없습니다. 하다못해 식물들도 머리가 좋아지죠. 겨울에 겨울눈을 마련해서 봄에는 꽃을 피우고 가을에는 완전히 벌거벗어야 살아남는구나 하는 것들을 배우게 되니까요. 다람쥐나 개미처럼 온대 지방에 옮아 온 동물들도, 겨울잠을 자거나 도토리 같은 먹이를 모아서 저장해놓고 사는 삶의 양식을 새로 배웁니다. 사람들도 가을철에 집중해서 먹을 것이 나니까 그것을 어떻게 저장하느냐에 신경을 쓰게 됩니다. 그러다 보니 그릇을 빚기도 하고 먹을 물을 담거나 낟알을 간직하는 항아리, 그리고 단지 같은 것을 만드는 기술들도 생각해 내면서 머리가 굉장히 복잡해집니다.

유목민들도 농경민들만큼 머리 쓰는 일이 많을까요? 농경민들은 저마다 한 철 한 철 접어들면서 철이 들어야 하고, 한마을 공동체에서 자급자족하고 살아야 하기 때문에 봄, 여름, 가을, 겨울, 철이 바뀌는 데 민감하게 반응할 수밖에 없어요. 전라북도 부안에 있는 변산공동체학교의 경우를 보면 농사짓는 사람들 가운데 대부분이 도시에서 왔습니다. 그이들은 변산공동체학교에 와서 처음으로 농사짓는 법을 익히게 되는데 한 십여 년 지나야 살아남는 데 필요한 기술들을 백여 가지 정도 익힙니다. 우선 콩만 해도 스무 종류 가까운 것들을 언제 심고 언제 거두어야 하는지 익히고 간장, 된장, 고추장, 김치 담그는 것을 비롯해서 집 짓는 것, 하우스 놓는 것, 지게 만드는 것 들처럼 삶에 필요한 기술을 백여 가지 넘게 익히게 되지요. 이와는 달리 유목민들은 정신력이나 육체가 강인한 사람들이 앞장서서 '가자!' 하고 외치면 '예, 따르겠습니다' 하면서 따르면 되기 때문에 단순하게 살아도 됩니다. 어떻게 보면 인간이 자연의 시간 속에서 살아가는 농경공동체가 겉으로 보기에는 소박하고 단순하고 또 크게 머리를 안 써도 되는 것 같지만 실은 그렇지 않습니다.

어쨌든 사회가 단순해지고 한 사람이 보이는 행동 양식이나 판단이 지배적인 위치를 차지하게 되면 사회구조에 불평등이 자리 잡게 됩니다. 저는 유목사회에서 최초로 사람과 사람 사이에 불평등한 관계가 나타났다고 봅니다. 농경사회에서는 아까 말씀드렸던 대로 나이가 들면 누구나 빠짐없이 어른 대접을 받게 되기 때문에 통시적으로 보면 모든 사람들에게 평등성이 확보가 되는데 유목사회에서는 그렇지 않습니다. 관혼상제만 봐도 유목사회에서는 관례가 가장 중요시되고 농경사회에서는 제사가 중요시됐습니다. 유목사회에서는 성인식이 가장 중요시됐기 때문에 나이가 많으냐 적으냐에 상관없이 누가 우리 부족들을 곤경에서 구해 내고 또 잘 살 수 있게 만드는 데 앞장서느냐가 중요합니다. 그에 따라서 그 부족의 운명도 그 사람에게 맡겨지죠. 이런 과정 속에서 생활양식이 달라짐에 따라 사고방식도 덩달아 달라질 수밖에 없습니다.

이제 여기서 제 이야기는 끝내고 질문을 받겠는데요, 다음 시간에는 도시공동체가 이야기 주제가 되겠습니다. 그리고 상당히 복잡한 이야기인데 기르는 문화와 만드는 문화, 지속과 변화의 변증법도 곁들여서 설명하겠습니다. 질문 받겠습니다.

"농경사회에서도 불평등은 생기지 않습니까?"

"예를 들어서 어떤 측면에서 그렇다는 거죠?"

"지주와 소작 같은 것은 옛날부터 있었으니까요."

"제가 말한 것은 어려운 서양 학술 용어로 아키티푸스(archtypus)라는 것인데 원형을 이야기하는 겁니다. 실제로 계급사회가 나타나면서 원시공동체를 지나 고대 노예제사회, 중세 봉건제 사회, 그리고 근현대 사회로 바뀌어 오는 동안에 평등과 불평등을 가리는 단순한 기준을 찾기가 힘듭니다. 제가 이야기하는 것은 원초적인 형태, 아키티푸스라는 거죠. 계급 관계의 얽힘에 대해서는 뒤에 이야기할 것이 꽤 있을 것으로 보입니다."

"농경사회에서는 시간이 매우 중요한데 윤리적으로는 규범윤리다, 그리고 유목사회는 (어떻게 보면 이동하는 것보다는 악착같이 매달린다는 느낌이 들지만) 굉장히 유동적이어서 윤리적으로 상황윤리라고 말씀하셨습니다. 규범윤리를 끌어내는 논리를 따지면 맞는 것 같기는 합니다. 그런데, 규범윤리에서는 느낌이 안정화되지만 거꾸로 상황윤리 속에서는 다음 힘센 놈이 계속 올라서니까 권력자가 안정화가 안 돼서 어찌 보면 계급사회는 잘 안 맞아 보입니다. 그래서 논리적으로 따져 보면 다 맞는데 결과로는 계급사회도 그렇고, 시간적으로 보면 약간 충돌한다는 생각이 들어서요."

"예, 좋은 질문입니다. 실제로 제가 그 이야기를 여기서 하려고 하다가 뒤로 좀 돌렸습니다. 우리가 인간과 자연의 관계를 이야기하든 인간과 인간의 관계를 이야기하든 살아 있는 생명체를 중심에 두고 이야기를 합니다. 전체로 큰 틀에서 보면 생명의 시간 속에서 이 모든 것들이 진행이 되는데, 인류가 지구상에 나타나면서부터 이 생명의 시간이 자연의 시간과 인간의 시간으로 나뉘거든요. 자연의 시간이란 것은 대체로 달과 별 같은 천체가 순환함에 따라서 계절이 바뀌기도 하기 때문에 농경민처럼 거기에 맞춰 살아가는 사람들은 자연의 시간 속에 매몰됐다고 해야 할까? 순응한 다고 해야 할까? 그렇게 생각해 볼 수도 있겠습니다. 물론 농경민이나 유목민도 자연의 시간이 통제하는 데서 벗어나는 측면이 있어요. 끊임없이 인간의 시간, 인간의 삶을 위해서 자연의 시간에 구애받지 않으려고 항구적인 봄철이나 여름철을 나름대로 만들려고 애쓰고, 공간 이동 속도를 조절하는 측면이 있거든요. 인간의 시간이 실제로 확보되는 측면에서 보면 인간이 자연을 통제하는 힘이 그만큼 커지기도 해요. 자연의 시간 속에서 농경민들은 자연의 시간에 순응하는 측면이 크고, 이 측면에서 보는 시간과 공간 문제는 굉장히 어려운 문제 가운데 하나에 속합니다. 좋은 질문인데 여기에서 다 토론할 수 있는 것은 아니라고 생각합니다. 여러분들은 유목민들이 드디어 철이 들거나 철이 나는 것이 아니라 어떻게 하면 철이 들거나 철이 나지 않고도 살 수 있는가 하는 길을 찾는 데에 앞장선 측면이 있다고 생각하시면 되겠습니다.”

“농경공동체에서 자연 원형으로서 역사라고 하는 것은 이후에 인간의 시간으로서 역사라고 하는 것과는 다소 대비되는 역사라는 말씀이십니까?”

“그렇습니다. 농경민을 지배하고 있는 역사 관점은 순환사관입니다. 우리가 멋을 부려 니체 식으로 이야기한다면 ‘영원회귀■’ 같은 것들이 실제로는 농경민들 의식 속에 꽉 들어차 있지요.”

■　니체가 쓴 책《자라투스트라는 이렇게 말했다》에 나오는 말로, 영원한 시간은 원형(둥근 모양)을 이루고 있으며 그 원형 안에서 우주와 인생이 영원히 되풀이된다는 사상이다.

농경공동체와 유목공동체의 비교

지난 시간에 에덴동산에서 쫓겨난 아담과 이브의 자손들이 남과 북으로 흩어져 살게 되면서 유목공동체와 농경공동체가 어떻게 갈라졌는지를 이야기했습니다. 그때 상징적으로 성서를 예로 들어서 설명하는 가운데 제가 성서를 제대로 읽지 못했다는 사실이 드러났습니다. 강의를 마친 뒤에 어느 분께서 "창세기를 보면 에덴동산에 있는 나무는 두 그루였다고 기억이 됩니다. 하나는 지혜의 나무고, 하나는 생명의 나무였던 걸로 기억됩니다" 이렇게 말씀을 하셨습니다. 그분은 이어서 "하와가 사탄의 꼬임에 빠져서 따 먹은 열매는 생명의 나무 열매가 아니라 지혜의 나무 열매였고, 천사를 시켜서 하느님이 생명의 나무를 지키게 만들었다"는 말씀도 하셨습니다. 그래서 제가 부정확한 정보를 가지고 이야기했기 때문에 다음 시간에 그 문제에 대해 다시 이야기하겠노라고 말했습니다. 그 뒤로 제가 그 이야기를 다른 분한테 여쭤 봤더니 그분도 기억이 잘 안 난다고 해요.

"혹시 여기 성서학에 밝은 분 계십니까? 창세기 에덴동산에 대해서 좀 정확하게 증언을 해 주실 분 있으면 이야기해 주세요."

"구약성서는 히브리 사람들이 행한 신앙이고 우주관이거든요. 그래서 처음에 선생님이 말씀하셨듯이 그것은 하나의 사유이고, 따라서 현대인 관점에서 성서를 해석하면 안 된다는 결론이 나오게 되는 거죠. 그 시대 사람들의 세계관이기 때문에 그거는 큰 문제가 아닌 것 같습니다."

"혹시 구약성서 읽어 보신 분 있으면 말씀해 보세요. 저는 에덴동산 한복판에 서 있는 게 생명의 나무라고 굳게 믿고 있었는데, 그게 생명의 나무가 아니고 지혜의 나무였다는 증언이 나오고, 또 교회에 다니는 다른 분한테 물어봤더니 그분도 모른다고 하시고…….(대답 없음.) 아까 제가 말씀드린 것처럼 한 귀로 듣고 한 귀로 흘려버리면 될 거 같습니다. 제가 자료에 따르는 엄중한 고증에는 자신이 없습니다. 오죽하면 객관성보다도 당파성이 더 중요하다고 말하겠습니까? 정말 완전히 비과학적이거든요. 있는 것보다도 있어야 할 것이 더 중요하고, 없는 것보다도 없어야 할 것이 더 중요하다고 믿으니까 이런저런 제 믿음의 소산이라고 생각하고……. 어쨌든 에덴동산 이야기는 재미있었습니까?"

"예!"

"그러니까 거짓말을 하면 사람들이 더 재미있다고 합니다.(일동 웃음.)"

계속해서 그런 거짓말을 이어 보도록 하죠. 제가 거짓말의 존재론적인 근거를 이야기하는 첫 시간에는 사람들이 꽤 많아서 이분들이 내 말에 감격을 했구나, 싶었는데 그다음에 수강자가 삼 분의 일로 줄어들었어요. 오늘은 지난 시간보다는 많이 오신 거 같은데 거짓말을 해도 통 크게 하니까 좀 많이 오는 거 같습니다.(일동 웃음.)

지난 시간에는 빙하기 때 적도 부근 모습을 함께 생각해 보았습니다. 그 당시 적도 지역은 밤낮 온도 차이가 없고 사계절도 없는 철없는 세상이었기 때문에 사람들도 머리 쓸 필요가 조금도 없어서 아담과 이브의 두뇌를 측정했으면 아마 '새대가리'나 '아이큐 영'이지 않았을까 하는 생각도 들고, 손만 내밀면 먹을 것이 있고 의식주 문제가 해결되는 지역에 살았기 때문에 결국 아담과 이브는 머리 쓸 수고를 하지 않아도 됐다. 그래서 이 '수유너머'처럼 골머리 아프게 공부하지 않아도 되는 세상에 살아서 얼마나 행복했는지 모른다. 그런 이야기를 했고요.

그다음에 갑자기 간빙기가 되면서 온대 지방까지 잡혀 있던 얼음이 천천히 남극과 북극으로 밀려나고, 남쪽과 북쪽으로 초원과 나무들이 자랄 수 있는 땅이 열리게 됨에 따라서 그쪽으로 인간이나 다른 생명체들도 전부 흩어져 살게 됐다고 했습니다. 여기서는 지구 축이 기울어서 자전을 하는 바람에 결국에 사계절이 뚜렷하게 구별이 되었습니다. 그래서 가을철처럼 먹을 것이 한꺼번에 많이 나는 철이나 겨울같이 먹을 것이 아예 나지 않는 철이 생겼습니다. 그렇기 때문에 사람들이나 다른 생명체들은 봄, 여름, 가을, 겨울 사계절을 나면서 철이 나기도 하고, 미리 삶에 대해 예측도 하고 대비도 해야 하는 상황이 벌어지게 됐다는 말씀을 드렸습니다.

그리고 아담과 이브의 자손 가운데 카인과 아벨이 생겨났는데, 아담과 이브가 남과 북으로 정처 없이 떠나게 되는 배경에서 카인은 농경민으로 정착을 하게 되고, 아벨은 유목민으로 떠돌게 되는 신세가 됐다고 이야기했지요. 그런데 실제로 세계관이라든지 가치관이 유목민들하고도 다르고, 해안 도시사회를 형성하고 있었던 도시민들하고도 조금 달랐다는 이야기를 했습니다.

또 농경민의 경우 태어나고, 자라고, 늙어서 죽으면 뒷동산에 묻히는 마을 공동체가 농경민들의 우주였고, 옆 마을에 가 봐야 똑같은 방법으로 농사짓는 사람들만 있었기 때문에 공간적인 경험의 확장이 지혜의 함수가 되지 못하고 시간적인 경험의 축적이 지혜의 함수가 되었다는 이야기를 했죠. 농경민은 오래 살수록 지혜로운 사람으로 여기기 때문에 농경공동체에서는 자연히 장로들 중심으로 권력이 집중되고, 어른들을 공경하는 의식이 역사관에도 투영이 돼서 상고주의 정신이 싹트게 됩니다. 그래서 우리 아버지보다는 할아버지가 슬기롭고 할아버지보다는 그 할아버지가 더 슬기로웠을 것이다, 요순시대에 살던 사람들은 슬기로운 사람들이었기 때문에 그때는 황금시대였고 점점 아래로 내려올수록 은의 시대, 동의 시대, 철의 시대가 된다, 불교식으로 하면 정법시대에서 상법시대, 말법시대로 시간이 지날수록 점점 더 인간이 살아가는 조건도 어려워지고 인간은 더 멍청해진다는 세계관이 농경민들 의식에 자리 잡게 된다고 말씀을 드렸습니다.

이렇게 '노인네들이 하는 말은 무조건 옳다'는 생각이 깊이 박혀 있기 때문에 가치관도 대단히 규범적이어서 스스로 알아서 하는 것보다는 어른들이 하는 대로 순응해서 살면 살길이 열린다고 생각을 했습니다. 그렇기 때문에 독자적으로 자유롭게 생각하는 사람들은 싸가지 없는 젊은 것들이라고 여겨서 마을 공동체에 크게 도움이 되지 않았다는 이야기를 제가 한 듯싶습니다.

이와는 달리 유목공동체는 짐승들에게 먹일 수 있는 목초가 있는 곳을 찾아서 위도에 따라 올라갔다 내려갔다 하면서 인위적으로 한 철을 만들었습니다. 농경민 사이에서 자연의 시간이 지배적이었다면, 유목민들은 인간이 자연의 시간에서 일부를 통제할 수 있는 길들을 열어 가는 측면이 있습니다. 실제로 목초지라는 것이 풀밭인데 기후가 조금만 바뀌어도 그 풀이 곧 메말라서 사막이 생기기 쉬운 조건이고, 사막이 생기게 되면 유목민들 사이에 먹고살 길이 되는 초원을 사이에 두고 싸움이 일어나고, 그 과정 속에서 전체 부족이 죽느냐 사느냐가 달려 있기 때문에 결국은 어린 시절부터 목초지를 지키기 위해서 전사들을 길러 낼 필요가 있었습니다. 그래서 농경사회에서는 상사(喪事)와 제사(祭祀), 곧 사람이 죽거나 죽은 사람을 모시는 의식이 중요한 몫을 차지하고 있지만 유목사회에서는 전쟁에서 이겨 낼 수 있는 육체적으로 강인하고 튼튼한 젊은이들을 길러 내기 위한 아주 가혹한 성인식이 가장 중요시되었다는 이야기를 곁들여서 말씀드렸습니다.

또 이 사람들은 상황에 따라서 목초지가 있기도 하고 없기도 해서, 여러 공간을 다니면서 목초지를 찾아야 했기 때문에 공간적인 경험의 확장이 지혜의 함수였습니다. 그렇게 공간적인 경험을 제대로 하려면 말이나 낙타를 길들여서 위험을 무릅쓰고 이리저리 풀이 자라는 곳을 찾아다녀야 했기 때문에 정신적, 육체적인 힘이 강한 청장년층으로 권력의 중심이 옮겨 온다는 말씀도 드렸습니다. 유목민들은 과거에 찾았던 목축지에 다시 가 보아도 누가 이미 차지하고 있거나 가뭄이 들어서 없어졌을 수가 있으니까 노인들 말을 무턱대고 따르는 대신에 스스로 찾아 나서야 했고, 그러다 보니 어른들 말을 귓등으로 흘려듣는 버릇이 생겼다는 이야기도 했습니다.

이렇듯 농경민들의 윤리가 규범윤리라고 하면 유목민들의 윤리는 상황윤리입니다. 어떤 것을 고집하지 않고, 그때그때 바뀌는 사고의 유연성이 생겼다는 이야기였죠. 이렇게 해서 농경민들 문화 형태와 유목민들 문화 형태가 상당히 큰 차이를 보이는데, 거기에 대해서 제가 더 깊이 이야기하지는 않았습니다.

저는 여러분들한테 농경민 문화와 유목민 문화가 어떻게 다른지에 대한 나머지 부분을 숙제로 남겨 두겠습니다. 농경민한테서 처음으로 부동산이라는 개념이 생겨났고, 유목민한테서 처음으로 동산이라는 개념이 생겼다는 것만 알아 두시면 되겠습니다. 가축은 끊임없이 움직이는 것이기 때문에 동산이죠? 농경민들은 자연의 시간에 많은 제약을 받았고, 인간의 시간이라는 것은 크게 가치가 없었습니다. 왜냐하면 삶을 꾸려 가는 데 자연이 지배적인 역할을 했고, 오랜 세월에 걸쳐 자연에 순응하는 지혜를 익힌 노인들 말씀과 자연이 순환하는 질서를 그대로 따르면 삶이 보장되었기 때문에 따로 생명의 시간 일부를 재조직해서 인간만의 시간으로 만들 필요가 없었습니다. 그런데 유목민이 되면서 상황이 달라지죠. 자연의 시간에 순응해서만은 살아남을 길이 없어서 시간을 공간화하고 등질화시킬 필요가 유목민들 사이에서 나타난 겁니다. 그러나 유목민의 삶도 실제로 자연의 시간과 긴밀하게 연결됐다는 의미에서, 생명의 시간 가운데서 자연의 시간과 완전히 분리되는 인간의 시간을 만든다는 것은 유목민 삶에서는 아직 나타나지 않는다고 말씀드린 것을 잘 새겨 보시기 바랍니다.

신화 해석의 중요성:
우리 사회의 지식 형성 과정

오늘은, 바다를 끼고 지중해 해안가에 세워진 그리스 이오니아 식민지를 중심으로 이야기를 풀어 갈까 합니다.

여러분들 밀레토스▪라는 지역을 아시죠? 밀레토스가 어떤 곳입니까? 철학 개론 배우신 분들 손들어 보세요. 탈레스라는 이름은 압니까? 서양에서 최초의 철학자라 알려진 탈레스가 밀레토스 출신입니다. 탈레스는 '만물의 근원은 물'이라고 말한 것으로 유명한 사람이죠. 여러 방면에 다양한 재질을 가지고 있었는데 천문학에도 일가견이 있었습니다. 늘 하늘만 쳐다보고 다니다가 웅덩이에 빠진 적도 있어서 가까운 것은 못 보고 먼 것만 보고 다닌다고 사람들이 비웃었다는 일화도 있죠.

실제로 만물의 근원이 뭐냐 하는 물음은 오랫동안 인간의 호기심을 자극해 온 중요한 주제였습니다. 종교에서도 이 우주와 세상이 어떻게 해서 생

▪ 기원전 10세기경, 고대 그리스에서 최강의 도시국가로 불렸던 곳이다. 에게 해 근처에 있던 이오니아 지방에 속했던 곳으로 해외무역으로 번창하였으며, 흑해 연안에 많은 식민지를 건설하였고 밀레토스학파를 낳았다.

겨났는지에 대해 끊임없이 물으면서 그에 대한 해답을 찾으려고 애를 써 왔고, 철학에서도 마찬가지입니다. 우주를 이루고 있는 가장 작은 하나가 무엇이고, 그것은 크기가 얼마나 되는가에 대한 끝없는 탐구가 현대 입자물리학자들 사이에서 이루어지는 것과 마찬가지로, '가장 큰 하나인 우주라는 것이 어떤 식으로 이루어져 있느냐, 누가 이 큰 우주를 만들어 냈느냐, 혹은 저절로 이 큰 우주가 생겨났느냐' 하는 화제에 대해서도 굉장히 관심이 크죠.

이야기가 좀 재미있어야 하니까 우리 쪽으로 눈길을 돌려 봅시다. 많은 사람들이 우리 나라에는 천지창조 신화가 없었던 걸로 생각을 해요. 이 잘못된 생각이 어디서부터 비롯됐냐면, 단군신화를 엉터리로 해석해 온 이른바 신화학자들이나 역사가들 말을 곧이곧대로 받아들인 데서 생긴 고정관념에 매달린 탓이 커요. 웅녀설화를 예로 들면 토템 사상을 끌어들여서 '웅녀는 곰 부족을 상징하고 환웅은 호랑이 부족을 상징한다, 이 부족국가들이 결합해서 고조선이라는 민족국가를 형성한 것이다' 이런 식으로 이야기를 한단 말이죠. 이 엉터리없는 이야기를 맨 처음에 퍼뜨린 사람이 누군지 알아보았더니 육당 최남선이 나옵디다. 불함문화론*에 나오는 이 터무니없는 주장을 신화학자 김열규 선생이 확산시킵니다. 너무 그럴싸한 이야기여서 많은 학자들이 거기에 넘어가 우리 나라에는 토템과 샤만 이런 것들은 있었지만 천지창조 신화는 없다는 식으로 규정을 지었는데, 아무리 조

■　　　1925년에 육당 최남선이 일제 식민사관에 대항해서 한국 고대 문화의 위상을 높이고자 펼친 학설이다. 백두산을 중심으로 해서 우리 민족을 뿌리 삼아 한족, 만주족, 일본 족을 포함한 고대 문화가 이루어졌다는 내용을 담고 있다.

그만 부족도 천지창조 신화는 있습니다. 나름대로 가장 큰 것이 어떻게 해서 생겨났는가를 두고 관심과 호기심을 가지고 설명해 내려고 애쓰고 있습니다. 물론 천지창조 신화를 설명하는 체계를 보면 짜임새가 정교한 것도 있고, 느슨하거나 엉성한 것도 있지만 적어도 없는 곳은 없습니다. '우리나라 사람들만 별종이어서 천지창조 신화가 없는 거냐 아니면 유실된 거냐?' 이런 생각을 할 수도 있는데 그렇지 않습니다. 제가 한 삼십 년 전부터 단군신화는 재해석되어야 한다고 주장해 왔는데 신화학에 문외한인 사람이 떠벌리는 말이라고 권위를 인정해 주질 않아요. 이제부터 제가 제대로 해석을 할 테니까 여러분들, 들어 보세요.

삼국유사에 나오는 단군설화를 보면 환인의 아들 환웅이 아버지에게, "아래로 내려가 중생들에게 널리 이로움을 주겠다"고 해서 신단수 아래로 바람, 비, 구름, 번개, 우레 같은 손(운사, 뇌공 등)을 데리고 내려옵니다. 그런데 환히 빛나는 멋있는 수컷 환웅(해)에게 반한 암컷 둘이 찾아옵니다. 이른바 곰과 범이지요. 환웅이 쑥과 마늘을 먹고 100일을 견디면 짝으로 삼겠다고 말하자, 호랑이는 그사이를 참지 못하고 달아나고 웅녀는 견디고 참아서 환웅의 짝이 되어 단군왕검을 낳았다는 식으로 기록되어 있죠.

호랑이는 우리 말로 범이죠. 언어학자들은 어원을 추적할 때 모음은 제쳐 놓는 일이 많습니다. 그만큼 모음은 시간과 지역에 따라 자주 바뀌고 변화무쌍하기 때문입니다. 범은 밤으로도 발음되는데, 그렇게 기록된 예도 있습니다. 그리고 곰은 검도 되고, 굼도 되고, 감으로도 바뀝니다. 처음 낱말을 가르칠 때 한 낱말을 비슷한 다른 말로 바꿔서 그 말의 뜻을 일러 주는 것이 일반적인데, 이것을 사전적 정의(lexical definition)라고 합니다. 아이들에게 한문을 가르칠 때 가장 먼저 가르치는 천자문을 보면 뭐라고 되어 있어요? '하늘천, 따지, 감을현, 누르황' 이렇습니다. 이걸 어떻게 해석하냐면, 한 낱말을 뜻이 같은 다른 낱말로 바꾸어서 하늘은 '검'이요, 땅은 '누리'다, 이렇게 한 낱말의 뜻이 다른 낱말과 같다는 것을 밝혀 주지요. 왜 하늘을 검이라고 할까요? 감, 곰, 구무, 가마, 개마, 임금 할 때 금, 이런 것들이 모두 거무(검)에서 파생된 말인데, 우리 옛 분들은 빛의 간섭이 없는 밤하늘 빛깔이 본디 하늘빛이라고 봤습니다. '하늘은 검이다. 그리고 땅은 누리다.' 이렇게 옛날에 하늘이라는 이름도 있었지만, 그것을 검(거무)이라고 부르기도 했습니다. 개마고원을 왜 그렇게 부르느냐 하면 하늘에 닿아 있는 봉우리라는 뜻에서 붙인 이름입니다. 개마, 고마, 구마, 다 같은 말에서 파생되어 나온 말입니다. 이렇게 따지면 실마리가 잡힙니다. 밤도 깜깜하고 하늘도 깜깜합니다. 깜깜하다는 점에서는 밤(범)과 검(곰)은 다르지 않습니다.

백일이라는 말도 달리 해석해야 해요. 온(백) 날, 온날은 해가 비추는 동안, 온종일이라는 소리죠. 해가 비치는 동안에 자기와 함께 견딜 수 있는 것을 자기 짝으로 삼겠다고 했는데, 해가 비추자마자 범(밤)은 달아나고 곰(검)은 그대로 남아 있다는 것이죠. 하늘과 해가, 웅녀와 환웅이 짝을 맺게 되어 하늘이 해의 아낙이 되었다, 이것이 단군설화에서 나타나는 우리식 천지창조 신화입니다.

"우리 신화에서는 하늘이 여성이고 태양이 남성입니다. 이게 그리스 신화 책엔 거꾸로 되는 거죠. 저쪽에서는 우라노스(하늘의 신), 천공(하늘)이 남성이고 가이아(땅의 여신), 땅은 여성으로 상징되지요. '하늘과 해가 짝을 지어서 낳은 게 무엇이냐……. 다, 따, 다알(달, 딸), 땅이다. 이 지구도 그렇게 생겨났고, 달도 그렇게 해서 생겨났다.' 그럴듯한 말이죠? 아무도 이것을 학설로 봐 주지 않으니까 거짓말로 여겨져서 30년 동안 여기저기로 귀에서 귀로 흘러 다니다가 사라져 버렸어요. 어때요, 그럴듯해요?"

"네."

그럴듯하면 하나 더. 오행사상 있죠? 오행에서 기본색으로 다섯 가지 색이 나옵니다. 중국에서는 목, 화, 토, 금, 수가 오행(五行)이죠? 목은 동쪽과 풀, 화는 남쪽과 불, 토는 중앙인데 계절로 보면 여름과 가을 사이고, 금은 가을, 수는 겨울입니다. 말하자면 오행의 자리는 동, 남, 중, 서, 북인데 빛깔로 나타내면 목은 푸른색으로 나타나고, 화는 붉은색, 토는 누른색, 금(金)은 흰색, 수는 검은색으로 나타납니다. 목화토금수로 나타나는 오행을 우리 나라에서는 그대로 가져다 쓰기 어렵다는 것을 곧 알게 될 겁니다. 유럽이나 러시아, 그 밖에 다른 지역을 가 보면 부엽토가 뒤섞이고 썩어서 물이 검습니다. 그러나 우리 나라 물은 맑아서 투명합니다. 색깔이 없습니다. 우리 나라는 산구비가 가파르고 나무가 많기 때문에 계곡을 타고 흐르는 물이 검지 않아요. 중국에서 만들어진 오행설을 보면 갑자기 하얀 해 대신에 숫돌에 하얗게 간 쇠가 끼어듭니다. 금(金)이 쇠지요. 중국에선 오행이 색깔로 보면 푸른색, 붉은색, 누런색, 흰색, 검은색으로 되는데 쇠를 흰색으로 물을 검은색으로 나타냅니다.

우리 말 형용사 푸르다는 풀이라는 말에서 나왔습니다. 붉다는 불에서 나오고, 누르다는 누리에서, 다시 말해 황토 땅에서 나온 것이고, 희다는 해에서 나왔고, 검다는 '검' 곧 하늘에서 나왔습니다. 우리 나라도 예부터 우리 나름으로 오행설이 있었습니다. 오행설에 따라서 빛깔이 지정되었기 때문에 우리 나라 기본 색채가 중국보다 훨씬 더 원초적이고, 또 전부 자연물로 되어 있습니다. 쇠 대신 해가 들어가고, 물 대신 하늘이 들어간 것처럼이요. 우리 나라 사람들은 삶에 가장 밀접한 자연물에서 우리 색채를 끌어냈다고 하면 이게 민족주의적인 발언입니까? 아니죠?

잘 들어 보십시오. 우리 나라에서는 물은 맑고, 불은 밝고, 바람은 부는 것입니다. 이름씨(명사)와 움직씨(동사), 그림씨(형용사)가 같은 소리, 하나의 말에서 흘러나옵니다. 우리 민족은 이런 점에서 아주 좋은 언어를 물려받았어요. 이런 말을 부려서 쓸 수 있었던 우리 조상들이 참 대단한 사람들이라는 생각이 들어요. 그런데 여러분들은 우리 조상들이 시원찮아 보이니까 '있다, 없다' 이런 말을 시시하게 여기고 존재와 무(無) 하면 대단하게 보고 그렇지요?

도시의 형성 과정

지금까지 저는 여러분들과 함께 시간 축을 따라서 경험을 축적하는 것이 지혜의 함수인 사회가 있고, 공간 축을 따라서 경험을 확장하는 것이 지혜의 함수가 되는, 서로 다른 원초적인 사회를 살펴보았습니다. 농경공동체와 유목공동체라고 해서 처음부터 끝까지 원형 상태 그대로 남아 있는 일은 없는데, 어쨌든 주어진 시간과 공간, 삶의 형태가 다름에 따라서 사람들 의식이 어떻게 바뀌게 되는가에 대해 이야기했습니다. 이 두 공동체에서는 한 개인이 무엇을 할까, 어떻게 할까 하는 고민은 크게 하지 않아도 된다고 했습니다. 농경공동체에서는 마을 어르신들이, 유목공동체에서는 그 마을을 이끄는 수장들이 고민하고 결정을 내리기 때문입니다. 그런데 도시사회에서는 지혜의 함수가 공간적인 경험의 확장도 아니고, 시간적인 경험의 축적도 아닙니다. 개개인이 얼마나 똑똑하고 셈이 빠른지가 지혜의 함수가 되는 새로운 공동체가 나타나는데, 그것이 바로 도시사회입니다. 전제 행정도시에 대한 이야기는 잠깐 빼고, 해안 도시사회부터 이야기하지요.

원초적인 도시사회는 이오니아 식민지였던 지중해 연안 바닷가 여기저기에서 나타나기 시작했습니다. 지중해를 중심으로 배를 띄워서 무역을 하고, 낙타를 타고 사막을 지나 중국까지 장삿길을 연 사람들이 공동체를 이루기 시작한 것이지요.

이오니아 식민지 가운데서도 서양철학이 가장 먼저 발생했다는 밀레토스라는 도시사회를 잠깐 머릿속에서 그려 봅시다. 이 도시사회는 이미 몇천 년 전에 사라졌기 때문에 거기에 대한 정보나 유물, 유적으로 남아 있는 것이 거의 없어서 오로지 우리 상상력을 통해서 이 도시사회를 재구성해야 합니다. 그러니까 거짓말일 수 있다는 거 아시겠죠? 한 귀로 듣고 한 귀로 흘려버리시는 게 정신 건강에 도움이 될 수도 있습니다.

사실 한 개인이 유목사회나 농경사회에서 벗어나기는 쉽지 않습니다. 특히 농경사회에서는 큰 범죄를 저질러서 도망칠 수밖에 없는 처지에 몰리거나, 먹고살 길이 없어서 뿔뿔이 흩어지거나, 마을 공동체가 규범으로 강제하는 관습을 지키지 않아 그 사회에서 추방되거나, 삶에 큰 변화가 생겨 집단으로 떠도는 그런 경우가 아니면 그 사회에서 벗어나기 힘들지요. 대대로 뿌리내린 공동체에서 뿌리 뽑힌다는 것은 굉장히 큰 문제입니다. 농사짓던 사람들이 거기서 떠나면 무엇을 해서 먹고 삽니까? 이웃 마을로 자리를 옮길 생각은 엄두도 낼 수 없습니다. 왜 살던 마을에서 벗어났느냐고 물으면 대답할 말이 없거든요. 그러니까 마을에서 쫓겨난다는 것은 사형선고를 받는 것과 마찬가지입니다. 유목사회도 마찬가지로 함부로 떠날 수가 없습니다. 수장을 따라 목초지에서 목초지로 옮겨 다니던 사람들이 거기를 떠나서 독립적인 삶을 개척하기는 쉽지 않으니까요.

그러니까 두 가지 경우죠. 아까 이야기한 것처럼 범죄행위를 저질러서 야반도주를 하거나, 아니면 주민 전체가 뿔뿔이 흩어져서 여기저기 흘러 다닌다거나 해야겠지요. 그리고 쫓겨난 뒤에는 굶주려서 거렁뱅이 노릇을 하거나 남의 것을 훔칠 수밖에 없지요. 개를 기르기 시작한 것은 아마 이 뜨내기들에 대한 대비책이 아니었을까요? 야밤을 틈타 누군가가 와서 물건을 훔쳐가는 것까지는 괜찮은데 칼 들고 와서 강도짓을 하고 저항하면 죽이고 그럴까 봐, 인기척이 들리면 멍멍거리라고 개를 키우는 거거든요. 농경민들이 개를 기르는 것은 유목민들이 양 떼를 모는 데 쓰려고 개를 기르는 것과는 조금 다른 경우죠. 다른 가축들에 견주어 개를 기르는 것은 대단히 효율이 떨어집니다. 개는 엄청나게 식량을 축내는 짐승이거든요. 어쨌든 불량배가 돼서 떠돌다가 강도나 절도로 사람을 다치게 하거나 해코지하거나 먹이를 훔쳐 가는 사람이 생겨나면서, 이에 대한 대비책으로 사람보다 밥을 더 많이 먹는 개를 길러야 하는 불가피한 사정이 있었습니다.

해안 도시에 몰려든 사람들은 대체로 굶주려서 여기저기 돌아다니다가 흘러들었거나 농경공동체나 유목공동체에서 미움받던 삐딱한 사람들입니다. 삐딱한 사람들이 누구냐면 어른 말 안 듣고 지도자 말 안 듣는 사람들이거든요. 삐딱이들을 보면 거의 머리가 잘 돌아갑니다. 우직한 사람은 삐딱이가 안 됩니다. 이 삐딱이들이 해안 도시사회에서 장사로 먹고 삽니다. 이 사람들은 살판났지요. 바보 같은 어른도 어른이라고 꾸벅꾸벅 죽어지내야 하는 일도 없고, '너 씩씩하고 용감하게 죽어!' 하면서 어거지로 전쟁터에 앞장세우는 사람도 없으니까요. 대체로 머리 좋은 사람들 중에는 몸 쓰는 것을 즐기는 사람들이 없습니다. 몸 놀려서 살 수가 없으니까 머리를 굴려서 사는 겁니다.

여기에서 일어난 사회 변화가 얼마나 급격했으리란 건 상상을 통해서 미루어 짐작할 수 있을 겁니다. 이를테면 이집트에서 온 어느 사람이 태양신을 상징하는 새를 믿는데, 그 새를 믿는 사람은 일주일에 두 번 쉬지 않으면 죄가 된다고 배웠기 때문에 상점 문을 닫고 있었다고 봅시다. 그랬더니 중요한 거래처에서 '그날 문을 닫으면 너하고는 다시 거래를 안 해' 이렇게 을러대면 어떻게 해야겠어요? 또는 어떤 인도 사람이 '나는 아침 시간엔 조용히 명상에 잠겨야 하는 종교적인 전통에서 자라 왔는데, 니가 아침부터 찾아와서 거래를 하자고 하다니, 말이 돼? 어림없는 수작이지' 하며 저마다 자기가 태어난 문화적, 사회적, 종교적인 배경을 들이대면서 서로 가게 문을 닫거나 상거래에 지장을 준다면 어떻게 되겠습니까? 살길이 없죠? 그래서 시골에서 땅을 파다가 왔든, 풀밭에서 짐승을 몰고 다니다 왔든, 인도에서 왔든, 이집트에서 왔든, 자기가 살았던 지역의 모든 관습과 전통을 버려야 살아남을 수 있습니다.

그리고 어렸을 때부터 익힌 제 고장 말을 고집해서도 안 됩니다. 그리스 사람들이 야만인을 가리킬 때 바르바로이(barbaroi)라고 했는데, 무슨 말인지 알아들을 수 없는 말을 하는 사람들이라는 뜻이었습니다. 그러니까 자기들끼리 의사소통을 하고, 공동체를 이뤄 살고, 자기 문화에 대한 자긍심을 지키려고 드는 사람은 죄다 이상한 사람들이고, 야만인이라고 여겨서 깔보게 되죠. 그런데 도시 공동체에서 인도 말을 하면 야만인이다, 혹은 페니키아 말을 하는 사람은 야만인이다 하면서 서로 상대를 하지 않으면, 좁은 지역에 모여 살면서 거래를 해야 하는 사람들은 발붙일 곳이 없어집니다.(설상가상으로 해안 도시사회는 내부에 생산지가 없습니다.)

어쨌든 외부에서 먹고살 것을 끌어들여야 살아갈 수 있는데, 이 사람들이 서로 연대하지 않으면 주변에 있는 유목공동체나 농경공동체에 가서 돈 될 만한 상품을 끌어올 수가 없습니다. 이런저런 이유로 해서 해안 도시사회에 사는 사람들은 삶의 형태가 아주 다양하고 자기 정체성도 상황에 맞추어 그때그때 잘 바꾸어 냈습니다. 바다에서 장사를 하다가 갑자기 해적으로 바뀐다든지, 낙타를 타고 먼 길을 오가면서 정직한 장사꾼 흉내를 내다가 어느 순간에 도둑 떼로 돌변해서 마을을 습격해 물건을 약탈하는 일이 비일비재했습니다. 이 사람들은 중국에서 로마까지 가기도 하고, 또 거꾸로 지중해에서 비단길을 따라 중국까지 가서 비단 같은 것을 수입해 몸에 걸치고 살 수 있었습니다. 먼 길을 다니면서 싣고 다니는 것 가운데 의식주에 필요한 유기물들, 예를 들어 밥이나 반찬을 해 먹을 수 있는 것들은 도시 근처에 있는 농경공동체나 유목공동체에서 가지고 와야 합니다. 이런 것들은 먼 길에서 가지고 오는 동안 비를 맞아서 썩어 버리거나, 채소처럼 비를 맞지 않아도 하루 이틀만 지나면 다 썩어 버리기도 하기 때문에 가까운 둘레에 생산 공동체들이 널려 있어야 합니다. 다시 말해서 주변에 있는 농경공동체와 유목공동체를 식민지로 만들어서 안정된 식량 공급처로 만들어야 합니다. 그래야 먹고사는 문제를 해결할 수 있습니다.

무슨 말이냐 하면, 예를 들어 보겠습니다. 도시사회인 서울에서 가장 가까운 벼농사 짓는 곳이 어디입니까? 김포평야죠. 김포평야에서 서울 시민이 쌀을 가져다 먹는데 어느 해에 흉년이 들어 식량 공급에 문제가 생기면 어떻게 됩니까? 고스란히 그곳에만 기대고 다른 조치를 취하지 않으면 굶어 죽게 되죠. 그러니까 여주 이천에도 빨대를 대고 더 멀리는 호남평야까지도 빨대를 대야겠죠. 그래서 이곳에서 생산 교란이 일어나면 저쪽에서 끌어오고 저쪽에서 일어나면 이쪽에서 끌어와야겠죠? 이렇게 도시는 자기 내부에 생산지를 갖추고 있지 못하기 때문에 자급자족할 수 있는 길이 없어서 제국주의적인 확장 정책을 펴지 않을 수가 없습니다.

그러면 제국주의적인 확장 정책을 펴는 데 필요한 일차적인 것은 무엇입니까? 조직이죠. 그리고 잘 조직된 약탈자들에게 필요한 게 무엇이겠습니까? 창과 칼 같은 무기죠? 무기 생산은 도시인들에게 목숨이 걸린 일이 됩니다. 농사꾼은 낫과 호미, 괭이 같은 농사 도구가 필요해서 대장간을 찾아갑니다. 그러나 도시 사람들이 대장간을 찾아가는 목적은 창과 활, 칼, 이런 것을 벼리기 위해서입니다. 농경민이나 유목민의 경우에는 인간과 자연의 관계를 잘 조절하면 살길이 열립니다. 이 사람들은 인간과 자연의 관계를 해결하기 위한 도구나 연장으로서 낫이나 칼, 이런 것을 벼리는 겁니다.

그런데 도시인의 경우에는 인간과 자연의 관계는 뒷전입니다. 인간과 인간의 관계가 도시인들 앞에 놓인 삶의 문제를 해결하느냐 못하느냐에 관건이 됩니다. 때로는 협력하고 때로는 각축하고 때로는 서로 맞서야 하는데, 칼과 창이라는 것이 뭡니까? 인간 문제를 가장 빨리 해결하는 도구 가운데 하나입니다. 설득을 해서 안 되고, 세뇌를 해서 안 되면 죽여야죠. 전쟁의 기원이라는 것이 다른 게 아닙니다. 인간과 인간의 관계를 효율적으로 해결하는 길, 그것이 전쟁입니다.

그런데 해안 도시사회 내부에서 전쟁이 일어나면 어떻습니까? 공멸이죠. 그리고 의사소통을 제대로 하지 못해도 엄청나게 큰 장애가 생기게 됩니다. 어느 날 종교적인 천재가 나타나서 '우리 이런 종교를 만들자'고 하더라도 모두가 약삭빠른 뼈딱이들인데 누가 그걸 받아들이겠습니까? 안 된단 말이죠. 이 사람들을 묶을 길이 없어요. '사는 게 먼저고 철학하는 게 그다음이다(primum vivere deinde philosophari)' '우선 살고 볼 일이다' 모두 이렇게 생각할 수밖에 없어요. 그러니까 도시민들은, 특히 장사꾼들이 모여 사는 해안 도시 사람들은 이해관계로 뭉치는 수밖에 없다는 거죠. 이해관계를 따지려면 머리가 비상해져야 하고 계약을 어기면 안 되니까 규칙들도 생겨나야 하죠. 거기에서 나름대로 인위적인 규범들과 약속들이 생겨나고, 사람들이 서로 의사소통을 하는 데 있어 일치하는 점도 나타나게 됩니다.

이제부터 말과 글의 관계에 대해서 살펴보기로 하죠. 말이라는 게 어떻죠? 우리 기억에도 한계가 있고, 말로 한 약속은 다음 순간 뒤집어 버리면 그만입니다. 이집트나 중국 같은 전제군주가 지배하는 행정 중심 도시에서 상형문자가 생겨나고 그것을 써서 이런저런 통치에 필요한 일들을 하는데, 그 문자는 의사소통을 하기 위한 도구가 아니었습니다. 특권층 행적을 기록하는 것들과 연관되어 상형문자가 생겼는데, 가장 중요한 기능 가운데 하나가 피지배자들의 감성과 의식을 획일화하는 것이었습니다. 사상과 감정, 그리고 그 밖에 모든 것을 획일화시킬 수 있는 가장 효율적인 도구가 문자라고 여겨서 이 사람들이 문자를 만들어 내게 됩니다.

전제군주가 만들어 낸, 피지배자들을 획일화시키는 도구로서 부여받은 것과는 또 다른 기능이 글에 있다는 것을 밝혀낸 사람들은 장사꾼들이었습니다. 바빌로니아나 아시리아에서 발명된 쐐기글자를 보면 점토 판에 적힌 글이라는 것이 '돼지 몇 마리, 소 몇 마리, 밀 몇 자루' 죄다 이런 것들투성이입니다. 그러니까 거래하는 사람들이 서로 '돼지 열 마리 보냈으니 곡식 열 말 가져다 다오' 하고 말하는 용도로 쐐기글자를 만들어 쓴 겁니다. 이 문자의 발생과 연관해서 보면 재미있는 현상들을 발견할 수 있습니다. 시골 장터에서 술집을 연 할머니가 막걸리를 외상으로 먹은 사람들을 벽에 적어 놓습니다. 박 서방을 나타내는 브이(V) 자를 적어 놓고 한 잔 외상으로 먹었다고 그 옆에 일(/) 자를 그어 놓습니다. 또 홍 서방을 나타내는 동그라미(○)를 그려 놓고 한 잔 외상할 때마다 일(/) 자를 계속 그어 놓다 보니, 벽이 다 차게 생겨서 다섯 잔째 마실 때는 다섯을 뜻하는 모양(////)을 그어 놓습니다. 이와 비슷한 것들을 문자 발생에 있어서 초기 단계로 볼 수 있습니다.

종교도 버려야 하고, 가치관도 버려야 하고. 장사하는 사람들이 버려야 할 것은 정말 많습니다. 이해관계를 서로 관철시키기 위해서는 소통을 잘 해야 하는데 그러려면 버려야 할 것이 아주 많습니다. 불평등 거래는 장사꾼이 살아남을 수 있는 유일한 비결입니다. 불평등 거래를 할 수밖에 없는데 그걸 상대편이 알아차리면 어떻게 됩니까? 그러면 거래가 안 되겠죠. 그러니까 상대편이 알아차리지 못하게 해야 하죠? 돼지 키우는 마을에 가서 싼값으로 돼지를 사 오려면 파는 사람들을 그럴듯하게 속여야 하고, 그러자면 그 사람들이 하는 말을 배워야겠죠? 그 사람들이 지닌 정서와 사고방식을 익혀야겠죠. 그전에 농사를 짓거나 짐승을 키우고 살 때는 제 고장 말만 알아도 살 수 있었습니다. 저마다 독특한 온갖 토템과 터부를 마련하고 섬기면서, 자기들만 있는 세계에서 몽상과 상상력의 나래를 마음껏 펼치면서, 고유한 신화와 신앙 체계를 만들어서 그 안에 안주할 수 있었습니다. 하지만 이제는 실증적인 조사와 탐구가 필요하게 됩니다.

헤로도토스를 역사의 아버지라 그러죠? 헤로도토스는 장사꾼들을 따라 여기저기 탐사 여행을 합니다. 리디아 같은 곳에 가 보니까 아이들이 공기놀이를 하고 있어요. 그이는 이 놀이를 보면서 '아이들이 굶주림을 잊어버리려고 공기놀이를 만들어 냈다'고 유추합니다. 현대식으로 말하면 종족학이 시작된 것이라고 볼 수 있습니다. 즉, 각 민족이 가진 민속이나 풍습 같은 것을 기록에 남기고 조사 연구하는 사람들도 생겨난 것입니다.

해안 도시사회에서 살아남으려면 자기 사고방식을 바꾸어 낼 필요가 생깁니다. 농경사회나 유목사회는 모든 자산이 유기물 형태로 되어 있었지만 여기서는 달라집니다. 증서나 약속어음 같은 것들이 양 백 마리와 바뀌기도 하고 배 한 척과 바뀌기도 하기 때문에 실제로는 유가증권 같은 것들이 중요한 자산 목록으로 편입됩니다.

유기물과는 달리 무기물로 이루어진 자산은 썩을 염려가 없어 무한 축적이 가능해지니까 거대한 부를 축적하게 되고, 그러면서 변화들이 생겨납니다. 그리고 여기서 지혜의 함수는 이미 시간적인 경험의 축적이나 공간적인 경험의 확장이 아닌, 얼마만큼 셈이 빠르고 속셈이 멀쩡한지를 따질 수 있는 계산력이 됩니다. 누가 '네 속셈이 뭐냐?'고 할 때 네가 속으로 뭘 헤아리고 있느냐를 묻는 것이죠? 상대방 속셈을 알아내고 자기 속셈을 상대방에게 들키지 않는 것이 불평등 거래를 할 때 주 무기가 되니까 머리를 써도 자꾸 그쪽으로 쓰는 사람들이 나타나는 거죠.

이렇게 해안 도시사회에서는 짧은 시간 안에 큰 변화가 일어납니다. 인간이 단순한 마을 공동체와 유목공동체에서 벗어나 도시에 모여 살면서, 사고방식이나 감성에 거의 혁명적인 변화가 생겨나죠. 그래서 우리의 상상력과 몽상 같은 것들이, 우리를 꿈의 세계에 머물게 만드는 신화 공간이, 아주 엄혹한 현실 공간으로 바뀌게 되고, 그에 따라 누구 마음도 다치지 않고 어떤 종교나 신념 체계도 침해하지 않으면서 이 세계를 해석할 수 있는 길을 찾게 됩니다. 그 길을 찾다 보니까 하늘의 신(우라노스)과 땅의 여신(가이아)이, 이 세상 만물을 끌어안던 세계 해석이, '만물의 근원은 물'이라는 식으로 우주 근원에 대한 아주 밋밋하고 메마른 새로운 해석으로 탈바꿈하는, 낯선 세계관이 싹트는 겁니다.

도시사회에서 의사소통 수단의 변화

　지난번에 농경민과 유목민들 삶에서 일어나는 여러 가지 문화, 의식, 관습에 대한 것을 이야기했습니다. 뒤이어서 도시사회 가운데서도 전제군주가 다스리던 행정 도시가 아니라 이오니아 식민지라는 지중해 해안 도시에 성립한 도시사회에 대해서 이야기를 하다가 멈췄습니다. 제가 농경사회에서는 시간을 두고 쌓은 경험이 지혜의 함수가 되고, 유목사회에서는 공간적인 경험의 확장이 지혜의 함수가 된다고 그랬죠. 이렇게 도시사회 이전에는 시간적인 경험의 축적이 지혜의 함수가 되는 사회, 공간적인 경험의 확장이 지혜의 함수가 되는 사회가 있었습니다. 그런데 최초의 서양식 철학자인 탈레스가 태어나고 활동했다는, 이오니아 지방의 식민지 밀레토스 같은 상업 중심 도시사회는 실제로 두뇌 회전이 지혜의 함수가 되는 사회였습니다. 이 당시 사람들은 뱃길로 이곳저곳 많은 곳을 여행하고 여러 지역을 다니면서, 불평등 거래를 평등 거래로 위장하는 데 필요하다고 느껴 그 지역 언어를 익혔습니다. 이른바 말하는 최초의 '코스모폴리탄(세계인)'들이라고 볼 수 있습니다.

　지중해 연안 뱃길로 여러 군데를 다니면서 거래를 해야 하니까, 수시로 바다에 나가 장사를 하게 됩니다. 그러면서 자기들이 힘이 세고 다른 사람들이 힘이 약할 때는 노략질을 하는 해적으로 바뀌기도 하고(호머의 서사시 〈오디세이〉에 나오는 주인공 오디세우스도 해적선에 붙들려 가서 오랫동안 고생한 적이 있죠.), 때로는 떼강도로 바뀌기도 하고 때로는 장사꾼으로 거래를 하기도 하는데, 실제로 사업을 하는 사람이 대체로 도둑놈 기질이 있는 것은 불가피한 일입니다. 혹시 이런 직업에 종사하는 사람들이 있으면 상처 되는 말이 아니기를 바랍니다.(일동 웃음.)

어쨌든 지난 시간에도 잠깐 이야기했습니다만, 조그만 해안 도시에 아시리아인, 바빌로니아인, 리디아인, 페니키아인, 인도인, 이집트인 들처럼 온갖 종류 사람들이 모여 살게 되는데, 그 좁은 도시 공간 안에는 생산지가 없어서 자급자족할 수 있는 공간이 없습니다. 그렇기 때문에 반드시 외부에서 의식주에 필요한 것을 끌어들여야 하고, 그 밖에 살림 밑천이 될 만한 물건들도 끌어들여야 합니다. 그러기 위해선 내부 결속력이 생겨야 하고, 내부 결속력이 생기기 위해선 일정한 규율에 따라 세워진 위계질서가 필요합니다. 이 하이라키(hierarchy)▪를 설립하는 데 두 가지 계기가 작용할 수 있죠. 물리적인 강제가 그 하나이고 다른 하나는 설득입니다.

폭력적인 국가 기구와 이념적인 국가 기구의 원초적인 형태가 이 도시에서 나타난다는 것, 어차피 도시에서 거주하는 사람들은 식민주의자가 지닌 습성을 내면화할 수밖에 없다는 것을 이미 여러 차례 이야기했습니다. 생산지에서 생산에 교란이 일어난다는 것은 도시민으로서는 목숨이 걸린 중

▪ 사회나 조직 안에서 상하 구조를 갖는 계층이나 계급을 말한다.

요한 문제입니다. 먹을 것이 제때 제대로 들어오지 않으면 도시 사람들은 굶어 죽거나 도시를 떠나야 합니다. 생산지를 확보하고 생산물을 장악하는 것은 목숨이 걸린 문제입니다. 둘레에 있는 생산 공동체를 설득해서 고분고분 양식을 내놓게 할 길이 막히면 어떻게 해야 합니까? 바로 이때가 폭력적인 국가 기구가 작동하는 순간입니다. 도시 거주자들은 외교관이나 교사 같은 설득 능력이 뛰어난 사람들도 필요하지만 폭력으로 사람과 사람 사이의 문제를 해결하는 군대나 경찰도 그 내부에서 같이 길러 내야 합니다. 살려면 어쩔 수가 없습니다.

이렇게 해서 도시인들이 둘레 생산 공동체를 식민화하는 작업은 불가피한 생존 조건이 됩니다. 한 걸음 더 나아가 좀 더 안정된 삶의 조건을 갖추기 위해 해외 식민지까지 두게 되는데, 델로스동맹 ▪ 뒤로 아테네 제국주의가 걸었던 길이 바로 이 길이었습니다.(나중에 로마도 같은 길을 밟게 되지요.)

농경공동체에서는 마을이 자급자족할 수 있는 최소 단위였으니까 말로 소통이 가능했고, 유목민들도 소단위로 천막을 치면서 흩어져 다녔기 때문에 의사소통 수단이 말이었습니다. 그런데 지중해 연안에 있는 광범한 지역에 장삿길이 열리고 삶터가 넓어지면서 말만 가지고는 문제를 해결하기가 힘들어졌습니다. 그 대안으로 글을 통한 의사소통이 요구되지요.

시골에서는 말과 행동이 다르면 24시간도 버텨 내기가 힘듭니다. 유목사회에서도 사정은 마찬가지이지요. 그러나 도시인들은 대부분, 삶이 서로에

▪ 기원전 478년에 아테네가 페르시아 침략에 대비하여, 에게 해 둘레에 있는 여러 나라들과 맺은 해상 동맹이다. 나중에 이 동맹이 아테네 패권 확장에 이용되면서 이에 스파르타가 반발했고, 그 결과로 아테네와 스파르타 사이에 펠로폰네소스전쟁이 벌어졌다.

게 은폐되어 있고 거리로도 멀리 떨어져 있으니까 말로 의사소통을 할 수 있는 길이 차츰차츰 막히게 됩니다. 서로 속셈이 달라 말 따로 행동 따로 하더라도 쉽게 가려볼 수가 없습니다. 말로는, "그쪽에서 소 한 마리 보내면 여기서 곡식 세 말 보낼게" 하다가도 곡식을 구하기 힘들어지면 소 한 마리를 받고도 "내가 언제 세 말 보낸다고 그랬어? 여기 흉년이라 한 말 보낸다고 그랬지" 하면서 시치미를 떼면 할 말이 없거든요. 그래서 계약을 글로 맺어야 안심할 수 있는 그런 세상이 온 거죠.

이렇게 세계에서 나는 온갖 생산물이 도시로 모이게 되면서 삶의 양식은 급속도로 바뀌게 됩니다. 단일 공동체에서는 생산하고 소비하는 양식이 그런대로 단순합니다. 자산은 거의 모두 유기물로 이루어져 있습니다. 농경사회에서 생산되는 것이나 재산 가치가 있는 것은 거의 모두 유기물이고, 유목사회에서도 마찬가지입니다. 온갖 물류가 이곳을 거쳐 이동을 하기도 하고 머물기도 하는 도시사회에서는 상황이 바뀝니다. 돈으로 바꿀 수 있는 환전 가치가 큰 무기물들이 유기물을 대신해서 도시인들 자산 가치를 무한히 부풀게 하지요.

유기물이 의식주에 꼭 필요한 것인데도 교역 품목에서 뒷전에 밀리고 무기물들이나 사치품들이 더 활발히 거래된 까닭은 어디에 있을까요? 유기물은 수요가 일정하지 않습니다. 도시에 산더미처럼 쌓아 놓아 보았자 곧 썩어 버려서 하루아침에 자산 가치가 없어져 버리기도 하고, 가격탄력성이 없어서 이른바 한계효용의 법칙이라는 기묘한 법칙이 작용함에 따라 조금만 공급이 넘쳐도 똥값이 됩니다. 유기물은 도시 사람들이 먹고살 수 있을 만큼만 공급받으면 되고, 대신 떼돈을 벌어 주는 것은 사치품이나 금, 은, 보석, 향신료, 비단 같은 것입니다. 다행히 사치품들은 무게도 적게 나가

짐이 가벼워요. 오늘날에도 아프리카 같은 곳에서 유럽과 교역을 할 때 흘수선이 잠기도록 과일이나 곡식 같은 것들을 잔뜩 실어 가지만, 내려올 때는 동당동당 기계 하나 달랑 싣고 내려오는 일들이 벌어지죠. 옛날부터 육로를 통해서건, 해로를 통해서건, 장사꾼들은 큰 위험부담을 안고 장삿길에 나서야 했는데 위기 순간에 짐이 가벼워야 빨리 달아날 수 있고, 싸워도 홀가분하게 싸울 수 있으니까 그렇게 된 측면도 있어요. 이런 이야기 웃자고 한 이야기죠? (일동 웃음.)

의사소통 수단으로 발전한 문자

　지난번에 제가 이야기했죠. 지역 탐사들이 본격으로 이루어지면서 거래를 원만히 성사시켜야 하니까 다른 나라 언어에 대한 관심이 커지고, 이렇게 해서 여러 나라 사이에 문화 융합이 일어납니다. 가치관이나 종교 형태가 저마다 다르고 기록하는 방식들도 이집트 사람과 중국 사람이 서로 다 다른데, 각 지역에서 쓰는 특수한 언어를 아우를 수 있는 일반 소통구조와 사람들 의식에 어떤 공통치가 있느냐 하는 것을 연구하다 보니까 언어학에 대한 관심과 일반 문법에 대한 연구들도 생겨나죠.

　여러분들 가운데 〈뿌리깊은나무〉 라는 잡지를 본 적이 있는 사람 있습니까? 그 잡지를 보면 '1976년' 을 글자로 어떻게 표기했습니까? 그냥 우리 한글로 '천구백칠십육년' 이라고 표기했습니다. 사람들이 6을 써 놓고 거기에 월을 붙일 때 유월이라고 읽어야 하는데 육월이라고 읽고, 3살이라고 써 놓고 세 살이라고 읽지 않고 삼 살이라고 읽는 일이 있습니다.

　"아라비아숫자로 쓰인 글을 보고 하나, 둘, 셋, 넷, 하루, 이틀, 사흘, 나흘 이렇게 읽지 않고 일일, 이일, 삼일, 이런 식으로 읽는다고 개탄하는 분을 봤는데 여러분들은 어떻게 생각합니까?"

"……."

"사실 아라비아숫자를 중국식으로 읽는 거죠. 그렇지 않습니까? 일, 이, 삼, 사, 오, 육, 칠, 팔……. 중국 한자를 우리식으로 발음한 것이죠. 아라비아 사람 탓이 아니죠? 그리고 아라비아숫자를 아라비아 사람들은 절대로 그렇게 안 읽죠? 그러면 그것을 우리 방식으로 읽도록 어렸을 때부터 가르치거나 그렇지 않으면 〈뿌리깊은나무〉처럼 정직하게 우리식 한자음인 '천구백칠십육년'으로 써야죠. 그런데 그걸 왜 아라비아숫자로 쓰지 않았냐고 야단치는 사람들이 있단 말이죠. 왜 야단치겠어요? 습관이 안 돼서 눈에 안 들어온다는 거지요. 이게 눈으로 정보가 한순간에 들어오지 않는다고 불평을 하는 건데, 이것은 도시사회에서 청각 문화보다 시각 문화가 우위를 차지하게 되었다는 사실을 반영합니다."

도시사회에서 문자가 발명되었다는 것도 중요하지만, 정보가 시각화된 형태로 남아야 서로 믿고 의사소통을 원만히 할 수 있다는 의식 변화가 일어났다는 것이 더 중요합니다. 사람들이 시각 정보를 신뢰하고, 유기체와 함께 생겨나고 함께 사라지는 청각 정보에 대해서는 믿음을 잃었다는 것은 근본적인 사회 변화의 출발을 알리는 현상입니다.

플라톤의 대화편을 보면, 이집트를 방문한 그리스 사람들에게 이집트 사람들이 네오이(neoi)라고 부릅니다. 네오이라는 말이 뭐냐면 풋내기들, 젊은 것들이라는 말입니다. 어린것들이라는 뜻도 있지요. 문화의 지층을 두고 말하자면 표면에 머물러 있는 사람들의 삶과 땅속 깊이 뿌리내린 사람들의 삶이 서로 결이 다르다고 할까요? 아마 이런 사실을 두고 한 말일 겁니다.

제가 초기에 그 이야기를 했지요. 생명의 시간, 모든 생명체의 몸을 관통

하는(의식이 있는 생명체는 의식도 관통하겠죠.) 그런 생명의 시간 가운데서 자연의 시간과 인간의 시간이 나누어지게 되는데, 농경민들 의식 속에서는 자연의 시간과 인간의 시간은 하나였습니다. 달과 해의 순환이 자연의 시간을 규정짓는 것들이라고 할 때 자연의 시간은 순환하는 시간이라고 볼 수 있습니다. 날마다 해는 동쪽에서 떠올랐다가 서쪽으로 지고, 해가 떴다 지면 하루가 지납니다. 달이 차오르고 기우는 것이 되풀이되어 한 달이 되고, 이십사절기를 지내서 한 해가 됩니다. 이렇게 순환하는 시간 질서에 맞춰서 사람이 살아갔기 때문에 자연의 시간은 농경민에게 구체적인 삶의 시간이기도 했습니다.

그런데 유목 생활을 시작하는 집단이 나타나게 되면서 인간의 시간은 자연의 시간에서 조금씩 갈라서게 됩니다. 유목민들은 목초지를 찾아다니는 동안 항구적인 계절을 유지해야 가축과 사람들이 살아남을 수 있었기 때문에 시간을 도려내서 그것을 항구화하려는 시도를 하게 됩니다. 그래서 유목민한테는 인간의 시간이 자연의 시간과 더불어 나란히 나타나는데 그것이 완전한 독립변수로서 자리 잡지는 못했습니다. 그런데 해안 도시사회에 들어서면서 자연의 시간은 종속변수에 지나지 않고 인간의 시간이 독립변수가 됩니다. 이 시간에 대한 의식 변화는 대단히 중요한 변화입니다. 여러분들이 현재 알고 있는 시계로 측정하는 시간, 유클리드기하학적인 공간, 이런 게 전부 사람이 만든 시공간입니다. 자연에 바탕을 둔 시공간이 아닙니다. 아인슈타인의 통일장이론▪에 나오는 우주 공간도 자연적인 공간이

▪ 물질을 구성하는 입자 사이에 작용하는 힘의 형태와 상호관계를, 중력과 전자기력을 결합시켜 설명하려고 한 아인슈타인의 이론이다.

아닌 인위적인 공간입니다. 여러분들은 하도 많은 학자들이 떠들어 대서 이런 공간들이 실재하는 걸로 착각하기 쉽지만, 그런 시공간은 실재하지 않습니다.

그리고 운동을 규제하는 '정지하는 것은 정지해 있고 마찰이 없는 한 움직이는 것은 일정한 속도로 수평운동을 한다'(관성의 법칙), '무게를 지닌 것은 중력에 의해서 낙하 운동을 한다'(중력의 법칙)는 이런 이론들도 모두 실재하는 운동을 바탕으로 해서 만들어진 법칙으로 보기 쉽습니다. 그런데 그렇지 않습니다. 제가 여러분들 귀에 선 이야기를 하고 있는 셈인데, 현대인들이 받아들이는 인위적인 시공간 개념은 실재하는 시공간을 반영한다고 볼 수 없습니다. 이 이야기는 서양 과학 체계를 뒷받침하는 모든 가정들을 의심 대상으로 삼기 때문에 저로서도 아주 조심스러운 화제여서 시간이 있으면 나중에 더 자세한 보충 설명을 하겠습니다.

2부

'있음'과 '없음'

"있음과 없음이 함께 있다는 것은
우리가 사는 이 세상에 모순이 있다는 말입니다.
있음과 없음이 함께 있다는 모순에서 운동이 생겨납니다."

참말과 거짓말

(짝짝짝짝)

"안녕하세요. 앉아서 해도 상관없겠습니까?"

"네."

"제가 여기 계시는 어느 분에게 이런 말씀을 드린 적이 있습니다. 어차피 모든 학문은 거짓말에서부터 시작한다. 그리고 특히, 제가 하는 거짓말은 멀쩡한 거짓말이어서 '윤구병과 함께하는 거짓말 잔치' 이렇게 강좌 제목을 붙였으면 참 좋겠다는 이야기였습니다. 거짓말이 된다는 각오 없이는 입도 벙긋할 수 없는, 그런 지점이 있거든요. 그래서 선불교에서 스님들이 '입만 벙긋하면 틀린다'는 말을 합니다. 개구즉착(開口卽錯), 입만 벌리면 거짓말한다는 뜻이죠.

제가 말하는 한마디 한마디가 왜 거짓말일 수밖에 없는지에 대해 이야기하죠.

우리가 무엇이 참말이고 무엇이 거짓말이냐고 물어볼 때 여러 가지 대답이 있을 수가 있죠. 여기서 가장 총명해 보이는 분에게 여쭤 볼까요? 여기 어머니, 학구열이 대단하신 거 같은데 우리는 어떤 때 참말을 한다고 그러고 어떤 때 거짓말을 한다고 합니까?"

"마음에서 우러나지 않는 말은 거짓말이고 마음에서 우러나는 말은 참말이라고……."

"저는 마음에서 우러나서 거짓말하는 건데요.(일동 웃음.) 제가 워낙 여자를 좋아하니까 이번에는 저쪽에 있는 여자분에게 여쭤 보겠습니다. 우리는 거짓말을 허위라고 하기도 하고 오류라고 하기도 하고 착오라고 하기도 합니다. 참말은 진리라고 하기도 하고 진실이라고 하기도 하고 그러는데, 우리는 어떤 때 참말을 한다고 하고 어떤 때 거짓말을 한다고 합니까?"

"똑같은 말을 해도 어떨 땐 거짓이 되고 어떤 땐 참이 되고……."

"지금 철학 선생 앞에 두고 철학하실래요?(일동 웃음.)"

여러분들이 죄다 우리 말 공부를 제대로 하지 못하고 어렸을 때부터 생각을 어렵게 어렵게 하는 교육만 받았기 때문에 쉽게 생각하고 쉽게 대답할 줄을 모릅니다.

제가 우리 동네 할머니 할아버지들한테 여쭤 보면 바로 튀어나오거든요. "있는 것을 있다 하고 없는 것을 없다고 하는 게 참말이고, 없는 걸 있다 하거나 있는 걸 없다 하면 거짓말이지. 안 그려?" 이렇게 대답하십니다. 여러분들, 이 말이 틀렸습니까? 있는 것을 없다 하고 없는 것을 있다 하면, 그건 거짓말이죠. 있는 것을 있다 하고 없는 것을 없다 하는 게 참말이고, 인걸 아니라 하고 아닌 걸 이라 하는 게 거짓말 아닙니까, 그렇죠?

실제로 참과 거짓을 구별하는 게 왜 이렇게 중요한지 말하자면, 어차피 사람도 생명체니까 제 앞가림을 해야 하는데 사람 가운데 혼자서 자기 앞가림하는 사람은 드물죠. 지금 끼고 계시는 안경, 곱게 매만지는 생머리, 두텁게 껴입은 양복, 이거 다 스스로 만드신 거 아니죠? 이렇게 사람은 혼자 살 수는 없고 더불어 살길을 찾아야만 살 수 있는 운명을 안고 태어났습니다. 저는 사실은 제가 맹수였으면 더 좋겠습니다. 그러나 제가 사람 탈을 썼으니 여러 가지로 다른 사람들에게 신세를 끼치고 이렇게 삽니다. 사람으로 살아가려면 서로 말을 주고받으면서 "나 지금 뭐 없는데 너 지금 가진 거 있냐?"고 하는 것처럼 서로 의사소통을 해서 남거나 모자라는 것을 주고받고 나누면서 살길을 찾지 않습니까? 그런데 입에서 나오는 게 죄다 거짓말이 되면 의사소통할 길이 차단돼 버려요. 그러면 혼자 살기 싫어도 혼자 웅크리고 살 수밖에 없는 그런 형편이 되기 때문에 어쩔 수 없이 참말을 하고 살 수밖에 없습니다.

"여러분들 가운데 이제까지 살아오면서 나는 거짓말 한 번도 하지 않고 살아왔다는 분 손들어 보세요. 그런 뻔뻔한 분이 있는지 한번 보고 싶습니다. 예, 없을 겁니다. 누구나 경우에 따라 거짓말은 할 수밖에 없고 어쨌든 거짓말은 필요악이기도 합니다.

러셀을 비롯해서 널리 실증주의자들에게 난제로 알려졌던 것들 가운데 이런 말이 있습니다. 어떤 크레타▪ 사람이 아테네에 와서 '크레타 사람은 죄다 거짓말쟁이다' 하고 이야기했대요. 그 사람 말이 참말이겠어요, 거짓말이겠어요? 여러분들 생각은 어떠세요? 해답을 알고 계신 분 한번 이야기를 해 주시죠. 참말입니까 거짓말입니까?"

"참말이요."

"참말입니까? 그 사람은 크레타 사람이니까 거짓말쟁이입니다. 그런데

▪ 지중해에 있는, 그리스에서 가장 큰 섬이다. 유럽에서 가장 오래된 문명인 미노아 문명의 중심지로, 그리스 문화가 시작된 곳이다.

거짓말쟁이가 참말을 해요?"

여러분 앞에 선 제가 그 크레타 사람이라고 여기십시오.

제가 하려는 이야기가 그 거짓말인데 넘어가지 마세요. 거짓말에도 계보가 있고, 전제하는 근거가 있습니다. 거짓말의 계보를 여러분들에게 잠깐 알려 드리겠습니다.

여기 한번 써 봅시다.

참말 : 1. 있는 것을 있다고 하고, 없는 것을 없다고 하는 것.

      2. 인 것을 이라고 하고, 아닌 것을 아니라고 하는 것.

      3. 같은 것을 같다고 하고, 다른 것을 다르다고 하는 것.

거짓말은 여러분들이 거꾸로 대입해 보면 되겠죠. 따로 쓰지 않겠습니다. 이제 다음 문장을 한번 봅시다.

귤과 무화과는 다르다 : 일상 언어의 차원(보통 말)

같다, 다르다는 말이 철학에서는 굉장히 중요한 말입니다. 요즘 철학자들은 이런 천한 말을 안 쓰고 차별성과 동일성, 이런 말을 써서 그런데 그 말도 실제로는 같다, 다르다는 말이거든요. '귤과 무화과는 다르다' 처럼 우리가 왜 같다, 다르다는 말을 많이 쓰냐면, 같은 것끼리 모아서 일반화하고 추상화해야 말에 효율성이 생기고 의사소통을 빨리 할 수 있거든요. 그래서 어떤 때는 추상화하기도 하고 어떤 때는 구체화하기도 하는데 만일에 같다, 다르다는 말로 귤과 무화과를 구별하지 못하고 이 매직펜과 마이크를 구별하지 못하면 참 여러 가지로 불편하고 힘들겠죠. 이 세상은 여럿과 움직임으로 이루어져 있다고 합니다. 다(多)와 운동으로 이루어졌다고 말하는 것이 여러분들에게 익숙할지도 모르겠습니다.

"보통 말(일상 언어)에서 '귤은 무화과와 다르다'고 하는데 이 말을 참과 거짓이 갈라서는 논리 언어로는 어떻게 나타냅니까? 귤과 무화과는 왜 다르다고 하느냐고 물어보면 어떻게 대답해야 할까요?"

"……."

"꿀들 안 잡수셨죠?(일동 웃음.) 간단합니다. 굉장히 쉽게 생각하십시오. 제 강의는 제가 알고 있는 낱말이 몇 개 안 되기 때문에 복잡하게 설명할 수가 없어요. 복잡하게 생각하지 마세요.

귤은 무화과가 아니고 무화과는 귤이 아니다.(논리 언어)

위에 적은 것처럼 우리가 이다, 아니다로 나타낼 수 있는 것, 임자말과 풀이말을 이다와 아니다로 연결시키게 되면 거기서 참과 거짓이 쉽게 드러납니다. 그래서 이것을 논리적인 진술이라 부르기도 하고 판단이라 하기도 하고 명제라고 유식하게 말하기도 하고 그렇습니다.

혹시 대학 다닐 때 논리학 강의를 들어 보신 분 있습니까? 우리는 논리학 시간에 프로포지션(proposition)이라는 끔찍한 낱말, 괴물 같은 낱말을 배웁니다. 그것을 또 괴물 같은 한자로 명제(命題)라고 번역하는데, 이 낱말을 그냥 논리 언어라고 부릅시다. 여러분들이 조금 더 쉽게 알아들을 수 있게요. 그럼 왜 귤은 무화과가 아니고 무화과는 귤이 아니라고 그러죠?"

"귤은 귤이고 무화과는 무화과니까."

"어휴.(일동 웃음.) 이거 보세요. 제가 질문을 다시 하고 여러 사람 답변을 충분히 들어보고 싶습니다마는 지금 시간이 별로 없기 때문에 나중에 토의 시간 때 자세히 이야기합시다."

'귤에 있는 어떤 것이 무화과에는 없고, 귤에 없는 어떤 것이 무화과에는 있다'(존재 언어)가 정답입니다. 왜 귤과 무화과는 다르냐고 했을 때, 귤은 무화과가 아니고 무화과는 귤이 아니기 때문이라고 대답할 수 있습니다. 그럼 왜 귤은 무화과가 아니고 무화과는 귤이 아니냐고 물었을 때, 귤에 있는 어떤 것, 그것이 형태가 됐든 맛이 됐든 색소가 됐든 그 무엇이든지 귤에 있는 어떤 것이 무화과에는 없고, 귤에 없는 어떤 것이 무화과에는 있기 때문에 우리가 귤은 무화과와 다르다고 하고 귤은 무화과가 아니라고 합니다. 여러분들이 여기에 동의 안 하면 저는 더 이상 강의를 진행하지 않겠습니다. 동의하시죠?

이렇게 있다, 없다는 말이 끼어들기 때문에 우리는 이것을 존재 언어라고 합니다. 있음과 없음을 나타내는 말을 존재 언어라고 하니까 뭔가 있어 보이죠? 그런데 여러분들 지난 한 주일 동안 존재나 무(無) 같은 말을 한 번이라도 입에 올린 분이 있으면 손들어 보세요. 없을 겁니다. 그러면 여러분 중에 단 오 분이라도 '있다, 없다' '이다, 아니다'라는 낱말을 쓰지 않고 이야기를 이어 갈 수 있는 분은 손들어 보세요. 있습니까? 없죠? 우리가 다(多)와 운동 속에 있는 서로 다른 삼라만상을 가려보는데 '있다, 없다' '이다, 아니다' '같다, 다르다'라는 말이 아주 요긴하게 쓰이기 때문에 우리는 이 말을 쓰지 않고는 우리 생각을 펼쳐 나갈 수 없습니다.

"지금까지 제가 한 말이 모두 다 참말인가요?"

"네."

"여러분 같은 분들만 있으면 제가 농사를 안 짓습니다. 힘들여서 농사지을 까닭이 없어요. 속여서 먹고살 수 있는데 무엇 때문에 땀 흘리며 힘들여서 농사짓습니까? 제가 한 말을 참말이라고 보시다니 참 딱합니다.(일동 웃음.)

말하자면 여기까지 제가 지껄인 말재주도 기술입니다. 설득술이지요. 제 말을 듣고 내적인 확신이 여러분에게 생겼습니까? 아직 아닙니다. 다 동의를 했지만(처음부터 끝까지 동의를 얻지 않고 진행시킨 말이 없지요.) 왜 동의를 했지요? 그럴듯하게 말했기 때문입니다. 이게 바로 설득술인데 제가 오늘은 여러분들에게 상당히 강력한 설득력을 지니고 이야기해 갑니다. 곧 파탄이 나게 되겠지만요.(일동 웃음.)"

있음과 없음의 구분

이제 몇 가지로 정리를 해 봅시다.

'있다, 없다가 가장 위에서 모든 것을 가려 주는 근거가 된다'는 이야기를 전에 해 드렸죠? 철학은 원인학〔aitiology〕이라고도 이야기합니다. 그러니까 왜, 왜, 왜를 끝까지 묻고 그 원인을 밝혀서 맨 위에 있는 놈이 뭐냐, 최초 원인이 어디에 있느냐 하는 것을 찾아내는 것을 철학이라고 합니다. 이제 여기에서 우리가 '같고 다르고' '이고 아닌 것'을 뒤에서 끈으로 허수아비처럼 놀리는 두 놈이 있는데 그 두 놈은 있음과 없음이다 하는 것까지는 밝혀냈습니다. 그러면 있다, 없다라는 게 도대체 어떤 괴물이길래 이렇게 삼라만상을 다 뒤에서 조종하고 있느냐, 이걸 한번 살펴보겠습니다. 정리를 해 보죠.

1. 있는 것이 있다.
2. 있는 것이 없다.
3. 없는 것이 있다.
4. 없는 것이 없다.

"'있는 것은 있다' 하고 '없는 것은 없다' 하는 것을 참이라 그랬죠. 2번도 아까 말씀드렸습니다. 참말입니까, 거짓말입니까?"

"거짓이요."

"3번도 이렇게 되면 거짓말이라 그랬죠. 제가 앞에 적은 글 가운데 1번과 4번은 참, 2번과 3번은 거짓의 근거가 된다고 말씀드렸죠. 그런데 정말 그런지 봅시다.

'있는 것이 있다' 는 말, 여러분들 잘 이해할 수 있죠? 그냥 머리에 딱 들어옵니다. 그렇죠? 그다음에 '있는 것이 없다' 는 것을 거짓말이라고 했는데, 이 말에는 뜻이 있습니까 아니면 아무 뜻도 없습니까? 이렇게 있다, 없다로 끝나는 말을 논리학에서는 참과 거짓을 구별할 수 없는 말이라고 합니다. 그러니까 임자말과 풀이말이 '이다, 아니다' 로 연결되는 말만 참과 거짓을 구별할 수 있는 진술이고, 판단이고, 명제라고 합니다. 존재의 영역에 있는 말들은 참과 거짓을 가릴 수가 없고 다만 뜻이 있느냐 없느냐만 따지면 됩니다. '있는 것이 없다' 라는 말이 뜻이 있습니까, 없습니까?"

"……"

"지금 여러분들이 못 알아들을 말을 제가 하고 있는 것은 아니지요? 알아듣겠죠? 그렇습니다. 이 말에는 분명히 뜻이 있습니다. 무슨 뜻을 가졌을까요? '있는 것이 없다' 라는 말에는 '하나도 없다' 는 뜻이 담겨 있지요? 분명히 대답하십시오. 그다음에 '없는 것이 있다' 는 말은 거짓이라고 했는데 이 말에 뜻이 있습니까, 없습니까? '없는 것이 있다' 는 말에도 뜻이 담겨 있지요? 무슨 말입니까? 혹시 이 말이 '빠진 것이 있다' 라는 말과 같은 말인지 보십시오. 맞습니까?"

"네."

"그다음에 '없는 것이 없다'는 말에는 뜻이 있습니까, 없습니까?"

"있어요. '다 있다.'"

"그렇죠! 똑똑한 학생들이네. '다 있다'라는 뜻이죠.

자, 그러면 이제 여러분, 수수께끼입니다. 분명히 이유가 있을 텐데 '있는 것이 없다'고 해 버리면 부정이 됩니다. 그런데 왜 느닷없이 하나가 튀어나오지요? 이상하지 않습니까?

우리 사유 구조가, 우리 생각이 어떻게 움직여 가길래 '있는 것이 없다'가 느닷없이 '하나도 없다'는 말로 바뀔 수 있느냐? 그리고 '없는 것이 있다'고 할 때, 실제로는 이 말도 거짓의 울타리 속에 있는데 왜 없는 것이 갑자기 빠진 것이 돼 버리느냐? 우리 머리가 어떻게 움직이기에 이런 식으로 해석이 되고 이런 의미를 가진 낱말들이 갑자기 도깨비처럼 튀어나오는지, 그리고 '없는 것이 없다'고 했는데 왜 이것이 여럿을, 모두를 가리키는 '다 있다'는 말로 바뀌게 되는지 여기에 대해 생각해 보신 적 있습니까? 없죠?"

"전체를 머릿속에 두고서 '없는 것이 없다'고 하고, 그 전체성에 없는 것들이 꽉 찬 상태로 있다고 생각하면 그중 빠진 게 있다, 있는 것이 없다, 원래 다 있어야 되는데 그 있는 게 없으니까 하나도 없는 거죠."

"제가 저 야바위 노름을 하려고 그랬는데 대신해 주네요.(일동 웃음.)"

그런데 전체라고 하려면 최소한의 단위가 있어야 합니다. 여럿의 최소 단위가 있어야 그것들을 모두 뭉뚱그려 전체라고 합니다. 하나 가지고 전체라고는 안 하죠. 그러면 전체라고 할 때 전체를 이루는 최소 단위는 몇이어야 합니까? 적어도 둘이어야 하지요? 여기서 여럿의 최소 단위인 둘이 무엇인지 밝혀내야 합니다. 둘 이상이 있어야 좌우간 다(多)라는 말을 쓸 수 있고, 전체라는 말을 쓸 수 있어요.

"그 둘이 무엇입니까?"

"……"

"지금까지 이야기한 가운데 밝혀진 것은 있는 것과 없는 것밖에 없지 않습니까. 이 있는 것과 없는 것이 전체를 구성한다고 봐야죠. 그러면 없는 것이 있어야 합니까, 없어야 합니까?"

"있어야 해요."

"그렇죠, 있어야죠."

지금 우리는 당장 속절없는 거짓말의 수렁 속에 빠져들고 있습니다. '없는 것이 있다'고 말하는 순간 우리는 거짓말을 한다고 그랬죠. 그러니까 우주의 구조와 그것을 반영하는 우리 사유의 구조란 게 사실은 어떤 방식으로든지 없는 것을 실체화해서 있다고 생각하거나 상상하거나 혹은 그런 것을 실제로 '있는 것'으로 받아들이게 되는 겁니다. 그렇죠? 이제 여러분들 반은 제 거짓말에 넘어갔습니다. '없는 것이 있다는 것'은 의미가 있을 뿐만 아니라 꼭 필요하다, 없는 것이 있을 필요가 있다고 이야기했는데 그 말을 여러분이 받아들였습니다.

"이런 시간이 저로서는 괜찮습니다. 왜냐하면 제가 한 스무 해 전에 풀어먹었던 것을 되풀이하면서 적당히 강의 시간 때울 수 있으니까요. 저로서는 이런 강의가 괜찮은데……. 아마 바쁘신 여러분들한테는 시간 낭비가 될 겁니다. 이런 거짓말이 바닥에 깔린 이야기를 들어야 하니까."

"안 바쁜데……"

"하하하, 안 바쁩니까? 그러면 이제 한 단계 더 진전시켜서 봅시다."

있는 것이 하나로 있다고 칩시다. 있는 것이 없다고 했을 때 '하나도 없다 가 된다고 했죠? 있는 것은 하나로 있기 때문에 있는 것이 없다는 말은 하나도 없다는 말이 된 거죠. 여러분 가운데 '선생님 무슨 그런 헛소리하세요? 이게 어디 하나로 있습니까? 둘로 있죠. 귤과 무화과 둘로 있는데 하나로 있다니요? 멍청한 소리 그만하세요. 우리가 하나로 있으면 입이나 벙긋할 수 있고 이것저것 가려나 볼 수 있겠어요? 똥, 오줌도 못 가리지. 그러니까 이제 그런 헛소리하지 마세요.' 하고 이야기하는 사람이 있을 겁니다. 그런데 여럿의 최소 단위는 뭐라고 그랬죠? 둘! 여럿의 최소 단위는 둘입니다.

"그러면 이제 여기 있는 것을 둘로 나눠 보겠습니다. 하나는 있는 것 기역(ㄱ)이고, 하나는 있는 것 니은(ㄴ)입니다. 그러면 이 있는 것 기역(ㄱ)과 있는 것 니은(ㄴ)을 나누는 경계선이 있어야 할 거 아닙니까? 그렇죠? 그래야 나눠지지 않겠습니까? 그런데 이 둘을 나누는 선은 있는 것입니까 없는 것입니까?"

"있는 거요."

"예? 있으면 하나로 합쳐져 버리죠. 있는 것, 있는 것, 있는 것인데 뭣 때문에 둘로 있습니까? 또 다른 대안은 이 경계선이 '없는 것'이어야 하겠죠? 그런데 '없는 것'은 그 자체 규정상 없습니다. 그러니까 또 하나가 되는 거죠. 있는 것은 하나로 있죠."

"다시 한 번 말씀해 주세요."

"자, 다시. 만일에 여럿의 최소 단위는 둘인데 있는 것이 둘로 있다고 쳐 봅시다. 그러면 있는 것 기역(ㄱ)과 있는 것 니은(ㄴ)이 있어야 할 것이고 그러려면 둘을 나누어 주는 경계선이 있어야 될 것 아닙니까. 있는 것 기역(ㄱ)과 있는 것 니은(ㄴ)을 나누어 주는 것이 있어야 그걸 둘이라 그러지,

달라붙어 있어서 하나로 있으면 둘이라고 안 하지 않겠어요? 그랬을 때 이 나누는 경계선이 있습니까, 없습니까?"

"있습니다."

"그렇게 있다고 가정을 한다면 있는 것, 있는 것, 있는 것이 되어서 달라 붙어 버립니다. 그렇다고 해서 없는 것이라고 가정을 해 버리면 경계선이 없는 것이 돼죠? 또 달라붙죠? 그래서 있는 것은 하나로 있습니다. '있는 것이 없다'고 할 때 '하나도 없다'라는 말과 같아져서 있는 것이 통째로 부정이 돼 버리는 이유가 바로 그것입니다. 있는 것은 하나로 있기 때문이지요."

우리 나라 사람들 굉장히 머리 좋죠. 그걸 압니다. 제가 아까 있는 것은 하나로 있다, 그래서 있는 것이 부정이 되면 통째로 부정되어서 하나도 없다는 말이 된다, 그다음에 없는 것이 있다고 할 때 이건 빠진 것이 있는 것이라고 그랬죠. 그런데 실제로 '없는 것이 있다'는 말이 서양의 존재론 역사를 이끌어 오면서 말썽에 말썽을 거듭해서 불러일으키고 있습니다. 이 말은 서양 사람들 사유 구조에서 실제로 논리적인 사고에서나 초월적인 사유에서나 똑같이 어려움을 불러일으키는데, 기독교에서는 그보다 더 큰 어려움을 겪습니다. 이 사람들은 무로부터의 창조〔creatio ex nihilo〕, 즉 없는 것에서 있는 것이 생겨난다는 창조를 믿습니다. 없는 것에서 있는 것이 생겨난다는 가정을 우리가 받아들이면 열역학 제일의 법칙이 다 무너져 버리죠. 그렇지 않습니까? '무에서 유가 나온다'고 하면 에너지 보존의 법칙이 무너져 버립니다. 그런데 실제로는 이런 말을 히브리 사람들이 하거든요.

'사람은 아무것도 아니다. 하나님이 주물럭주물럭해서 만들었기 때문에 아무것도 아니고 아무것도 아닌 것〔nihil〕이 구원을 받으려면 유일신인 하나님을 믿어야 한다. 있는 것은 하나님뿐이고, 그래서 유일신(有一神)이다. 그러니까 있는 것은 하나고 그래서 하나님인데, 하나님을 뺀 나머지는 전부 헛되고 헛된 것이다.'

없는 것에서부터 만들어진 거니까 헛되다고 하는 건데 그리스철학의 전통에서 보면, 없는 것은 없는 것일 뿐입니다. '없는 건 없다. 없는 것을 있다고 하는 것은 거짓말이다. 그러니까 없는 것이 있다고 하지 말고 다른 말로 바꿔 보자' 고 해서 계속 맴도는 쳇바퀴를 만들어 낸 게 그리스철학의 전통이고 그것이 아리스토텔레스를 거쳐서 현대 실증과학까지 내려옵니다.

자, 그러면 이제 거짓의 근거가 되는 말이라고 했지만 '없는 것이 있다'는 것을 우리 사고가 요청하니까 없는 것을 있다고 놓고 한번 가 보도록 하죠. 그러면 우선 여럿은 확보되죠? 없는 것도 있고, 있는 것도 있다고 하면 둘이 확보되지 않습니까? 이렇게 해서 이 세상은 구제받을 길이 열리는 겁니다. 같고, 다르고, 이고, 아니고 하는 것들을 표현할 수 있는 길이 열리는 겁니다. 없다는 것이 전제되지 않으면, 없는 것을 빼놓고는 아니다라는 부정사 쓸 수 없죠? 그리고 다르다는 말도 할 수가 없습니다.

"그런데 없는 것이 있다고 보면 여기서도 없는 것과 있는 것을 가르는 경계선이 있어야 할 거 아닙니까, 그렇죠? 그러면 없는 것과 있는 것을 가르는 경계선이 있습니까, 없습니까?"

"있습니다."

"경계선이 있으면 있는 것, 있는 것, 있는 것 해 가지고 없는 것이 차츰차츰 줄어들어서 다 없어져 버려요. 그럼 거꾸로 경계선이 없는 것이라고 치면 없는 것, 없는 것, 없는 것 해서 있는 것이 다 없어져 버려요. 그렇죠? 이 경계선이 누구 편을 드느냐에 따라서 없는 것이 온통 다 삼라만상을 지배하기도 하고 있는 것이 온통 다 이 세상을 지배하기도 하고, 그렇게 되는데 그러면 이게 뭐죠? 이 경계선은 어떻게 봐야죠? 있는 것도 아니고 없는 것도 아닌 것으로 보아야죠. 있는 것이 아니니까 있는 것과도 구별되고 없는 것이 아니니까 없는 것하고도 구별되면서 경계선 노릇을 하는 거죠. 그렇죠?"

어떤 것이 끝나는 지점, 이를테면 선분(line)의 두 끝을 그리스 사람들은 페라스(peras)라고 합니다. 우리 말로 바꾸면 끝입니다. 끝, 갓, 겉, 다 같은 어원에서 나오는 말입니다. 그것과 그것이 아닌 것을 나누어 주는 경계 지점에 있는 것을 우리는 겉이라 하고 갓이라 하고 끝이라 하기도 합니다. 그러면 있는 것도 아니고 없는 것도 아닌 것은 뭐라고 하느냐? 아페이론(apeiron)이라고 합니다. 이것은 끝이 아닌 것, 끝이 없는 것, 경계가 없는 것을 가리킵니다. 라틴어로는 인피니스(intfinis), 영어로는 인피니트(infinite)입니다. 이 말에는 두 가지 뜻이 있는데 하나는 무한한 것, 무한히 연장되어 있는 것이라는 뜻이고 또 하나는 뭐라고 규정할 수 없는 것이라는 뜻입니다. 그 두 가지가 그리스어 아페이론(apeiron)이 지니고 있는 뜻입니다. 그러면 이제 없는 것 하나, 있는 것 하나, 있는 것도 아니고 없는 것도 아닌 것, 이 세 가지가 나왔죠? 여러분, 어떤 원시인들 가운데 수를 셀 때 하나, 둘, 많다 그렇게 표현하는 부족들이 있다고 하죠? 그게 실은 아주 정확한 겁니다. 하나, 둘, 그다음에 많다입니다. 그 이유도 여러분들에게 설명해 줄 수 있으면 참 좋겠습니다마는 아마 여기서 밤새 설명해도 못 알아들을 분들이 많을 것 같습니다.

"제가 앞에서 있는 것은 하나로 있다고 그랬죠? 그런데 없는 것은 하나로 있겠습니까, 여럿으로 있겠습니까? 하나로 있습니까?"

"아니요, 여럿으로."

"이유는?"

"아까 없는 것이 없다 그래서……."

"다 있다고 그랬죠. '없는 것이 있다'는 말은 빠진 것이 있다는 말도 된다고 그랬고."

"그 빠진 디펙트(defect)가 꼭 하나일 이유는 없어요."

"그렇죠. 빠진 것이 꼭 요렇게 빠져야 하고 이만큼 빠지게 할 필요는 없어요. 빠진 것에는 정도 차이가 있기 때문에 없는 것은 말하자면 이렇게 말할 수 있습니다.

'없는 것은 많다. 있는 것은 하나이지만 없는 것은 무한이 많다. 이래 없고, 저래 없고, 없는 사람은 죽을 맛이지만 어쨌든 없는 것은 엄청 많다.'"

있음과 없음의 연속성

여러분들 가운데 혹시 파르메니데스(고대 그리스의 철학자. 존재론과 인식론에 커다란 영향을 미쳤고 존재의 철학자라 불림.) 나 고르기아스 같은 사람 이름을 들어 보신 분이 있을지 모르겠습니다. 사실 파르메니데스는 아까 제가 했던 이야기의 뼈대를 세운 분입니다. 파르메니데스는 어떻게 이야기하느냐면, '있다, 없는 것은 없다. 있는 것은 굳이 형상화하자면 하나로 있고, 뭉쳐 있고, 구(球) 형태, 스파이로에이데스(sphairoeides)로 있다'고 이야기를 합니다. 그리고 '만일에 없는 것이 있다고 치자, 있는 것은 공간 속에 있거나 시간 속에 있어야 한다, 공간을 놓고 보면 여기 있는 것은 저기에 없고 저기 있는 것은 여기에 없다, 그런데 없는 것은 없다, 따라서 공간은 없다'고 하는, 아주 불친절하지만은 훨씬 더 정교한 논리를 그 제자인 제논이 개발해서 스승의 말을 뒷받침합니다.

다음으로 '시간이 실제로 있다고 해 보자. 시간은 과거와 현재와 미래로 나누어지는데, 있는 것은 오직 현재뿐이고 과거는 이미 없는 것이고, 미래는 아직 없는 것이다. 따라서 시간도 없다'는 이 말도 충분히 뒷받침할 수 있는 논리적인 근거를 그 제자 제논이 만들어 냅니다. 그런데 파르메니데스도 그렇고 제논도 그렇고, 여러분들이 잘 아는 피타고라스도 그렇고, 전부 이태리 학파들입니다. 어떤 사람은 유클리드까지 여기에 포함시킵니다.(아리스토텔레스의 질적인 운동을 뒤집어 버린 갈릴레오도 이태리 사람입니다.) 워낙 명석한 사람들입니다.

파르메니데스와 고르기아스는 같은 이태리 사람들인데, 이 두 사람이 내세우는 주장은 정반대입니다. 파르메니데스는 '있다. 없는 것이 없다' 이렇게 주장을 하고 있죠. 이 말에 고르기아스가 정면으로 치받습니다. '없다. 있는 것이 없다'고 합니다. 파르메니데스는 있다고 하는데, 고르기아스는 '없다, 무엇인가 있다고 치더라도 우리는 그것을 알 수 없다, 무엇인가 그 없는 것을 우리가 안다 치더라도 그걸 다른 사람한테 전달할 길이 없다, 입 밖에 낼 수도 없다' 이렇게 얘기합니다.

"한 사람은 있다고 하고, 한 사람은 없다고 하고. 그런데 있는 것이 하나라 하면 우리가 도대체 이런 말을 입 밖에 낼 수 있어요, 없어요?(대답 못하고 일동 웃음.) 조금 생략을 하려고 했는데 여러분들 표정을 보니까 생략을 못할 지점들이 자꾸 생겨납니다. 아까 '있는 것이 있는 것이다'라고 했죠? 이것이 참말이라고 그랬죠, 그렇죠?"

"네."

"그리고 이것이 참과 거짓을 가리는 기준에도 들어맞죠? 앞에 있는 것과 뒤에 있는 것이 이다라는 잇는 말로 연결돼 있으니까.

그런데, 가만 있자, '앞에 있는 것'과 '뒤에 있는 것'이라······. 그럼 있는 것이 둘로 있네요. 우선 있는 자리가 다르지 않습니까? 하나는 주어 자리에 있고 하나는 서술어 자리에 있지 않습니까? 하나는 임자말 자리를 차지하고 있고, 하나는 풀이말 자리에 있는데 이게 이다로 연결이 되네요. 둘

이상이 되어야 이다, 아니다로 연결시킬 수 있지 않습니까? 그렇죠? '있는 것이 있는 것이다'? 이게 말이 돼요? 아까 있는 것은 둘로 있을 수 없다고 그랬잖아요. 그런데 지금 있는 것이 둘로 나뉘어 멀쩡하게 저마다 자리 하나씩을 차지하고 있잖아요. 이게 말이 되느냐고요. 말이 안 되죠. 이건 거짓말이죠. 참말임을 보장해 주는 가장 추상적이고 보편적인 근거라고 생각했던 게 거짓말이 돼 버리네요.

둘이 있으면 둘이 차지하는 자리가 있기 때문에 이어짐, 곧 연장성이 나온다고 합니다. 공간이 곧 거기에 딱 나와 버립니다. 아까 있는 것과 없는 것 둘을 놨을 때 있는 것도 아니고 없는 것도 아닌 것이, 이 둘을 나누는 경계가 되어서 이 세 개가 관계를 맺게 되지요? 다 이어져 버리죠? 그래서 연장선이 생겼는데……. 말하자면 이런 겁니다. 여러분들 가운데 수학을 잘하시는 분 계시죠? 뭘 기준으로 해서 하나라고 하죠? 피타고라스는 하나를 뭘로 봤습니까? 바로 점[point]입니다. 하나 하면 한계가 하나인 것이죠. 한계가 하나인 것은 보입니까, 안 보입니까?"

"보여요."

"연장성이 없는 것도 보입니까?"

"아, 아뇨. 안 보여요."

"안 보이죠? 그렇죠? 안 보여야 합니다. 그러면 둘은요? 점이 둘이 모이면 이건 선[line]이라고 하는데 선분에는 한계가 둘 있죠, 양쪽에. 그렇죠? 그런데 두 한계도 안 보이지만 그 사이에 있는 것도 안 보이죠? 우리 눈에 들어오는 것은 연장성을 가진 것입니다. 그래서 눈에 들어오는 것이고요. 그다음에 이제 셋 하면 무엇이 되죠?"

"면."

"그렇죠. 면, 한계가 셋인 것은 면〔plane〕입니다. 삼각형이 최소의 한계로 이루어진 면이죠. 그러면 넷, 한계점이 네 개 있는 것은 뭐죠? 입체! 이렇게 한계가 넷이 있는 것을 입체라고 그러죠."

'우주에 있는 삼라만상을 다 살펴봐라. 한계가 하나가 있거나 둘로 있거나 셋으로 있거나 넷이 있다. 점, 선, 면, 입체로 모두 이루어져 있다. 이 모든 것을 전부 보태면, 1+2+3+4는 '10'이 되는데 이 숫자 10은, 테트락티스(tetraktys)는 신성한 수다.'

피타고라스학파 사람들은 이렇게 주장합니다. 피타고라스학파 사람들은 수로 이 세상의 모든 다(多)와 운동을 규정하려고 들었습니다. 이를테면 '결혼'이란 건 수로 나타낼 때 몇이냐? 24다. '행동'이란 건 뭐냐? 36이다, 하는 식으로 모든 것을 수로 규정하려고 들었습니다. 여기서 합리적인 핵심을 여러분들께서 이해해야 합니다. 바로 수와 비례관계로 삼라만상을 파악하려고 했다는 것. 이 말이 무슨 말이냐 하면 이 우주를 지배하는 합리적인 법칙을 찾아내려고 그 나름으로 무척 애를 썼다는 것이죠.

'그런데 실제로 우리 사고 내용을 들여다보자, 하나만 있으면 거기에 대해서 우리는 입도 벙긋할 수 없다. 우리가 무슨 말을 하게 될 때 참과 거짓이 구별되려면 꼭 주어와 술어 형태로 나와야 하는데, 같음과 다름을 구별하려는 순간에 있는 것이 여러 조각으로 깨어져 버린다, 있는 것이 아닌 없는 것을 있다고 받아들여야 한다.'

제가 전에 이렇게 이야기했죠. 그런데 없는 것을 있다고 받아들이지 않는다면 우리는 다와 운동을 설명할 길이 없고, 이것과 저것을 가려볼 길도 없고 아무것도 할 수가 없습니다. 이게 거짓말의 여러 모습인 오류, 실수, 사기, 이런 모든 것의 존재론적인 근거가 되는 겁니다. 우리가 말을 하면서 이 세상을 살아가려면 의식하든 의식하지 않든 절반쯤 거짓말을 깔고 들어간다는 것을 이해하면 됩니다. 온전한 참말은 입 밖에 낼 수가 없습니다. 온전한 참말이라는 것은 침묵밖에 없다고 생각됩니다. 그래서 선불교에서 면벽 수련하는 수좌(승려)들이 개구즉착, 입만 뻥긋하면 틀린다고 하는 것입니다.

이제 제가 입만 열면 제 입에서 나오는 말이 거짓말이라고 한 이유를 이해하겠죠? 이게 죄다 거짓말입니다. 귀가 왜 두 개 있느냐 하면 한 귀로 듣고 한 귀로 흘려버리라고 양쪽에 있는 겁니다. 절대로 외우지 마세요. 여러분들에게 솔깃했던 말들도 다시 한 번 의심해 보십시오. 제가 아까 이야기 했죠? 설득술이라고. 제가 이제까지 했던 말이 바로 그 설득술에 지나지 않습니다.

이제부터는 저도 모르는 영역으로 들어갑니다.

왜 고상한 '존재'와 '무'가 아니고 흔해빠진 '있다' '없다' 인가?

　지금부터 제가 이야기하려는 것은 이른바 서양에서 '존재론(存在論 : ontology)' 이라고 부르는 철학의 한 분야에 대한 것입니다. 이 분야는 전통적으로 존재와 무를 다루는 분야로 알려져 있습니다. 존재(存在)와 무(無)라니! 여기에서 잠깐 제가 강의실에서 학생들과 한 이야기를 끼워 넣겠습니다.

　"여러분, 장 폴 사르트르라는 프랑스 철학자를 잘 아시지요?"

　"예, 그분 소설가이기도 하지요?"

　"그렇습니다. 그런데 그분이 비교적 초기에 썼던 유명한 철학책이 있습니다. 그 책 이름을 아는 분 계십니까?"

　"예."

　"뭐지요?"

　"《존재와 무》 아닙니까?"

　학생들은 입을 모아 대답했습니다.

　"존재와 무라? 대단히 어렵고 심오한 말인 것 같은데, 여러분은 친구들과 이야기를 나눌 때 이런 말 자주 씁니까?"

"가끔 씁니다."

"그럼, 여러분들 가운데서 지난 한 주일 동안 날마다 한 차례 이상 존재나 무라는 낱말을 입 밖에 내본 사람이 있으면, 한번 손을 들어 보시겠습니까?"

아무도 없었습니다!

"그러면 지난 한 주일 동안 이 낱말들을 한 번도 써 본 기억이 없는 학생이 있으면 손을 들어 보십시오."

강의실에 앉아 있던 학생들 거의 모두가 쭈뼛쭈뼛 손을 들었습니다! 이것은 바로 제 강의를 듣는 철학과 학생들과 저 사이에 있었던 일입니다. 제 강의실에서나 있었던 특수한 경우일까요? 저는 그렇게 생각하지 않습니다.

"자, 그러면 사르트르가 붙인 원래 제목을 써 보겠습니다. 《L'être et le Néant》입니다. 이 프랑스 말을 토박이 우리 말로 바꾸면 어떻게 될까요?"

아무 대답이 없었습니다.

"L'être et le Néant = 있음과 없음(또는 임과 아님) 입니다. 다시 물어보겠습니다. 여러분 가운데 있다, 없다, 이다, 아니다라는 말을 빼고 단 일 분간이라도 다른 사람과 이야기를 나눌 자신이 있는 분은 한번 손을 들어 보십시오."

제 '존재론' 강의는 이렇게 시작되었습니다. 저는 칠판에 문장 하나를 썼습니다.

'사람은 개와 다르다.'

그리고 이야기를 시작했습니다.

"지금 쓴 글은 우리가 보통 하는 말을 옮겨 적은 것입니다. 이 말을 참과 거짓이 구별되는 문장, 곧 논리학에서 말하는 명제(命題 : proposition. 참 끔찍한 말이기는 합니다만 논리학 책을 보면 이런 낱말이 나옵니다.)로 바꾸면 어떻게 될까요?"

"사람은 개가 아니다."

학생들이 외쳤습니다. 저는 그것을 그대로 받아 적었습니다.

사람은 개와 다르다.(일상 언어) → 사람은 개가 아니다.(참말, 논리적 명제)

"그런데 왜 우리는 '사람은 개가 아니다'라고 말하고 그것을 참말이라고 하지요?"

제가 물었습니다.

"사람은 개와 다르게 생겼잖아요."

"개는 네 발로 걷고 사람은 두 발로 걷잖아요."

"개는 냄새를 잘 맡는데 사람은 그렇지 못하잖아요."

"……."

강의실이 온통 시끌벅적해졌습니다.

"잠깐, 사람과 개가 서로 다르니까 사람은 개가 아니라는 말은 아까 나왔던 말이고, 이제 한 단계 더 높여서 이른바 '존재론'답게 말해 봅시다. 다시 말해서 '있다' '없다'는 말을 써서 사람이 개가 아니라는 사실을 밝혀 보자는 거지요."

여기까지 이르면 학생들은 거의 잠잠해지기 마련입니다. 저는 칠판에 이렇게 썼습니다.

일상 언어의 차원 : 사람은 개와 다르다.

논리 언어의 차원 : 사람은 개가 아니다.

존재 언어의 차원 : 사람에게 있는 (어떤) 것이 개에게는 없고, 사람에게 없는 (어떤) 것이 개에게는 있다.

"여기에서 보다시피 같다, 다르다는 말은 이다, 아니다라는 말로 바꿀 수 있고, 또 이 말은 있다, 없다는 말로 바꿀 수 있습니다. 다시 말하자면, 우리 둘레에 있는 서로 다른 온갖 것들을 가르는 기준이 있음과 없음에 있다는 뜻입니다."

그리고 곧 이어서 저는 네 개의 문장을 칠판에 써 내려갔습니다.

1. 있는 것이 있다.

2. 있는 것이 없다.

3. 없는 것이 있다.

4. 없는 것이 없다.

"자, 이 네 개의 글 가운데 어느 것이 참말이고 어느 것이 거짓말입니까?"

학생들은 문장 네 개를 꼼꼼히 뜯어보고 있더니 고개를 흔들었습니다.

"구별하기 힘든데요."

"왜, 왜 그렇지요?"

"글쎄요. 참과 거짓을 가릴 수 있는 문장은 'ㄱ은 ㄴ이다' 나 'ㄱ은 ㄷ이 아니다' 라는 틀을 가지고 있잖아요. 그러니까 '사람은 동물이다' 나 '사람은 개가 아니다' 와 같이 '이다' '아니다' 로 앞에 있는 말과 뒤에 있는 말이 이어져 있어야 참말인지 거짓말인지 알 수 있는데, 이 문장들은 그냥 있다, 없다로 끝나잖아요. 그래서 참말인지 거짓말인지 알쏭달쏭한데요."

"맞습니다. '저기 사람이 있다' 나 '여기에는 아무것도 없다' 같은 말은 그 말만 보아서는 그것이 참말인지 거짓말인지 알 도리가 없습니다. 따라서 이런 말은 일반적으로 논리적인 명제라고 하지 않습니다."

때로는 이렇게 모른다는 말이 참말이 될 수도 있습니다. 저는 다시 물었습니다.

"그런데 칠판에 적혀 있는 이 네 마디 말들은 모두 뜻이 있는 말인가요? 다시 말해서 여러분은 이 말들이 무슨 말인지 알아들을 수 있나요?"

"예, 알아들을 수 있겠는데요."

"그럼 지금부터 우리 그 뜻을 한번 캐 보기로 하지요."

학생들과 제가 머리를 짜내서 캐낸 뜻은 다음과 같은 것이었습니다.

1. 있는 것이 있다. → 달리 이 말을 바꿀 필요가 없다. 이를테면 우리는 '있는 것은 있고, 없는 것은 없는 거야' 라고 할 때 이런 표현을 쓸 수 있다.

2. 있는 것이 없다. → 하나도 없다.(눈여겨볼 낱말 : '하나')

3. 없는 것이 있다. → 빠진 것이 있다.(눈여겨볼 낱말 : '빠진 것')

4. 없는 것이 없다. → 다 있다.(눈여겨볼 낱말 : '다')

자, 여기서부터 어려워지기 시작했습니다. 첫 번째 말이야 그냥 넘어갈 수 있다 치더라도 두 번째부터는 그럴 수가 없게 되었습니다. '있는 것이 없다' 는 말이 어떻게 해서 '하나도 없다' 는 뜻을 지니게 될까? 배운 도둑

질이라고 저는 서양 고대 철학자 파르메니데스(Parmenides)의 생각을 빌려 이 문제를 해결할 수밖에 없었습니다.

"있는 것은 하나일까요, 여럿일까요?"

제가 이렇게 물었더니, 학생들은 어처구니없는 표정을 지었습니다. 틀림없이 '저 선생 어떻게 된 거 아냐?' 하고 머릿속으로 내 머리를 향해 손가락을 서너 바퀴쯤 돌렸음 직한 표정들이었습니다.

"에이, 선생님도! 있는 것은 당연히 여러 개지요. 저도 있고 선생님도 있고, 여기 책상도 있고, 가방도 있잖아요."

"잠깐, 잠깐만요. 제 말을 잘못 알아들은 것 같은데 그게 아니라, 제가 조금 설명을 하고 나서 다시 묻지요. 저기 있는 예쁜 여학생, 학생은 여자가 분명하지요?"

와그르르 웃음소리.

"요즈음에는 겉모습만 보아서는 도무지 남자인지 여자인지 모를 때가 많아서 한 말이니 노엽게 듣지 말아요. 그럼 제가 칠판에 몇 개의 낱말을 적어 볼 테니까 이 낱말들 사이에 무슨 연관이 있는지 알아맞혀 보세요."

여자―사람―동물―생물―있는 것

학생들은 이 낱말들을 연결시켜 문장을 만들기 시작했습니다.

여자는 사람이다.(여자 수보다 사람 수가 더 많다.)
사람은 동물이다.(사람 수보다 동물 수가 더 많다.)
동물은 생물이다.(동물 수보다 생물 수가 더 많다.)

생물은 있는 것이다.(생물 수보다 있는 것 수가 더 많다(?))

"어때요, 선생님. 한 방 먹으셨지요? 있는 것은 헤아릴 수 없이 많잖아요. 있는 것이 하나뿐이라니 말이나 돼요?"

아이고 골치야. 그야말로 제가 여우처럼 제 꾀에 넘어가고 만 셈이었습니다.

"자, 자, 무슨 말을 하려는지 알아들었어요. 그러나 지금 우리가 따져 보려는 건 어느 낱말의 울타리 속에 더 많은 것들이 들어가느냐가 아니고 낱말이 지닌 틀이 어떻게 달라지는가이니까, 잠깐 마음을 가라앉히고 조금만 더 제 이야기를 들어 보세요.

제가 알고 싶었던 건 '있는 것'이라는 낱말이 그 안에 담길 수 있는, 더 그릇이 큰 낱말이 따로 있느냐는 것입니다. 그러니까 '사람'보다는 '동물'이 더 그릇이 큰 낱말이고, '생물'보다는 '있는 것'이 더 그릇이 크지요? 그럼 '있는 것' 다음에 '있는 것'까지 담을 수 있는 더 그릇이 큰 낱말이 있나요, 없나요?"

"글쎄요? 없는 것 같은데요."

학생들의 시큰둥한 대답이었습니다.

"그러면, 이제 이 그릇이 가장 큰 괴물 단지〔논리학에서는 이것보다 더 울타리가 넓은 낱말이 없다고 해서 잔뜩 어려운 말로 '존재라는 개념은 최고의 유개념(類概念)이다'라고 게거품을 무는데, 그런 말은 잊어버리고〕 있는 것이라는 낱말에만 주의를 기울여 봅시다. 그리고 여러분 말대로 있는 것이라는 이 괴물이 한 마리가 아니라 여러 마리라고 칩시다. 그런데 여럿의 가장 작은 수(이것을 여럿〔多〕의 최소 단위라고 하는 사람도 있습니다만)

는 몇이지요? 그렇습니다. 둘이지요? 하나, 둘의 둘.

　　그러면 이제 '있는 것'이 두 마리라고 치고 그놈들을 나란히 놓아 보기로
할까요?"

그림 1

있는 것(ㄱ)	있는 것(ㄴ)

　　"앞에 있는 '있는 것(ㄱ)'과 뒤에 있는 '있는 것(ㄴ)'이 서로 다른 것이
되려면 떨어져 있어야 하겠지요? 만일에 이 두 놈이 한데 붙어 있으면 우
리는 두 마리라고 할 수가 없잖아요? 그런데 이 두 마리가 떨어져 있으려
면 둘을 떼어 놓는 무엇인가가 사이에 있어야 하지 않겠어요? 여러분과 저
사이에 공간이 있듯이 말입니다."

　　학생들은 제 말에 고개를 끄덕였습니다.

　　"그럼, 앞에 '있는 것(ㄱ)'과 뒤에 '있는 것(ㄴ)'을 갈라놓는 이 금은
'있는 것'입니까, '없는 것'입니까?"

　　학생들은 갑자기 어리둥절해진 것 같았습니다.

　　"'있는 것'이요."

　　한 학생이 대답했습니다.

　　"'있는 것'이라고요? 그럼 '있는 것(ㄱ)' '있는 것(금)' '있는 것(ㄴ)'
해서 죄다 '있는 것'이네요. 구별이 안 되네요. 따라서 '있는 것' 두 마리를
갈라놓는 금도 '있는 것'이라는 괴물이라면 이 괴물을 구태여 셋이라고 할
필요가 없지 않겠어요? 죄다 '있는 것'이니 '있는 것'은 하나이지요."

야바위 노름에서 잠시 딴전을 피우다가 헛짚었다고 생각했는지 다른 학생이 얼른 대답했습니다.

"그럼, '없는 것' 이요."

"그럴까요? 그런데 '없는 것' 이 뭐지요? 그거 그냥 없는 것 아니에요? '없는 것' 이니까 없지요? 그럼 '있는 것' 둘을 갈라놓을 수 있다는 금은 '없는 것' 이네요. 그러니까 금은 없네요. 따라서 '있는 것' 이라는 괴물은 여전히 하나로 있네요."

학생들은 야바위 노름에서 호주머니를 죄다 털려서 빈털터리가 된 풋내기 도박꾼처럼 씩씩댔습니다.

"이건 제가 꾸며 낸 야바위 노름이 아니고, 서양 고대 철학자 파르메니데스라는 사람의 생각입니다. 그 사람은 이 세상에는 있는 것만 있고 없는 것은 없는데 있는 것은 이렇게 모두 달라붙어서 하나로 있다고 주장했어요. 그런데 이상한 것은 우리 나라 사람들도 모두 그렇게 생각한다는 거예요. 특별히 철학을 공부하지 않은 두메 산골 할머니에게 물어봐도 '그래, 이 할멈은 학교 문턱도 밟아 보지 못해서 낫 놓고 기역자도 모르제 잉, 그래도 '있는 것이 없네' 이 말이 '하나도 없네' 라는 말이라는 것까지 모르까 잉. 그것이 뭣이 그렇고롬 어렵다고 그래들 해쌓는지 모르겠어 잉.' 하고 대답할 것입니다. 그러니까, 있는 것이 없어지면 조금씩 없어지는 것이 아니라 하나도 남김없이 깡그리 없어진다는 건데, 그것은 있는 것이 하나로 뭉쳐 있기 때문에 그렇게 되는 것입니다. 조금씩 떼어 낼 수 있는 것이 아니라는 뜻이지요."

뒤이어 저는 파르메니데스라는 괴짜가 '시간도 없고 공간도 없다' 는 말까지 했다는 것도 학생들에게 이야기해 주었습니다.

"선생님, 서양철학의 특징 하나는 자기가 한 말에 대해서는 끝까지 책임지고 까닭을 밝히는 것이라고 들었습니다. 그런데 파르메니데스인지 허여무레데스인지 하는 자가 그렇게 주장한 까닭이 뭡니까?"

한 학생이 당돌하게 묻더군요. 그래서 믿거나 말거나라는 생각으로 이렇게 대답했지요.

"우리는 흔히 시간이 과거에서 현재를 거쳐 미래로 흐른다고 믿고 있잖아요? 그런데 파르메니데스인지 누르무레데스인지 하는 사람은 이렇게 생각했던 것 같아요. '과거란 뭐냐? 그것은 이미 없는 것이다. 또 미래란 뭐냐? 그것은 아직 없는 것이다. 이미 없거나 아직 없거나, 없는 것은 없는 것이다. 따라서 과거도 없고 미래도 없다. 그러니 시간이라는 게 있을 게 뭐냐? 있는 것은 현재뿐이다.' 어때요? 그럴듯하지 않나요? 그럴듯하지 않다고요?"

그러니 별수 있나요? 저는 자기 선생의 이 이상한(?) 이론을 뒷받침하려고 갖은 애를 다 썼던 파르메니데스의 제자 제논(Zenon)까지 들먹여야 했습니다.

"파르메니데스가 시간이 없다고 하자 사람들은 벌집을 쑤셔 놓은 것처럼 그게 말이나 되느냐고 들고 일어섰어요. 그러자 제논이 나섰지요. 제논이 그 사람들에게 한 이야기는 대강 이런 것이었어요.

'당신들 말대로 시간이 있다고 치자. 그러면 시간의 최소 단위가 있을 것 아니냐? 그 최소 단위를 시간의 원자로 치고 그것을 순간이나 찰나라고 부르기로 하자. 그런데 그것이 시간의 가장 작은 구성단위이니까 더 이상 쪼개질 수 없는 것이어야 하겠지. 그리고 시간은 그 구성단위들이 보태져서 생겨난 것이겠지. 그럼 내가 여기에 그림을 하나 그려 보마.

그림 2

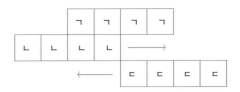

이 그림에서 한 칸 한 칸은 시간의 최소 단위인 찰나를 나타내는 것이라고 치자. 그림의 ㄱ은 정거장을 나타낸다. 그리고 ㄴ은 왼쪽에서 오른쪽으로 들어오는 기차를 나타낸다. 이 기차는 한 찰나에 정거장 한 칸을 지나간다. ㄷ은 오른쪽에서 왼쪽으로 들어오는 기차를 나타낸다. 이 기차도 마찬가지로 한 찰나에 정거장 한 칸을 지나간다. ㄴ과 ㄷ의 한 칸 한 칸도 마찬가지로 한 찰나를 나타낸다. 두 찰나가 지나면 이 두 기차는 동시에 정거장에 들어와서 그림 3과 같이 바뀐다.

그림 3

정거장 ㄱ을 중심으로 보면 ㄴ과 ㄷ은 두 찰나에 모두 정거장에 들어왔다. 그러나 ㄴ과 ㄷ을 비교해 보자. 그러면 ㄴ과 ㄷ은 두 찰나에 네 칸을 서로 지나왔다는 것을 볼 수 있다. 우리는 앞에서 시간의 최소 단위는 찰나이고, 기차는 한 찰나에 한 칸밖에 갈 수가 없다고 했다. 그런데 이게 웬일인가? 두 찰나가 네 찰나로 둔갑한 것이 아닌가? 다시 말하면 더 이상 쪼개질 수 없다고 믿었던 시간의 최소 단위가 둘로 쪼개진 것이다. 따라서 더 이상 쪼개질 수 없는 시간의 최소 단위가 있다는 말은 헛소리고, 시간의 최소 단위가 없으므로 그 최소 단위들이 모여서 이루는 시간도 없다는 게 맞는 이야기다. 그렇지 않은가?'

제논은 공간이 없다는 것도 비슷한 방법으로 증명하려고 들었어요. 파르메니데스는 그저 '공간이 있다면 여기, 저기라는 말을 쓸 수 있어야 하는데 잘 알다시피 여기는 저기에 없는 것이고 저기는 여기에 없는 것이다. 그런데 없는 것은 없으므로 저기 없는 것인 여기도 없고, 여기 없는 것인 저기도 없다' 는 식으로 말했는데, 제논은 한 걸음 더 나아가서 이런 이야기를 해요.

'공간은 일정한 크기를 가진 것이 놓인 자리이거나 일정한 크기를 지닌 빈 자리라고 할 수 있을 것이다. 그런데 크기를 가진 것은 쪼개질 수 있다. 우리가 크기를 가진 것이 있다고 말하려면 크기를 이루는 최소 단위가 있다는 것을 증명할 수 있어야 하지 않겠는가? 여기에 일정한 크기를 가진 줄[line]이 하나 있다고 치자. 그리고 우리가 머릿속에 칼을 가지고 있어서 그 줄을 쪼개고 또 쪼갠다고 치자. 크기를 가진 것은 알다시피 무한히 쪼개질 수 있으니까 우리는 이 줄을 무한히 쪼개 갔다고 보고, 그 결과로 크기의 가장 작은 알맹이를 얻었다고 하자. 그런데 그 크기의 가장 작은 구성 단위는 크기가 없거나 크기를 가진 것이거나 둘 중 하나일 것이다. 만일에 그 가장 작은 구성 단위가 크기를 가지지 않은 것이라면 크기가 없는 것을 무한히 더해 봤자 거기서 크기가 있는 것이 나오지 않는다. 마치 수학에서 0을 아무리 보태 보았자 0밖에 안 되는 것처럼. 반대로 만일에 그 가장 작은 단위가 크기를 가지고 있고 모두 꼭 같은 크기를 지니고 있다면 크기를 가진 것을 무한히 더하면 처음에 가정했던 일정한 크기를 지닌 줄이 되는 것이 아니라 무한히 긴 줄이 나오게 된다. 이 두 가지 모순되는 결과가 나오는데 어떻게 크기의 가장 작은 단위가 있다고 할 수 있겠으며, 크기의 최소 단위를 찾을 수 없는데 어떻게 크기로 이루어진 공간이 있다고 할 수 있겠느냐?'

이렇게 해서 파르메니데스와 제논은 시간과 공간마저 없는 것으로 치부해 버리고 말았지요."

그러고 나서 저는 마치 제가 파르메니데스라도 되는 것처럼 학생들에게 이렇게 물었습니다.

"여러분, 여러분은 없는 것에 대해서 생각할 수 있나요?"

"없는 것을 생각할 수 있느냐고요? 왜 못 해요? 황금산, 우주마왕, 춘향이와 이 도령, 이렇게 우리는 현실에 없는 것도 얼마든지 상상할 수 있잖아요?"

"그것은 없는 것에 들어가지 않아요. 상상 속에 있든지, 소설 속에 있든지 그것도 있는 것은 있는 것이에요. 아예 없는 것, 흔히 허무라고 하잖아요? 그런 것을 생각할 수 있느냐고 묻는 겁니다."

"글쎄요. 그건 생각할 수 없는데요."

한 학생이 마지못해 뾰로통하게 대답하더군요.

"그러면 생각할 수 없는 것은 말할 수도 없지요? 그렇지요?"

제가 다시 물었습니다.

"예."

학생들이 불만스럽다는 듯 대답했습니다.

"정말 우리는 없는 것에 대해서는 생각할 수도 없고 말할 수도 없나요?"

저는 다시 다짐을 했습니다.

"예에—."

모두 고삐에 묶인 소처럼 대답을 길게 뺐습니다. 자, 이렇게 해서 우리는 '있는 것만 있고 없는 것은 없다. 시간도 공간도 없는 것이다' 라는 파르메니데스의 덫에 치이고 말았습니다. 마침 서양 중세 철학사 시간이었기 때문에, 그리고 저는 그리스철학이 아우구스티누스나 토마스 아퀴나스 같은 중세 철학자(신학자라고 해도 무리는 없겠지요.)에게 어떤 영향을 미쳤는지 설명하려고 이런 이야기를 꺼낸 참이기에 내친김에 이런 말을 덧붙였습니다.

"우리는 지금까지 파르메니데스인지 까마무레데스인지 하는 괴짜와 그 사람 제자인 제논인지 남의 논인지 하는 자의 세 치 혀끝에 녹아나 시간도 공간도 없는 곳, 모두가 달라붙어서 하나가 되어 버린 있는 것만 있는 세계까지 와 버리고 말았습니다. 이 하나뿐인 있는 것, 시간도 공간도 없으므로 아무것도 바뀌지 않는 영원한 세계에 있는 것이 바로 기독교의 유일신 '하나님' 입니다. 시간이 없으므로 '하나님' 은 영원하고, 공간이 없으므로 '하나님' 은 여기나 저기에 있는 것이 아니라 두루 있는 것, 곧 편재하는 것입니다. 따라서 중세 신학자들이 머릿속에 그리고 있던 신은 히브리의 '하느님' 이 아니라 그리스의 '하나님' 인 파르메니데스의 있는 것, 곧 하나입니다."

제 말이 얼마나 맞아떨어질지 아직은 잘 모르겠습니다. 그러나 저를 가르치신 선생님의 말씀에 따르면 파르메니데스와 제논은 플라톤의 정신적인 부모이고, 아리스토텔레스는 플라톤의 정신적인 자식인데, 중세 철학자들, 그 가운데 특히 아우구스티누스나 토마스 아퀴나스 같은 사람은 플라톤과 아리스토텔레스의 철학을 기둥으로 삼아 자기들의 신학을 세웠다고 하니, 전혀 터무니없는 생각은 아닐 듯합니다.

"그러면 우리가 발붙이고 사는 이 세상은 어떻게 되는 겁니까? 시간도 공간도 없고, 따라서 이것, 저것도 없고, 과거도 미래도 없다면, 이 세상도 말짱 헛것이겠네요."

제 이야기를 듣던 학생 하나가 한숨을 포옥 내쉬면서 이렇게 뇌까렸습니다.

"물론이지요. 파르메니데스에 따르면 우리가 살고 있는 이 세상, 이것을 현상세계라고 하는데, 시간과 공간에 얽매여 있는 이 세상은 말짱 덧없는 그림자 같은 것입니다."

"되게 허무하네요."

"어떻게 생각하면 그렇지요. 중세 기독교 신학에 젖어든 많은 기독교도들이 이 땅에서 이루어지는 모든 일을 '헛되고 또 헛되도다' 하고 중얼거리는 것도 파르메니데스의 탓이 아니라고는 할 수 없어요. 그러나 여러분, 그렇다고 해서 파르메니데스나 제논을 허무주의자나 허무 사상을 퍼뜨리고 다닌 사람들이라고만 생각해서는 안 돼요. 여담이지만 제논에 대해서는 이런 말도 있습니다. 제논이 살던 엘레아에 네아르코스라는 독재자가 있었는데, 제논은 네아르코스의 독재 정부를 무너뜨리기 위해서 지하 활동을 했다고 합니다. 그런데 어쩌다 들통이 나서 제논은 동료들과 같이 붙들리게 되었다는 겁니다. 그런데 네아르코스의 혹독한 고문에 못 이겨 다른 동료들이 전부 자백을 했는데도 제논은 끝까지 동료들을 팔지 않고 버텼대요. 그리고 제논을 죽이기 전에 네아르코스가 직접 고문을 하면서 이제 그만 털어놓으라고 하자 네아르코스에게 '아직도 나는 내 혀의 주인이다'라고 마지막 한마디를 남기고는 자기 이빨로 제 혀를 끊어서 네아르코스의 얼굴에 내뱉었다고 합니다."

한참 지껄였다고 생각했는데, 이제 보니 '있는 것이 없다' 는 말에서만 곁 가지를 친 셈이군요. 그러면 다음으로 '없는 것이 있다' 는 말로 넘어가기로 하지요. 이 말은 파르메니데스에 따르면 우리를 거짓의 세계로 이끌어 가 는 함정입니다. 그리고 어느 면에서는 파르메니데스의 말이 사실이기도 합 니다. 구태여 파르메니데스를 들먹이지 않더라도, 있는 것을 있다고 하고 없는 것을 없다고 하는 것이 참말이고, 없는 것을 있다고 하거나 있는 것을 없다고 하는 것이 거짓말이 아니던가요? 그러나 따지고 보면 이제까지 우 리는 '없는 것은 없다' 라고 하면서, 따라서 없는 것에 대해서는 생각할 수 도 없고, 말할 수도 없다고 하면서 줄곧 없는 것이라는 말과 없다는 말을 입에 달고 있지 않았습니까? 그리고 보니, 없는 것에 대해서는 생각할 수 도 없고 말할 수도 없는 것이 아니라, 없는 것을 빼면 생각할 수도 없고 말 할 수도 없는 것이 아닐까요?

그러면 우리는 어떻게 해서 생각할 수 없다는 없는 것을 생각하고 말할 수 없다는 없다라는 말을 쓸 수 있게 되었을까요? 이 세상 어딘가에 없는 것이 있는 것이나 아닐까요? 왜냐하면 우리의 생각 속에 있는 것은 세상에 있는 것을 되비추고 있다고 봐야 하기 때문입니다. 우리가 없는 것을 생각 하고 없다는 말을 할 수 있다면 이 세상 어딘가에 없는 것이 있어야 합니다. 따라서 '없는 것이 있다' 는 말을 단순한 거짓말로 돌려 버릴 수 없습니다.

없는 것과 관련해서 저는 학생들에게 이렇게 말했습니다.

"여기 있는 이 교탁이 보이지요? 이 교탁은 크기가 있습니다. 그런데 크 기가 있는 것은 모두 쪼개질 수 있다고 했지요? 이제부터 우리 머릿속에 있 는 칼날로 이 교탁을 한번 쪼개 봅시다. 쪼개고 또 쪼개고…… 한없이 쪼개 지지요? 이제 잠깐만 칼날을 멈추세요. 그리고 생각해 봅시다. 왜 이렇게 크기를 가진 것은 한없이 쪼개질 수 있지요? 왜 우리는 크기가 있는 것은 무한히 쪼갤 수 있다고 생각할까요? 쪼개고 또 쪼개도, 크기가 있는 한, 우리 의식 속에 있는 칼날이 무디어지지 않는 까닭은 어디에 있을까요? 우리가 쪼개는 작업은 물리학으로 말하면 작용입니다. 이렇게 무한히 계속되는 작용에 아무런 반작용도 하지 않고 작용을 받아들이기만 하는 이 신기한 것은 무엇일까요? 순수하게 수동성만 지니고 있는 이 신기한 것, 크기를 가진 것 속에 숨어 있는 이것, 바로 이것이 없는 것입니다. 없는 것만이 아무 저항도 하지 않습니다. 있는 것은 쪼개지지 않습니다.(있는 것에 작용을 하면, 작용도 있는 것이므로 있는 것과 하나가 되어 버립니다.) 좀 어려운 말이기는 하지만 저는 없는 것을 순수하고 절대적인 수용 가능성이라고 부르고 싶습니다. 이쯤 해 두고 이제 쪼갤 때 생기는 다른 현상을 살펴보기로 할까요? 크기를 가진 것은 아무리 쪼개고 또 쪼개도 크기가 아예 없어져 버리지는 않습니다. 그러면 아무리 작용을 해도 끝끝내 그 작용에 맞서서 저됨〔자체성〕을 잃지 않는 것은 무엇일까요? 있는 것만이 저됨을 잃지 않습니다. 있는 것이 저됨을 잃고 바뀌면 없는 것이 되어 버립니다. 그러나 있는 것은 없는 것이 될 수 없고, 없는 것도 있는 것이 될 수 없습니다. 다시 말해서 끝끝내 저됨을 잃지 않고 지키는 것은 크기 속에 있는 있음의 측면입니다. 여기에서 우리는 하나의 결론을 이끌어 낼 수 있습니다. 그것은 크기를 가진 것은 모두 그 안에 순수 수동성과 자기 동일성을 지니고 있다는 것, 곧 크기 속에는 있음과 없음이 함께 있다는 것입니다. 우리는 이제까지 있는 것과 없는 것은 한자리에 있을 수 없다고 배웠습니다. '여기에 분필이 있다'고 말하면서 동시에 '여기에 분필이 없다'고 말하면 저는 모순된 말을 하고 있는 것입니다. 그러므로 크기 안에 있음과 없음이 함께 있다고 하는 것은 우리가 보는 이 교탁에 모순이 있다는 말이고, 이 말을 넓히면 우리가 사는 이 세상에 모순이 있다는 말이 됩니다. 그리고 우리의 생각은 이 세상에 있는 모순을 반영해서 있는 것도 파악하고 없는 것도 파악하여 있다, 없다는 말을 밥 먹듯이 할 수 있다는 말이 됩니다."

이렇게 해서 저는 없는 것을 받아들여 '없는 것이 있다'는 말을 거짓에 이르는 함정이 아니라 세상살이와 주고받는 이야기와 그 말들을 뒷받침하는 우리 생각에 꼭 필요한 것으로 받아들이기로 했습니다. 저는 칠판에 다음과 같은 두 개의 그림을 그렸습니다.

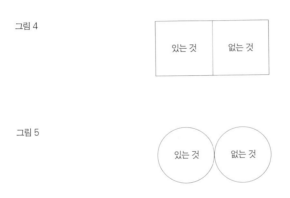

그리고 학생들에게 설명하기 시작했습니다.(여기에서 고백할 말이 있습니다. 그것은 이 그림은 제가 생각해 내서 그린 것이 아니고 제 스승인 박홍규 선생님이 그려 주신 것을 본뜬 것이라는 사실입니다. 물론 그분은 있는 것, 없는 것이라는 말 대신에 존재와 무라는 말을 썼습니다만.)

"앞의 그림 4를 보십시오. 보다시피 있는 것과 없는 것이 함께 있습니다. 이 세상에 처음으로 모순이 선을 보인 것입니다. 여럿〔多〕의 최소 단위인 둘

〔2〕은 이렇게 모순과 함께 태어납니다. 있는 것과 없는 것 사이에 있는 금〔line〕에 주의를 기울여 주십시오. 앞에서 했던 질문과 꼭 같은 질문을 하겠습니다. 이 금은 있는 것에 속하는 것입니까? 없는 것에 속하는 것입니까?"

"있는 것이요."

어떤 학생이 대답했습니다.

"그럴까요? 그렇다면 금도 있는 것이므로 이 그림의 왼쪽 칸에 있는 있는 것에 달라붙어서 있는 것과 하나가 되어 버려 금 구실을 못하게 되고, 그에 따라 없는 것은 없어져 버리게 되겠네요."

"그럼, 없는 것에 속하겠네요."

다른 학생이 잽싸게 대답했습니다.

"그럴까요? 그렇다면 금도 없는 것이므로 오른쪽 칸에 있는 없는 것과 구별이 안 되어 금 구실을 못하게 되겠네요. 그리고 그 결과 없는 것만 남게 되어 있는 것은 없어져 버리게 되겠는데요."

그러면서 저는 칠판에 금을 잔뜩 그어서 한 번은 없는 것을 뭉개 버리고 또 한 번은 있는 것을 뭉개 버렸습니다.

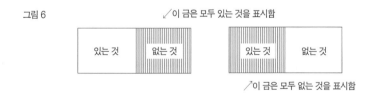

그림 6

／이 금은 모두 있는 것을 표시함

| 있는 것 | 없는 것 | | 있는 것 | 없는 것 |

／이 금은 모두 없는 것을 표시함

"이렇게 되면 곤란하지요? 그러니까 달리 한번 생각해 봅시다. 있는 것과 없는 것을 갈라 주는 금은 동시에 있는 것과도 떨어져 있어야 하고 없는 것과도 떨어져 있어야 하므로 있는 것도 아니고, 없는 것도 아닌 것일 수밖에 없습니다. 그리스철학에서 아페이론(apeiron)이라고 부르는 것이 바로 이것입니다. 아페이론은 '규정할 수 없는 것〔indefinite〕'이고 '한계가 없는 것〔infinite〕'입니다. 피타고라스가 그처럼이나 중요하게 여겼던 페라스(peras), '한계' '끝'의 반대말이 바로 이것입니다. 잠깐 옆길로 들어서서 페라스, 곧 한계이자 끝이라는 말이 어떤 뜻을 지니고 있는지 살펴봅시다. 알다시피 피타고라스는 페라스가 하나뿐인 것을 점〔point〕으로 규정했습니다. 두 개인 것을 선으로 보고, 세 개인 것을 면〔plane〕, 곧 삼각형으로 보고, 네 개인 것을 입체로 보았습니다. 그러니까 이렇게 됩니다.

•―점 ••―선 ⦂⦂―면 ⦂⦂⦂―입체(세 개의 점 위에 점을 하나 올려놓은 것).
피타고라스가 1, 2, 3, 4라는 숫자를 그처럼이나 애지중지하고 1+2+3+4에서 나온 10이라는 숫자를 신성하게 여긴 것은 우리가 감각으로 파악할 수 있는 이 세상 모든 것은 점이나 선이나 면이나 입체로 되어 있어 이 네 개의 숫자 속에 우주의 구성 원리가 담겨 있다고 보았기 때문이 아닌가 합니다. 사실 이 끝이라는 낱말(개념)은 아주 중요합니다. 우리가 어떤 것을 보고 그것이 무엇인지를 아는 것은 그것의 끝을 보기 때문입니다. 이를테면 여기 있는 이 교탁을 여러분은 눈으로 보고 있는데, 여러분의 망막에 나타나는 것은 이 교탁의 끝, 다시 말해서 이 교탁이 끝나는 표면입니다. 겉모습이지요. 우리는 투시력을 지니고 있지 못하기 때문에 이 교탁의 속을 꿰뚫어 볼 수 없습니다. 우리는 늘 어떤 것이 그것이 아닌 것과 만나는 한계를 보고 그것이 무엇인지를 압니다. 다른 예를 하나 더 들지요. 여기 칠판이 있는데, 여러분이 이 칠판에 아주 가까이 서서 이 칠판 안쪽에 있는 어느 지점만을 볼 때는 그것이 칠판인지 아닌지 잘 모릅니다. 멀찌감치 떨어져서 이 칠판의 테두리까지 보아야만 비로소 이것이 칠판이라는 것을 알 수 있습니다. 끝이 얼마나 중요한지 보기를 하나만 더 들겠습니다. 기타를 가지고 있는 학생 없습니까? 좋습니다. 여기에 기타 줄이 하나 있습니다. 이 줄은 50센티미터쯤 되어 보이는데 이 줄 속에는 헤아릴 수 없이 많은, 무한한 끝이 숨어 있습니다. 기타를 잘 치는 사람은 이 숨어 있는 끝〔peras〕 가운데 자기가 바라는 끝을 아주 잘 찾아냅니다. 손가락으로 줄을 길게 또는 짧게 짚고 튀길 때마다 서로 다른 소리가 들리는데 그 까닭은 이 기타 줄에 숨어 있는 끝이 저마다 다른 소리의 특성을 지니고 있기 때문입니다. 우리는 '끝이 없는 것〔apeiron〕'은 그것이 무엇인지 알 길이 없어집니다. 무엇인 것도 아니고 무엇이 아닌 것도 아닌 것, 더 정확하게 말해서 있는 것도 아니고, 없는 것도 아닌 것은 끝이 없는 것입니다. 그렇기 때문에 우리는 그런 것을 규정할 수 없는 것, 끝도 갓도 없는 것, 한없는 것이라고 부릅니다."

그림 5

"자, 이제 그림 5를 다시 한 번 봅시다. 이것을 당구공이라고 합시다. 있는 것은 하얀 공을 가리키고 없는 것은 빨간 공이라고 칩시다. 보다시피 이 당구공 둘은 서로 맞닿아 있습니다. 둘이 붙어 있는 것은 아닙니다. 붙어 있으면 하나가 되어서 뗄 수가 없지요. 그렇다고 떨어져 있는 것도 아닙니다. 떨어져 있으면 이 두 당구공은 서로 독립되어 있어서 관계를 맺지 못합니다. 다시 말해서 모순을 일으키지 않습니다. 문제는 이 두 개의 공이 서

로 맞닿아 있다는 데 있습니다. '서로 맞닿아 있다' 는 말을 수학에서는 탄
젠트(tangent), 곧 접선(接線)이라는 낱말을 써서 나타냅니다. 이 탄젠트
라는 말은 라틴어 탄게레(tangere)에서 유래한 말인데 '닿는다' '만진다'
는 뜻을 지니고 있습니다. 영어의 콘택트(contact)도 어원이 같습니다. 함
께[con]+닿아 있는 것[tactus]이 콘택트이지요. 같은 어원에서 나온 말로
는 영어에 컨틴젠시(contingency)라는 낱말이 있습니다. 프랑스어로는 콩
텡장스(contingence)이지요. 그런데 이 낱말의 뜻을 살펴보면 놀라운 사실
을 발견하게 됩니다. '우연' '우연성' '우발성' 이 이 낱말의 뜻입니다. 그
러면 맞닿아 있다는 말이 어떻게 해서 우연을 가리키는 말로 탈바꿈했을까
요? 우리는 존재론의 영역에서 맨 처음 나타나는 두 괴물이 있는 것과 없
는 것이며 이 둘이 몸을 맞대서 모순을 일으키고 있다는 사실에 주목해야
합니다. 이 두 괴물이 서로 몸을 맞대야 할 아무런 필연적인 까닭이 없습니
다. 우리는 있는 것이 없어지는 것, 다시 말해서 있는 것이 없는 것이 되는
것을 보통 사라진다, 파괴된다고 말하고, 거꾸로 없는 것이 새로 생겨나는
것, 다시 말해서 없는 것이 있는 것으로 바뀌는 것을 생겨난다, 창조된다고
말하는데, 엄밀하게 말하자면 있는 것은 있는 것이고 없는 것은 없는 것이
어서 있는 것이 없는 것이 되거나, 없는 것이 있는 것이 되는 일은 결코 없
습니다. 정확하기로 소문이 난 물리학자들도 아예 아무것도 없는 것에서
무엇인가 있는 것이 생겨난다고 말하지는 않습니다. 무엇인가 새로운 것이
나타난다면 이미 있는 것, 아원자나, 원자나 분자의 수가 늘어나거나 줄어
들거나 자리를 바꾸기 때문에 그렇게 된다고 이야기합니다. 만일에 정말
있는 것이 없는 것으로 되거나 없는 것이 있는 것으로 바뀐다면, 이런 사태
는 우리가 머리로 이치를 따질 수 없다는 점에서 그야말로 우연입니다. 기

독교의 '하나님'이 무(無)로부터〔ex nihilo〕이 세상을 창조한 것
〔creatio〕이 우연이듯이. 하나님이 무에서 다른 세상을 창조해 내지 않고
왜 우리가 살고 있는 이런 세상을 만들어 냈는지 그야말로 '하나님'만이 아
는 일, 다시 말해서 아무도 모르는 일입니다.

처음 이야기로 되돌아가서 맞닿아 있는 당구공 두 개를 다시 살펴보겠습
니다. 있는 것이라는 흰 당구공과 없는 것이라는 빨간 당구공이 맞닿아 있
는 점을 우리는 접점이라고 부릅니다. 접촉하고 있는 점〔point〕이라는 뜻
이지요. 이 접점은 있는 것에 속하지도 않고 없는 것에도 속하지 않는 것이
라는 점에서 '있는 것도 아니고 없는 것도 아닌 것'이라는 말은 앞에서 했
습니다. 실제로 당구장에서 맞닿아 있는 두 개의 당구공이 붙었다 떨어졌
다 해서 그 사이를 들여다보고 있노라면 실금 같은 공간이 있어 보이기도
하고 없어 보이기도 해서 종잡을 수 없는 것처럼 이 있는 것도 아니고 없는
것도 아닌 것(규정할 수 없다는 점에서 앞으로는 무규정적인 것이라고 부르겠습
니다.)은 어떤 때는 있는 것과 붙어 있어서 있다고 할 수 있는 것〔可能的 存
在〕이 되는가 하면, 또 어떤 때는 없는 것과 붙어 있어서 없다고 할 수 있는
것〔可能的 無〕이 되기도 합니다. 다시 말해서 무규정적인 것〔apeiron〕은
있는 것과 없는 것 사이에서 끊임없이 흔들리고 있고, 그런 점에서 운동하
고 있는 것입니다. 이제 그림을 다시 하나 그려 보겠습니다."

그림 7

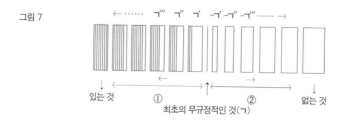

① ㄱ에서 점점 있는 것에 가까워지고 있는 ㄱ′, ㄱ″, ㄱ‴ ……

② ㄱ에서 점점 없는 것에 가까워지고 있는 −ㄱ′, −ㄱ″, −ㄱ‴ ……

저는 칠판에 위와 같은 그림을 그렸습니다.(이 그림과 비슷한 것을 우리에게 그려 보여 주신 분도 박홍규 선생님이었습니다.)

"자, 보십시오. 있는 것과 없는 것이라는 두 괴물이 서로 나란히 몸을 맞대자마자(관계를 맺자마자) 곧 두 괴물 사이를 갈라놓는 세 번째 괴물(무규정적인 것)이 나타나고 이 세 번째 괴물이 나타나자마자, 첫 번째 괴물과 세 번째 괴물 사이를 갈라놓는 또 하나의 괴물(있는 것과 최초의 무규정적인 것 사이에 들어 이 둘을 구별해 주는 '있는 것 쪽으로 한 걸음 더 다가선 무규정적인 것' : apeiron ㄱ′)이 나타났습니다. 그리고 동시에 두 번째 괴물과 세 번째 괴물 사이를 갈라놓는 또 하나의 괴물(없는 것과 최초의 무규정적인 것 사이에 들어 이 둘을 구별해 주는 '없는 것 쪽으로 한 걸음 더 다가선 무규정적인 것' : apeiron −ㄱ′)이 나타났습니다. 그리고 같은 방식으로 한없이 많은 괴물들(ㄱ′, ㄱ″, ㄱ‴ …… −ㄱ′, −ㄱ″, −ㄱ‴)이 있는 것과 없는 것 사이에 들어섰는데 이것들은 있는 것도 아니고 없는 것도 아닌 것, 곧 무규정적인 것이라는 점에서는 공통점을 지니고 있으나 자세히 살펴보면 서 있는 자리에 따라 저마다 다른 특성을 지니고 있습니다.

보기를 들어 설명하지요. 이 50센티미터 남짓한 기타 줄 안에는 무한히 많은 소리들이 숨어 있어서 이 줄의 어느 지점을 짚고 줄을 튀기느냐에 따라 저마다 다른 소리가 날 수 있는 것도 같은 이치입니다. 기타 줄에 숨어 있는 무한히 많은 소리들은 아직은 울려 퍼지지 않았다는 점에서 무규정적인 소리들입니다. 다른 보기를 들어 설명해도 마찬가지입니다. 한 무더기의 진흙 속에는 그것을 빚어서 찻잔을 만들 수도 있고, 벽돌을 만들 수도 있고, 화분에 담아 꽃을 키울 수도 있다는 점에서 무한히 많은 것이 될 가능성이 있습니다. 이야기가 나온 김에 오해가 생기지 않도록 아리스토텔레스의 생각을 빌려서 이 문제를 조금 더 설명하고 넘어가겠습니다."

아리스토텔레스의 질료와 형상 이론에서 가장 중심이 되는 낱말이 있다면 그것은 가능태(可能態)와 현실태(現實態)라는 끔찍한 낱말로 번역된 '뒤나미스(dynamis)'와 '에네르게이아(energeia)'입니다.

"죄송합니다. 갑자기 생전 듣도 보도 못한 도깨비 같은 낱말들이 마구 튀어나오기 시작하는데 이 낱말 설명을 먼저 합시다. 아리스토텔레스가 이야기하는 '질료(質料)'라는 말은 그리스어로 '힐레(hyle)'인데 이것은 본디 집 짓는 데도 쓰이고 배를 만드는 데도 쓰이는 나무, 곧 여러 용도로 쓰이는 목재라는 말에서 나왔습니다. 그리고 '형상(形相)'이라는 말은 그리스어로 '에이도스(eidos)'인데 이 말은 '눈으로 본다'는 그리스어 동사 '에이도(eido)'에서 나온 것으로 '본 것' '모습'이라는 뜻을 지니고 있습니다. 그리고 '가능태'라고 서툴기 짝이 없게 번역된 '뒤나미스'는 그것으로 무엇을 할 수 있는, 또는 무엇이 될 수 있는 '힘'이라고 보면 됩니다. 다만 그것으로 무엇을 할 수 있고 무엇이 될 수 있는지가 드러나지 않았다는 점에서 크게 보아 무규정적인 것[apeiron]이라고 할 수 있습니다. 또 '현실태'라고 번역된 말(이런 말을 우리가 일상생활에서 쓰나요?), '에네르게이아'는 그리스어 동사 '에네르게오(energeo)'에서 나온 말로 무엇을 '한다'는 동사의 뜻을 그대로 이어받아 무엇을 '함', 또는 '작용'이라고 번역할 수 있습니다.(저라면 조금 무리를 해서라도 아리스토텔레스의 '뒤나미스'를 '됨'으로, 또 '에네르게이아'를 '함'으로 번역하고 싶습니다만 주제넘은 것 같아서 이 이야기는 길게 하지 않겠습니다.) 아리스토텔레스의 형이상학〔形而上學 : 형이상 학? 이건 또 무슨 개뼈다귀 같은 번역입니까? 아리스토텔레스가 쓴 '메타 피지카(metaphysica)' 라는 글은 본래 제목이 붙어 있지 않았는데 뒤에 로 도스(에게 해 동남쪽에 있는 그리스 섬)에 살던 안드로니코스라는 사람이 아 리스토텔레스가 남긴 글들을 정리하다가 '피지카(physica)', 곧 '자연학' 이라는 글 뒤에 이 글의 원고가 있었기 때문에 쉽게 그냥 '자연학의 뒤에 있는 것' 이라고 분류한 것이 그만 책 이름이 되었다는 것이 보통 하는 이야 기입니다만 박홍규 선생님은 이 책 제목까지도 허투루 받아들이지 않고, '우리에게 이른바 형이상학(메타피지카) 은 자연학(피지카) 을 모르면 이해할 수 없는 것이다. 따라서 형이상학을 공부하려는 사람은 반드시 먼저 자연 학을 공부하라는 뜻에서 자연학 뒤에 이 글이 붙어 있는 것이다' 라고 힘주 어 말씀하신 적이 있습니다.〕을 저는 그냥 메타피지카라고 부르겠습니다. 이 메타피지카에 나오는 중심되는 낱말로 '뒤나미스' 와 '에네르게이아' 를 든 까닭은 다른 데 있지 않고, 이 낱말들, 이 개념들을 통해서 플라톤의 형 이상학과 아리스토텔레스의 형이상학(?) 사이에 가로놓인 거리를 재 보자 는 뜻에서입니다. 그리고 이 일은 우리가 지금까지 이야기한 있는 것과 없 는 것과 무규정적인 것이 이 철학계의 사부님들 머릿속에서 무엇으로 둔갑 하는지를 아는 데도 큰 도움이 됩니다."

　이제 고백하지만, 이 강의들은 한두 시간에 한 것이 아니라 여러 날을 두 고 한 것입니다. 학생들의 골을 빠개지 않고, 저도 숨 가빠 헐떡거리지 않 기 위해 쉬엄쉬엄하는 것이 필요했다고 말하면 거짓말이 되겠지요. 옛 그 리스 철학자들의 생각과 박홍규 선생님의 생각과 제 어쭙잖은 생각이 제 작은 머리통 속에 뒤범벅이 되어 있어서 이것을 풀어내는 데도 적잖은 시간이 필요했던 것입니다. 아무튼 저는 학생들에게 플라톤 철학과 아리스토 텔레스의 철학이 어떻게 다른지를 설명하고, 피타고라스학파의 입에서 나온 '끝(한계 : peras)'과 '끝없는 것(무규정적인 것 : apeiron)'이 플라톤과 아리스토텔레스에게 어떻게 다르게 받아들여졌으며, 아리스토텔레스가 자기 철학 안에 노동(작업, 함 : energeia)을 받아들여 이것, 저것을 어떻게 쪼개고(분석하고), 울타리를 두르고(범주화하고), 빚어냈는지, 그리고 이 사부님들의 노력이 베르그송이라는 프랑스 형이상학자(?)에게 어떤 영향을 미쳤는지를 제가 알고 있다고 믿는 대로 이야기하고자 했습니다. 이런 생각이 얼마나 황당한 것이었는지는 앞으로 밝혀질 것입니다. 그러나 저에게도 할 말이 전혀 없는 것은 아닙니다. 박홍규 선생님 밑에서 정신 없이 휘둘리는 동안 마치 메피스토펠레스▪ 손에 놀아난 파우스트처럼(비유가 너무 거창했나요?) 제 간덩이가 저도 모르게 한껏 부어올랐으니 말입니다. 존재론이라는 걸 이야기한다면서 이런 시덥지 않은 객담을 사이사이 시시콜콜 늘어놓는 걸 보면 저도 누구를 닮아 가는 모양입니다.

각설하고, 저는 학생들에게 이렇게 이야기했습니다.

"여러분, 이제 꽤 어려운 길에 접어들었습니다. 제가 샛길로 빠지거나 길을 잃거나 발을 헛디디지 않도록 여러분들이 믿는 분에게 두 손을 모으기 바랍니다. 단군 할아버지, 예수님, 부처님, 마호메트님, 조왕신, 호구마마 아무라도 좋습니다.

먼저 플라톤에게 덤벼 보기로 하지요. 제가 지금부터 하려는 이야기와

▪　중세 서양의 파우스트 전설에 나오는 악마. 파우스트가 부와 권력을 좇아 메피스토펠레스에게 혼을 팔았으나, 메피스토펠레스는 신과 겨룬 대결에서 지는 바람에 끝내 파우스트를 타락시키지 못했다.

관련된 정보가 가장 많이 들어 있는 플라톤의 글은 《티마이오스》(Timaios : 흔히 '우주론'으로 번역됩니다.)입니다. 플라톤이 남긴 글은 대체로 몇 사람이 이야기를 주고받는 대화로 이루어져 있고, 주인공은 소크라테스로 되어 있는데, 이 글만은 거의 티마이오스라는 사람의 독백으로 이루어져 있고, 소크라테스는 입도 벙긋하지 못하는 것으로 되어 있습니다. 아마 이 글에 나오는 내용이 소크라테스가 평소에 입에 올리던 화제와는 너무도 달라서 짐짓 플라톤이 사부님은 한쪽으로 제쳐 놓고 자기 이야기를 한 것이 아닌가 하는 느낌도 듭니다. 어쨌거나 이 글을 보면 데미우르고스(Demiourgos : 이 이름은 그리스어 동사 demo〔짓는다〕를 의인화한 것이 아닌가 합니다.)라는 '일하는 하나님'(?)이 나옵니다. 이 우주 밖에 사는 우주마왕은 머리를 짜내서 우리가 사는 이 우주를 만들어 내는데, 대충 스치면서 훑어보자면 이렇게 만들어 냅니다.

먼저 건축 자재가 있어야 하겠지요. 이 건축 재료가 무엇인지 압니까? 놀라지 마십시오. '같은 것〔tauton〕'과 '다른 것〔heteron〕'입니다. 왜 엠페도클레스처럼 우주를 이루는 네 개의 원소〔原素 : 이 말도 사실 그리스어로는 '맨 처음 것'이라는 뜻을 지닌 '아르케(arche)'나 '뿌리' '근원적인 것'이라는 뜻을 지닌 '리조마타(rhizomata)'를 멋대가리 없이 번역해 놓은 것입니다.〕인 물, 불, 공기, 흙 같은 것으로 만들지 않고 추상적이기 짝이 없는 '같은 것' '다른 것' 따위로 만들겠다고 설쳤느냐고요? 잠깐! 여기에는 그만한 까닭이 있습니다. 그리고 네 개의 원소 이야기는 나중에 또 나옵니다. 앞에서 우리는 '같다' '다르다'는 말이 논리적으로 참과 거짓을 가리는 문장에서는 '이다' '아니다'와 같은 뜻으로 쓰이며, '이다' '아니다'를 뒷받침하는 근거는 바로 '있다' '없다'에 있다고 말한 적이 있습니다. 이 말을 실마리 삼아 플라톤이 '같은 것'과 '다른 것'이라는 말로 무슨 말을 하려고 했는지 제 나름대로 한번 미루어 짐작해 보기로 하지요."

그림 7을 다시 한 번 보기로 했습니다.

"있는 것과 없는 것이 서로 맞닿자마자 그 사이에 줄을 서기 시작한 그 한없이 많은 괴물들 말입니다. 이 괴물들은 모두 있는 것도 아니고 없는 것도 아닌 무규정적인 것이라는 점에서 겉모습은 같아 보입니다만 꼼꼼히 얼굴을 뜯어보면 하나도 같은 것이 없습니다. 마치 하나의 기타 줄에 숨어 있는 소리가 '숨어 있다'는 점에서는 차이가 없을지라도 짚어 가면서 튀겨 내면 저마다 다른 소리로 떠오르는 것과도 같습니다. 그러나 기타 줄에 숨어 있는 소리가 왼쪽에서 오른쪽으로나, 오른쪽에서 왼쪽으로 차례차례 짚어 가면서 튀겨 내면 높은 소리에서 낮은 소리에 이르기까지 질서 있게 배열되어 있듯이, 무규정적인 것도 그것이 있는 것과 없는 것 사이의 어느 자리에 있느냐에 따라 '있는 것과 맞닿아 있는 놈' '그다음 놈' '그다음 놈' …… '있는 것과 가장 멀리 떨어져 있고 없는 것에 맞닿아 있는 놈' 이렇게 순서에 따라 이름을 붙일 수 있습니다. 다시 말해서 무규정적인 것의 무규정성에는 단계가 있다는 뜻입니다. 있는 것 쪽에서 보면 자기와 맞닿아 있는 놈이 가장 자기와 같은 것이고 없는 것에 맞닿아 있는 놈이 자기와 가장 다른 것이고, 거꾸로 없는 것 쪽에서 보면 자기와 맞닿아 있는 놈이 가장 자기와 같은 것, 있는 것과 맞닿아 있는 놈이 가장 자기와 다른 것입니다. 그러니까 무규정적인 것에는 있으나 다름없는 것에서부터 없으나 다름없는 것에 이르기까지 별의별 놈이 다 있는데 있는 것을 기준으로 삼으면 '있음으로 거의 꽉 차 있는 놈' '있음이 조금 빠져 있는 놈' '조금 더 빠져 있는 놈' …… '있음이 거의 다 빠져 나간 놈'으로 짚어 나갈 수 있고, 없는 것을 기준으로 삼으면 '있으나마나 한 놈' '있음이 조금 들어간 놈' '있음이 조금 더 들어간 놈' …… '거의 있음으로 가득 차 있는 놈'으로 이름 붙일 수 있습니다. 여러분, 우리가 첫머리에서 '없는 것이 있다'는 말이 '빠진 것이 있다'는 뜻을 지니고 있다고 이야기한 것은 바로 이 때문입니다. 또 어떤 신혼부부가 살림살이를 장만하는데 남편이 이것저것 사들이다가 아내를 돌아다보면서 '여보, 이제 없는 것이 뭐지?' 하고 물었을 때 아내가 '어제까지만 해도 없는 것이 많았는데 이제 빠진 것이 거의 없는 것 같아요' 하고 대답한다면 이 말에도 같은 뜻이 담겨 있습니다."

여기에서 이야기가 더 얽히기 전에 저는 파르메니데스가 한 유명한 말로 되돌아가야만 했습니다. '없는 것은 아예 없으므로 없는 것에 대해서는 생각할 수도 없고 따라서 말도 할 수 없다'는 바로 이 말입니다. 파르메니데스는 분명히 '없는 것은 없다'고 말했는데, 우리는 일상생활에서 '없는 것이 있다'는 말을 할 뿐만 아니라 그 말의 뜻이 '빠진 것이 있다'임을 확인했습니다. 일이 이쯤 되면 파르메니데스의 말이 틀렸거나 그렇지 않으면 우리가 쓰는 말이 틀렸거나, 그도 저도 아니면 파르메니데스가 쓴 없는 것이라는 말과 우리가 쓰는 없는 것이라는 말이 다르다고 할 수밖에 없습니다. 도대체 이 세 경우 가운데 어느 것이라고 해야 할까요? 이 문제를 따지는 데는 앞에서 우리가 한 말도 염두에 두어야 하겠지요. 없는 것이나 없다는 말이 없으면 우리는 이것과 저것이 다르다거나 이것은 저것이 아니다라는 말을 쓸 수 없고, 따라서 이것과 저것을 갈라 보는 분석뿐만 아니라, 거기에 바탕을 두고 있는 사고와 그 사고의 표현인 언어생활조차 불가능해진다는 이야기 말입니다. 이 문제에 대해서 저는 학생들에게 이렇게 말할 수밖에 없었습니다.

"파르메니데스가 없는 것은 없다고 했을 때 쓴 없는 것이라는 말은 말하자면 '허무'라고 할 수 있습니다. 다시 말해서 '없음 바로 그것'이라고 할 수 있겠지요. 그리고 우리는 없음 바로 그것을 생각할 수도 없고 말할 수도 없다는 점에서 파르메니데스의 말이 틀린 것은 아닙니다. 그러나 우리가 보통 없는 것이라고 할 때 우리는 없음 바로 그것을 가리키는 것이 아니라 빠진 것을 가리킵니다. 그림 7을 다시 보아 주십시오. 여기에 최초의 무규정적인 것 ㄱ의 왼쪽과 오른쪽으로 한없이 많은 무규정적인 것들이 줄을 서 있지 않습니까? 당분간 있음 바로 그것인 맨 왼쪽의 있는 것과 없음 바로 그것인 맨 오른쪽의 없는 것을 보지 말고 그 사이에 있는 것들에만 주의를 기울이기로 합시다. 그리고 ㄱ의 왼쪽으로 줄지어 있는 것들을 있음에 참여하는 것으로 보아 있는 것들이라고 하고 ㄱ의 오른쪽으로 줄지어 있는 것들을 없음에 참여하는 것으로 보아 없는 것으로 봅시다. 여기에서 우리는 있는 것 쪽으로 향하는 무규정적인 것들의 움직임이 충만(있는 것은 하나로 있고 없는 것이 그 안에 하나도 없다는 점에서 가득 찬 것이기 때문에)을 지향하고 있고, 없는 것 쪽으로 향하는 무규정적인 것들의 움직임이 결핍(아예 하나도 있는 것이 없고 비어 있는 허무로 향하기 때문에)을 지향하고 있다고 할 수 있습니다. 이러한 설명 안에 들어 있는 더 깊은 뜻은 나중에 파헤쳐 보기로 하고 우선 우리가 일상생활에서 없는 것이라고 말하는 것은 아예 없는 없음 바로 그것이 아니라 무규정적인 것 ㄱ에서 없는 것에 이르는 사이에 들어 있는 무한히 많은 저마다 다른 정도의 빠짐을 지닌 빠진 것들이라고 합시다. 왜 이런 제안을 하느냐 하면 철학의 역사에서 없는 것을 없음 바로 그것으로 놓고 벌여 왔던 많은 논쟁이 소모적일 뿐 아무런 생산적인 결론을 이끌어 내지 못했다고 보기 때문입니다. 잊어버리지 않기 위해서 여기에서 성급하게 한마디 끼워 넣자면, 없음 바로 그것이나 있음 바로 그것은 학문의 대상이 아니고, 따라서 논쟁거리가 못 됩니다. 학문의 대상은 있는 것과 맞닿아 있어서 있는 것과 같은 것에서, 없는 것과 맞닿아 있어서 없는 것과 같은 것 사이의 무한히 많은 무규정적인 것들입니다. 말하자면 학문은 규정하는 것〔definition : 이것을 정의(定義)라고 합니다. 끝, 한계 (peras)를 드러내는 작업이라는 뜻이지요.〕인데, 우리가 감각을 통해서나 이성을 통해서 파악하는 것이 이미 다 규정되어 있다면 우리는 따로 머리를 싸매고 '이것이 무엇이냐? 이것과 저것은 어떻게 다르냐?' 따위의 질문을 할 필요도 없고, 따라서 학문 탐구는 부질없는 노릇이 되고 맙니다."

여기까지 말하다 보니, 이야기가 너무 거창해져서 잘못하면 학생들이 허공에 한눈을 팔다가 돌부리에 걸려 넘어질지도 모르겠다는 걱정이 생겼습니다. 그래서 저는 다시 그 기타 줄을 찾을 수밖에 없었습니다. 하나로 이어져서 50센티미터의 길이를 가지고 있는 강철선 말입니다. 저는 그 기타 줄을 왼쪽에서부터 오른쪽으로 차례로 짚어 튀겨 가면서 말을 이었습니다.

"앞에서 말한 바와 같이 이 기타 줄에는 무한히 많은 소리들이 숨어 있습니다. 밖으로 드러나지 않았다는 점에서 그 소리들은 규정되지 않았고, 따라서 겉으로 보면 없는 것이나 마찬가지입니다. 그러나 이 기타 줄 안에 소리가 아예 하나도 없을까요? 그렇지 않다는 것을 여러분은 잘 알고 있을 것입니다. 제가 이렇게 기타 줄을 차례로 짚어서 튀기면 숨어 있던 소리가 밖으로 나옵니다. 다시 말하면 없던 소리가 생겨납니다. 어떻게 해서 없던 소리가 생겨나게 되었을까요? 줄을 짚어서 튀겼기 때문이 아니냐고요? 그렇습니다. 그런데 줄을 짚어서 튀긴다는 행위는 무엇을 뜻할까요?"

"그만큼 줄을 끊어 냈다는 것 아닙니까? 잘라 버렸다는 뜻은 아니고요."

한 학생이 이렇게 대답했습니다. 이 말을 듣고 저는 뛸 듯이 기뻤습니다. 저는 얼른 맞장구를 쳤습니다.

"그렇죠! 이어진 줄을 어느 부분에서 잘라 낸 것이나 마찬가지입니다. 이어진 것을 잘라 내면 어떤 일이 생길까요?"

"이어진 것, 연속된 것은 한계가 없다는 점에서 무규정적인 것 아니에요? 그것을 끊어 냈으니 그만큼 한정시켰다는 뜻이겠지요."

다른 학생이 이렇게 대답했습니다. 저는 그 학생이 몹시 귀여운 나머지 입이라도 맞추어 주고 싶었습니다. 예쁜 여학생이어서 더 그런 생각이 들었는지도 모르지요.

"한정시켰다? 좋은 말입니다. 그 결과 무엇이 드러났지요?"

제가 물었습니다.

"이제까지 들을 수 없었던 새로운 소리요."

어느 학생이 곧 대답했지만 그 대답은 제가 바란 대답은 아니었습니다.

"기타 줄이라는 것에 너무 매달리지 말고, 이어져 있는 모든 것, 다시 말해서 길이까지 포함해서 크기를 가지고 있는 모든 것을 머리에 떠올려 보세요. 그것들을 끊어 내면 무엇이 나타나지요?"

그제야 학생들은 내가 듣기를 바라는 대답이 무엇인지를 알아챈 듯했습니다.

"아아, 알았습니다. 새로운 끝, 한계, 페라스(peras)요. 맞지요?"

"그렇습니다. 기타 줄을 끊어 내는 순간 이어져 있던 것이 끊어져 숨어 있던 끝이, 한계가 밖으로 드러난 것입니다. 일정한 진폭과 진동수와 음색을 지닌 소리와 함께 말입니다. 이처럼 우리는 어떤 것의 끝이, 한계가 무엇이고 어디에 있는지 알면 소리가 되었든 모습이 되었든 그것이 무엇인지 알 수 있습니다. 이제 문제를 조금 더 단순화시켜서 일차원의 세계에 있는 줄〔line〕을 머릿속에 그려 봅시다. 이 줄을 끊어 내면 거기에서 새로운 끝이 나타나는데, 일차원의 줄이므로 이렇게 해서 얻어 낸 끝〔peras〕은 하나입니다. 더 정확하게 말하면 양쪽에 하나씩 새로운 끝이 생겨났다고 해야 하겠지요. 여기에서 중요한 낱말은 하나라는 낱말입니다. 그런데 우리는 앞에서 있는 것은 하나로 있다고 말하지 않았습니까? 그리고 있는 것이 왜 하나로 있는지 증명해 보이지 않았습니까? 그러니, 하나의 끝이 나타나자마자 이것은 규정된 것(끝, 한계가 보인 것)이고 있는 것과 같은 것이 된 것입니다."

제가 이렇게 말하자 학생들은,

"어려운데요. 조금만 더 자세히 설명해 주시지요."

하고 요구했습니다. 그 순간 저는 학생들의 감각에 호소할 수밖에 없다고 생각했습니다. 그래서 제 앞에 있는 교탁을 번쩍 들었다가 제자리에 놓으면서 이렇게 물었습니다.

"여러분, 제가 방금 들어 보인 이 교탁은 한 개지요?"

학생들은 다시 웃음을 터뜨렸습니다. 너무나 뻔한 질문을 너무나 진지하게 하는 제 모습이 그렇게 우스웠나 봅니다.

"당연히 하나지요."

학생들이 대답했습니다.

"정말 하나인 것이 그렇게 당연한가요? 왜 그렇게 당연하지요?"

제가 물었습니다. 학생들은 아무 대답이 없었습니다. 감각적으로 너무나 분명한 사실에 대해서 되물으니 할 말이 없는 모양이었습니다.

"아까 들어 보였던 것처럼 이 교탁은 삼차원 공간에서 다른 어떤 것과도 이어져 있지 않지요? 이 교탁이 놓여 있는 교실 바닥과도 떨어져 있고, 이 교탁을 둘러싸고 있는 공기와도 떨어져 있지요? 다시 말해서 이 교탁은 이 교탁을 둘러싸고 있는 모든 것과 끊어져 있지요? 그래서 우리는 앞뒤, 아래 위에서 이 교탁의 끝을, 한계를 눈으로 볼 수 있지요? 이렇게 삼차원에서 다른 어떤 것과도 끊어져 독립되어 있기 때문에 우리는 이 교탁을 하나의 교탁이라고 부르는 것입니다. 그러니까, 이 교탁은 하나로 있는 것입니다."

그러고 나서 저는 '이것은 교탁이다' '저것은 책이다' '그것은 연필이다'와 같이 어떤 것을 '무엇'이라고 말할 수 있으려면 그것의 끝을 보고, 그 끝에서 다른 모든 것과 떨어져 있어서 하나로 있다는 것을 확인해야 한다고 설명했습니다. 하나하나가 서로 떨어져 있지 않으면 여럿이라는 말은 쓸 수 없습니다. 하나가 없으면 여럿도 없습니다. 그런데 앞에서 살펴본 바와 같이 최초의 하나는 있는 것뿐입니다. 따라서 어떤 것을 하나라고 말하는 순간, 우리는 그것을 있는 것과 같은 것이라고 말하는 셈입니다. 알다시피 하나는 단위입니다. 단위(單位)라는 한자 말은 영어로는 유니트(unit)인데, 이 유니트라는 말은 라틴어의 '우누스(unus)', 곧 하나라는 말에서 나왔습니다. 우리가 물질의 단위, 생명의 단위, 공간의 단위, 시간의 단위, 운동의 단위, 입자의 단위…… 이렇게 모든 것의 최소 단위를 찾아 헤매는 것은 모든 복합체들이 이 단위, 곧 하나로 되어 있어서, 하나만 찾으면 그 하나로부터 전체를 알 수 있다고 믿기 때문입니다. 이 모든 곁다리 이야기는 애초에 플라톤이 데미우르고스를 시켜서 만든, 우주를 설명하는 데 도움이 될까 해서 늘어놓은 것입니다. 그러면 다시 플라톤의 우주로 돌아가기로 하지요. 제가 학생들에게 한 이야기는 이렇습니다.

"앞에서 플라톤의 데미우르고스가 '되는 것'〔gignomenon, genesis : 이 말을 우리 나라에서는 흔히 생성(生成)이라고 번역하는데, 독일 말로는 베르덴(werden), 영어로는 비커밍(becoming)으로 흔히 번역하는 것으로 보아 되는 것 또는 됨으로 번역하는 것이 옳을 듯합니다.〕을 이리저리 버무려 '같은 것〔tauton〕'과 '다른 것〔heteron〕'의 띠를 만들고 같은 것의 띠는 밖에 두르고 다른 것의 띠는 같은 것의 띠와 엇갈리게 해서 안쪽으로 둘러 이 우주를 질서 있는 것으로 만들었다는 이야기를 하려다가 같은 것과 다른 것이라는 말에 걸려 곁길로 새고 말았는데요, 이제부터 그 이야기를 조금 더 하기로 하지요. 플라톤의 우주론에 관해서는 저보다 훨씬 더 지적인 능력이 뛰어난 많은 학자들, 특히 그 가운데서도 영국의 콘퍼드나 테일러, 또 프랑스의 브리송 같은 사람이 미주알고주알 자세히 해설해 놓은 터라, 제가 거기에 대해서 중언부언한다면, 그것은 마치 잘 그려 놓은 뱀의 몸뚱이에다가 다리를 그려 넣겠다고 부산을 떠는 꼴이 되기 십상일 겁니다. 그래서 지금부터 말하려는 것은 플라톤의 우주론이 지닌 존재론적인 의미(이렇게 쓰다 보니 정말 뭐 같아 보이는데, 겁먹지 않아도 됩니다.)에 연관된 토막 이야기라는 것을 미리 말씀드려 둡니다. 플라톤의 데미우르고스가 같은 것(또는 같음)의 띠로 둘러싼 이 우주의 밖은 잘 알려져 있다시피 시간과 공간을 벗어난, 따라서 운동(또는 변화)도 여럿〔多〕도 없는 초월적인 이데아(idea)의 세계입니다. 플라톤의 '이데아'라는 이 괴물은 천의 얼굴을 지닌 데다가 종잡을 수 없는 구석이 하도 많아서 플라톤 자신도 제대로 그 모습을 그려 내지 못하고, 이 괴물을 연구하는 학자들도 오십보백보인지라, 이제까지 이 괴물을 둘러싸고 수십 권(어쩌면 수백 권이 될지도 모릅니다.)의 책, 수천 편의 논문이 나왔지만 아직까지 이 괴물의 정체를 제대로 알았다거나 이 괴물을 사로잡았다는 말은 들어 보지 못했습니다. 떠도는 풍문에 따르면 이 이데아라는 괴물들의 왕은 '좋음'의 이데아라는데, 그 밑에 무수한 괴물들이 이 왕을 떠받들고 있다고 합니다. 어떤 놈들은 '사람' '개' '소' '말' '지렁이' '바퀴벌레' '쇠똥구리' 같이 천하기 짝이 없는 이름을 지니고 있고, 또 어떤 놈들은 '아름다움' '참됨' '용기' '중용' '거룩함' 따위의 제법 그럴싸한 이름을 지니고 있고, 또 다른 놈들은 '큼' '작음' '많음' '적음' '삼각형' '동그라미' 같은 시답잖은 이름을 지니고 있다는데, 그 수가 이 우주의 삼라만상에 붙인 이름보다 더 많아서 이 괴물들을 제대로 먹여 살리자면 '좋음'이라는 이데아계의 임금이 아무리 마음씨가 곱다 한들 어디쯤까지 좋은 임금님으로 남을 수 있었겠습니까? 이 와글거리는 이데아라는 괴물들을 하나하나 붙들고 씨름하려 드는 건 마치 산더미처럼 쌓아 놓은 콩 더미에서 콩알을 하나하나 골라내 도끼로 뽀개는 짓과 진배 없는지라 그런 일은 다른 할 일이 없는 한가한 분들께 맡겨 두기로 하고, 얼렁뚱땅 '이데아라는 놈들은 있는 것(또는 있음)이라는 하나의 괴물 몸에 생긴 두드러기들이다' 이렇게 말하고 넘어가기로 합시다. 아무튼 데미우르고스가 이 우주를 만들 때 이 괴물들을 보고, 그놈들을 본떠서 만들었다는데, 이 엉터리없는 이야기 속에 담긴 숨은 뜻이 무엇일까 하는 것이 제 관심을 끄는 문제라는 것만 알고 넘어갑시다."

세상에! 철학 선생이라는 자가, 그것도 플라톤과 아리스토텔레스를 신줏단지처럼 모시고 다니면서 그것으로 밥을 벌어먹는 서양 고대 철학 선생이라는 자가 이렇게 제 쪽박 깨는 이야기를 늘어놓고 있으니, 앞으로 하는 이야기가 씨알이 안 먹히면 그야말로 욕을 바가지로 얻어먹어 마땅한 노릇이겠지요.

"자, 여러분, 이제 그림 하나를 더 보고 넘어가기로 할까요?"
이렇게 말하면서 저는 그림을 하나 그렸습니다.

그림 8

→ 같은 것 (같음, tauton)

다른 것
(heteron)

"보다시피 이것이 가장 단순한 모습으로 드러난 플라톤의 우주입니다. 이 우주 밖에는 무엇이 있느냐고요? 그것은 이데아(idea)라는 두드러기들이 잔뜩 나 있는 있는 것, 곧 하나의 세계입니다. 그러니까 이 그림에서 보듯이 같은 것(같음)의 고리는 있는 것에 맞닿아 있는 것입니다. 이 있는 것(있음)은 파르메니데스의 말 그대로 모든 것이 달라붙어(syneches) 하나(monoeides)로 있습니다. 그런데 하나는 하나임으로 말미암아 영원불변하며, 시간과 공간의 영향을 받지 않고 저됨(자체성, 自體性)을 지킬 수 있게 됩니다. 하나의 바로 이런 특성으로 말미암아 하나, 곧 있는 것에 맞닿아 있는 것도 하나와 같은 것, 하나로 있는 것에 동참하게 됩니다. 다시 말해서 플라톤의 우주는 하나와 맞닿아 있다는 점에서 하나의 우주, 그 안에서 펼쳐지는 시간과 공간의 파괴적인 영향을 받지 않고 저임(자기 동일성, 自己同一性)을 잃지 않고 영원히 변하지 않고 있는 것이 될 수 있는 것입니다. 조금 더 덧붙여서 설명한다면, 플라톤의 우주 맨 바깥을 두르고 있는 같은 것(같음)의 고리는 있는 것과 같은 것이고, 바로 이 때문에 플라톤의 우주는 여러 개가 아니라 하나일 수밖에 없으며, 생성도 소멸도 되지 않고 정지해 있는 것입니다. 이 우주 안의 모든 변화와 차별상, 곧 운동과 여럿의 세계는 시간과 공간까지 포함해서 다른 것[heteron]에서 나옵니다. 플라톤의 우주 안쪽을 여러 겹으로 감싸는 이 다른 것(다름)의 고리는 있는 것과 다른 것, 하나와 다른 것, 따라서 없는 것이요, 여럿입니다. 그런데 여러분, 제가 지금 무슨 말을 하고 있지요? 다른 것이 있는 것과 다른 것이어서 없는 것이라고 하면서 동시에 하나와 다른 것이어서 여럿이라고 말하고 있지 않습니까? 그리고 이런 설명에는 논리의 비약이 있다고 여기지 않습니까? 없는 것과 여럿이 같은 것이라니, 어떻게 그럴 수가 있지요? 우리 잠간 생각을 다시 가다듬어 봅시다. 저는 앞에서 파르메니데스의 말을 빌려 있는 것은 하나로 있다고 했고, 왜 그런지 증명까지 해 보였습니다. 그런데 있는 것만 있고, 그것이 하나이며 없는 것은 없다면, 파르메니데스 주장대로 시간도 공간도 없고, 그에 따라 우주도 삼라만상도, 생성과 소멸도 없습니다. 다시 말해서 우리가 감각과 이성으로 파악하는 모든 것들은 죄다 마야의 휘장 너머에 펼쳐진 환상의 세계일 뿐입니다. 그런데 이런 결론은 이 땅에 발붙이고 사는 정상적인 모든 사람의 상식에 벗어납니다. 상식에 벗어나지 않는 주장을 하려면 하나뿐만 아니라 여럿이 있다고 말해야 합니다. 그러니까 하나인 있는 것뿐만 아니라 없는 것도 있다고 말해야 한다는 말입니다. '없는 것이 있다니? 그런 엉터리없는 말이 어디 있어? 없는 것은 그 말 그대로 없는 거야!' 이렇게 말하는 사람은 없는 것이라는 말을 파르메니데스가 쓴 뜻 그대로 쓰고 있는 셈입니다. 그러니까 없는 것이라는 말을 아예 없는 것, 없음 바로 그것이라는 뜻으로 파악하고 있다는 것이지요. 그러나 우리는 생각을 바꾸어 우리가 흔히 쓰는 뜻으로 이 말을 해석할 수도 있습니다. 그러면 없는 것이 있다는 말은 빠진 것이 있다는 말이 됩니다. 앞에서 우리는 여럿의 가장 작은 수, 곧 여럿의 최소 단위는 둘인데, 있는 것은 하나이므로 여럿이 있다고 하려면, 없는 것도 있다고 보아야한다고 했습니다. 우리는 여럿을 살리기 위해서 없는 것을 있음과 같은 자리에 놓은 것입니다. 그리고 없는 것이 있는 것과 몸을 맞대고 나란히 서있다는 것이 우연이고 모순이라는 말도 했습니다. 우리는 이처럼 여럿을요청하는 순간 우연과 모순으로 가득 찬 세계를 인정하지 않을 수 없는 것입니다. 이렇게 없는 것이 있는 것과 나란히 서자마자 파르메니데스의 없음 바로 그것은 없어지고, 어려운 말로 '존재화(存在化)한 무(無)' 다시 말해서 없다는 규정 아닌 규정을 받아들인 어떤 것, 곧 빠진 것이 없는 것이라는 이름을 달고 나타납니다. 이렇게 해서 여럿으로 이루어진 이 세계는구제되고 플라톤의 우주에서 다른 것은 있는 것과는 다른 것, 없는 것, 그러나 없음 바로 그것은 아닌 것으로 재해석되어 있는 것과 관계를 맺게 됩니다. 그러나 아까 이야기했듯이 이 관계는 우발적인 것, 우연이고 모순입니다. 그리고 이 우연과 모순은 우리의 의식 속에 최초의 우연, 원초적 모순으로 드러나고, 이 때문에 운동과 변화의 가능성이 열립니다. 왜냐하면운동은 모순에서 생기기 때문입니다. 그러나 운동의 문제는 여기에서 함께다루기는 벅차니까 다음 기회로 미루기로 합시다."

저는 여기에서 여럿의 문제를 조금 더 자세히 학생들에게 이야기해 주어야 한다는 의무감에 사로잡혔습니다. 모든 것의 최소 단위(unit)인 하나를찾는 것이 중요하다는 것은 앞에서 이미 이야기해 준 적이 있었습니다. 그리고 자세히 설명은 못 했지만 이 하나, 곧 있는 것을 찾아내야만 어떤 것을 무엇이라고 규정할 수 있는 근거가 생긴다는 말도 해 주었습니다. 왜냐하면 우리는 하나가 없으면, 다시 말해서 있는 것이 없으면, 있는 것도 아니고 없는 것도 아닌 것이나 빠진 것에 대해서는 아무 이름도 붙일 수 없고 따라서 무엇이라고 부를 수도 없기 때문입니다. 아예 없는 것은 생각할 수도 없으니 제쳐 놓고 말입니다. 제가 이렇게 말하니까 제 말투에 익숙한 어떤 학생이 이렇게 묻더군요.

"선생님, 오늘 수업에는 이고운 양이 빠졌는데요. 이렇게 우리는 빠진 것에도 이고운이라고 이름을 붙일 수 있지 않습니까?"

"뭐? 이고운 양이 빠졌어? 입덧이 심한가?"

"에이, 선생님도. 처녀가 입덧은 무슨 입덧이에요. 괜히 딴전 피우시지 말고 대답해 주세요."

사실 제가 하는 이야기에는 어려운 낱말이 하나도 없어서 말이야 쉽지만 이 쉬운 말들의 실꾸리를 따라가다 보면 곧잘 미로에서 헤매기 일쑤여서 가끔 엉뚱한 이야기를 꺼내 긴장을 풀어 주는 것이 필요하다고 느꼈습니다. 그렇다고 해서 꽁무니를 뺄 수는 없는 노릇!

"어쩌다 이고운 양이 여기에 없어서 졸지에 빠진 것이 되어 버렸는데, 그렇다고 해서 이고운 양이 처음부터 빠진 것, 처음부터 없는 것은 아니었지요? 그리고 지금도 여기에서는 빠졌지만 다른 자리를 채우고 있을 것입니다. 대답이 되었나요?"

잠시 동안 긴장이 풀린 사이에 저는 여럿에 대해서 다시 설명하기 시작했습니다.

"우리는 하나가 없으면 여럿이 있다는 말도 할 수 없습니다. 왜냐하면 우리는 여럿이라는 말로 저마다 다른 하나하나를 가리키기 때문입니다. 이 강의실에 여러 학생들이 있지요? 그런데 하나하나 저마다 다르지요? 이를테면 변강세 군과 이옥녀 양은 각각 한 사람이면서 서로 다릅니다. 그런데 우리는 변강세 군과 이옥녀 양이 다르다는 걸 어떻게 해서 안다고 했지요?"

이 시간이 존재론 시간이라는 것을 잘 기억하고 있는 한 학생이 자신 있게 대답했습니다.

"그건 첫 시간에 가르쳐 주셨듯이, 변강세 군에게 있는 어떤 것이 이옥녀 양에게는 없고, 변강세 군에게 없는 어떤 것이 이옥녀 양에게는 있기 때문입니다."

이 대답이 떨어지자마자 갑자기 폭소가 터져 강의실은 온통 웃음바다가 되었습니다. 이름이 비슷했기 때문에 학생들은 판소리 가루지기타령에 나오는 변강쇠와 옹녀를 연상하고, 뛰어난 정력을 지닌 이 두 남녀를 머리에 떠올리다 보니 생각이 엉뚱한 데로 비약한 모양이었습니다. 어쨌거나 그 학생의 대답이 옳았기 때문에 저는,

"맞습니다. 바로 그렇습니다."

하고 맞장구를 쳤습니다. 그러자 학생들은 다시 책상을 두들기면서 배를 잡고 웃어 대는 게 아니겠습니까? 저는 학생들의 웃음이 그치기를 기다리고 나서 설명을 계속했습니다.

"이것과 저것이 다르다고 할 수 있는 까닭은 아까 저 학생이 말했듯이 이것에 있는 (어떤) 것이 저것에는 없고, 이것에 없는 (어떤) 것이 저것에는 있기 때문입니다. 다시 말해서 여럿의 테두리 안에 있는 하나하나의 것은 저마다 있는 것(있음)과 없는 것(없음)의 요소를 함께 지니고 있습니다. 어떤 것에 있는 것이 다른 것에는 없기 때문에 우리는 그것에만 있는 것을 바탕으로 해서 사람, 개, 소, 말, …… 빨강, 파랑, 노랑, …… 동그라미, 세모, 네모 …… 이렇게 다른 이름으로 부르는 것입니다. 그런데 아까 이야

기했듯이 있는 것은 하나입니다. 따라서 이 세상을 이루는 삼라만상의 하나하나는 있는 것이라는 측면에서 보면 모두 하나에 참여할 수 있고, 바로 이 때문에 어떤 것으로 규정될 수 있습니다. 자, 이제 다른 것이 어떤 것인지를 알기 위해서 그림 8을 다시 한 번 살펴볼까요? 이 그림을 보면 다시 확인할 수 있듯이 같은 것〔tauton〕의 고리는 있는 것과 맞닿아 있습니다. 형식적으로 보면 없는 것과 같은 것도 있을 수 있고, 있는 것과 같은 것도 있을 수 있지만 플라톤이 같은 것의 고리로 하여금 우주의 맨 바깥을 감싸고 있도록 한 것으로 보아 같은 것이 있는 것과 같은 것이라는 점은 분명한 것 같습니다. 문제는 다른 것(다름 바로 그것)을 둘러싸고 이루어진 해석의 싸움입니다. 이 싸움은 저도 잘 모르니 여기서 덮어 두고 다른 것이 지니고 있는 이중의 성질에 대해서만 살펴보기로 하지요. 다른 것은 이 두 마디로 요약해 말할 수 있습니다.

1. 다른 것은 있는 것과 다르다는 점에서 있는 것이 아니다.
2. 다른 것은 없는 것과 다르다는 점에서 없는 것이 아니다.

그러니까 뭉뚱그려 말하자면 다른 것〔heteron〕은 동시에 있는 것도 아니고 없는 것도 아닌 것입니다. 이것이 무엇인지는 이미 앞에서 말씀드렸지요? 그렇습니다. 바로 있는 것과 없는 것 사이에 들어서 이 둘을 맺어 주면서 동시에 떼어 놓는 무규정적인 것 바로 그것입니다."

있음과 없음에 연관된 악과 죄의 근원

바로 그때였습니다. 몇 날 며칠을 두고 있는 것과 없는 것, 있는 것도 아니고 없는 것도 아닌 것 이야기만 하는 제 강의에 진력이 났는지 한 학생이 짜증 섞인 목소리로 이런 질문을 했습니다.

"선생님, 그림 8을 보면 데미우르고스인지 뭔지 하는 괴물이 우주 안쪽을 다른 것의 띠로 두르지 않았습니까?"

"그렇습니다. 그리고 지금 여기에는 다른 것의 띠가 하나밖에 없지만 데미우르고스가 만들어 낸 이 우주에는 이런 띠가 여럿입니다. 그런데 뭐가 문제지요?"

"만일에 그 다른 것이 선생님 말씀대로 있는 것도 아니고 없는 것도 아닌 무규정적인 것이라면 무엇이라고 규정할 수 없기 때문에 이 우주 안에서 우리가 보고 있는 해나 달이나 별이나, 또 꽃이나 나무나 풀이나, 그 밖에 북, 장구, 노래, 춤 같은 것은 말짱 환상이라고 볼 수밖에 없겠네요?"

"참 훌륭한 질문입니다. 파르메니데스에 따르면 그렇지요. 그러나 플라톤에 따르면 그렇지 않습니다."

"그 까닭은 뭐지요?"

저는 여기에서 파르메니데스와는 달리, 없는 것이 없는 이 우주 안의 삼라만상을 환상으로 돌리지 않고 죄다 구원하려고 한 플라톤의 우주론을 설명해 나가는 수밖에 없는 궁지에 몰렸습니다. 그러나 앞에서도 이야기했듯이 그것은 제 능력 밖의 일이기도 하려니와 남이 다 이야기해 놓은 것을 강의실에서 되풀이한다는 것도 썩 내키지 않았습니다. 저는 잠시 침묵하고 있다가 칠판에 그림을 하나 그렸습니다.

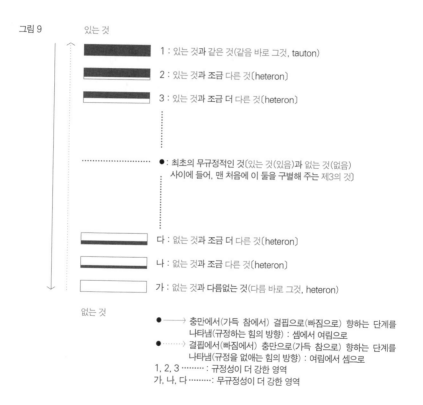

그림 9

있는 것

1 : 있는 것과 같은 것(같음 바로 그것, tauton)

2 : 있는 것과 조금 다른 것(heteron)

3 : 있는 것과 조금 더 다른 것(heteron)

● : 최초의 무규정적인 것(있는 것(있음)과 없는 것(없음) 사이에 들어, 맨 처음에 이 둘을 구별해 주는 제3의 것)

다 : 없는 것과 조금 더 다른 것(heteron)

나 : 없는 것과 조금 다른 것(heteron)

가 : 없는 것과 다름없는 것(다름 바로 그것, heteron)

없는 것

● ⟶ 충만에서(가득 참에서) 결핍으로(빠짐으로) 향하는 단계를 나타냄(규정하는 힘의 방향) : 셈에서 여림으로
● ······⟩ 결핍에서(빠짐에서) 충만으로(가득 참으로) 향하는 단계를 나타냄(규정을 없애는 힘의 방향) : 여림에서 셈으로
1, 2, 3 ········ : 규정성이 더 강한 영역
가, 나, 다 ········: 무규정성이 더 강한 영역

바로 위에 있는 이 그림입니다. 보다시피 이 그림은 가로로 그려 놓았던

그림 7을 세로로 세워 놓은 것입니다.

"자, 이 그림을 다시 한 번 봅시다. 이 그림은 아주 단순한 것이지만, 이 그림 안에 서양의 존재론 전체가 들어 있다고 해도 지나친 말이 아닐 만큼 많은 뜻을 담고 있습니다. 지금까지 우리가 이야기한 것을 바탕 삼아 이 그림 안에 담긴 뜻을 하나하나 분석해 들어가기로 하지요.

먼저 플라톤의 생각부터 따져 들어가 볼까요? 플라톤의 형이상학(그냥 존재론이라고 불러도 됩니다.)에는 없는 것(없음 바로 그것)만 빼고는 다 있습니다. 첫째, 이데아라는 괴물들로 나타나는 있는 것이 있고(이것은 우주 밖에 있는 것으로 그려집니다.), 둘째, 이 이데아들과 같은 것들이 있고(이것은 우주 안에 있는데 이데아를 본떠 만든 한계[peras], 형태가 있는 모든 것을 가리킨다고 보면 됩니다.), 셋째, 이데아들과 같은 것들이 우주 안에 있게 하는 힘이 있고(이것은 우주를 제작하는 데미우르고스로 표현됩니다.), 넷째, 끊임없이 다른 것으로 될 수 있는 힘이 있습니다.(이것은 됨, 되는 것을 가리키는 gignomenon, genesis 같은 말로 나타나는데, 생성[werden, becoming]으로 흔히 번역됩니다.) 뒤에 철학자들의 집중적인 탐구 대상이 되면서 동시에 비판의 과녁이 되는 것은 이 네 개의 요소 가운데 이데아라는 괴물들의 세계입니다. 그러면 지금부터 플라톤의 머릿속에서 태어난 이 괴물들이 어떻게 해서 우주 밖으로 달아났는지 그놈들의 발자취를 쫓아가 봅시다. 이데아라는 말이 희랍어 '에이도(eido)'에서 나왔다는 것, '에이도'라는 말은 '눈으로 본다'는 말이므로 본디 '이데아'는 '눈으로 본 것' '모습' '형태'의 뜻을 지니고 있다는 것, 우리의 눈이 감각기관 중에서 가장 많은 일을 하면서 우리가 어떤 것을 머리에 떠올릴 때는 주로 눈에 비친 모습을 떠올리게 된다는 것, 그래서 우리가 이 세상 삼라만상이라고 할 때 우선 눈에 보이는 것을 가리킨다는 것, 그런 까닭에 '이데아'라는 말은 나중에 이것저것 온갖 것을 가리키는 말로 바뀌었고 '종류' '어떤 것' '머리에 떠오른 것' 따위의 뜻을 덧붙여 지니게 되었다는 것은 여러분도 잘 아는 사실입니다. 그러나 이렇게 해서 생긴 말이 어떻게 해서 있는 것으로 둔갑해 우리 머리를 쪼개고 뛰쳐나가 우주 밖으로 자리를 옮겼는지를 알기는 쉽지 않습니다. 이 둔갑술을 이해하기 위한 방편으로 그림을 몇 개 그려 봅시다.

그림 10

이 그림이 무엇을 나타내는지 모르는 학생은 없지요? 혹시 모르니, 어디 한번 확인해 볼까요?"

저는 아무 학생이나 지적해서,

"이게 뭐지요?"

하고 물어보았습니다. 지적받은 학생은 대답하면서도 기분이 썩 좋지는 않은 모양이었습니다. 당연히 그렇겠지요. 칠판에 그려진 이 그림이 동그라미, 세모꼴, 네모꼴, 더 유식한 말로 원, 삼각형, 사각형이라는 것을 모를 사람은 초등학생이나 유치원생 중에서도 드물 테니 말입니다. 저는 떨떠름한 표정으로 앉아 있는 학생들에게 삼각형을 다시 가리켜 보이면서 말을 이었습니다.

"이 그림을 동그란 것과 네모난 것 사이에 그려 놓으니까 '아, 그렇다면' 하고 무심결에 삼각형이라고 대답하지만 이 그림이 삼각형 바로 그것은 아닙니다. 다시 말하면 이 그림은 우리가 '삼각형'이라고 부르는 특수한 기하학적인 도형 가운데서도 특별한 것입니다. 이 삼각형 밑과 옆에 있는 직선이 각각 3센티미터쯤 되는 일정한 크기를 지니고 있고, 모양으로 따지더라도 정삼각형 꼴을 지니고 있는데, 이러한 크기나 이러한 모양은 삼각형의 본질적인 것이 아닙니다. 삼각형의 크기는 현미경으로 살펴야 할 만큼 작은 것에서부터 우주 공간을 축으로 삼아야 할 만큼 큰 것에 이르기까지 무한히 다양할 수 있고, 모양으로 말하더라도 각 변의 길이와 그에 따르는 각도에 따라 천차만별일 수 있습니다. 그런데 우리는 크기와 모양이 어떻든지 상관없이 특정한 형태를 지닌 그림을 모두 삼각형이라고 부르지 않습니까? 마치 남자든 여자든, 아이든 어른이든, 살갗이 검든 희든, 개똥이라는 이름을 가지고 있든 말순이라는 이름을 가지고 있든 어떤 특징을 지니고 있는 동물을 모두 사람이라고 부르듯이 말입니다. 물론 사람과 삼각형 사이에는 큰 차이가 있습니다. 이 차이에 대해서는 나중에 이야기하기로 하고 삼각형만 다시 생각해 봅시다. 우리는 삼각형을 유클리드의 평면 공간(흔히 기하학적 공간이라고도 합니다.)에 놓인 것으로 가정하고, 삼각형이 무엇인지 한번 정의[define]해 보기로 하지요. 다시 말해서 기하학적 공간에서 삼각형을 우리 의식의 칼날로 오려 내 이것의 끝, 한계, 겉모습을 보자는 말입니다.

'세 직선이 만나서 이룬 세 안각의 합이 180도인 평면 도형', 대체로 이렇게 정의할 수 있습니다. 그런데 이렇게 정의된 삼각형과 지금 칠판에 그려진 이 세모꼴에는 큰 차이가 있습니다. 여러분은 그 차이가 무엇인지 알겠습니까? 그렇지요? 칠판에 그려진 이 세모꼴은 일정한 크기와 모습을 지니고 있어서 우리 눈에 보이는 것입니다. 그러나 정의된 삼각형은 이 세상 어디에도 없습니다. 그것이 이 세상 어디엔가 나타나면 나타나는 순간 물리적 공간의 영향을 받아 일정한 크기와 모습을 지니지 않을 수 없습니다. 그리고 이렇게 눈에 보이는 삼각형은 삼각형 바로 그것이 아니라 삼각형 바로 그것의 한 본보기에 지나지 않고, 우리가 삼각형이라는 이름으로 삼각형 바로 그것을 가리킬 때, 삼각형과 같은 것, 삼각형 닮은 것, 삼각형 비슷한 것일 뿐입니다. 그러면 크기도 없고 모습도 달리 하지 않는, 그러니까 시간과 공간의 영향을 받지 않는 삼각형 바로 그것은 어디에 있을까요? 우리의 머릿속에, 우리의 의식에 있다고요? 그러나 우리의 머리는 일정한 크기를 가지고 있고, 의식이 담기는 뇌 세포는 시간이 지남에 따라 끊임없이 바뀌고 있지 않나요? 그런데 어떻게 해서 의식이 시간과 공간의 영향을 받지 않는다고 할 수 있지요? 의문이 생긴 김에, '에라 모르겠다. 데카르트처럼 마음속에 어떤 결론을 미리 마련해 놓고 그 결론을 내리기 위해서 겉으로만 의심하는 척하는, 그런 방법적 의심 말고 진짜 의심을 해 보자' 이런 마음가짐으로 이 문제에 덤벼 보기로 하고, 왼쪽에 있는 동그라미를 보십시오. 이 동그라미도 자로 잴 수 있는 크기와 일정한 모습을 지니고 있다는 점에서, 그리고 우리 눈에 보인다는 점에서 시간과 공간 안에 있습니다. 그런데 이 동그라미는 '한 점이 다른 점과 같은 거리를 지키면서 운동하여 출발점으로 돌아올 때 생기는 기하학적 도형'이라고 정의된 원과는 다릅니다. 그리고 무엇보다도 아무렇게나 그린 이 동그라미는 우리 머릿속에 있는 원과 견주어 볼 때 불완전하기 짝이 없습니다. 여기에서 질문 하나 더 하지요. 우리는 우리가 살고 있는 이 물리적 공간 안에서 완전한 원을 그릴 수 있을까요?"

모두 고개를 흔들었습니다.

"결이 아주 고른 특수한 종이나 유리 위에 레이저 광선으로 그려도 완전한 원이라고 할 수 없겠습니까?"

여전히 고개를 저었습니다.

"말을 바꾸어서 이렇게 해 봅시다. 우리는 눈에 보이는 동그라미나 세모꼴이나 네모꼴이 어떤 점에서 얼마나 불완전한지를 재기 위해서는 완전한 원, 완전한 삼각형, 완전한 사각형을 기준으로 삼아야 하겠지요?"

그러자 모두 고개를 끄덕였습니다.

"그런데 우리는 현실 속에서 완전한 원, 완전한 삼각형, 완전한 사각형을 찾아볼 수 있나요?"

"아니요."

모두 입을 모아 말했습니다.

"그렇다면 거꾸로 불완전한 원, 불완전한 삼각형, 불완전한 사각형을 바탕으로 삼아 완전한 원, 완전한 삼각형, 완전한 사각형을 끌어낼 수 있을까요?"

제 질문이 여기에 이르자 학생들 의견이 엇갈렸습니다. 그럴 수 없다는 의견이 더 많았는데, 한 학생이 그럴 수 있다고 하면서 다음과 같은 보기를 들었습니다.

"선생님, 완전한 사람을 기준으로 해서 보자면 역사상 어떤 사람도 완전하지는 못했다고 하겠지요. 예수나 석가나 공자나 저까지도 포함해서 말입니다. 그러나 모든 사람의 가장 뛰어난 장점들을 모아서 그 장점을 한 사람이 지닐 수 있다고 생각할 수 있지 않겠습니까? 그렇다면 현실에는 없지만 우리가 이상적으로 가장 완전한 사람을 머리에 그릴 수는 있겠지요."

"참 좋은 대답입니다."

저는 그 학생을 아낌없이 칭찬했습니다. 그리고 이렇게 물었습니다.

"그런데 학생이 머릿속에 그리는 그 사람은 남자인가요, 여자인가요? 그리고 갓난애인가요, 꼬부랑 할아버지인가요? 키는 얼마나 크고 눈은 무슨 색깔이지요? 그리고 그 사람이 지닌 장점이라는 것이 어느 시대에 어떤 곳에서 누구에게 인정받은 것이지요?"

우쭐해 있던 그 학생이 갑자기 기가 죽었습니다. 그러자 옆에 있던 학생들은 '어쩐지 칭찬이 유난하더라니!' 하는 표정으로 고개를 절레절레 흔들었습니다. 저는 이런 반응에 아랑곳없이 말을 이었습니다.

"저는 아까 정의된 삼각형, 정의된 원은 일정한 크기가 없고, 따라서 공간을 차지하지 않는다고 이야기했습니다.(이때의 공간은 우리를 둘러싸고 있는 물리적 공간을 뜻합니다.) 그리고 바뀌지도 않습니다.(시간이 그것에 어떤 영향력도 미치지 못한다는 뜻이지요.) 그런데 우리는 이렇게 정의된 원, 정의된 삼각형이 현실에서 볼 수 있는 어떤 동그라미, 어떤 세모꼴보다 더 완전한 것, 가장 완전한 것이라고 믿고, 이것에 의지해서 현실의 동그라미나 세모꼴의 불완전함을 파악하지 않습니까? 만일에 이 완전한 원과 완전한 삼각형이 우리가 현실에서 겪는 것처럼 시간과 공간의 영향을 받아 변한다면 어떻게 될까요? 그렇게 되면 완전한 것에서 불완전한 것으로 바뀌는 수밖에 없지 않겠습니까? 이제 그림을 하나 더 그려 보기로 하지요.

그림 11   가장 완전한 것   가장 불완전한 것

이 그림에서 양쪽 끝은 운동과 변화가 끝나는 지점입니다. 변화와 운동

은 이 양 극단 사이에서만 일어납니다. 가장 완전한 것보다 더 완전한 것은 없으므로 불완전한 것에서 완전한 것으로 향하는 변화와 운동은 이 그림의 왼쪽 점에서 그칩니다. 만일에 이 운동이 왼쪽 점을 넘어선다면 우리가 가장 완전한 것으로 믿어 정해 놓았던 이 점이 사실은 가장 완전한 것이 아니었다는 것을 뜻합니다. 마찬가지로 완전한 것에서 불완전한 것으로 향하는 운동도 가장 불완전한 것을 가리키는 점에서 그칩니다. 가장 완전한 것 대신에 가장 좋은 것, 가장 아름다운 것, 가장 참된 것, …… 가장 어떠어떠한 것을 왼쪽 끝에 놓고 거기에 반대되는 가장 나쁜 것, 가장 추한 것, 가장 거짓된 것…… 가장 어떠어떠한 것(위에 말한 어떠어떠한 것에 반대되는 뜻으로)을 가장 불완전한 것 자리에 놓아도 마찬가지입니다. 운동과 변화는 이 사이에서만 일어납니다. 이 그림을 세로로 세워 놓고 위로 올라가는 변화와 운동을 상승이라고 부르고, 아래로 내려가는 변화와 운동을 하강이라고 해도 좋습니다. 상승운동과 하강운동은 이렇게 위아래로 정지된 것에 막혀 있고 그런 점에서 한계, 끝을 가집니다. 우리가 이 변화와 운동을 영원히 지속되는 것으로 보려면 이 세상에는 가장 어떠어떠한 것도 가장 어떠어떠하지 않은 것도 없다고 보아야 합니다. 플라톤도 이 점에서는 생각이 같았습니다. 플라톤이 데미우르고스를 시켜서 만들어 낸 우주 안에는 이 양 극단이 없으니까요. 플라톤은 이 양 극단을 우주 밖에 두었습니다. 서로 다른 것 가운데 가장 극단적으로 다른 것이 있다면 그것은 무엇과 무엇일까요? 있는 것과 없는 것 아니겠습니까? 그러니까 가장 큰 테두리에서 이야기하자면 운동과 변화는 있는 것에서 시작하여 없는 것에서 끝나거나 없는 것에서 시작하여 있는 것에서 끝난다고 할 수 있습니다. 그러나 여기에서 있는 것과 없는 것은 양 극단이니까 있는 것(있음 바로 그것)과 없는 것(없음 바로 그것)은 운동과 변화의 테두리 밖에 있습니다. 운동과 변화에 휩쓸리는 것은 있는 것과 가장 같은 것에서 있는 것과 가장 다른 것(없는 것에 가장 가까운 것)까지라고 하겠지요. 그리고 있는 것을 기준으로 보면 그림 9에서 운동과 변화가 가장 느린 것, 운동과 변화에 가장 완강하게 버티는 것은 1, 2, 3……의 순서이고 운동과 변화가 가장 빠른 것, 운동과 변화에 지극히 민감한 것은 가, 나, 다……의 순서입니다. 1, 2, 3……●……다, 나, 가를 전체로 보면 있는 것이 점점 없어져 가는 상태, 한계가 점점 흐려지는 상태, 무규정성이 늘어나는 상태, 하나에서 차츰차츰 쪼개지고 쪼개져서 나중에는 헤아릴 수 없이 많은 여럿으로 되는 상태, 점점 결핍되는 상태이겠지요. 거꾸로 없는 것을 기준으로 보면 가, 나, 다……●……3, 2, 1에 이르는 전체 과정은 없는 것(빠진 것)이 점점 사라져 가는 상태, 한계가 차차 뚜렷해지는 상태, 규정성이 늘어나는 상태, 여럿이 점차로 모아져 마침내 하나로 수렴되는 상태, 점점 충만되는 상태이겠지요. 삼각형을 예로 들어 설명하면 한편에서 시간과 공간을 벗어나 제자리에 머물고 있는(플라톤에 따르면 이 제자리는 이데아가 있는 자리라고 할 수 있습니다.) 삼각형 바로 그것(이것은 삼각형의 이데아로서 머리를 굴려서 아는 추리의 대상이 아니라 마음의 눈으로 척 보아 아는 직관의 대상입니다.)에 맞닿아 있는 정의된 삼각형(이것은 추리된 것이므로 논리적 공간에 있습니다.)에서 직각삼각형, 정삼각형, 이등변삼각형, 예각삼각형, 둔각삼각형……을 거쳐 마침내 삼각형의 흔적에 이르기까지 내려가면서 크기도 모습도 헤아릴 수 없이 많은 삼각형에 속하는 것들의 행렬이 이어지고, 다른 한편으로 순간순간 나타났다 사라지는 삼각형의 흔적에서 올라가면서 여러 삼각형들을 거쳐 마침내 하나의 삼각형에 이르는 행렬이 이어집니다. 더 쉬운 예를 들어 그림으로 그리면 이렇게 됩니다.

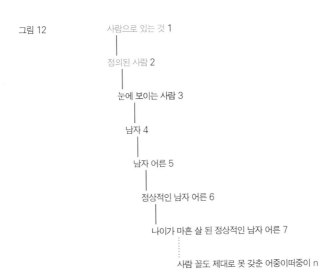

그림 12

사람으로 있는 것 1

정의된 사람 2

눈에 보이는 사람 3

남자 4

남자 어른 5

정상적인 남자 어른 6

나이가 마흔 살 된 정상적인 남자 어른 7

사람 꼴도 제대로 못 갖춘 어중이떠중이 n

　　이 그림에서 2, 3, 4……n의 차례로 보면 사람 하나가 가지를 쳐서 남자와 여자로, 또 남자가 가지를 쳐서 아이와 어른으로, 어른이 가지를 쳐서 정상적인 어른과 그렇지 못한 어른으로…… 이렇게 자꾸자꾸 늘어나서 마침내는 사람 꼴도 제대로 갖추지 못한 사람에 이르기까지 한없이 줄지어 늘어서고, n……4, 3, 2의 차례로 보면, 거꾸로 갈라지고 또 갈라졌던 것이 점점 모여 마침내 사람 하나로 규정됩니다."

　　이쯤 설명하자 수시로 일어나는 학생들의 두통 증세가 재발하는 것 같았지만 저는 아랑곳하지 않고 내친김에 계속해서 말을 이었습니다.

　　"그림 9와 이제까지 한 이야기에서 실마리를 잡았을 줄로 믿습니다. 주의 깊게 들은 사람은 짐작하겠지만, 이 과정에서 두 개의 서로 다른 힘이 작용합니다. 하나는 여럿을 하나로 모으는 힘, 이것인지 저것인지 모를 것을 이것, 저것으로 드러내는 힘, 흔적에서 모습을 드러내는 힘, 크게 말해 규정하는 힘, 사물의 한계를 드러내는 힘, 위로 치솟아 마침내 이데아와 같은 것, 다시 말해 있는 것과 하나가 되는 것을 빚어내는 힘, 데미우르고스로 상징되는 힘, 함(작용)이라는 적극적인 힘이고, 또 하나는 하나를 여럿으로 흐트러뜨리는 힘, 이것저것을 뒤섞어서 이것인지 저것인지 모르게 만드는 힘, 모습을 지워서 희미한 흔적만 남기는 힘, 크게 말해 규정을 없애는 힘, 사물의 한계를 흐리는 힘, 아래로 처져서 마침내 모든 것이 뒤범벅이 되게 하는 힘, 빼고 빼고 또 빼서 모든 것을 비우는 힘, 됨(생성)이라는 소극적인 힘입니다. 그림 9에서 ……)로 나타낸 힘이 함의 힘이고, ─)로 나타낸 힘이 됨의 힘입니다."

제 이야기가 여기에 이르자 마침내 참을성을 잃은 한 학생이 벌떡 일어서더니 이렇게 말하는 것이었습니다.

"선생님은 마치 백 년 묵은 여우가 예쁜 여자로 둔갑하여 치마폭 속에 아홉 개의 꼬리를 감추고 착한 사람들을 홀리는 것처럼, 또 메피스토펠레스라는 악마가 파우스트의 코를 꿰어 이리저리 휘두르는 것처럼 우리의 정신을 빼놓는데 말씀이죠, 지금 선생님께서 하시는 말씀을 어디까지 따라야 할지 종잡을 수가 없는데요."

그 순간 저는 나쁜 짓을 하다가 엄마에게 들킨 꼬마 아이처럼 가슴이 덜컹 내려앉았습니다. 그러나 10년 이상 지식을 팔아먹고 살다 보면 낯가죽이 어지간히 두꺼워져서 가슴속에 일어나는 변화가 여간해서는 얼굴에 드러나지 않기 마련입니다. 저는 태연을 가장하고 그 학생에게 물었습니다.

"지금까지 한 이야기에 문제가 있나요?"

"있고말고요."

그 학생이 당돌하게 말했습니다. 그러자 강의실에 있던 학생들이 '와' 하고 웃었는데, 저는 그 웃음 속에 그 학생에 대한 호의와 저에 대한 적개심이 뒤섞여 있다는 것을 못 알아차릴 만큼 바보는 아니었습니다.

"뭐가 문제지요?"

제가 조심스럽게 묻자 그 학생은 마치 중세의 서양 중이 벙거지를 쓰고 이단 심문을 하듯이 저를 세워 놓고 신랄하게 묻기 시작했습니다. 다음에 적는 것은 그 심문 내용입니다.

"선생님은 있는 것은 있고 없는 것은 없다고 하셨지요?"

"그렇습니다."

"그리고 있는 것은 하나로 있다, 다시 말해서 하나라고 하셨지요?"

"그랬지요."

"그런데 데미우르고스인지 대머리빡스인지 하는 괴물이 이 우주를 만들 때 이 있는 것의 세계, 다시 말해서 시간과 공간을 벗어난 영원불변한 세계에 있는 이데아들을 보고 그것을 본떠서 우리가 눈으로 보는 사람, 개, 말, 소, 돼지, 지렁이, 풍뎅이, 말미잘, 구더기, 진딧물, 송이버섯, 고사리, 자두, 살구, 수박, 참외, 박달나무, 쥐오줌풀, 행성 B29, 안드로메다 자리…… 뭐 이딴 것들, 그러니까 우리가 이름 붙일 수 있는 모든 것을 다 만들어 냈다는 것 아닙니까?"

저는 별의별 잡동사니 이름이 다 들어 있는 그 학생의 머리통을 생각하니 웃음이 풋 하고 터졌으나 다른 학생들 웃음에 묻혀 버린 것을 다행으로 여기고,

"그것도 그렇습니다"

하고 다소곳이 대답했습니다.

"그런데 말입니다. 도깨비바늘과 말똥가리는 다르지 않습니까?"

"그렇습니다."

"도깨비바늘의 이데아와 말똥가리의 이데아도 있겠지요?"

"아마 그럴 겁니다."

"어째 대답이 시원치 않으신데요."

"그렇게 됐나요? 플라톤의 이론에 따르면…… 있습니다."

"그러면 도깨비바늘의 이데아와 말똥가리의 이데아도 다르겠지요?"

'드디어 올 것이 왔구나' 싶어서 저는 말없이 고개를 끄덕였습니다.

"선생님 말씀에 따르면 '도깨비바늘의 이데아에 있는 (어떤) 것이 말똥가리의 이데아에는 없고 도깨비바늘의 이데아에 없는 (어떤) 것이 말똥가리의 이데아에는 있다고 보아야 하기 때문에 이 둘이 서로 다르다고 할 수 있는데, 그렇게 되면 있는 것만 있다는 이데아의 세계에 없는 것이 끼어들어 이것과 저것을 갈라놓는 것이 아니겠습니까?"

"그렇게 되지요."

"그렇다면, 이데아의 세계가 여러 이데아가 공존하는 세계라면, 있는 것은 하나이므로 이데아의 세계에도 없는 것이 있어야 하지 않겠습니까? 왜냐하면 최초의 여럿은 선생님 말씀대로 있는 것과 없는 것이 될 수밖에 없기 때문입니다."

"좋습니다, 좋아요. 계속해서 이야기하세요."

저는 그 학생에게 추궁을 받고 있다는 것도 잊어버리고 경탄해 마지않았습니다. 그 학생은 뜻하지 않은 제 반응에 잠시 의아한 표정이었으나 다시 근엄한 표정으로 계속해서 저를 궁지에 몰아넣었습니다.

"따라서 이데아의 세계에도 있는 것과 없는 것이 있다고 보아야 하므로 이 둘 사이를 갈라놓는 경계선, 곧 있는 것도 아니고 없는 것도 아닌 제3의 것, 무규정적인 것이라고 부르는 것이 있어야 할 것입니다. 그렇게 되면 이데아의 세계에는 여럿이 있을 뿐 아니라, 이 여럿으로 드러나는 있는 것과 없는 것의 공존에서 생겨나는 모순도 있을 것이고 우연도 있을 것이므로, 이데아의 세계도 우리가 사는 우주와 마찬가지로 여럿과 운동, 그리고 그에 따르는 시간과 공간도 있다고 보아야 할 것입니다. 이러한 사태가 의미하는 건 무엇일까요?"

그 순간 저는 멍청하게도 제가 제 꾀에 넘어갔다는 사실도 잊어버리고 그만 손뼉을 짝짝 치고 말았습니다.

"훌륭한 질문입니다. 훌륭해요."

그 학생은 좀 머쓱한 모양이었으나 정중한 태도로,

"이 문제에 대해서 설명해 주시기 바랍니다."

하는 말로 질문을 마쳤습니다.

사실 저는 학생들이 이렇게 물어 올 것을 오랫동안 기다려 왔습니다. 따라서 제가 궁지에 빠진 그 순간은 동시에 성취감을 맛보는 기쁨의 순간이기도 했습니다. 저는 강의실에 앉아 있는 학생들을 죽 둘러보았습니다. 모두들 제 대답을 기다리고 있었습니다.

"몽둥이로 흠씬 두들겨 맞은 기분인데요."

저는 제 이야기를 이런 말로 시작했습니다.

"지금 질문한 학생은 플라톤의 이데아 이론이 지니고 있는 맹점 하나를 정확하게 짚어 냈습니다. 먼저 이 학생의 조리 있는 질문에 고맙다는 뜻으로 우리 모두 박수를 보냅시다. 그러면 그동안 구렁이 담 넘듯이 스치고 지나간 플라톤의 이데아들을 다시 한 번 살펴보기로 하지요. 알다시피 플라톤의 이데아들 가운데서 가장 우두머리는 좋음이라는 이데아입니다. 좋음은 말하자면 이데아라는 괴물들의 왕이지요. 흔히 이 좋음의 이데아를 선(善)의 이데아라고 번역하는 사람이 있는데 이 번역에는 문제가 있습니다. 우리는 좋은 술, 좋은 야구 선수, 좋은 날씨라고 말하지 선한 술, 선한 야구 선수, 선한 날씨…… 이렇게 말하지는 않지 않습니까? 우리가 일상생활에서 쓰는 착할 선(善) 자는 지나치게 도덕적인 냄새를 풍기는 글자여서 적용 범위가 많이 한정되어 있습니다. 그러나 우리 말 '좋다' 와 같은 뜻을 지닌 그리스 말 아가톤(agathon)은 훨씬 더 많은 대상에 적용됩니다. 그러나 여기에서 살펴보려는 것은 좋음이라는 낱말이 쓰일 수 있는 대상의 울타리를 정하는 일이 아닙니다. 여러분은 어떤 때 좋다는 말을 쓰고 어떤 때 나쁘다는 말을 씁니까?"

제가 이렇게 묻자 학생들은 서로 얼굴만 쳐다볼 뿐 아무도 선뜻 나서서 대답하려고 들지 않았습니다.

"외진 산골이나 낙도에서 살고 계시는 일자무식 우리 할머니 할아버지들께 여쭈어 보면 그분들은 말이 떨어지자마자 대뜸 이렇게 대답하실 겁니다. 왜냐하면 그분들은 우리 말을 배우면서부터 철학에서 말하는 이른바 존재론의 천재이기 때문입니다. 이렇게 귀띔을 해 주어도 아직 대답하기 어려운가요? 그럼 내가 그 할머니 할아버지를 대신해서 대답해 보도록 하지요. '그것이 뭣이 그렇게 어렵다고 머리를 싸매고 앉았다냐. 아, 있을 것이 있고, 없을 것이 없는 것이 좋은 것이고, 거 뭣이냐, 없을 것이 있거나 있을 것이 없으면 나쁜 것 아녀?' 어떻습니까? 나는 철학적으로 이보다 더 높은 추상의 수준에서 이보다 더 정확한 대답을 한 사람을 서양의 전체 철학 역사에서 본 적이 없습니다. 손에 쥐어 주어야만 알겠다는 학생들을 위해서 보기를 들어 보지요. 있을 것은 있어야 할 것이고, 없을 것은 없어야 할 것을 가리킵니다. 그러면 우리 사회에 있을 것, 있어야 할 것이 무엇인지 손꼽아 보기로 합시다. 자유는 어떻습니까? 있을 것입니까? 예, 그렇다면 평등은요? 평화, 우애, 협동, 사랑은 어떻습니까? 모두 있어야 할 것이라고요? 그렇다면 반대로 억압은 어떻습니까? 이것도 있을 것, 있어야 할 것입니까? 아니라고요? 그렇다면 착취는요? 전쟁, 이기심, 탐욕, 증오는 어떻습니까? 모두 없어야 할 것, 맞지요? 그러면 이렇게 생각해도 되겠네요. '있을 것, 있어야 할 것이 있는 사회, 곧 자유롭고 평등하고 평화롭고 우애 있고 사랑이 가득한 사회는 좋은 사회고 거꾸로 없을 것, 없어야 할 것인 억압과 착취와 전쟁과 이기심과 탐욕과 증오로 들끓는 사회는 나쁜 사회다. 뿐만 아니라 있을 것, 있어야 할 것이 없는 사회, 곧 자유도, 평등도, 평화도, 우애도, 협동도, 사랑도 없는 사회는 나쁜 사회다.' 여러분은 이 말에 뜻을 같이 합니까?"

학생들은 모두 고개를 끄덕였습니다. 그리고 그렇게 쉬운 걸 대답할 수 없었다니 하고 머리를 긁는 학생도 눈에 띄었습니다. 저는 여기에서 대담하게 한 걸음 더 내디뎠습니다.

"그렇다면 플라톤이 그토록이나 이상적으로 여겼던 이데아의 세계는 어떨까요? 이데아의 세계에도 억압, 착취, 전쟁, 이기심, 탐욕, 증오처럼 이 세상에서 없어야 할 것들이 있었을까요?"

그때 한 학생이 손을 번쩍 들었습니다.

"선생님, 선생님께서는 앞에서 이 세상에 있는 이름 붙일 수 있는 모든 것에는 그에 대응하는 이데아가 있다는 뜻으로 말씀을 하신 것 같은데요.

그렇다면 당연히 우리가 없어야 마땅한 것이라고 여기고 있는 억압, 착취, 공포, 전쟁 같은 이데아도 있다고 보아야 하지 않겠습니까?"

"좋습니다. 다른 학생들도 그렇게 생각합니까?"

그러자 다른 학생이 손을 들고 말했습니다.

"없을 것, 없어야 할 것의 이데아도 있다는 것은 좀 이상한데요. 만일에 선생님 말씀대로 이데아들의 우두머리가 좋음이라면, 증오나 탐욕이나 고통 같은 이데아들도 좋음이라는 두목의 졸개들이라는 말이 되는데, 이놈들은 모두 나쁜 놈들 아니겠습니까? 좋은 두목 밑에 나쁜 졸개들이 있다? 나쁜 놈들이 좋은 녀석을 두목으로 떠받든다? 어쩐지 이상한데요."

이 학생의 재미있는 말투에 학생들이 모두 웃음을 터뜨렸습니다. 이 두 학생의 말이 얼마나 반가웠는지 구태여 숨기지 않겠습니다.

"지금 질문한 두 학생은 다만 저를 궁지에 몰아넣었을 뿐만 아니라 플라톤의 이데아 이론의 심장에 비수를 들이댄 셈입니다. 먼저 좋은 두목 밑에 나쁜 졸개가 있을 수 있느냐는 질문부터 살펴봅시다. 이 문제는 중세 기독교인들 사이에 대천사장 미카엘이 악마로 둔갑해서 하느님 몰래 이브를 타락시켰느냐 그렇지 않느냐를 두고 벌어졌던 논쟁과 마찬가지로 우리의 흥미를 끄는 문제입니다. 죄와 악의 근원이 어디에 있느냐 하는 것은 종교의 관심사일 뿐만 아니라 철학에서도 중요한 물음이니까요. 죄와 악이 밀접한 관계가 있다는 것은 새삼스럽게 언급할 필요가 없겠지요? 사람과 연관해서 살펴보면 악은 나쁜 짓, 나쁜 생각입니다. 그런데 우리는 앞에서 없을 것이 있거나, 있을 것이 없을 경우에 나쁘다는 이야기를 한다고 말한 일이 있습니다. 이를테면 배부른 사람 앞에 음식이 잔뜩 쌓여 있고 배고픈 사람 앞에는 음식이 하나도 없다고 칠 때, 배부른 사람 앞에는 없을 것이 있고,

배고픈 사람 앞에는 있을 것이 없다는 점에서 나쁜 일입니다. 만일에 어떤 사람이 일부러 이런 짓을 한다면 우리는 그 사람을 나쁜 사람이라고 불러도 됩니다. 그리고 그런 짓을 하는 사람은 죄를 짓는 것입니다. 사회도 마찬가지입니다. 어떤 사회의 한쪽에는 소중한 음식이 무더기로 버려지거나 썩어나고 있는데 다른 쪽에서는 끼닛거리를 마련하지 못하여 굶주리는 사람이 있다면, 그 사회는 나쁜 사회고, 죄 많은 사회입니다. 우리 사회에는 오래 전부터 '유전무죄, 무전유죄(有錢無罪, 無錢有罪)'라는 말이 사람들 입에 심심치 않게 오르내리고 있는데, 이런 말이 사람들 귀에 그럴듯하게 들리는 사회라면 그런 사회는 좋은 사회라고 할 수 없습니다. '있는 놈이 더 무섭다' '없는 살림에 식구만 많다.' 여러분은 아마 이런 말을 자주 들었을 테고, 그 말이 무슨 뜻을 지니고 있는지도 잘 알 것입니다. '없이 사는 것이 죄다' 라는 말도 들었을 것입니다. 우리는 여기에서 있음과 없음에 연관된 악과 죄의 원천이 둘이라는 것을 짐작할 수 있습니다. 하나는 있을 것이 없는 데서 생기는 악과 죄입니다. '있을 것이 없다' 는 말은 '없는 것이 있다' 는 말과 마찬가지로 '빠진 것이 있다' 는 말입니다. 좋은 것, 좋은 사람, 좋은 세상이 되기 위해서는 먼저 빠진 것, 없는 것이 없어야 합니다. 플라톤에 따르면 이데아의 세계만이 없는 것이 없는 곳입니다. 이와는 달리 우리가 살고 있는 이 우주 안에는 있는 것도 있고, 없는 것도 있는데, 이 둘이 따로 떨어져 있는 것이 아니라 한데 엉겨 있습니다. 이 세상에 있는 어떤 것도 있음만으로 가득 찬 것은 없습니다. 또 그렇다고 해서 있는 것이 다 빠져서 아예 없는 것도 없습니다. 그러니까 우리의 감각기관이나 지각에 와 닿는 것들은 모두 정도의 차이는 있을지언정 어떤 점에서는 있고, 어떤 점에서는 없는 것이라고 할 수 있습니다. 이것과 저것이 서로 달라서 구별되는 세계는 모두 마찬가지라고 보아야 하겠지요. 제가 여기 앉아 있는 학생들과 다른 것은, 그리고 여기 있는 학생들 하나하나가 서로 다른 것은 저에게만 있고 여러 학생들에게는 없는 어떤 것이 저에게 있다는 것, 여러 학생들 사이에도 저마다 자기에게만 있고 다른 학생들에게는 없는 무엇인가가 있다는 사실을 반영할 뿐만 아니라, 뒤집어 놓고 보면, 저에게만 없는 어떤 것이 학생들에게 있다는 것, 또 여러 학생들 저마다에게는 없는 어떤 것이 다른 학생들에게는 있다는 사실을 반영합니다. 있을 것이 없는 것이 나쁜 것이라면, 다시 말해서 '없는 것이 있는 것, 빠진 것이 있는 것'이 나쁜 것이고, 악이고, 죄의 원천이라면 이 우주는 이데아의 세계와 견주어 근원적으로 나쁜 것이고, 죄 많은 세상입니다. 그러니까 기독교에서 말하는 원죄는 이 우주의 구조 안에 내재해 있는 것입니다. 소크라테스는 플라톤의 대화록 안에서 '사람들은 알면서도 일부러 나쁜 짓을 저지르지는 않는다. 모르기 때문에 나쁜 짓을 저지르는 것이다'라고 말하고 있는데, 이런 생각을 옳다고 받아들이면, 이 세상의 모든 악과 죄는 '없는 것' '빠진 것(결핍)'과 연관되어 생겨납니다. 소크라테스의 모름은 앎이 없는 것, 지혜의 결핍이기 때문입니다. 이렇게 따지면 우리가 악, 나쁜 것이라고 이야기한 억압, 착취, 증오, 탐욕, 고통 같은 것은 모두 '자유가 없는 것' '고른 분배가 없는 것' '사랑이 없는 것' '욕망의 절제가 없는 것' '즐거움이 없는 것' 따위로 바뀌게 됩니다. 다시 말해서 억압=자유가 없는 것, 착취=고른 분배가 없는 것, 증오=사랑이 없는 것, 탐욕=욕망의 절제가 없는 것, 고통=즐거움이 없는 것……이 되는 거지요. 그렇게 되면 이 악에 대한 처방도 달라지게 되지요. 이런 모든 악과 거기에서 생겨나는 죄는 없어야 할 것이 아니라, 빠진 것, 없는 것을 있는 것으로 채워 넣으면 저절로 사라지게 됩니다. 왜냐하면 우리는 이미 없는 것을 없앨 수는 없기 때문입니다. 이런 논리에 따르면, 좋음의 이데아가 다스리는 이데아들의 왕국에는 전쟁과 공포, 기아와 질병, 억압과 착취, 폭력과 기만 같은 나쁜 놈들이 없는 것으로 보아야 합니다. 실제로 플라톤의 철학에 바탕을 두고 있다고 알려진 플로티노스(Plotinos)의 유출설(流出說) ▪은 이와 같은 제 해석을 뒷받침하기도 합니다. 플로티노스는 플라톤을 사부님으로 모셨다 해서 신플라톤주의자로 불리는데 이 사람 이야기에 따르면 하나(一者라고 번역하는 사람이 많습니다.)인 있는 것에서 있음이 없는 것을 향해서 뿜어져 나와 흘러갑니다. 마치 해에서 볕과 빛이 사방으로 뿜어져 나가는 것처럼 말입니다. 이 하나인 있는 것과 가까이 있는 것들은 하나인 있음으로 가득 차서 없는 것이 거의 없는데, 이 하나로부터 차츰 멀어질수록, 그래서 하나인 있는 것이 미치는 힘이 약해질수록 있는 것보다는 없는 것이 더 많아지고, 있는 것이 빠진 만큼 이 세상에는 악과 죄가 늘어난다는 것이 아우구스티누스가 받아들인 플로티노스의 생각이었습니다. 그러니까 악과 죄도 좋음처럼 있는 것에 속하는 것이고 다른 것에 적극적인 힘을 미치는 것이 아니라, 없는 것, 있는 것이 빠진 것이기 때문에, 하나로 있는 것, 하나님 곁에 가면 모두 안개처럼 사라져 버리게 된다는 것이지요. 아우구스티누스가 처음에는 좋은 것처럼 나쁜 것도 있다, 다시 말해서 하나님뿐만 아니라 사탄도 있다고 믿고, 이 세상을 좋은 귀신과 나쁜 귀신이 서로 힘을 겨루는 싸움터로 여겼던 마니교를 믿다가 여기에서 벗어나 기독교로 개종한 것은 플라톤 철학의 이런

▪ 태양에서 빛이 사방으로 뿜어져 나가고, 샘에서 물이 흘러넘치는 것처럼 완전하고 선한 절대자인 신(神)으로부터 현실 세계에 있는 만물이 흘러나온다는 학설이다.

해석에 힘입은 바가 큽니다. 제 설명이 '좋은 두목 밑에 나쁜 졸개들이 있느냐, 없느냐' 하는 질문에 대한 대답을 찾는 데 도움이 되었는지 모르겠습니다."

학생들에게는 그렇게 말했지만 솔직하게 털어놓자면 저는 아직도 플라톤의 이데아 이론에 대한 제 단편적인 설명이 맞는지 틀리는지 확신이 없습니다. 두 번째 질문한 학생에게는 그럭저럭 얼버무려 대답했다고 치고, 맨 처음 질문한 학생에게 무어라고 말해야 할지가 아직 숙제로 남아 있었습니다. 있는 것만 있고 없는 것은 없다는 이데아의 세계에 과연 여러 이데아들이 있다고 볼 수 있느냐는 질문 말입니다.

플라톤에 따르면 이데아의 세계에는 동그라미(원)의 이데아도 있고, 세모꼴(삼각형)의 이데아도 있습니다. '동그라미의 이데아는 동그랗지 않고, 세모꼴의 이데아는 세모꼴이 아니다, 우리가 보는 동그라미와 데미우르고스라는 괴물이 보는 이데아는 다르다, 우리 머릿속에 하나로 정의된 동그라미와 눈으로 보는 그 수없이 많은 크기를 가지고 있는 동그라미들이 다르듯이, 동그라미의 이데아는 우리 머릿속에 있는 동그라미와 다르다, 동그라미의 이데아도 하나고, 세모꼴의 이데아도 하나이니까, 하나라는 점에서는 같다, 동그라미의 이데아도 있는 것이고, 세모꼴의 이데아도 있는 것이라는 점에서도 같다.' 여기까지는 어떻게 해서든지 믿게 할 수 있겠지만, 그렇다고 해서 동그라미의 이데아와 세모꼴의 이데아는 같다고 우길 수는 없는 노릇이니까요. 어거지로 플라톤을 두둔해 주려고 하다가는 저마저 거덜 나기 십상인 판국이었습니다. 그래서 저는 미련이 없지는 않았지만 아리스토텔레스의 본을 받아서 플라톤으로부터 등을 돌리기로 했습니다. 저는 그 학생에게 이렇게 말할 수밖에 없었습니다.

"제가 그렇게도 안간힘을 쓰면서 지켜보려고 했건만 어떤 금고털이보다 더 정교한 만능 열쇠를 지니고 있는 저 학생 때문에 플라톤의 이데아 세계라는 정보 은행은 그만 거덜이 난 것 같습니다. 그러나 우리가 여기에서 기억해야 할 것이 하나 있습니다. 우리가 현실 세계에서 경험하는 서로 다른 여러 가지 사물들의 질적인 다양성이 어디에 바탕을 두고 있느냐에 대해서 플라톤은 자기 나름으로 대답하려고 노력했다는 것입니다. 다들 알겠지만 플라톤이 살던 시대에는 실증과학이 거의 없다시피 했습니다. 또 플라톤 자신으로 말하더라도 수학에는 관심이 있었지만 실증과학에는 관심이 없었지요. 그런 점에서 플라톤을 관념론자라고 해도 좋고, 형이상학자로 헐뜯어도 좋습니다. 그러나 플라톤의 다음과 같은 질문에는 깊은 뜻이 담겨 있습니다.

'우리는 없는 것을 두고 무엇이라고 부르지는 않는다. 우리가 눈앞에 보이는 이 교탁을 가리켜 이것이라고 하고 저 창문 밖으로 보이는 소나무를 가리켜 저것이라고 할 수 있는 것은 바로 그것들이 생긴 꼴이야 어떻든 있는 것이기 때문이다. 이것에는 무엇이 있고 저것에는 무엇이 있길래 이것과 저것은 서로 다르게 보이느냐, 이것과 저것에 있는 같은 것은 무엇이고, 다른 것은 무엇이냐, 무엇 때문에 같고, 무엇 때문에 다르냐, 같은 까닭은 어디에 있고, 다른 까닭은 어디에 있느냐. 이를테면 이 기타 줄은 크기를 지니고 있고, 크기를 지닌 모든 것이 그렇듯이 이 기타 줄 안에는 무한히 많은 질(무한히 다른 소리의 성질)들이 엉켜 있는데, 이 소리들을 하나하나 떼어 내서 그것이 무엇인지를 알아낼 길은 없겠느냐, 이 기타 줄에서 크기를 없애 버리면, 그리고 이 소리와 저 소리가 뒤엉켜 있는 것을 풀어내고(분석하고), 뒤엉켜 있게 하는 힘을 없애서 하나하나 고정시켜 움직이지 못하게 하면, 이 기타 줄에 숨어 있는 소리들이 하나하나 구별할 수 있는 모습으로 드러나지 않겠느냐, 그렇게 해서 겉으로 드러난 것, 한계 지어진 것, 하나하나의 끝을 모두 살피면, 이 세계의 실상을 한꺼번에 파악할 수 있지 않겠느냐……'

쉽게 말하자면 저 밖에 있는 저 소나무는 지금 이 자리에서 보아도 저 소나무이고, 밖에 나가서 살펴보아도 저 소나무입니다. 저 소나무를 저기에서 파내어 도서관 앞에 옮겨 심어도 마찬가지로 저 소나무입니다. 또 저 소나무는 우리가 일 년 전에 보았던 그 소나무이고, 어제 보았던 그 소나무이고, 내일도 저 소나무로 남아 있을 것입니다. 그런데 우리가 살고 있는 이 세상은 시간과 공간의 연속체여서 모든 것이 시간과 공간의 영향을 받아 달라지기 마련입니다. 다시 말하면 시간과 공간 속에 있는 것은 크기를 가지고, 이어져 있는 공간과 시간의 무규정성 때문에, 시간과 공간이 지니고 있는 모순된 성격 때문에 변하기 마련이라는 것이죠. 그런데도 자리가 바뀌어도, 세월이 흘러도 저 소나무가 다른 소나무가 아닌 바로 저 소나무인 것은 무엇 때문이냐 하는 것입니다. 저 소나무가 공간이 바뀌어도 시간이 흘러도 바뀌지 않고 저됨(자기 동일성)을 지니고 있는 까닭은 바로 저것이 있는 것이기 때문이 아니냐, 있는 것이기 때문에 하나의 소나무이고, 있는 것은 없는 것으로 바뀔 수 없기 때문에 늘 되풀이해서 나타나는 것 아니냐는 것입니다. 이렇게 공간 속에서 반복되고 시간 속에서 지속되는 것은 저 소나무가 있음에 참여하고 있기 때문에 있는 것의 특성에 따라 그러는 것이라고 할 수 있습니다. 우리가 모순과 우연에 찬 이 세상에 살면서도 모순을 범하지 않고 사고의 일관성을 유지하며 인간의 특질이라고 알려진 이성이 모순을 회피할 수 있는 까닭은 언제 어디서나 있는 것을 보기 때문입니다. 그러나 다른 한편으로 생각하면 우리가 모순을 회피하려고 하는 것은 모순이 있기 때문입니다. 현실에 모순이 없으면 모순을 회피하려는 노력도 필요 없습니다. 우리가 모순에서 벗어나는 유일한 방법은 있는 것을 찾는 것입니다. 플라톤은, 앞에서 이야기했다시피 우리가 무엇, 어떤 것이라고 이름 지어 부를 수 있는 모든 것은 하나도 빠짐없이 있는 것이고, 그것이 있는 것이라는 점에서 시간과 공간을 초월하여, 다시 말해서 공간 속에서 반복되고, 시간 속에서 지속되어, 하나로 우리에게 드러날 수 있다고 생각했습니다. 플라톤의 이데아 세계는 없는 것이 없는, 우리가 감각을 통해서나 이성을 통해서나 파악할 수 있는 사물들의 모든 성질〔quality〕들이 하나도 뒤엉켜 있지 않고, 저마다 분명한 한계를 드러낸 채 따로따로 떨어져다 갖추어져 있는 세계라고 할 수 있습니다. 이 점에서 플라톤은 자기가 파르메니데스의 하나로 있는, 그래서 시간과 공간 속에서 우리가 경험하는 사실들을 모두 헛것으로 돌려 버리는, 있는 것이라는 괴물로부터 벗어났다고 생각했는지도 모릅니다. 그러나 플라톤은 파르메니데스의 품 안에서 벗어나는 순간 자기의 이론이 모순을 끌어안을 수밖에 없다는 것을 몰랐던 듯합니다."

사람이 '동물'이 되는 자리와 '짐승'이 되는 자리

제가 여기까지 이야기하자 이번에는 다른 학생이 또 손을 번쩍 들었습니다.

"선생님, 선생님은 아까 악과 죄를 이야기할 때 있을 것이 없는 것, 없을 것이 있는 것, 다시 말해서 빠진 것만 보기를 들어서 설명하셨습니다. 그러나 선생님께서 말씀하셨다시피 좋은 것이란 있을 것이 있고 없을 것이 없는 그런 것이고, 나쁜 것이란 있을 것이 없는 것이거나 없을 것이 있는 것이라면, 빠진 것만 악이고 죄의 근원이라고 보는 것은 악과 죄의 한쪽 면만 살피는 일이 되지 않겠습니까? 만일 우리가 없을 것이 있는 것도 악과 죄의 근원이라고 본다면, 있을 것이 왜 없는가와 함께 없을 것이 왜 있는가도 물어야 할 것입니다.

존재론적으로 따져서 도대체 있을 것은 무엇이고 없을 것은 무엇을 가리킵니까?"

이 질문을 받자 저는 등에서 식은땀이 흘러내리는 것을 느꼈습니다. 왜냐하면 저는 아직 이 문제에 대답할 준비가 되어 있지 않았기 때문입니다. 저는 제가 옮기는 한 발자국 한 발자국이 점점 깊이 수렁에 빠져드는 길이라는 것을 느꼈지만 어쩔 수 없이 더듬더듬 입을 열었습니다.

"우리가 플라톤의 이데아 이론이나 기독교의 창조 이론을 바탕으로 해서 따진다면, 있는 것만 있을 것이고 없는 것은 없을 것이라고 간단히 이야기 할 수 있겠습니다. 그렇게 본다면 우리가 자연에서 보는 모든 있는 것은 동시에 있을 것이기 때문에 있고, 자연계에 없는 것은 없을 것이기 때문에 없다고 말할 수 있겠지요. 그러나 우주 밖에서 우주를 내려다보면서나 할 법한 이런 이야기는 지금 질문한 학생이 염두에 두고 있는 현실의 악과 죄를 없애는 데 아무런 도움이 되지 않을 것입니다. 이 문제를 붙들고 씨름하려면 우리가 사는 현실로 내려와야 하는데, 아직은 때가 이른 것 같으니 먼저 제가 앞에서 그린 그림 11에 대해서 조금 더 살펴본 뒤로 이 문제를 미루는게 어떻겠습니까?"

이렇게 해서 저는 수렁 앞에서 간신히 등을 돌렸지만 언젠가는 빠져들 수밖에 없다는 것이 숨길 수 없는 사실이었습니다. 아무튼 저는 이쯤에서 말머리를 돌려 앞에서 마구잡이로 횡설수설했던 그림 11에 대해서 다시 설명할 필요가 있다는 걸 느꼈습니다.

"앞에서 잠깐 비추었듯이 모든 운동의 한계는 모순이 끝나는 곳입니다. 있는 것과 없는 것이 서로 관계를 맺지 않고 따로 떨어져 있으면 모순은 생겨나지 않습니다.

있는 것과 없는 것을 따로 떼어 놓는 작업, 이것을 최종 분석이라고 부릅시다. 가장 좋은 것과 가장 나쁜 것, 가장 큰 것과 가장 작은 것, 가장 아름다운 것과 가장 추한 것…… 이 짝들이 양 극단이고, 운동은 이 양 극단의 한계 안에서 이루어진다는 것은 이미 설명했습니다. 그리고 모든 양 극단 가운데서 극단의 대립을 이루고 있는 짝은 있는 것과 없는 것이라는 말씀도 드렸습니다. 이제 그림을 하나 더 그려 봅시다.

그림 13

이 그림에서 보다시피 모든 운동은 있는 것에서 시작하여 없는 것에서 끝나거나, 없는 것에서 시작하여 있는 것에서 끝납니다. 왜 그런지는 지금부터 다시 밝히겠습니다. 앞에서 거듭해서 이야기했듯이 있는 것은 하나입니다. 그리고 하나로 있는 것은 크기가 없기 때문에 자로 잴 수가 없습니다.

삼각형을 보기로 들어 봅시다. 우리가 눈으로 보는 삼각형은 모두 일정한 크기와 각도를 지니고 있습니다. 따라서 우리는 그것들을 자나 각도기로 재서 '아, 이 삼각형의 밑변은 몇 센티미터구나' '아, 저 삼각형은 직각삼각형이구나' 하고 구별할 수 있습니다. 그뿐만이 아닙니다. 우리가 눈으로 볼 수 있는 삼각형은 무한히 많습니다. 그러나 정의된 삼각형, 이를테면 '세 직선이 만나서 이룬 안각의 합이 180도인 평면 도형'은 하나입니다. 그리고 이 추상화된 삼각형은 크기가 없습니다. 이 정의된 삼각형을 공간화하자면, 다시 말해서 우리의 감각 세계로 끌어내리자면, 우리는 이 하나의 삼각형을 여럿 가운데 하나로 만들 수밖에 없습니다. 이제 제가 삼각형을 하나 그려 보겠습니다.

그림 14

이것도 물론 삼각형이라고 부릅니다. 그러나 이것은 정의된 삼각형과는 여러 모로 다릅니다. 먼저 이 그림의 삼각형은 크기를 가지고 있습니다. 모든 삼각형이 다 이런 크기를 가지고 있으라는 법은 없다는 점에서 이 크기는 임의의 것이고 삼각형 가운데 우연한 것입니다. 또 이 삼각형은 일정한 각도를 지니고 있습니다. 삼각형이 모두 이런 각도만 지니고 있는 것은 아니라는 점에서 이 각도도 삼각형에는 우연한 것입니다. 제가 이런 이야기를 하는 까닭은 우리의 시각에 와 닿는 모든 삼각형이 공간의 규정을 받아들여 천차만별한 특수한 삼각형으로 바뀌고 만다는 사실을 설명하려는 뜻에서입니다.

이와는 달리 정의된 삼각형은 어떤 임의의 크기도, 어떤 임의의 각도도 지니고 있지 않습니다. 그렇기 때문에 여럿 중의 하나가 아니라 단 하나일 수밖에 없습니다. 그리고 그런 점에서 공간의 규정을 벗어납니다.

다른 예를 하나 더 들지요. 저와 마찬가지로 여러분은 모두 자기가 사람임을 알고 있습니다. 그리고 구체적인 사람은 저마다 일정한 시간과 공간을 차지하고 있습니다. 시간의 문제는 나중에 따로 이야기하기로 하고 공간만 먼저 따져 봅시다. 지금 제가 서 있는 이 자리에 여러분은 겹쳐서 설 수 없습니다. 이 자리에 누군가가 서려면 제가 자리를 비키거나 저를 밀어내야 할 것입니다. 그 까닭은 특수하고 구체적인 사람인 이 윤구병이는 일정한 크기를 지니고 있고, 그 크기만큼 공간을 차지하기 때문입니다.

저뿐만 아니라 감각 세계에 있는 모든 것은 다 마찬가지입니다. 저도 한 사람이고, 그런 점에서 하나인 것만은 사실입니다. 그러나 물리적인 세계에 들어 있는 하나는 모두 일정한 크기를 지니고 있다는 점에서 진짜 하나는 아닙니다. 왜냐하면 크기를 가진 것은 언제든지 여럿으로 쪼개질 수 있기 때문입니다.

그런데 사람이라는 개념, 곧 정의된 사람은 어떨까요? 사람이 무엇인가를 정의하기는 대단히 어렵지만 손쉽게 '사람은 이성적 동물이다' 라는 아리스토텔레스의 정의를 맞는 것으로 받아들입시다. 이성적 동물인 사람은 우리 개개인처럼 일정한 크기, 일정한 성, 일정한 나이…… 이런 것을 지니고 있을까요?

아닙니다. 어떤 사람이 어리다든지, 늙었다든지, 몸집이 크다든지, 예쁘다든지 하는 것은 모두 사람에게는 우연한 것입니다. 정의된 삼각형이 하나일 수밖에 없듯이, 정의된 사람도 하나일 수밖에 없습니다. 그리고 정의된 사람은 구체적인 나와 너와는 달리 물리적 공간을 차지하지 않습니다. 이제 그림을 하나 더 그려 봅시다.

그림 15

이 그림을 얼핏 보면 나보다는 사람이, 사람보다는 동물이, 동물보다는 생물이, 생물보다는 있는 것이 더 큰 공간을 차지하고 있는 것으로 여겨집니다. 그러나 이 그림에서 물리적 공간을 차지하고 있는 것은 나뿐입니다. 나머지는 모두 구체적인 것이 아니라 정의된 것이라는 점에서 물리적 공간을 벗어나 있습니다. 그리고 바로 그렇기 때문에 내가 차지하고 있는 공간을 동시에 사람도, 동물도, 생물도, 있는 것도 차지할 수 있습니다. 내가 자리를 비키거나 밀려나지 않고서도 말입니다.

우리는 여기에서 사람, 동물, 생물, 있는 것이 저마다 차지하고 있는 공간을 추상 공간이라고 하는데, 이 추상 공간도 모두 같은 것이 아니라 추상의 차원과 성격에 따라 저마다 다릅니다. 그림 15만 두고 말한다면 내가 차지하고 있는 공간과 사람이 차지하고 있는 공간이 다르고, 사람이 차지하고 있는 공간과 동물이 차지하고 있는 공간이 다릅니다. 마찬가지로 동물이 차지하고 있는 공간과 생물이 차지하고 있는 공간이 다르고, 생물이 차지하고 있는 공간과 있는 것이 차지하고 있는 공간이 다릅니다. 이렇게 구체적인 이것저것으로부터 있는 것, 없는 것에 이르는 과정은 무수히 많은 추상 공간으로 가득 차 있는데, 저마다 다른 이 공간들의 차원과 성격을 분석해 내는 일은 쉽지 않습니다.

게다가 우리가 일상생활에서 쓰는 말들은 직접 간접으로 구체적인 사물들과 너무나 단단히 맺어져 있기 때문에 추상적인 사람이 구체적인 사람과 같은 공간 속에서 뒤섞이는가 하면, 추상적인 동물 이야기가 갑자기 구체적인 짐승으로 뒤바뀌어 이야기의 흐름을 끊어 놓기도 합니다.

이를테면 기독교에 범신론(凡神論)▪이라는 갈래가 하나 있는데, 알다시피 범신론자는 사람뿐만 아니라 기독교의 신, 곧 하나님이 만들어 낸 모든 것에는 하나님의 손때가 묻어 있어서 저마다 신성할 뿐만 아니라 사람과 다름없는 한 형제라고 봅니다. 그래서 아시시의 프란체스코 같은 사람에게

▪ 자연과 신의 대립을 인정하지 않고, 일체의 자연은 곧 신이며 신은 곧 일체의 자연이라고 생각하는 종교관 또는 철학관을 말한다. 인도의 우파니샤드 사상, 불교 철학, 그리스철학 들이 범신론에 들어간다.

는 구름도, 산도, 지렁이도, 풍뎅이도, 이도, 벼룩도 모두 한 형제입니다. 이렇게 우리의 감각에 와 닿는 모든 것이 한 형제로 여겨지는 까닭은 다른 데 있는 것이 아니라 그 모든 것들이 있는 것이라는 점에서, 하나로 있다는 점에서 하나인 있는 것, 유일신과 닮은 점이 있고 그 점에서 모두 거룩한 신성을 띠고 있다는 데 있습니다. 그러니까 범신론자들은 가장 높은 추상의 단계인 있는 것의 관점에서 감각 대상들을 보고 있다는 것을 알 수 있습니다.

이 사람들에게 어떤 사람이 '사람은 신의 창조물 가운데 특별한 자리를 차지하고 있다. 사람을 이나 벼룩 같은 것과 동일시하는 것은 옳지 않은 견해다' 하고 이야기해 보았자 아무 소용도 없습니다. 왜냐하면 '이와 벼룩은 사람과 다르다' 는 말은 '이와 벼룩도 사람과 마찬가지다' 라는 말이 정당화 되는 공간과는 다른 차원에서 정당화되기 때문입니다. 그것은 마치 '사람은 동물이다' 라는 말이 '사람은 동물이 아니다' 라는 말과 다른 차원에서 정당화되는 것과 마찬가지입니다. '사람은 동물이다' 라고 주장하는 사람에게 '사람은 동물이 아니다' 라고 어떤 사람이 맞선다면, '그러면 사람이 식물이란 말이냐?' 는 반론이 나올 게 뻔합니다. 거꾸로 '사람은 동물이 아니다' 라고 주장하는 사람에게 '사람은 동물이다' 라고 한다면, '그러면 사람이 짐승과 같단 말이냐?' 하고 삿대질을 하겠지요.

아까도 이야기했듯이 모든 논의는 추상 공간에서 이루어지는데, 추상 공간은 추상의 단계에 따라 저마다 차원이 다르기 때문에 같은 낱말이라 하더라도 어떤 추상 공간에서 쓰이느냐에 따라 저마다 다른 뜻을 지니게 마련입니다."

저는 여기까지 말하고 슬쩍 학생들의 눈치를 살폈습니다. 저로서는 충분히 알아듣도록 쉬운 예를 들어서 설명했으므로 다들 잘 알아들었으리라고 지레짐작하고 있었던 것입니다. 그러나 학생들의 표정에는 긴가민가하는 의구심이 깃들어 있었습니다.

내친김에 저는 나중으로 미루어 놓고 있던 이야기를 입에 올렸습니다. 만일에 제가 혼자 골방에서 글을 쓰려고 마음먹었다면, 제가 하는 말은 조금 더 조리가 있었겠지요. 그러나 학생들을 상대로 한 강의이기 때문에 학생들 반응에 따라서 불쑥불쑥 주제가 바뀌는 것은 피할 수 없는 사태였습니다. 사실 솔직히 고백하자면 저는 이 보고서가 어떤 과정을 거쳐서 어떻게 끝맺게 될지 알 수가 없습니다. 지금으로서는 강의실에서, 또 제 머릿속에서 일어났던 일을 충실히 기록하는 것으로 만족할 수밖에 없습니다. 다소 두서없이 진행되더라도 너그럽게 보아 주시기 바랍니다.

저는 학생들에게 이렇게 말했습니다.

"이 강의 첫 시간에 이야기했듯이 우리가 어떤 것을 볼 때 그것이 무엇인지 알려면 그것이 가지고 있는 한계를 보아야 합니다. 이를테면 이 강의실 밖에는 주차장이 있고, 주차장에는 자동차가 서 있는데, 우리가 저것이 자동차라는 것을 알아보는 것은 저것이 가진 겉모습이 공중전화나 소나무와 다르기 때문입니다.

그러나 눈에 비치는 겉모습만으로는 저것이 진짜 자동차인지 자동차 모형인지 잘 모를 경우도 있습니다. 영화 촬영장이 좋은 예가 되겠지요. 겉으로 보면 솟을대문에 으리으리한 집인데, 안에 들어가 보면 아무것도 없습니다. 영어로 '세트'라고 하지요. 마찬가지로 창 밖에 보이는 저 자동차도 시늉만 한 것일 수 있습니다. 저것이 진짜 자동차인지 아닌지 알려면 어떻게 해야 할까요?"

"그야, 나가서 타고 운전해 보면 되지요."

"아주 단순하고 실용적인 확인 방법입니다. 그런데 만일 운전을 해 보아도 차가 움직이지 않는다면요?"

"기름이 떨어졌는지 살피지요."

"기름이 있는데도 움직이지 않으면요?"

"……."

이렇게 해서 우리는 그 자동차가 진짜인지 아닌지 알아보려면 그 자동차의 부속품들을 하나하나 살펴보아야 하고, 그 부속품들이 제자리에 있는지도 확인해야 한다는 결론을 얻었습니다. 다시 말하면 자동차를 분해해 보아야 한다는 거지요.

저는 말을 이었습니다.

"자동차를 분해하면 이제까지 곁에 가려서 보이지 않던 부속품들의 여러 모습, 감추어져 있던 한계가 드러납니다. 일정한 한계를 지니고 독립해 있는 이 부속품들은 저마다 하나하나 떨어져 나옵니다. 그러나 이렇게 해서 자동차를 완전히 분해하고 나면 자동차의 구조는 알 수 있을지 모르지만 기능은 알 수 없습니다. 왜냐하면 부속품들로 조각조각 분해된 자동차는 이미 하나의 자동차이기를 그치고, 이런저런 부품들의 무더기에 지나지 않기 때문입니다. 그래도 자동차를 분해할 경우에는 크게 심각한 문제가 뒤따르지 않을 수 있습니다. 자동차 정비 공장에서라면 이런 일이야 일상적인 작업이라고 할 수 있겠지요. 그러나 생명이 있는 것, 살아 있는 것, 이를테면 사람 같은 경우에는 분해해서 구조를 살피고 난 뒤 다시 결합시켜서 기능을 되살려 낸다는 것이 불가능합니다.

여기에서 다음과 같은 물음이 떠오릅니다. 여러 구성 요소로 이루어져 있는 복합체를 살필 때 전체인 하나를 다치지 않고, 그것을 이루는 부분들 하나하나를 살펴볼 길은 없을까? 구조와 기능을 함께 파악할 방법은 없을까? 물리학, 특히 입자 물리학의 관점에서 보면 생명이 있는 것이든 무생물이든 우리가 감각으로 파악하는 것은 모두 최소 단위(?)인 물질의 입자들로 구성되어 있습니다. 그리고 입자 물리학자들의 마지막 목적은 이 물질의 최소 단위인 가장 작은 하나를 찾아내는 것이기도 합니다. 이 물질의 가장 작은 단위, 하나가 발견되면 입자 물리학자들은 우주의 만물이 이 입자들로 이루어져 있다고 말할 수 있겠지요. 다시 말해서 모든 자연현상을 물질의 기본단위로 환원할 수 있다고 믿겠지요. 그러나 모든 더 큰 하나를 가장 작은 하나로 환원시킬 수 있다는 이런 관점은 비록 그 안에 진리의 한 가닥이 들어 있다 할지라도 자연현상 가운데 지극히 작은 한 부분을 설명하는 데 지나지 않습니다. 입자 물리학의 테두리 안에 있는 현상 말입니다. 그 테두리를 벗어나면 이 관점은 보편성을 잃습니다. 생물학이 물리학으로 환원될 수 없고, 사회학이 생물학으로 환원될 수 없고, 철학이 사회학으로 환원될 수 없는 것은 바로 이 때문입니다."

철학은 가장 큰 하나를 보면서 동시에 가장 작은 하나도 놓치지 않고, 모든 하나를 빠짐없이 보려는 학문이라고 한다면 지나친 말일까요? 그러나 이 '지나친 욕심(?)'은 철학을 공부하는 사람으로서 저만 가진 것은 아닙니다. 철학의 역사는 이런 욕심쟁이들의 탐욕스러운(?) 얼굴들이 철학의 출발점에서부터 오늘에 이르기까지 줄지어 늘어선 모습을 보여 줍니다. 과연 이 욕심은 부질없는 것, 이루어질 수 없는 백일몽에 지나지 않을까요? 그리고 우리 삶에 아무런 보탬도 되지 않는 헛된 노력에 지나지 않을까요?

아닙니다. 저는 그렇게 생각하지 않습니다. 있다, 없다는 말이 우리 사고의 중심에 자리 잡고 있는 낱말이라는 사실은 철학자들이 나타나기에 훨씬 더 앞서서 우리 인류가 가장 큰 하나인 있는 것에서부터 가장 작은 하나인 없는 것에 맞닿아 있는 것에 이르기까지 머릿속에 담을 수 있다는 것을 보여 주는 좋은 본보기입니다. 철학하는 사람의 과제는 바로 이 가장 큰 하나인 있는 것과 가장 작은 하나인 그 무엇을 양 극단에 두고 이 두 끝, 한계 사이에 우주 전체의 삼라만상이 어떻게 배열되는지, 차례로 하나하나를 겹쳐서 우주의 전체 구조와 그 구조에 따르는 기능을 밝혀내는 일이라고 할 수 있습니다. 그리고 지금 제가 하려는 일도 이 작업의 한 고리라고 할 수 있습니다. 저는 이어서 말을 했습니다.

"자, 이제 다시 앞에서 꺼냈던 이야기로 되돌아갑시다. 앞에서 제가 '모든 운동은 있는 것에서 시작하여 없는 것에서 끝나거나, 없는 것에서 시작하여 있는 것에서 끝난다'고 말했는데, 이 말은 정확하지 않습니다. 있는 것 바로 그것은 바뀌지 않습니다. 따라서 엄밀하게 말하자면 운동은 있는 것과 맞닿아 있는 것, 있는 것과 같은 것에서 시작한다고 보아야 합니다. 있는 것 바로 그것에 관해서는 우리는 '있는 것이 있다'고 말할 수도 없고, '있는 것은 있는 것이다'라는 말도 할 수 없습니다. 우리가 '있는 것이 있다' 또는 '있는 것은 있는 것이다'라고 말하는 순간, 있는 것은 어떻다, 무엇이다라는 규정을 받게 되는데 이렇게 되면 있는 것은 규정되는 것〔definiendum〕이 되고, 있다나 있는 것이다는 규정하는 것〔definiens〕이 되어, 우리의 의식 안에 있는 것이 됩니다. 다시 말해서 '있는 것이 있다, 있는 것은 있는 것이다'라고 할 경우에 있는 것은 임자말(주어)의 자리를 차지하게 되고, 있다나 있는 것이다라는 말은 풀이말(술어)의 자리를 차지하게 되는데, 어떤 자리, 곧 공간은 둘 이상의 것이 있을 때만 생겨납니다.

하나로 있는 것은 어떤 자리도 차지하지 않습니다. 있는 것 바로 그것은 앞에서 여러 차례 되풀이해서 이야기했듯이 하나로 있기 때문에 어떤 자리도 차지하지 않습니다. 헤겔이 《논리학》에서,

　'있는 것, 있는 것 바로 그것—이것은 그 이상의 아무런 다른 규정도 지니지 않는 것이다. 있는 것은 이러한 그것의 무규정적인 직접성 속에서는 오직 자기 자신과 같을 뿐더러 또한 다른 것과 다르지 않으므로 결국 이것은 자기 안에서나 밖에서도 아무런 다름을 지니지 않는 셈이다. 그리하여 있는 것은 결코 그 어떤 규정이나 있는 것 그 안에서 구별되는 내용에 의해서도, 아니면 또 있는 것을 다른 있는 것으로부터 구별된 것으로 있게 하는 내용에 의해서도 그것됨이 지켜질 수는 없다. 여기서 있는 것은 오직 순수한 무규정성이며 공허일 따름이다.—여기에서 만일에 직관에 대해서 언급된다 할지라도 결코 이 있는 것 속에서는 직관될 수 있는 것이 아무것도 없다고 하겠으니, 다시 말해서 있는 것은 오직 이와 같이 순수하고 공허한 직관 바로 그것일 뿐이다. 이에 못지않게 또한 있는 것 속에는 생각할 수 있는 것이라고는 아무것도 없으니, 결국 이것은 오직 텅 빈 생각임을 나타낼 뿐이다. 이렇게 볼 때, 실로 무규정적이고 직접적인 있는 것은 없는 것으로서 결코 없는 것 이상도 이하도 아닌 것이다.'

하고 말한 것은 바로 이런 뜻에서입니다.

　어쨌거나 우리가 그것에 관해서는 입도 벙끗할 수 없는 이 있는 것은 운동의 한계점, 끝이라고 할 수 있습니다. 그러나 운동은 어떤 운동도 그것이 운동이라는 점에서 끝나지 않습니다. 그 점에서는 물질의 운동도, 생명의 운동도, 의식의 운동도 마찬가지입니다. 따라서 운동, 변화는 하나인 있는 것과 결코 하나가 될 수 없습니다. 하나로 모아지려는 운동은 있는 것에 무

한히 가까워질 수는 있지만 있는 것과 한데 합쳐져서 정지 상태에 이르는 일이 없다는 말입니다. 서로 나란히 설 수 없는 둘의 더불어 있음, 곧 '있는 것과 없는 것이 이어져 있다' '한 공간 안에 있다'는 모순에서 운동이 생겨나기 때문입니다. 바로 이런 사정 때문에 아리스토텔레스는 자연학 [physica]에서 '첫 번째 원인인 있는 것은 스스로는 움직이지 않으면서 다른 것이 운동하게 한다'는 식으로 이야기하게 됩니다."

저는 내친김에 운동의 한계가 있는 것뿐만 아니라 없는 것 바로 그것이기도 하다는 이야기를 곁들여서 했습니다.

"없는 것 바로 그것은 아예 없기 때문에 있는 것과 같은 것에서 시작하는 운동은 없는 것과 맞닿는 지점에서 끝납니다. 그러나 운동이 아예 없어져 버리면 그것을 두고 운동이라고 할 수 없겠지요. 따라서 운동은 결코 없는 것에도 이르지 못합니다. 이제 없는 것 바로 그것이 어떤 성격을 지니고 있는지 헤겔의 말을 참고삼아 살펴보기로 할까요? 헤겔은 《논리학》에서 이렇게 말하고 있습니다.

'없는 것, 아예 없는 것―이것은 자기 자신과 단순히 같은 것이며 완전히 텅 빈 것인가 하면 또 규정과 내용이 몽땅 빠진 것으로서 결국 그것 자신 안에서 구별되지 않는 것이라고 할 수 있다.―그러므로 이것을 만일에 직관이나 생각과 연관시켜 본다 할지라도 도대체 그것은 어떤 것이 직관되거나 생각되는 것일 수도 있고, 아니면 또 아무것도 직관되거나 생각되지 않은 것일 수도 있는 어떤 구별에 해당될 뿐이다. 이렇게 볼 때 모름지기 여기서는 아무것도 직관하거나 생각하지 않는 것마저도 어떤 의미를 지니는 것이 된다. 곧 우리의 직관이나 생각 속에는 없는 것이 있다고도 하겠으며, 또는 이 없는 것은 더 나아가 공허한 직관이나 생각 바로 그것이기도 한 것이다. 결국 없는 것은 있는 것 바로 그것에 비길 수 있는 공허한 직관이며 생각인 셈이다.―이렇게 하여 없는 것은 있는 것 바로 그것과 다를 바 없는, 바로 그렇게 같은 규정이며 또는 더 나아가 규정되지 않는 것이라고 할 수 있겠으니, 이제 없는 것은 있는 것 바로 그것과 다를 바 없는 것이 된다.'

어렵고 혼란스러운 이 내용을 간단히 이야기하자면, 파르메니데스의 주장과는 달리 우리는 어떤 식으로든지 없는 것을 생각할 수 있고 없다고 말할 수 있지만, 우리가 의식하는 이 없는 것에는 아무런 내용도 없고, 따라서 무엇이라고 규정할 수 없다는 것입니다. 혹시 오래되어 잊어버렸을까 싶어서 다시 말하겠는데, 좋은 것 쪽으로 진행되는 운동이 가장 좋은 것 위로 갈 수 없고, 나쁜 것 쪽으로 향하는 운동이 가장 나쁜 것 아래로 내려갈 수 없듯이 무엇인가 있는 것이 드러나는 운동은 있는 것 바로 그것에 닿아서 진행을 멈추고, 무엇인가 없는 것이 드러나는 운동은 없는 것 바로 그것에 닿아서 진행을 멈춘다는 것입니다. 그러나 앞에서도 말했다시피 운동은 정지와 반대되는 것이어서 정지로 바뀔 수가 없습니다. 말하자면 운동은 있는 것과 없는 것의 울타리 안에서 끊임없이 계속된다고 할 수 있겠지요."

이야기가 계속해서 있는 것과 없는 것 사이를 맴돌다 보니, 저도 학생들도 그만 진력이 나고 말았습니다. 이렇게 다람쥐 쳇바퀴 도는 식으로 말고 신선하고 구체적인 보기를 들어 강의를 계속할 필요가 절실해졌습니다. 저는 한참 생각하다가 늘 써먹은 기타 줄 대신에 현악기와 건반악기를 예로 들어 설명해야겠다고 마음먹었습니다.

저는 학생들에게 다음과 같은 질문을 했습니다.

"여러분, 건반악기와 현악기 가운데 어느 쪽이 더 완전한 악기라고 할 수 있을까요?"

이 물음에 어떤 학생은 건반악기라고 대답하고 다른 학생은 현악기라고 대답했지만, 제가 그 까닭을 말하라고 했더니 그만 입을 다물어 버리고 말았습니다. 자꾸 혼자 떠들어 대는 것이 좋지 못한 수업 방법이라는 것을 잘 알고 있었지만, 이번에도 어쩔 수 없이 다시 '강의'를 해야만 했습니다.

"잘 알다시피 건반악기에는 음의 영역이 미리 규정되어 있습니다. 이를 테면 피아노에는 '도레미파솔라시도'가 차례로 건반에 표시되어 있어서 우리는 큰 어려움을 겪지 않고도 바라는 소리를 찾아낼 수 있습니다. 그러나 현악기, 이를테면 바이올린을 연주할 때는 사정이 다릅니다. 줄의 양쪽 끝을 빼면 바이올린 줄은 한데 이어져 있습니다. 그리고 두 자 남짓한 바이올린 줄에는 헤아릴 수 없이 많은 소리들이 숨어 있습니다. 이 바이올린 줄에 숨어 있는 무한히 많은 소리들을 하나하나 모두 잘라 내어 건반악기에 옮기자면 건반악기, 이를테면 피아노는 그 크기가 우주를 채우고도 남을 만큼 길어지게 될 것입니다. 이렇듯이 크기를 가진 것, 이어진 것은 어떤 것이나 무한히 쪼개질 수 있고, 그런 점에서 무규정적인 것입니다.

그런데 이어진 것은 공간만이 아닙니다. 시간도 이어진 것이고 길이를 가진 것입니다. 우리가 제논의 역설에서 확인했듯이 크기, 길이를 가진 것에서는 그것이 무엇이 되었건 가장 작은 하나, 곧 최소 단위를 찾을 길이 없습니다. 적어도 우리 의식은 이어진 것의 최소 단위를 찾아낼 수 없습니다. 왜냐하면 우리 의식은 아무리 작은 것이라 할지라도 그것이 크기를 가지고 있는 것이라면 어떤 것이든 반으로, 또 반의 반으로, 그 반의 반으로…… 이렇게 무한히 분할할 수 있기 때문입니다.

우리가 사는 세계는 이렇듯이 시간적으로, 공간적으로 무규정성으로 가득 차 있는 시공 복합체(時空複合體)입니다. 시간과 공간이 날줄과 씨줄로 빈틈없이 이 우주를 채우고 있다는 말이지요. 따라서 시간과 공간의 규정을 받는 이 세계에서 하나를 찾는 일은 원칙적으로 불가능하다고 보아야 하겠지요. 입자 물리학의 긴 역사는 바로 물질 영역에서 가장 작은 하나를 찾으려 해 왔던 학자들의 승리와 좌절로 누벼진 역사라고 할 수 있습니다. 데모크리토스, 레우키포스, 에피쿠로스, 루크레티우스……에서부터 오늘날 최첨단 장비를 갖춘 연구실에서 많은 학자들이 물질의 최소 단위를 찾으려고 애써 왔습니다. 그분들은 이 세계 안에 더 이상 쪼개지지 않는 물질의 최소 구성단위가 있으리라고 믿고, 그 믿음에 이끌려 이제까지 크기를 지닌 입자를 쪼개고 또 쪼개 왔습니다. 그러나 이제까지 발견되지 않고 있던 물질의 가장 작은 단위를 찾았노라는 환호성은 곧 더 작은 단위가 나타남에 따라 탄식으로 바뀌었습니다.

물론 이런 작업이 부질없다는 뜻은 아닙니다. 전에도 이야기했듯이 우리의 감각, 그중에서도 특히 시각은 사물의 겉모습을 보고 그것이 무엇인지를 압니다. 그런데 사물의 겉모습은 그 사물의 한계, 곧 그 사물의 끝입니다. 자동차를 예로 들어 설명한 바와 같이 어떤 것의 겉모습만 보아서 그것이 무엇인지 모를 경우에는 안을 들여다보아야 합니다. 그러나 우리는 사물의 표면을 꿰뚫고 들어가 안에 들어 있는 것을 살필 투시안을 지니고 있지 못하기 때문에 우리가 사물의 이면(裏面)을 본다는 것은 이제까지 겉으로 드러나지 않았던 사물의 새로운 표면을 본다는 것과 다름없는 말입니다. 이를테면 여기에 놓여 있는 이 교탁은 얼핏 보아서 통나무 판으로 만들어진 것 같지만, 요즈음에는 통나무를 아주 얇게 벗겨 내어 합판 아래위에 붙이는 경우도 있고 심지어는 발달한 인쇄 기술의 힘을 빌려 원목 무늬가

찍힌 종이를 발라 놓은 일도 있어서 이 교탁이 정말 통나무 판으로 만들어진 것인지 아닌지 알 수 없습니다.

이 교탁이 통나무 판으로 만들어진 것인지 아닌지를 확인하는 가장 좋은 방법은 무엇이겠습니까? 사람에 따라서는 한번 슬쩍 만져 보기만 해도, 또 톡톡 두들겨서 소리만 들어 보고도 알 수 있을 것입니다. 그러나 모두 수긍할 수 있는 가장 일반적인 방법은 이 교탁을 쪼개 보는 것입니다. 그렇지요? 우리가 이 교탁을 쪼개면 무엇이 나타나겠습니까? 앞에서도 비슷한 질문을 했던 기억이 납니다. 이 교탁을 쪼개면 이제까지 안에 감추어져 있던 새로운 표면이 밖으로 드러납니다. 우리는 이 새로운 겉모습, 한계, 끝을 보고 이 교탁이 통나무 판으로 된 것이 아니라 합판 위에 통나무의 얇은 판을 접착제로 붙여 놓은 것이라는 사실을 알아냈습니다. 이처럼 쪼개는 일, 분해하고 분석하는 작업은 사물의 숨은 결, 알려지지 않았던 구조나 특성을 파악하는 가장 좋은 방법 가운데 하나입니다.

물리학자들이 이제까지 해 온 작업 성과도 이런 기준에서 살핀다면 헛된 일이라고 할 수 없습니다. 헛된 일이라니요? 물리학자들은 이러한 분해와 분석을 통하여 물질을 쪼개고 또 쪼갬으로써 이제까지 우리가 육안으로 볼 수 없었던 무수히 많은 새로운 표면을 드러냈고, 이러한 작업에 힘입어 우리는 그동안 모르고 있던 물질의 구조와 성질에 대해서 엄청나게 많은 쓸모 있는 정보를 얻어 그것을 이용하여 삶에 필요한 헤아릴 수 없이 많은 물건들을 만들어 낸 것입니다. 물론 모든 분해와 분석을 통한 지식 축적이 그렇듯이 이러한 작업이 늘 긍정적인 결과만 낳았다고 보기는 힘듭니다. 호기심에서 비롯한 학문 탐구가 인류나 다른 생명체에 커다란 재난을 가져오기도 한다는 사실은 미국이 일본 히로시마와 나가사키에 떨어뜨린 원자탄이 입힌 피해만 머리에 떠올려도 곧 이해할 수 있습니다."

분해와 분석이라는 말이 다시 나온 김에 우주의 삼라만상을 물질의 최소 단위로 환원하려는 환원주의에 맞서서, 우리가 알고 있는 한에서 시간과 공간의 규정을 받는 가장 큰 하나인 이 우주를 있는 그대로 보면서 이 우주 가 그것으로 이루어졌다고 물리학자들이 주장하는 가장 작은 하나(그런 것 이 있을지 모르지만)까지 고스란히 볼 수 있는 그런 방법이 없는지 다시 살 펴보기로 했습니다.

"우리는 앞에서 실험 물리학자들이 이 우주의 가장 작은 하나를 주로 분 해를 통해서 찾아내려고 했다는 것을 밝힌 바가 있습니다. 이제부터 우리 가 알아보려는 것은 분해만이 그런 목적을 이루는 데 가장 좋은 방법인지, 더 좋은 방법은 없는지 하는 것입니다.

분해나 분석이나 이것과 저것을 갈라놓는 작업이라는 점에서는 마찬가 지지만 사물이 분해되는 공간과 분석되는 공간에는 큰 차이가 있습니다. 분해는 보통 물리적인 공간에서 이루어진다고 보아도 됩니다. 어떤 물건을 분해해 놓을 때 분해된 것들은 서로 다른 실재 공간에 놓여 있어서 서로 다 른 부품들이 같은 자리를 차지할 수 없습니다.

그러나 분석의 경우는 다릅니다. 분석이 이루어지는 공간은 이론으로만 따지면 무한합니다. 분석은 물리 공간에서도 이루어지고 화학 공간, 생물 공간, 사회 공간, 경제 공간, 예술 공간, 언어 공간…… 어디에서도 이루어 질 수 있습니다. 이 여러 공간들 가운데 어떤 것은 물질세계처럼 시간과 공 간의 규정을 직접 받아들이기도 하고, 어떤 것은 간접으로 시간과 공간의 규정을 받기도 합니다. 그러나 분석이 이루어지는 공간이 무한하다고 해서 상대적이고 무질서한 것이라고만 보아서는 곤란합니다. 바이올린 줄에 숨어 있는 소리들이 무한하지만, 활을 갖다 대는 자리에 따라 낮은 소리에서 높은 소리에 이르기까지 어떤 질서에 따라 소리가 배열되어 있어서 같은 자리에 활을 갖다 댔는데도 어떤 때는 낮은 소리가 나오다가 다음 순간에는 높은 소리가 난다든가 하는 일이 없는 것처럼 분석이 이루어지는 공간도 일정한 질서를 보이는 방향으로 배열되어 있습니다. 그리고 이 질서는 법칙으로 나타납니다. 우연의 요소가 많으면 많을수록 분석이 이루어지는 공간은 그만큼 무질서하고, 무질서한 공간에서 이루어지는 분석은 어려울 수밖에 없습니다. 온갖 모순이 뒤엉켜 있는 공간에서는 분석이 거의 불가능하게 보이기도 합니다.

불을 예로 들어 봅시다. 화학의 역사를 살펴보면 인류 역사의 최근세까지도 불타는 현상은 신비의 장막에 가려 있었습니다. 인류가 이 지구 위에 자리 잡고 살면서 불이 없었더라면 도대체 오늘날 우리가 경험하는 이런 문명 세계를 이룰 수나 있었을까 의심이 될 만큼 불은 인간의 삶과 가장 가까운 곳에서 늘 타오르고 있었는데도 사람들은 수십만 년이 넘게 불의 신비를 밝혀내지 못했던 것입니다.

중세에 살던 연금술사들은 수은을 불로 구워 금을 만드는 비결을 찾으려고 헤아릴 수 없이 많은 밤을 지새웠다고 합니다. 또 연금술사의 후예들인 근세 화학자들만 하더라도 불에 타는 것에는 플로지스톤(phlogiston)＊이라는 태우는 물질이 따로 있어서 불이 붙고 열이 난다고 생각해 왔습니다.

＊　18세기 초에 물질의 연소를 설명하기 위해 가정했던 물질이다. 모든 탈 수 있는 것에는 플로지스톤이라는 입자가 있는데, 불에 타는 과정에서 이 입자가 빠져나가고, 이 입자가 모두 없어지면 연소 과정이 끝난다는 학설을 뒷받침하는 물질이다. 지금은 부정되고 있다.

불타는 현상이 급격한 산화 현상이고, 산소가 있어서 나무에 불이 붙거나 쇠가 달구어진다는 사실이 밝혀진 것은 현대에 이르러서입니다. 이처럼 어떤 때는 우리에게 가장 가까이 있는 것이 가장 분석하기 어려운 것일 수도 있습니다. 지금 들은 대로 불에 대한 화학적 분석은 최근에야 비로소 완전하게 이루어졌지만 그 밖에 다른 분석은 여러 공간에서 헤아릴 수 없이 많이 이루어졌습니다.

고대 그리스 사람들은 신화 공간에서 이루어진 불에 대한 흥미 있는 분석의 사례를 보여 줍니다. 헤시오도스의 이야기에 따르면, 좋은 제물을 바치지 않았다고 해서 올림포스 신들의 우두머리인 제우스가 인간에게 불을 주지 않았는데, 앞일을 잘 내다보고 인간들을 깊이 사랑한 프로메테우스(Prometheus)가 올림포스 산꼭대기에서 불을 훔쳐 빈 갈대에 숨겨 가지고 사람들에게 가져다주었다고 합니다. 그리고 제우스 신은 이에 대한 보복으로 프로메테우스를 신전의 돌기둥에 끊어 낼 수 없는 단단한 쇠사슬로 묶어 놓고 독수리를 시켜서 낮 동안에 프로메테우스 간을 쪼아 먹게 만들었는데, 쪼아 먹힌 간은 밤사이에 다시 자라서 이튿날 낮에 똑같은 고통을 되풀이해서 겪도록 만들었다는 것입니다.

인간이 불을 사용하게 된 내력에 관한 이 신화를 분석하는 것은 제 능력 밖의 일입니다. 그리고 헤시오도스 뒤에 아이스킬로스라는 희랍 비극 시인이 《결박된 프로메테우스》라는 비극을 통해서 불과 인간의 문명에 대해 감동적이고 대단히 깊이 있는 분석을 해냈는데, 그것을 소개하는 일도 이 자리에는 맞지 않는 것으로 여겨집니다. 다만 헤시오도스나 아이스킬로스가 살던 고대 그리스 시절보다 훨씬 더 앞에서부터 그리스 사람들이 대체로 자연의 힘을 의인화한 올림포스 신들에 대해서 비판적인 거리를 지키려고 애썼고, 신의 자의에 대해서 인간의 주체성을 내세울 만큼 자연의 힘을 이용하는 데 상당한 자신을 가지고 있었다는 이야기는 할 수 있겠지요.

불에 대한 분석은 신화 공간에서만 있었던 것은 아닙니다. 옛 인도에서도 세계를 구성하는 네 가지 기본 요소로 흙과 물과 불과 바람을 드는 사상가들이 나타났고, 그리스에서도 엠페도클레스라는 철학자가 마찬가지 이야기를 했으며, 고대 중국에서도 오행(五行)이라 하여 나무와 불과 흙과 쇠와 물의 상생·상극 관계로 우주의 모든 변화를 설명하려는 시도가 오랜 전통으로 지속되었습니다. 그리고 옛 우리 조상들도 그분들 나름으로 불을 분석했는데, 불이라는 이름이 다만 전깃불, 연탄불, 장작불…… 같은 물리적 현상을 가리키는 것을 넘어서서 생식기와 연관되는 여러 부위를 나타내는 말로도 쓰였다는 것으로 미루어(예를 들면 남자의 생식기를 '불'과 '불알'로, 생식기가 자리 잡고 있는 곳을 '불두덩'으로, 생식기에 나는 거웃을 '불꽃'으로 불렀습니다.) 우리 조상들이 불을 생식의 원천, 생명의 근원으로 파악했다는 것을 짐작할 수 있습니다.

플라톤도 《티마이오스》에서 불에 대한 체계적 분석을 시도하고 있는데 희미한 흔적, 다시 말해서 잠재적으로 있는 숨은 불에서부터 기하 도형(삼각형)으로 구성된 불, 우주의 네 가지 큰 구성 요소인 불, 우리가 감각을 통해서 파악하는 불, 사물을 인식할 때 대상에서 빛으로 바뀌어 우리에게 오고 우리의 눈에서 역시 빛으로 바뀌어 대상에게 가서 서로 만나 사물의 모습이나 색깔을 알아보게 하는 불, 논리 공간에서 기하학의 입체 도형으로 드러나는 불, 이데아로 있는 불…… 이렇게 여러 공간에서 불의 특징을 살핍니다. 만일에 플라톤이 오늘 살고 있다면 틀림없이 물리 공간에 있는 가장 작은 하나인 소립자에서부터 불을 분석하기 시작하고, 화학 공간에서 파악되는 불도 빠뜨리지 않았을 것입니다.

　이렇게 분석된 불은 하나의 현상입니다. 하나하나의 불이 분석이 이루어지는 공간은 저마다 달라서 우리는 불이라는 현상을 전체에서 볼 수 있을 뿐만 아니라 부분에서도 동시에 살필 수 있습니다. 왜냐하면 불의 분석이 이루어지는 이 공간들은 저마다 차원이 달라서 우리는 삼차원 물질 공간에서와는 달리 어느 한 분석을 받아들이기 위해서 다른 분석들을 한 옆으로 치워 놓지 않아도 되기 때문입니다.

　모든 이론적 분석은 이론 공간에서 이루어지는데, 앞에서도 말했다시피 이론 공간은 무한히 다양합니다. 이론 공간 가운데 어떤 것들은 사다리처럼 맨 밑 칸부터 맨 위 칸까지 층층을 이루어 정연한 질서를 보여 주기도 하고, 어떤 것은 서로 나란히 놓여 있거나, 어느 것의 테두리 안에 다른 것이 반쯤 걸쳐 있거나, 서로 마구잡이로 뒤섞여 있는 것처럼 보여 엉킨 실타래 모습을 띠고 있기도 합니다. 나중에 따로 다루려고 생각합니다만 이론과 실천의 문제에서 어떤 이론이 번번이 실천에 이어지지 못하고 공리공론으로 그치고 마는 것은 이 이론 공간이 차지하고 있는 자리를 제대로 매기지 못해서 생겨나는 현상이기도 합니다."

같으면서도 다르고 다르면서도 같다?

    이쯤 해서 저는 이제까지 미루어 왔던 과제, 곧 운동의 문제를 다루어야 할 때가 왔다고 생각했습니다. 솔직히 말씀드리자면 저는 아직 운동에 관해서는 확실한 이론이 서 있지 않습니다. 따라서 제가 학생들에게 하는 말이 헛소리거나 거짓말이 될 가능성은 어디에나 도사리고 있다고 보아야 할 것입니다. 어쨌거나 있는 것과 없는 것에 관해서는 저도 당분간 이야기를 꺼내는 것이 싫어진 참이기도 했습니다. 그러나 문제는 제가 아무리 있는 것과 없는 것이라는 말을 입에 담지 않겠다고 다짐을 하더라도 운동에 대해 이야기하면서 이 말들을 입에 올리지 않는다는 것이 사실 불가능하다는 점입니다. 저는 운동과 시간에 대한 제 이야기의 실마리를 아우구스티누스의 《고백》에서 찾기로 했습니다.

    저는 아우구스티누스의 《고백》제11권 제10장부터 제31장까지 나오는 시간에 관한 논의를 발췌해서 학생들에게 읽어 주었습니다.

    "시간이 길다 함은 동시적으로 있을 수 없는 많은 운동의 흐름이 길다 함이요, …… 따라서 시간이란 순수하게 현재일 수 없고, 과거란 미래에게서

밀려나는 것, 미래란 과거에 뒤따르는 것……."(제11장)

"도대체 시간이 무엇입니까? 아무도 묻는 이가 없으면 아는 듯하다가도 막상 묻는 이에게 설명하려 들자면 말문이 막히고 맙니다. 그러나 제법 안 답시고 말을 하자면 이렇습니다. '흘러가는 무엇이 없을 때 과거의 시간은 없을 것이고, 흘러오는 무엇이 없을 때 미래의 시간도 없을 것이며, 아무것 도 없을 때 현재라는 시간도 없을 것이다…….'"(제14장)

"주여, …… 과연 미래와 과거가 있는 것이라면 그 어디에 있는지 알고 싶나이다. 아직 미치지 못하나 적어도 한 가지 알고 있는 것은, 어디에 있든 지 거기에 미래와 과거로 있는 것이 아니라, 오직 현재로서 있을 것이라는 점입니다. 왜냐하면 미래로 어디에 있다 친다면 거기에는 아직 있지 않는 것(아직 없는 것)이요, 과거로 있다고 친다 해도, 거기에는 이미 있지 않는 것(이미 없는 것)이기 때문입니다. 과거가 사실로 얘기될 때에 그것은 과거 가 되어 버린 사실 자체가 아닌 기억에서 좇아 나오는 것일 터이요, 이 경우 에 그 사실들이 감각을 거쳐 지나가면서 정신에다 자취와 같이 찍어 놓은 그 영상들에서 얻어진 말들일 것입니다. 이를테면 내 어린 시절은 다시는 있지 않는 과거의 시간, 현재에는 없는 것입니다. 그러나 추억을 더듬어서 이야기할 때, 나는 그 영상을 현재 보는데, 이것은 아직 내 기억에 남아 있 기 때문입니다. 그러면 미래를 예언하는 경우에도 이와 비슷하여, 아직 있 지 않는 사물의 영상이 벌써 있는 것처럼 느껴지는지. 주여, 나는 모른다고 고백할 수밖에 없습니다. 다만 아는 것은, 흔히 우리는 미래의 우리 행동을 앞서 생각하는데, 이 경우에 예견은 현재요, 예견하는 바 그 행동은 미래이 기에 아직 있지 않다는 사실입니다. 그러나 행동으로 접어들어 예견하던 것 을 몸소 하기 시작할 때, 그때에야 비로소 행동이 있다 할 것이니, 그때는 미래에 있을 것이 아닌 현재에 있는 것이기 때문입니다.

아무튼 미래의 예견이 제아무리 아리송한 것이라 할지라도 있는 것이 아니면 보여질 수 없고, 이미 있는 것이면, 미래도 과거도 아닌 것입니다.

이러므로 미래의 것이 보인다 하는 경우에, 보이는 것은 아직 없는 것, 곧 앞으로 있을 그것이 아니라, 바로 그 있는 까닭과 상징일 것입니다. 그러기에 보는 이들에게는 미래가 아니요, 현재일 것이니, 이리하여 정신에 개념화하는 미래가 예언될 것입니다. 이 개념이 있으므로 예언하는 그이들이 현재로 직관하는 것입니다. 많은 실례 가운데 하나를 골라 말해 보겠습니다.

나는 먼동이 트는 것을 보고, 해가 떠오르리라고 예언합니다. 이 경우에 보는 것은 현재요, 예언하는 것은 미래입니다. 이미 있는 해가 미래가 아니라, 아직 없는 그 떠오름이 미래입니다. 그러나 떠오름 그것마저 지금 내가 말하고 있는 것처럼 정신으로 상상함이 없다면 예언할 수도 없을 것입니다.…… 필경 미래란 아직 있지 않는 것이고, 아직 있지 않다면 없는 것이며, 없다면 보일 수도 전혀 없으나, 다만 미리 말할 수 있는 것은 이미 있고 보이는 현재의 것에서 가능한 것입니다."(제18장)

"이제야 비로소 똑똑히 밝혀진 것은 미래도 과거도 있는 것이 아니라는 점입니다. 따라서 과거, 현재, 미래라는 세 가지 시간이 있다고 말한다면 옳지 못하고, 차라리 과거의 현재, 현재의 현재, 미래의 현재, 이렇게 세 가지 때가 있다 하는 것이 그럴듯한 것입니다. 이 세 가지가 영혼 안에 있음은 어느 모로 알 수 있으나 다른 데서는 볼 수 없으니, 곧 과거의 현재는 기억이요, 현재의 현재는 목격함이요, 미래의 현재는 기다림입니다. 이렇게 말해도 좋다면 세 가지 때를 내가 볼 수 있고, 사실 셋이라고 말할 수도 있

습니다."(제20장)

"아까 나는 흘러간 때를 재어 본다고 말하였습니다. 곧 이때가 저 때에 견주어 두 갑절이라느니, 또는 이때나 저 때나 같다느니 하면서 무엇이건 시간의 부분을 따져서 말하게 된다는 것이었습니다. 말하자면 흘러가고 있는 시간을 재어 보는 것이니, 누가 우리에게 '어떻게 그걸 아느냐?' 하고 묻는다면 나는 대답하겠습니다. '재 보기에 아는 것이오. 그러나 없는 것은 잴 수 없는데, 과거와 미래는 있지 않는 것(없는 것)이다.' 그러나 공간이 없거늘 현재의 시간인들 어떻게 잴 수 있겠습니까?

그러기에 지나가는 동안에 재는 것이니, 지나가 버린 뒤면 잴 것이 없어서 놓치고 마는 것입니다. 그렇다면 재는 동안의 시간은 어디로부터, 어디로 해서, 어디로 지나가는 것입니까? 미래인 어디로부터 현재인 어디로 해서 과거인 어디로 흐르는 것이 아니겠습니까? 결국 아직 없는 것(미래)에서 공간이 없는 것(현재)을 거쳐 이미 없는 것(과거)으로 가는 것입니다. 그러나 시간이란 어떤 공간으로 재는 것이 아니겠습니까? 우리가 시간을 들어 말할 때 보통 길다는 둥, 두 배, 세 배 길다는 둥, 아니면 똑같이 길다는 둥, 이런 식으로 표현하는 것은 역시 시간의 공간 때문일 것입니다. 그러면 지나가는 시간을 어느 공간으로 재는 것이겠습니까? '어디로부터' 지나가는 그 미래로 재겠습니까? 그러나 아직 없는 것은 잴 수 없는 것입니다. 그러면 '어디로 해서' 지나가고 있는 그 현재로 재겠습니까? 그러나 공간이 없는 것은 재지도 못하는 것입니다. 그러면 또 '어디로' 지나 그 과거로 재겠습니까? 그러나 이미 없는 것은 잴 수도 없는 것입니다."(제21장)

"내가 알고자 하는 것은 인간이 물체의 운동을 재고, 이를테면 저 운동이 이 운동보다 두 배 길다고 할 수 있는 터무니, 곧 시간의 본질과 그 본성입니다. 가령 '하루'라고 말할 때, 그것은 해가 지구 위에 머무는 동안을 가리키는 것이 아닙니다.(낮이 반이고, 밤이 반이니 말씀입니다.) 그것은 동쪽에서 서쪽으로 도는 전부를 가리킵니다.…… 이와 같이 하루가 태양의 운동, 곧 동에서 동으로 한 바퀴 도는 데서 이루어지는 것이니만큼, 내가 묻는 것은 운동 자체가 하루냐, 또는 운동이 완성되는 기간이냐, 아니면 두 가지 다이냐 하는 점입니다. 첫 번째 경우가 하루라면 태양이 겨우 한 시간밖에 안될 거리를 움직였다 해도 하루여야 할 것입니다. 두 번째 경우라 치고 해뜨기부터 다음 해뜨기까지를 단 한 시간의 짧은 시간으로 잡는다면 역시 하루가 될 수 없고, 하루를 채우기 위해서는 태양이 스물네 번을 돌아야만 할 것입니다. '두 가지 다'인 경우라 하더라도, 하루라고 할 수 없는데, 그 까닭은 태양이 단 한 시간 만에 한 바퀴를 다 돌아 버리든, 태양은 멎은 채로 아침부터 그다음 아침까지 태양이 회전을 완성할 그동안을 시간이 흐르든, 어느 것도 하루라고 일컬을 수는 없을 것이기 때문입니다.

그러기에 내가 지금 알고 싶은 것은 하루라는 것보다 태양의 회전을 재는 시간입니다.

만일 태양의 회전이 열두 시간 만에 다 되는 경우라 친다면 우리는 평소보다 절반이 모자라는 기간에 다 돌았다고 하지 않겠습니까? 그리고 두 개의 시간을 비교하면서 이것은 단위 시간, 저것은 두 배 시간이라고 말할 것입니다. 태양이 언제는 단위 시간에, 또 언제는 두 배의 시간에 동에서부터 동으로 돈다고 해도 말씀입니다.

누구도 나에게 시간이란 천체의 운동이라고 말하지 말기 바랍니다. 그 옛날 어느 분이 싸움을 승리로 이끌고자 태양이 멎기를 빌었을 때, 태양은 섰지만 시간은 가고 있었기에 말입니다. 꼭 필요하던 그 시간 동안에 전투는 계속되고 끝났던 것입니다. 그러므로 시간이란 그 어떤 '연장' 같이 생각됩니다만 정말 내가 이것을 알고 있는지?……"(제23장)

"'시간은 곧 물체의 운동이다' 라고 누가 말한다면 주께서는 내게 긍정하라고 명하시겠습니까? 아닙니다. 명하시지 않습니다. 듣건대 어떤 물체든지 시간 안에서 움직인다 하고, 당신께서도 말씀하시다시피, 물체의 운동 자체가 시간이라고는 듣지 못하였고, 또 그렇지 않다고 하십니다.

어떤 물체가 움직일 때 운동을 시작하기부터 그치기까지 얼마 동안 움직이는지를 나는 시간으로 계산하게 됩니다. 그리고 언제부터 시작했는지도 모르게 움직이고만 있으면서 언제 그칠지 모를 경우라면 나는 그것을 보기 시작한 때부터 보기를 끝마치는 시간까지밖에는 계산할 수 없는 것입니다. 따라서 내가 지켜보는 시간이 길면 그 시간이 길다고 말할 수 있을지 모르나 어느 만큼이라고 말할 수 없는 것입니다.…… 이와 같이 물체의 운동이 다르고, 얼마 동안인지를 재는 것이 다른 이상, 이 두 가지 중에 어느 것을 시간이라고 불러야 할지 모를 사람이 누가 있겠습니까? 물체란 여러 모양으로 움직이는 때가 있고, 또 멎는 때가 있는 것으로서, 그럴 때 우리는 물체의 운동뿐만 아니라 정지 상태도 시간으로 재는 것입니다. 그리고 이와 동시에 이렇게 말하는 것입니다. '움직이는 시간과 멎는 시간이 같다' '움직이는 시간보다 멎는 시간이 두 배, 또는 세 배다.' 이 밖에도 무엇을 놓고 더, 또는 덜 정확한 가늠을 할 때나 미리 짐작할 때나 마찬가지인 것입니다. 그러기에 시간은 물체의 운동이 아닌 것입니다."(제24장)

"물체의 운동이 얼마 동안인지, 얼마 동안에 여기서 저기로 다다랐는지, 결국 시간 안에서 움직이는 것을 시간 아닌 무엇으로 계산할 수 있겠습니까?

그렇다면 그 시간을 나는 무엇으로 재는 것입니까? 마치 대들보의 길이를 팔뚝 길이로 재듯이, 짧은 시간으로 긴 시간을 재는 것입니까? 아닌 게 아니라 우리는 긴 음절의 길이를 짧은 음절의 길이로 계산하고, 두 배가 된다고 하는 것입니다.…… 그렇다고 시간의 정확한 양이 나오는 것은 아닙니다. 짧은 구절이라도 장단을 길게 뽑아서 부르면 오히려 긴 구절을 빠르게 부르는 것보다 더 오래일 경우가 있는 까닭입니다. 시나 각운이나 음절이 모두 이와 같습니다.

내가 시간을 연장으로 보는 까닭이 여기에 있다 하겠습니다. 그러면 무엇의 연장이냐고 물으면 나는 잘 모릅니다. 아마도 내 영혼의 연장일 성싶습니다.

내 주이시여, 내가 막연히 '이것은 저것보다 길다' 또는 자신 있게 '저것보다 이것이 두 배' 라고 할 때 나는 무엇을 헤아리는 것입니까?

시간을 재고 있는 줄은 알지만 그것은 미래가 아닙니다. 아직 있지 않으니까요. 현재도 아닙니다. 어떠한 길이로 연장되어 있지 않으니까요. 과거는 더욱 아닙니다. 이미 있지 않은 것이니까요. 그러면 도대체 무엇을 잰다는 것입니까?……" (제26장)

"목소리가 울려 난다고 하자. 아직도 소리는 있다. 그러나 뚝 그치자 침묵이다. 그 소리는 지나갔으니 이미 목소리는 없다. 울리기 전에는 미래였으니 잴 수 없었다. 아직 있지 않았기 때문이다.

지금도 잴 수 없다. 이미 없으니 말이다. 소리가 나던 그때에는 아직 잴 만한 것이 있었으니 잴 수 있었다. 그러나 그때에도 소리는 멎지 않은 채 지나가고, 또 지나가던 것이다. 그러면 그 당장에는 재기가 더 수월했던가? 현재란 아무런 길이가 없지만 지나가는 것은 시간의 어느 길이로 연장되기 때문에 계산이 가능한 것이다.

그러면 그 당장에 가능했다고 치고, 마침 다른 소리가 울려 나기 시작했다고 치자. 소리는 아직 나고 있다. 음조가 헷갈림 없이 그냥 그대로…… 이렇게 소리 나는 동안에 재어 보자꾸나. 소리가 끊어진 다음이면 벌써 과거! 잴 수 있던 것이 다시는 없을 것이니 통째로 재어 보고 얼마라고 말하자꾸나. 소리는 아직 나고 있다. 이것을 재려면 시작한 순간부터 그쳐 버린 끝까지라야 한다. 잰다는 일은 어느 시작에서부터 끝날 때까지 그 사이를 재는 것이기 때문이다. 그러기에 아직 끝나지 않은 소리는 길다느니, 짧다느니 할 만큼 잴 수 없는 것이고, 여느 것과 같으니, 또는 곱절이 아니니, 어떻느니 할 수도 없는 것이다. 그런가 하면 또 아주 끝나 버린 뒤면 벌써 없는 것이 되고 만다. 그러니 무슨 수로 재 볼 수 있단 말인가? 시간을 잰다고 하지만 그건 아직 있지 않는 것도, 이미 없는 것도, 동안으로 연장됨이 없는 것, 그리고 한계를 가지지 않는 것도 아니다. 말하자면 미래나 과거나 현재나 지나가는 시간을 재는 것이 아니로되, 그러나 시간을 재는 것이다.…… 소리는 하나가 울려 난 다음에야 다른 하나가 울려 나기 마련인지라, 앞소리가 짧고, 뒷소리가 길 경우에, 나는 그 짧은 것을 어떻게 붙잡아 둘 수 있는가? 무슨 수로 긴 것에 맞추어 재 보고 갑절밖에 안 된다 이를 수 있는가? 짧은 음이 끝나지 않고서는 긴 음이 시작도 못 한 그때가 아닌가?

긴 음을 잰다니 그 현재를 재는 것인가? 끝난 것이 아니면 못 재는 게 아닌가? 그 끝나는 것은 곧 지나가는 것이다. 그러면 내가 재는 것이 무엇인가? 어디에 짧은 음이 있길래 이것으로 재어 보며 어디에 긴 음이 있길래 이것을 잰다는 것인가?

두 가지가 다 소리가 났고, 날아갔고, 지나가 버려 이제는 있지 않지만 나는 계산을 하고, 누구나 청각으로 느낀 바를 믿는 것처럼 자신을 가지고 말하게 되는 것이다. 시간으로 따진다면 이 음은 홑음이고 저 음은 곱절이라고. 소리들이 이미 지나가고, 끝나지 않았다면 이것은 불가능한 일이다. 이러고 보면 내가 잰다는 것은 이미 없는 것들이 아니라 내 기억에 박혀서 남아 있는 무엇을 헤아림인 것이다.

내 영혼아, 결국 네 안에서 내가 시간을 재는 것이로구나. 사실이 이런 것을 너 아니라 하지 말아라. 너, 지난 인상들이 잡다하다 해서 스스로 헷갈리지 말아라. 내 다시 말하노니, 네 안에서 시간을 재느니라. 지나가는 사물들이 네 안에 이루어 놓은 인상—곧 그것들은 지나가도 남아 있는 그 인상—을 나는 지금 있는 것처럼 재는 것이니, 인상이 생기기 위해 지나가 버린 그 사물을 재는 것이 아니다. 그러므로 이것이 곧 시간이요, 아니면 나는 시간을 재는 것이 아닐 것이다.

그런데 우리가 침묵을 재는 경우는 어떤가? 이 침묵이 저 소리 있는 시간보다 갑절이나 계속되었다 할 경우는 어떤가? 마치 소리가 울려 나는 것처럼 재 보기 위해서 생각을 연장시키는 것이 아니겠는가? 침묵의 동안을 시간의 길이로 측정해 보려고 말이다. 그도 그럴 것이 우리가 흔히 소리와 입을 멈춘 채 시나 시구나 어떤 논문, 또 운동의 폭을 생각으로 뇌어 보고는 마치 소리를 내어 외운 듯이, 그 얼마 동안이 피차 다른지를 시간의 길이로 따져서 말하는 것이다.

누가 약간 긴 소리를 내어 보고자 얼마나 길지 미리 생각으로 정했다고 치자. 그 사람은 분명히 시간의 길이를 침묵 속에서 거친 다음에 기억에 머물게 하고 소리 나는 그 음을 내기 시작하여 미리 정해 둔 그 끝까지 이어

가는 것이다. 아니 차라리 '소리를 내었다' '소리를 낼 것이다.' 끝내 버린 것은 이미 '소리 낸 것'이고, 남은 것은 '소리 낼 것'이기 때문이다. 이와 같이, 현재의 뜻이 미래를 과거로 옮기고, 과거는 또 미래가 작아짐에 따라 커 가다가 미래가 완전히 없어지고, 모든 것이 과거가 되어 버리기까지 그 끝장을 보게 되는 것이다."(제27장)

"그러나 아직 채 있지도 않은 미래가 어떻게 작아지고 없어진다는 말인가? 이미 있지 않은 과거가 어떻게 커 간단 말인가? 이는 곧 그것을 하는 영혼 안에 세 가지가 있기 때문이다. 곧 영혼은 기다리고, 지켜보고, 기억함으로써, 기다리는 것이 지켜보는 것을 거쳐 기억한 것으로 옮겨지게 하는 것이다.

미래란 아직 있지 않은 것임을 누가 부정하겠는가? 미래의 기다림은 진작부터 마음 안에 있는 것이다. 과거란 이미 있지 않은 것임을 부정할 이 누구겠는가? 그러나 과거의 기억이 마음 안에 있는 것이다. 순식간에 흘러가 버리는 현재가 시간의 길이가 없다는 것을 누가 부정하겠는가? 그러나 지켜봄이 남아 있어 이로써 현재이던 것이 없어짐으로 나아가는 것이다. 이러고 보면 아직 없는 미래가 오랜 시간일 수 ⬛⬛⬛만 미래의 오랜 기다림이 오랜 미래일 것이요, 이미 없는 ⬛⬛가 오래일 수 없고 다만 과거의 오랜 기억이 오랜 과거일 수 있⬛⬛이다. 내가 알고 있는 시를 읊조린다고 치자. 내가 시작하기 전에 ⬛⬛ '기다림'은 시 전편에 뻗친다. 그러나 막상 시작하자, 벌써 그 몇 구⬛을 과거로 따돌리려고 할수록 그것은 내 기억 안에 들게 되고, 이리하⬛ 내 행동의 존재는 두 군데에 걸치게 된다. 그 하나는 이미 읊조린 것⬛ '기억함'이고, 또 하나는 읊조릴 것을 '기다림'이다. 이때 '지켜봄'은 현재인 것으로, 미래이던 것이 과거가 되려고 이를 거쳐

가는 것이다.

이렇게 연거푸 진행이 될수록 '기다림'이 짧아지는 반면 '기억'이 길어
지고, 드디어는 '기다림'이 아주 없어지고 나면, 모든 행위가 끝나 '기억'
으로 옮겨지고 마는 것이다.

시 전편에서 이같이 되는 일은 그 각 부분, 심지어는 그 각 음절에서도
마찬가지다. 더 긴 행위에서도 그러할 것이니, 저 시 역시 그 한 부분일 따
름이다. 인간의 전 생애에서도 이와 같을 것이니, 그의 모든 행위는 인간
생활의 한 부분이요, 인류의 모든 역사에서도 또한 그러할 것이니, 이것은
저마다 인간 생활의 한 부분일 따름인 것이다."(제28장)

학생들에게 읽어 준 이 긴 인용문에 가끔 나타나는, 색으로 강조해 준 부
분과 괄호 안에 쓴 글은 제 소행인데, 최민순 신부가 애써 잘 번역해 놓은
글을 군데군데 고쳐서 읽어 준 탓도 제게 있습니다. 이 인용문을 읽는 어떤
분은 도대체 아무런 설명도 곁들이지 않고 남의 글을 이렇게 지루하게 인
용하는 까닭이 어디 있느냐고 항의할지도 모르겠습니다. 그러나 저는 이
인용문에 서양의 전 역사를 통해서 이어져 오는 시간에 관한 철학적 논의
의 알맹이가 들어 있다고 믿기 때문에 소홀히 할 수가 없었습니다. 제 머릿
속에는 서양철학사에서 시간과 공간의 문제를 놓고 머리를 싸맨 많은 철학
자들이 주마등처럼 스쳐 갔습니다. 저는 다시 파르메니데스에서부터 출발
할 수밖에 없다는 것을 느꼈습니다. 아우구스티누스가 《고백》에서 귀띔하
는 시간과 운동의 문제를 제대로 이해하려면 파르메니데스를 건너뛸 수 없
습니다.

"자, 여러분, 우리가 그토록 벗어나려고 애를 썼건만, 다시 파르메니데스

의 덫이 우리를 기다리고 있는 것 같습니다. 우리가 처음에 제법 그럴싸하게 얼버무리고 넘어갔던 문장들을 기억하고 있지요?

1. 있는 것이 있다.
2. 있는 것이 없다.
3. 없는 것이 있다.
4. 없는 것이 없다.

이 네 문장 말입니다.

파르메니데스에 따르면 이 가운데 두 개의 문장만이 우리를 진리로 이끌고, 나머지 두 개의 문장은 허위로 이끈다는 것도 기억하지요?

그렇습니다. 있는 것을 있다고 하고, 없는 것을 없다고 하는 것이 참말입니다. 따라서 문장 1과 문장 4만이 우리를 진리로 이끕니다. 반대로 있는 것을 없다고 하거나 없는 것을 있다고 하는 것은 거짓말입니다. 따라서 문장 2와 문장 3은 우리를 허위에 빠뜨립니다. 적어도 파르메니데스에 따르면 그렇습니다.

파르메니데스가 엄밀한 논리적 추론을 통해서 시간과 공간을 부정하고, 그 결과로 운동도 여럿도 인정하지 않았다는 것은 앞에서 이야기했습니다. 파르메니데스의 주장을 요약하면 이런 것이지요.

'우리가 공간을 있는 것이라고 우길 수 있으려면 여기 있는 것과 저기 있는 것을 떼어 놓고 말할 수 있어야 한다. 그러나 있는 것과 있는 것은 한데 달라붙어서 하나가 된다는 점은 제쳐 놓고 이야기한다 하더라도, 여기 있는 것은 저기 없는 것이요, 저기 있는 것은 여기 없는 것이 아니냐? 저기 없는 것도 없고, 여기 없는 것도 없다. 따라서 여기도, 저기도 없고, 여기 저기가 없으므로 공간도 없다. 시간도 마찬가지다. 과거란 이미 없는 것이요, 미래란 아직 없는 것이다. 이미 없는 것이나, 아직 없는 것이나 없는 것이라는 점에서는 마찬가지요, 따라서 과거도 없고, 미래도 없다. 과거와 미래가 없는데, 어떻게 해서 시간이 있다고 할 수 있겠느냐?'

우리가 읽었던 인용문에 드러나 있듯이, 아우구스티누스는 기본적으로 파르메니데스의 이 주장을 고스란히 받아들입니다. 《고백》 제21장에 적혀 있는 글을 다시 봅니다.

'시간은 어디로부터, 어디로 해서, 어디로 지나가는 것입니까? 미래인 어디로부터 현재인 어디로 해서 과거인 어디로 흐르는 것이 아니겠습니까? 결국 아직 없는 것에서 공간이 없는 것을 거쳐서 이미 없는 것으로 가는 것입니다. 그러나 시간이란 어느 공간으로 재는 것 아니겠습니까?…… 그러면 지나가는 시간은 어떤 공간으로 재는 것이겠습니까? '어디로부터' 지나가는 그 미래로 재겠습니까? 그러나 아직 없는 것은 잴 수 없는 것입니다. 그러면 '어디로 해서' 지나가고 있는 그 현재로 재겠습니까? 그러나 공간이 없는 것은 재지도 못하는 것입니다. 그러면 또 '어디로' 지나가는 그 과거로 재겠습니까? 그러나 이미 없는 것은 잴 수도 없는 것입니다.'

여기에서 우리는 아우구스티누스가 파르메니데스의 충실한 제자임을 알 수 있습니다. 잰다는 것은 시간이 공간화할 때만 가능합니다. 여기서 우리는 아주 어려운 문제에 부딪히게 됩니다. 시간이 공간화할 수 있는 것인지, 만일 공간화할 수 있다면 그 근거는 어디에 있는 것인지, 공간화되는 것이 시간의 본질적인 측면인지, 아니면 부수적인 측면인지……."

학생들은 표정이 침울해졌습니다. 어떤 학생은 노골적으로 짜증스러운 표정을 감추지 않았습니다. 학생들 눈에는 제가 미리 어디엔가 토끼를 감추어 놓았다가 빈 모자 속에서 끄집어내는, 야바위 노름을 하는 마술사로 보이는 모양이었습니다. 갑자기 학생 하나가 손을 들더니 제 말을 허리에서 잘랐습니다.

"선생님, 먼저 설명해 주셔야 할 것이 있는데요."

"그게 뭡니까?"

"예, 앞에서도 잠깐 이야기하신 걸로 압니다만 설명이 충분하지 않았던 것 같아서 다시 묻겠습니다."

저는 이야기의 맥이 끊어지는 것 같아서 언짢았지만, 어쩔 수가 없었습니다.

"뭘 알고 싶지요?"

"선생님께서 파르메니데스가 거짓이라고 해서 외면했다고 말씀하신 두 개의 문장, 곧 '있는 것이 없다' 와 '없는 것이 있다' 에 관해서입니다. 파르메니데스의 관점에 따르면 둘 다 거짓에 이르는 길이라고 하셨지요?"

"그렇습니다."

"그런데, 파르메니데스가 뭐라고 했건 상관없이, 선생님께서는 '있는 것이 없다' 와 '없는 것이 있다' 는 문장은 참과 거짓을 가릴 수 없는 문장인데, 그렇다고 해서 두 문장이 아무런 의미가 없는 문장이 아니라, 그 안에 분명한 의미가 있다고 하시지 않았습니까?"

"그렇지요."

"그리고 '있는 것이 없다' = '하나도 없다' , '없는 것이 있다' = '빠진 것이 있다' 이렇게 동일시할 수 있다고 하셨지요?"

"맞습니다."

"그런데, 선생님, 하나에는 크기가 없다고 하시지 않았나요?"

"예."

"왜 그런지 좀 더 자세히 설명해 주시겠습니까?"

"그러지요. 아무리 작은 크기를 가진 것이라 할지라도 크기를 가진 모든 것은 나눌 수 있습니다. 우리가 의식의 칼날을 세워 쪼갤 때 나누어지지 않는 것은 없지요. 그렇다면 '크기를 가진 것은 나눌 수 있다'는 말은 어떤 뜻을 지니고 있을까요? 다시 말해서 왜 크기를 가진 것은 나누어질 수밖에 없을까요?"

"글쎄요. 고대 원자론자들은 복합체, 곧 여럿으로 이루어진 것만 나눌 수 있고, 하나로 되어 있는 것은 나눌 수 없다고 했는데, 혹시 크기를 가진 것은 모두 복합체의 성격을 띠고 있기 때문이 아닐까요?"

"아주 좋은 이야기입니다. 크기를 가진 모든 것은 여러 가지 성격을 지니고 있다는 말인데, 그렇다면 그 여럿의 기본적인 특질은 어떤 것일까요?"

이 물음에 한 학생이 불현듯 무엇인가 짚이는 게 있는 듯한 표정을 짓더니 번쩍 손을 들었습니다.

"선생님, 선생님은 여럿의 최소 단위가 둘이라고 하셨지요?"

"그렇습니다만……."

"그리고 존재론적으로 따져서(미안합니다. 선생님께서 이런 말투를 좋아하시지 않는다는 것은 알고 있습니다만 달리 표현할 수가 없군요.) 최초의 하나는 있는 것이라고 하셨고요?"

"예, 그렇습니다."

"그러니까 태초에 여럿이 있으려면 파르메니데스의 주장과는 달리 있는 것 밖에 없는 것이 있어야 한다고 하시지 않았습니까?"

"그런 말을 한 적이 있습니다."

"그렇다면, 크기는 시간의 길이가 되었건 공간의 넓이가 되었건, 무엇이되었건 간에 있음과 없음의 공존에서 생기는 것이라고 해야 하지 않을까요?"

저는 눈을 크게 뜨고 그 학생을 쳐다보았습니다.

'야! 이건 대단하다, 대단해. 저 학생은 아우구스티누스가 오랜 모색 끝에 실마리를 잡은 연장(이어짐, 크기)의 본질에 성큼 다가섰구나.'

"계속해서 이야기하세요."

"공간적으로 보면 연장, 곧 공간적인 크기는 여럿이 놓인 자리로 표시됩니다. 다시 말해서 둘이 있으면, 필연적으로 그 둘이 놓여 있는 공간이 있게 되고, 그 공간은 크기를 갖게 된다는 것이지요."

그 순간 저는 짓궂은 생각이 들었습니다. 그래서 이렇게 질문을 했습니다.

"잠깐, 그렇다면 둘이 있으면 그 둘이 공유하는 일정한 크기를 가진 공간이 생긴다고 했는데, 그 둘을 나누면 공간은 없어지지 않겠습니까? 그런데 아무리 작은 크기를 가진 공간이라도 크기를 가지고 있는 한 무한히 나눌 수 있는 것은 왜 그럴까요?"

그 학생은 저를 보더니 싱긋 웃었습니다. 그리고 이렇게 대답했습니다.

"선생님께서는 건망증이 좀 심하신 것 같군요. 그거야 시간과 공간의 연장으로 나타나는 크기의 탄생 배경 때문에 그렇지요."

"크기의 탄생 배경이라니요?"

"이미 나왔던 이야기이지만, 복습하는 뜻에서 제가 옛날에 선생님께서 그렸던 도표를 다시 그려서 설명해 보기로 하겠습니다."

그 학생은 자리에서 나와 아래와 같은 도표를 칠판에 그렸습니다.

그림 16   (무한히 진행됨)◀⋯⋯⋯⋯⋯⋯ 4 2 1 3 5 ⋯⋯⋯⋯⋯⋯▶(무한히 진행됨)

있는 것	없는 것

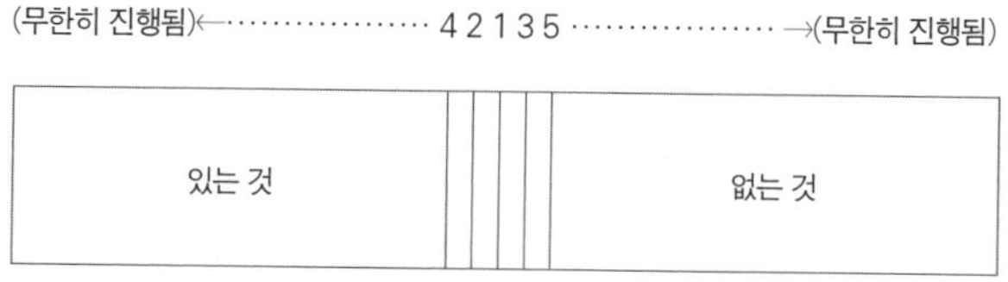

"하나인 있는 것 옆에 없는 것이 나란히 서게 되면, 이 있는 것과 없는 것 사이에 둘을 나누어 주는 경계선이 있어야 하는데, 이 경계선은 있는 것도 아니고 없는 것도 아닌 것(무규정적인 것=apeiron)이라고 선생님께서 이미 말씀하신 적이 있습니다. 이 최초의 경계선을 원초적 무규정성이라고 하겠습니다. 1번으로 표시된 선이 그것입니다. 그런데 이 원초적 무규정성이 나타나면, 있는 것과 이 원초적 무규정성(앞으로 1이라고 부르겠습니다.)을 구별해 주는 경계선이 또 필요합니다. 그 경계선을 2라고 부르겠습니다. 다른 한편 없는 것과 이 무규정성을 구별해 주는 경계선도 동시에 요구되지요. 그 경계선을 3이라고 하겠습니다. 그다음에는 있는 것과 2를 구별하는 경계선 4와 없는 것과 3을 구별하는 경계선 5가 나타나고…… 이렇게 해서 있는 것과 없는 것 사이에는 저마다 다른 무한히 많은 무규정적인 것들이 늘어서게 됩니다. 다시 말하면 있는 것과 없는 것이 만나면 그 사이에 무규정적인 것들이 잇달아 무한히 나타나게 되는데 공간의 측면에서 살필 때, 이것은 공간의 무한 연장으로 드러나는 것이 아니겠습니까? 이 무한히 연장된 공간을 아무리 나누어도 끝이 없을 것은 빤한 일인 것 같은데요."

"야, 이건 놀라운데요. 정말 훌륭합니다."

저는 그 자리에서 그 학생에게 찬사를 아끼지 않았습니다. '파랭이에서 쪽빛이 나오고, 뒤에 난 뿔이 우뚝하다'더니, 바로 이것을 두고 한 말이었습니다. 질적으로 서로 다른 무규정적인 것들의 무한한 계열에서 질의 차이를 빼면 무한히 이어진 공간이 나온다는 이야기를 이 학생은 이렇게 쉽게 설명해 낼 수 있었으니 제가 어찌 기쁘지 않았겠습니까?

"자, 이제부터 우리는 있는 것만 있고 없는 것은 없는 파르메니데스의 세계, 하나의 세계에서 벗어나 있는 것이 없는 것과 더불어 있는 현상세계로 들어서게 됩니다. 이 세계는 모순이 가득 찬 세계이고, 이 모순에 따라 하나가 여럿으로 갈라지고 그 여럿이 이런저런 관계 속에서 끊임없이 우리의 감각과 의식에 나타났다가 사라지는 변화와 운동의 세계입니다. 이 세계에는 있는 것과 없는 것이 뒤섞여 있어서 어떤 것도 확실하지 않습니다. 있을 곳에 있을 때에 있을 것이 없기도 하고, 없을 곳에 없을 때에 없을 것이 있기도 해서 그 때문에 우리의 삶은 막다른 골목에 이르기도 하고, 우리의 감각은 신기루에 홀리기도 하고, 우리의 의식은 참을 거짓으로, 거짓을 참으로 잘못 판단하기도 합니다."

"선생님, 그러면 우리가 어떤 일을 할 때 잘못을 저지르거나, 판단할 때 오류를 범하는 것은 이 세계의 모순이 우리의 행동이나 의식에 간섭을 하기 때문이라고 볼 수 있나요?"

어떤 학생이 제 말을 중간에 끊더니 불쑥 이렇게 물었습니다. 보통 때 같으면 저는 제가 정신을 집중해서 무슨 말을 할 때 이렇게 말을 가로막는 것을 좋아하지 않습니다. 제 생각이 갈피를 잃을까 봐 두렵기 때문입니다. 그러나 이 경우에는 반가웠습니다. 그래서 저는 이렇게 대답했습니다.

"참 좋은 질문입니다. 사실 우리는 하루하루 살아가면서 이런저런 실수도 많이 저지르고 본의 아니게 거짓말을 하거나 판단에 착오를 일으키기도 합니다. 같은 것을 다르게 보거나 다른 것을 같은 것으로 여기는 일도 흔하지요. 무엇이 아닌 것을 무엇이라고 우기기도 하고, 거꾸로 무엇인데 무엇이 아니라고 알아 길을 벗어나기도 하고요. 앞에서 이야기했듯이 이러한 감각과 행동과 판단의 잘못은 있는 것을 없는 것으로 알거나 없는 것을 있는 것으로 여기기 때문에 일어나는 것입니다. 그러니까 실수, 착오, 잘못, 오류, 거짓, 기만, 사기, 환상, 죄, 악……이라 하는 일련의 행동과 판단에는 존재론적 근거가 있습니다.

흔히 종교에서 우리가 감각으로 파악하는 이 세상을 무명(無明)의 세계, 미망(迷妄)의 세계, 그림자의 세계, 꿈 같은 세계라고 부르는데, 이렇게 보는 데도 까닭이 있지요. 여기에 대해서는 나중에 자세히 이야기할 기회가 있겠지요. 다만 여기에서 이야기해 두고 싶은 것은 이 세상에서 일어나는 일 가운데 까닭이 없는 일은 아무것도 없다는 말입니다.

생각해 보십시오. 있는 것만 있고 없는 것은 없는 세상에는 거짓도 없고 잘못도 없습니다. 세상에 없는 것은 우리 의식에도 없습니다. 세상에 없는 것이 없는데 우리 의식에 어떻게 해서 없는 것이 있을 수 있겠습니까? 앞에서 우리는 참을 규정할 때 '없는 것을 없다고 하고 있는 것을 있다고 하는 것'이라고 했지요? 그리고 거짓을 규정할 때 '없는 것을 있다고 하거나 (하고) 있는 것을 없다고 하는 것'이라고 하지 않았습니까?

이렇게 없는 것이 없고, 있는 것만 있는 세상, 파르메니데스의 세상에는 거짓도, 잘못도, 기만도, 사기도, 악도, 죄도 없습니다. 그런 세상에서는 하는 일마다 옳고 하는 말마다 참이 되지요. 그러나 이것은 비유일 뿐입니다. 왜냐하면 파르메니데스의 세계는 함도 없고, 말도 없는 세상이기 때문입니다. 어디 그뿐입니까? 그 세계는 그름이 없으므로 옳음도 없고, 거짓이 없으므로 참도 없고, 나쁨이 없으므로 좋음도 없는 그런 세계입니다.

이 세상에는 우리가 마음만 먹으면 거짓말을 하지 않고도 살 수 있고, 잘못을 저지르지 않고도 살 수 있다고 믿는 사람이 있습니다. 참 갸륵한 생각이지요. 그러나 그러한 생각은 철학에서 허무주의나 회의주의를 발붙이지 못하게 할 길이 있다는 믿음만큼이나 사실보다 소망에 더 기대고 있습니다. 거짓이 있는 세상에서 거짓을 말하지 않으려면, 잘못이 있는 세상에서 잘못을 저지르지 않으려면 거짓과 잘못의 존재론적 근거를 바로 알아야 합니다. 우리는 거짓을 회피할 수는 있습니다. 잘못을 저지르지 않을 수도 있습니다. 회의주의나 허무주의를 극복할 수도 있습니다. 그러나 그 뿌리를 잘라 낼 수는 없습니다. 왜냐하면 그 뿌리는 우리의 감각과 의식을 온통 휘감고 있어서 우리가 감각과 의식을 벗어 던지고 하나인 있는 것과 같은 것이 되지 않는 한, 우리를 놓아주지 않기 때문입니다."

"그러면 선생님 말씀은 없는 것과 있는 것이 공존하는, 그래서 모순으로 가득 찬 이 우주의 질서 또는 무질서와 거짓과 잘못이 연관을 맺고 있기 때문에 그것을 영원히 멀리할 길은 없다는 것입니까?"

저는 힘없이 고개를 끄떡였습니다.

"그렇다고 거짓과 잘못이 판치는 세상을 그대로 두고 볼 수만은 없는 일 아닙니까?"

다른 학생이 자리를 박차고 일어서서 저를 꾸짖듯이 부르짖었습니다.

"그렇지요. 거짓과 잘못을 자신에게나 남에게 허용하거나 부추기는 일은 잘못된 일입니다. 있는 것과 없는 것이 뒤섞여서 무엇이 있는지, 무엇이 없는지 가려보기 힘든 세상이지만 그래도 우리는 있는 것을 찾아내려고 끊임없이 애써야만 합니다. 모든 앎은 있는 것에 바탕을 두고 있습니다.

이 자리에서 우리의 앎과 연관된 이야기를 하기 전에 잠깐 학문하는 사람들의 말버릇에 대해서 몇 마디 할까 합니다. 여러 학생들은 그동안 학문 동네 사투리가 귀에 익어 내가 일상용어로 지껄이는 말을 주의 깊게 귀담 아듣지 않으려고 할지 모릅니다. 이제까지 한 이야기도 학문 사투리를 섞어 '오류 판단의 존재론적 근거'가 어쩌고 '실천상 오류의 존재론적 분석'이 저쩌고 하고 떠들어 댔다면 여러분 중에는 '와, 굉장하다. 이런 존재론 강의는 전무후무한 명강의라 할 만하다'고 감탄할 사람이 있을 줄 압니다. 그러나 마을 공동체의 자연스러운 삶 속에서 빚어진 사투리와 학문 사투리는 다릅니다. 그냥 사투리는 진솔하지만 학문 사투리에는 뻐김과 잘난 체함이 깃들어 있어요. 머리만 굴려서 먹고 사는 사람, 이른바 정신 노동자가 손발을 부지런히 놀려서 먹고 사는 사람, 이른바 육체 노동자를 속이고 겁주어서 그 사람들 몫을 가로채려고 해 온 '정보 소통의 인위적 난관 조성' (어때요? 그럴듯해 보이지요?)의 음모가 학문 사투리에서는 물씬 풍깁니다. 그러니까 정신 노동자라는 특권 계급이 자기들끼리 정보를 독점하려고 일부러 어려운 말을 써서 보통 사람들을 따돌리는 야바위 노름의 속임수가 학문 용어에는 많이 섞여 있다는 뜻입니다. 학문하는 사람들이 이 버릇을 고치지 못하면 끝내는 보통 사람들로부터 따돌림을 당하고 우스갯거리가 될 날이 멀지 않다고 나는 굳게 믿습니다.

이야기가 잠깐 딴 길로 들어섰는데, 이제부터 앎의 길에 관해서 조금 더 자세히 살펴봅시다. 아까 이야기했듯이 앎은 있는 것에서 출발합니다. 지금 우리가 다루는 존재론에서는 없는 것도 다루지만, 이때도 아예 없는 것을 다루는 것이 아니라 우리가 생각하고 말하는 없는 것, 그러니까 어떻든 있는 것의 테두리 안에 드는 없는 것, 더 어려운 말로 하자면 존재화한 무를 다룹니다. 그러니까 없는 것도 있다고 여기고, 이것이 무엇이냐를 묻는 거지요. 다른 학문의 경우에는 더 말할 나위가 없습니다. '있는 것을 있다고 하자.' 이것이 앎의 길을 찾는 사람, 곧 학문하는 사람의 일반 약속입니다. 다시 한 번 강조하겠습니다. '모순을 회피하라.' 이것이 학문하는 사람 앞에 걸린 첫 번째 금줄입니다. 아이를 낳은 집 대문에 쳐 놓는 금줄 말입니다. 있는 것뿐만 아니라 없는 것도 생각할 수 있는 우리 의식은 곧잘 있는 것도 없다고 생각하기 쉽고, 없는 것도 있다고 여기기 쉽습니다. 의식이 모순에 빠지는 것이지요. 우리 의식이 어떻게 모순에 빠지는지 아리스토텔레스의 논리학 체계를 보기로 들어 잠깐 살펴볼까요?

아리스토텔레스는 고전 논리학의 공리로 알려진 세 가지 논리 법칙을 체계화한 맨 처음 철학자로 꼽히는 사람입니다. 동일률(同一律 : principio identitatis), 모순율(矛盾律 : principio contradictionis), 배중률(排中律 : principio exclusi tertii)이라는 논리 법칙을 모르는 학생이 이 자리에는 없을 테지요?

언젠가 나는 어느 철학회에서 이 공리들을 뒷받침할 가장 보편적인 판단 형식이 무엇인지를 나 나름으로 모색해서 발표한 적이 있었는데, 아무도 관심을 기울이지 않아 무척 당황했던 적이 있습니다. 그때 내가 칠판에 썼던 판단 형식들은 이런 것이었습니다.

1. 있는 것이 있는 것이다.
2. 없는 것이 있는 것이다.
3. 있는 것이 없는 것이다.

4. 없는 것이 없는 것이다.

가. 있는 것이 있는 것이 아니다.

나. 없는 것이 있는 것이 아니다.

다. 있는 것이 없는 것이 아니다.

라. 없는 것이 없는 것이 아니다.

이 여덟 가지 판단 형식 가운데 동일률과 모순율과 배중률을 존재론 차원에서 뒷받침하는 문장이 어떤 것인지를 밝히려고 했던 것인데, 아무도 쓰다 달다 말이 없이 입을 다무는 통에 무안했던 기억이 아직도 생생합니다.

앞에 든 여덟 문장 가운데서 '1, 4, 나, 다'는 일반 논리학 책에 '참'으로 알려지고, '2, 3, 가, 라'는 '거짓'으로 알려진 문장입니다. 언뜻 보면 그 까닭은 자명한 것으로 드러납니다. 그러나 정말 그렇게 의심할 여지가 없이 자명할까요?

날더러 가려보라 한다면, 나는 '2. 없는 것이 있는 것이다'와 '라. 없는 것이 없는 것이 아니다'라는 문장을 거짓의 틀 속에 집어넣기를 망설일 것입니다. 그 까닭을 대라고요? 대지요."

저는 저를 바라보고 있는 학생들이 제가 같은 문제를 놓고 씨름할 때, 철학회에 참석했던 선생님들이 보였던 반응을 되풀이하지 않기를 마음속으로 빌면서 설명하기 시작했습니다.

"먼저 여러분들이 알아주기를 바라는 것이 있습니다. 그것은 이 분석이 논리 공간 가운데서도 가장 높은 공간에서 이루어지는 추상이라는 사실입니다.(이때 높다는 것은 고급이라는 뜻이 아닙니다. 추상 공간의 맨 위라는 단순한 표현입니다.) 여기에서 쓰이는 말만 보아도 알 수 있습니다. '있다' '없다' '이다' '아니다' '것.' 이 추상 공간에 함께 사는 낱말 가족은 이 다섯밖에 없습니다. 감각 대상과는 아무런 직접 연관이 없는 낱말들이지요. 따라서 이 낱말들은 의식의 대상이지 감각 대상은 아닙니다.

먼저 없는 것이라는 낱말을 눈여겨보십시오.

이 낱말은 '없다+것'으로 이루어져 있습니다. 앞에서 우리는 아예 없는 것은 의식의 대상이 아니라고 말한 적이 있습니다. 의식의 대상이 아닌 것은 생각 속에 들어올 수 없으니까 없다는 말로 표현할 수도 없습니다. 우리가 어떤 것으로 규정할 수 있는 것은 따라서 아예 없는 것은 아닙니다. 없다는 규정 아닌 규정을 받는 것도 그런 뜻에서 있는 것의 한 식구로 보아야합니다. 이 말이 틀리지 않으면 없는 것도 있는 것의 테두리 안에 있습니다. 그러므로 '없는 것이 있는 것이다'라는 문장은 거짓이 아닙니다. 마찬가지 까닭으로 '없는 것이 없는 것이 아니다'라는 문장도 틀렸다고 보기 힘듭니다. 우리는 앞에서 '없는 것이 없다'라는 문장의 뜻은 '다 있다'라고 이야기한 적이 있습니다. 알다시피 다는 여럿 모두를 가리키는 말입니다. 없는 것이 있는 것처럼 하나로 있다면, 없는 것이 없는 자리에는 하나가 나타나야 할 것입니다. 그러나 보다시피 없는 것이 없는 자리에 여러 하나가 모두 드러나 있습니다. 여기에서 '없는 것이 있다'는 문장을 다시 한 번 상기하기 바랍니다. 이 문장의 뜻은 '빠진 것이 있다'였습니다. 우리가 빠진 것이라는 말을 쓸 때는 빠지는 것이 얼마나 되는가에 생각이 미치는데, 손쉽게 이를 보기로 들어 봅시다. 이가 상하면 치과 의사가 이를 빼는 경우가 있습니다. 이때 치과 의사는 이가 상한 정도에 따라 하나나 둘을 빼기도 하고, 이를 몽땅 다 빼고 틀니를 해 넣기도 합니다. 이처럼 빠진 것은 적게 빠진 것도 있고 많이 빠진 것도 있어서 모두 하나같지 않습니다. 빠진 것은 정도에 따라 저마다 다르다는 뜻이지요. 따라서 빠진 것으로서 없는 것은 여럿입니다. 더 간단하게 설명할 수도 있습니다. 여러분들은 이 강의의 첫머리에서 보았던 그림 1을 기억하지요? 바로 이런 그림이었습니다.

있는 것(1)	있는 것(2)

이 그림에서 '있는 것(1)'과 '있는 것(2)'를 나누어 여럿의 최소 단위인 둘로 만들려는 시도는 실패로 돌아갔습니다. 이제 없는 것이 둘로 있을 수 있는지 어디 한번 살펴봅시다. 여럿의 최소 단위는 둘이므로 없는 것이 둘로 있을 수 있다는 것이 증명만 된다면 없는 것은 헤아릴 수 없이 많이 있을 수 있다는 사실이 입증될 수 있습니다.

그림 17

없는 것(1)	없는 것(2)

이 그림에서 없는 것(1)과 없는 것(2)를 갈라 주는 경계선은 있는 것이거나 없는 것 중 어느 하나입니다. 없는 것이 경계선이라면 없는 것(1)과 없는 것(2)는 서로 달라붙어서 둘이 안 됩니다. 그러나 있는 것이 경계선 노릇을 한다면 당연히 없는 것(1)과 없는 것(2)는 둘로 갈라집니다. 그런데 그림 1에서와는 달리 이 그림에서 있는 것이 경계선 노릇을 해서 없는

것을 여럿으로 갈라놓는다 해도 문제 될 것이 하나도 없습니다. 있는 것은 없는 것을 무한히 여럿으로 쪼개어 없는 것을 무수히 많은 것으로 만들 수 있습니다. 이때 이 '없는 것'은 저 '없는 것'과 다릅니다. 따라서 우리는 얼마든지 '없는 것이 없는 것이 아니다'라는 말을 할 수 있습니다. 이제 왜 내가 '없는 것이 있는 것이다'라는 문장과 '없는 것이 없는 것이 아니다'라는 문장을 거짓의 틀 속에 집어넣기를 망설이는지 이해하겠지요?"

"선생님, 만일 선생님 말이 맞는다면 큰일인데요."

어느 학생이 근심스러운 목소리로 말했습니다.

"무엇이 큰일입니까?"

"큰일이지요. 그렇게 되면 논리학의 공리로 알려진 동일률이 무너지는 것 아닙니까?"

"그런가요? 그렇게 해서 무너질 공리라면 하루빨리 무너져야지요. 그러나 그렇게 쉽사리 무너지지는 않을 것 같은데요."

"무너지지 않는다는 증거를 댈 수 있습니까?"

"어디 한번 애써 봅시다. 여러분은 본디 동일률이 자기 동일성의 원리, 곧 모든 것은 자기와 꼭 같다는 저됨에 바탕을 두고 있다는 것을 잘 알지요? 그런데 저됨을 지니고 있는 것은 무엇인가요? 한결같이 저됨을 지켜 나갈 수 있는 것은 무엇이지요? 다시 바꾸어 말해 무엇만이 저됨을 잃지 않나요?"

"있는 것만이 없는 것이 되지 않으므로 저됨을 지킬 수 있다고 전에 말하지 않았습니까?"

"바로 맞혔습니다. 있는 것만이 하나로 있으므로, 그리고 하나로 있는 것만이 크기를 가지고 있지 않아서 여럿으로 나누어지지 않으므로 저됨을 지킬 수 있다고 말한 적이 있습니다."

"그런데, 선생님. 전에도 한 번 그렇게 이야기한 걸로 기억하는데, 도대체 있는 것이 하나로 있기 때문에 크기가 없다는 말은 무슨 말입니까? 더 알아듣기 쉽게 이야기해 줄 수는 없나요?"

"조금 번거롭기는 하지만, 중요한 질문이니까 기억력을 탓하지는 않겠습니다. 우리는 끝이 하나인 것을 무엇이라고 규정했지요?"

"점, 수학자들이 흔히 크기는 없고 자리만 있다고 하는 질점(質點)입니다."

"우리는 수학자들보다는 생각이 더 촘촘해야 하니까 자리라는 말도 뺍시다. 그러니까 그냥 점이라고 이야기합시다. 크기가 없는 점. 모든 한계, 끝은 크기가 없으므로 끝이 될 수 있다고 한 말은 잊지 않았겠지요? 또 무엇이 무엇인지를 알려면 그것의 한계, 끝을 보아야 한다는 말도 잊지 않았겠지요? 우리가 이 교탁을 교탁이라고 부르는 것은 이 교탁의 겉모습을 보고 그러는 것인데, 이 교탁의 겉모습은 이 교탁이 교탁 아닌 것과 만나는 지점에서 나타난다고 하지 않았나요? 이어짐이 끊어지는 곳, 바로 그곳에서 어떤 사물의 한계가 드러나는데, 그 한계는 크기가 없으므로 우리 감각기관을 통해서 의식에 반영된다고, 만일에 끝에 크기가 있으면 아무리 작은 크기라도 물리적인 것은 물리적인 것대로, 추상적인 것은 추상적인 것대로 우리 의식의 어떤 곳을 차지하므로, 그 자리에 다른 것이 겹쳐질 수 없어서 우리 의식에 기능 장애를 일으키게 된다고 한 말 기억하지요? 이런 말 자주 하면 다시 머릿속에 안개가 피어오를 테니까 그만하고, 전에 들었던 삼각형 예를 다시 들까요?"

"아, 이제 기억이 납니다. 있는 것은 하나로 있고, 따라서 공간에 자리를 차지한다거나 시간 속에 지속되는 그런 어떤 크기나 연장이 없다는 것은 이해하겠습니다. 그런데 그 있는 것이 어떻게 논리 공간에서 동일률을 뒷받침하는 존재론적 근거가 될 수 있습니까?"

"글쎄요. 있는 것이 어떤 것의 저됨을 지키는 바탕이 된다고 이야기하기는 했지만, 논리 공간에서 동일률을 뒷받침하는 존재론적 근거가 된다는 말은 한 적이 없는 것 같은데요. 조금 전에도 이야기했듯이 있는 것은 하나로 있기 때문에 논리 공간에서 어떤 자리를 차지하지 못합니다. 크기가 없는 것이 어떻게 자리를 차지할 수 있겠습니까? 흔히 '있는 것이 있는 것이다'라는 문장을 가장 높은 추상 공간에서 동일률을 뒷받침하는 기본명제로 알기 쉬운데, 만일에 이 문장을 동일률을 뒷받침하는 문장의 기본 형식으로 받아들인다면 다음과 같은 문제가 생깁니다.

'있는 것이 있는 것이다'라는 문장에서 주어의 자리에 있는 '있는 것'은 술어의 자리에 있는 '있는 것'과 다릅니다. 무엇이 다르냐고요? 놓여 있는 자리가 다르지 않습니까? 하나는 주어의 자리에, 또 하나는 술어의 자리에 있으면서 '이다'라는 끈으로 묶여 서로 관계를 맺고 있는 이 두 개의 있는 것을 우리는 어떻게 해석해야 할까요? 있는 것과 다른 것은 없는 것뿐입니다. 그런데 이 문장에서는 있는 것과 다른 것이 없는 것이 아니라 또 하나의 있는 것으로 되어 있습니다. 이 문장을 일상 언어로 바꾸어 '있는 것은 있는 것과 같다'로 표현하면 그런 어려움에 맞닥뜨리지 않아도 되지 않겠느냐고 할 사람이 있을지도 모릅니다. 그러나 그래도 사태는 바뀌지 않습니다. 주어의 자리에 있는 있는 것이 정말 있는 것이라면 술어의 자리에 있는 있는 것은 있는 것과 같은 것이지 정말 있는 '있는 것'이 아닙니다. 반대 경우도 마찬가지입니다. 있는 것이 하나이므로, 있는 것과 같지만 있는 것이 아닌 것은 없는 것뿐입니다.

　논리 공간에서 다르면서도 같고, 같으면서도 다른 둘을 앞뒤에 놓고 하나의 끈으로 묶어 '이다' 라는 긍정의 관계를 맺게 하고, 그 관계가 참인 것으로 드러나는 가장 보편적인 문장 형태는 '있는 것이 있는 것이다' 가 아니라는 것은 이로써 분명히 드러났을 것으로 믿습니다."

　"그러면, 동일률을 뒷받침할 문장이 추상의 최고 단계에는 없다는 말입니까?"

　"그건 조금 성급한 결론인 것 같은데요. '있는 것이 없는 것이다' 라는 문장이 참이 아닌 것은 분명합니다. 따라서 우리가 검토할 마지막 문장조차 동일률을 뒷받침하지 못한다는 사실이 증명되고 나서야 비로소 우리는 그런 결론을 내릴 수 있을 것입니다. 앞에서 살펴본 '없는 것이 있는 것이다' 라는 문장은 비록 거짓이라고 잘라 말할 수는 없지만 '사람은 동물이다' 처럼 '없는 것은 있는 것에 포함된다' 는 뜻을 지닌 말로 보아야 할 테니까요. 그럼 이제부터 '4. 없는 것이 없는 것이다' 라는 문장을 살펴봅시다.

　우리는 이미 없는 것이 여럿으로 있다는 것을 증명했습니다. 따라서 없는 것 둘 가운데 어느 하나가 주어의 자리를 차지하고, 다른 하나가 술어의 자리를 차지한다 해서 문제 될 것은 없습니다. 이 경우에 두 개의 없는 것은 놓인 자리가 다르다는 점에서 서로 다른 것이면서 없는 것이라는 점에서 서로 같습니다. 이다라는 끈은 같으면서도 다르고 다르면서도 같은 이 두 개의 항을 한데 묶어 긍정의 관계를 맺게 합니다."

　"그렇지만, 조금 전에 선생님은 있는 것만이 저됨을 지닐 수 있다고 하지 않았습니까? 어떻게 해서 없는 것이 저됨을 지닐 수 있다고 할 수 있겠습니까?"

"마지막으로 남은 어려움을 아주 날카롭게 파고들었습니다. 참 좋은 질문입니다. 이 문제를 풀려면 공간의 성격을 살펴야 합니다. 공간은 물리 공간이든 추상 공간이든 크기를 갖습니다. 둘 이상이 서로 관계를 맺어 하나로 이어지는 곳에서는 늘 크기가 나타납니다. 선분[line]을 예로 들어 봅시다. 선분에는 끝이 둘 있습니다. 그리고 이어진 그 두 끝 사이에는 길이라는 크기가 있습니다. 우리는 길이가 없으면서 끝이 두 개인 것은 생각할 수 없습니다. 끝은 저마다 하나이고, 하나라는 점에서 있는 것입니다. 그러나 하나인 있는 것은 공간 속에 없습니다. 있는 것과 맞닿아 있는 가장 높은 추상 공간에조차 없습니다. 공간에서 관계를 맺는 것은 여럿의 성격을 지닌 것이어야 하고, 여럿이면서 하나의 성격을 지닌 것은 있는 것과 같으면서도 다른 그 어떤 것이어야 합니다. 우리가 어떤 것이라고 가리켜 보일 수 있는 것은 있는 것을 빼면 없는 것밖에 없습니다. 적어도 추상의 최고 단계에서는 그렇습니다. 없는 것은 없다는 점에서 저묾이 없지만, 어떤 것이라는 점에서 저묾을 가지고 있습니다.

둘이 나타나서 서로 관계를 맺으면 그 사이에 크기로 드러나는 공간이 생기고, 변화와 운동으로 드러나는 시간이 생긴다는 것은 앞에서 있는 것과 없는 것이 관계를 맺자마자 어떻게 무규정성이 나타나는지를 설명하면서 거칠게 테두리만 그려 밝혔지만 앞으로 더 자세히 밝히려고 합니다. 다만 동일률과 연관해서 이 자리에서 미리 밝혀 둘 것이 있는데, 그것은 추상 공간에서든 물리 공간에서든 둘 이상이 관계를 맺으면 관계 속에 들어간 것들은 서로 영향을 주고받아 성격이 바뀐다는 사실입니다. 그런데 있는 것은 독립된 점[point]이 그렇듯이 관계 속에 들어가지 않습니다. 아예 없는 것도 없기 때문에 관계 맺을 실마리조차 없습니다. 관계 속에서 한편으로는 저됨을 잃으면서 그 나름으로 저됨을 지켜 나갈 수 있는 것은 크기를 가진 것처럼 없다는 규정 아닌 규정을 받는 어떤 것, 곧 없는 것(존재화한 무)밖에 없습니다. 이런 까닭으로 나는 논리 공간에서 동일률을 보장해 주는 가장 기본이 되는 문장(명제)은 '없는 것이 없는 것이다'라고 발표했는데, 그 발표가 이루어진 자리에서 이 이야기를 이해한 사람이 없었으리라는 느낌을 가졌습니다."

여기까지 말하고 난 뒤에 저는 학생들 표정을 살펴보았습니다. 그리고 조그맣게 한숨을 쉬었습니다. 마음속에 짓궂은 생각이 하나 떠올랐습니다.

'내 말이 옳은지 그른지를 밝혀내는 데만 골몰하더라도 잘못하면 앞으로 300년은 더 흘러야 할지도 모르겠구먼.'

있는 것만 있는 게 아니고 없는 것도 있다

솔직히 말씀드리기로 하지요. 저는 존재론의 차원에서 동일률을 뒷받침하는 기본 문장이 '있는 것이 있는 것이다' 가 아니고 '없는 것이 없는 것이다' 라고 논증했지만, 이런 결론은 저를 조금도 행복하게 만들어 주지 못했습니다. 앞에서도 이야기했듯이 모든 학문적 인식은 있는 것에서 출발합니다. 다시 말하면 하나에서 출발합니다.

학문 가운데 가장 엄밀한 학문이라는 수학을 예로 들어 봅시다. 수학에서 1이라는 숫자는 절대입니다. 우리는 1과 0, 이 둘만 가지고도 수학에서 연산을 할 수 있지만 1이 빠지면 수학 체계는 무너지고 맙니다. 어찌 수학뿐이겠습니까? 물리학도 마찬가지고 화학도, 생물학도, 그 밖에 다른 학문도 마찬가지입니다. 물리학은 가장 작은 하나로 여겨지는 미립자에서 가장 큰 하나로 여겨지는 물리적 우주까지를 대상으로 삼습니다. 화학은 가장 작은 하나로 여겨지는 원소에서 가장 큰 하나로 여겨지는 유기 화합물을 대상으로 삼고, 생물학은 가장 작은 하나로 여겨지는 단세포 생물 또는 단위세포에서 가장 큰 하나로 여겨지는 생명계 전체를 대상으로 삼고, 문학은 가장 작은 하나로 여겨지는 개별 작품에서 가장 큰 하나로 여겨지는 문학의 일반 이론까지 대상으로 삼고…… 이런 식이지요.

그런데 저마다 다른 이런 하나들의 존재론적 특성이 무엇이냐 하는 것이 늘 문제입니다. 자, 살펴봅시다. 우리를 둘러싸고 있는 세계는 감각을 기준으로 삼을 때 '고유명사의 세계'입니다. 하나도 같은 것이 없습니다. 하나도 같은 것이 없다는 말은 바꾸어 말하면 하나와 같은 것이 아무것도 없다는 뜻입니다. 하나도 같은 것이 없는 세계에는 하나가 없습니다. 이런 세계에서 무엇을 기준으로 하나를 정할 수 있겠습니까? 우리가 수학에서 1을 기본 수로 정할 수 있는 것은 모든 1이 같다고 보기 때문입니다. 어느 하나〔1〕도 서로 같지 않다면 우리는 어떤 하나〔1〕를 기준으로 수학 체계를 세울 수 있겠습니까? 감각과 연관된 세계에는 엄밀한 뜻에서 서로 같은 것이 하나도 없으므로 어느 하나도 기본 하나가 될 수 없습니다.

그동안 우리는 여러 차례에 걸쳐서 있는 것은 하나로 있고, 하나로 있는 것은 크기를 가지고 있지 않다고 이야기했습니다. 크기를 가진 것은 아무리 크기가 작더라도 늘 둘로 나누어질 수밖에 없으니까요. 그리고 어떤 것이 둘로 나누어질 수 있다는 것은 그것이 겉으로는 하나로 보이지만 실상은 여럿으로 이루어져 있다는 것을 뜻하니까요.

그런데 우리가 감각으로 파악하는 세계는 모두가 크기를 지니고 있습니다. 물질세계에서 어떤 물질 공간을 차지하지 않고 있는 것은 아무것도 없습니다. 다시 말해서 물질치고 크기 없는 물질은 없습니다. 그러니 물질세계에 어떻게 하나가 있다고, 있는 것이 있다고 할 수 있겠습니까? 이런 점에서 현상계에서는 공간의 기본단위도, 시간의 기본단위도 찾을 수 없다는 제논의 말은 백 번 맞는 말입니다. 그리고 이런 관점에서 보면 현상세계에서 하나를 찾으려는 모든 노력은 헛수고일 수밖에 없습니다. 물질 가운데 가장 작은 하나를 찾으려는 물리학자의 노력, 화학 원소 가운데 가장 작은 하나를 찾으려는 화학자의 노력, 생명을 지닌 것 가운데 가장 작은 하나를 찾으려는 생물학자의 노력, 그 밖에 감각과 연관된 모든 학문 분야에서 가장 작은 단위를 찾으려는 모든 노력은 모두 실패로 돌아갈 수밖에 없다는 결론이 나옵니다.

예로부터 동양에서는 가장 크기가 작은 물질을 '티끌〔微塵〕'로 보았던 듯합니다. 부처님 말씀 가운데 '티끌 하나 속에 우주가 들어 있다〔一微塵中含十方〕'는 구절이 있습니다. 손톱만 한 크기 운모에 책 몇백만 권 분량이 되는 정보가 들어가는 기억소자〔memory chip〕가 곧 상품으로 나올 것이라 하니, 그런 뜻으로 이 말씀을 해석할 수도 있겠지만, 저는 이 구절 속에 더 깊은 뜻이 있다고 믿고 싶습니다. 안팎으로 무한한 이 우주에 있는 모든 것들이 어느 하나도 홀로 떨어져 있지 않고 서로 모든 방면으로 이어져 끝없이 소용돌이치며 출렁거리고 있는 모습이, 이 구절을 읽는 순간 제 마음의 눈앞에 홀연히 떠오르던 때의 기억이 아직도 생생합니다.

그러니까 이 우주 안에 하나로 있는 것이 없다는 말인데, 그러면 있는 것은 어디에 있겠습니까? 우리는 하나로 있는 있는 것과 연관해서는 어디나 언제라는 말을 쓸 수 없습니다. 되풀이하고 또 되풀이해서 말하지만 하나인 '있는 것'과 아예 없는 '없는 것'은 현상세계에 없고, 따라서 현상세계의 일부인 우리들 머릿속에도 없습니다. 제가 앞에서 이런저런 방식으로 그린 그림에서 두 끝으로 나타나는 있는 것과 없는 것은 어디까지나 설명을 쉽게 하려고 그렇게 표현한 것이고, 사실 이 양 극단, 모든 운동이 거기에 맞닿으면 그치게 되는 운동의 한계이자 모든 크기가 거기에 들어서면 없어지는 공간의 한계이기도 한 이 절대 지점에 연관해서 우리는 있다, 없다는 말도 쓸 수 없습니다. '입만 벙긋해도 틀린다〔開口則錯〕'는 말은 바로 이런 경우에 쓰는 말이 아닐까 합니다.

'하나인 있는 것과 아예 없는 것은 크기를 가진 여럿과 운동의 두 끝을 이루면서 시간과 공간의 규정을 받는 현상세계를 초월해 있다. 따라서 우리는 이것들과 연관해 비유를 써서 하나〔一者〕, 또는 하나님〔有一神〕이라든가, 스스로 움직이지 않으면서 남을 움직이는 것〔kinoun akineton〕이라든가, 큰 끝〔太極〕이라든가, 검고 또 검은 것〔玄之又玄〕이라든가, 검은 어둠〔黑暗〕이라든가, 끝도 없음〔無極〕이라든가 하는 여러 가지 말로 나타내려고 애쓰지만 그 둘 가운데 어느 것도 우리 의식 속에 들어오지 않는다.'

이렇게 말도 안 되는 말을 할 수밖에 없는 까닭도 바로 여기에 있다고 할 수 있습니다.

자, 그러면 우리가 흔히 있는 것이라고 일상생활에서 자연스럽게 말하는 현상세계에 있는 것은 무엇일까요? 이것들이 어떤 자격을 가지고 있기에 있는 것이라고 우리는 스스럼없이 말할까요? 우리 눈에 보이기 때문이라고요? 우리 귀에 들리기 때문이라고요? 우리가 만지고, 냄새 맡고, 혀로 맛볼 수 있기 때문이라고요? 글쎄요. 과연 그럴까요? 시간과 공간 속에 있는 모든 것, 시간의 규정을 받아 끊임없이 바뀌고, 공간의 규정을 받아 여럿으로, 이런저런 크기를 지닌 것으로 나타나는 모든 것은 그 안에 있음과 없음의 두 상반된 측면을 함께 지닌 것이라고 앞에서 말한 적이 있습니다. 그러니까 현상세계는 한편으로 보면 있기도 하고 없기도 하면서 다른 한편으로 보면 있다고도 없다고도 할 수 없는 것, 다시 말해서 종잡을 수 없는 모순 덩어리라고 할 수 있다는 뜻이지요.

현상세계의 이런 특성은 우리의 감각 대상과 감각기관 모두를 믿을 수 없는 증인으로 만듭니다. 고유명사의 세계에서 도대체 우리가 무슨 법칙을 이끌어 낼 수 있겠습니까? 감각에 주어진 것을 기초 자료로 삼을 수밖에 없는 모든 일반화는 추상의 모든 단계에서 우리 의식을 모순에 빠뜨립니다. 우리가 감각으로 받아들이는 현상세계만을 두고 말한다면 '모든 사람이 모든 것의 잣대'라고 한 프로타고라스의 말은 틀리지 않습니다. 우리의 감각기관 가운데 가장 발달했다는 시각을 기준으로 삼는다 치더라도 가까이 볼 때 다르고, 멀리 볼 때 다르고, 여기서 볼 때 다르고, 저기서 볼 때 다르고, 아침에 볼 때 다르고, 저녁에 볼 때 다르고, 어제 볼 때 다르고, 오늘 볼 때 다른데, 같은 것을 보더라도 어쩔 수 없이 나와는 다른 자리에서 볼 수밖에 없는 남들이 보는 것이, 내가 보는 것과 다른 것은 너무나 뻔하지 않습니까? 누구의 눈을 더 믿음직하다고 하고, 누구의 눈을 덜 미덥다고 하겠습니까?

이렇게 모두가 저마다 다른 눈금이 새겨진 잣대를 가지고 무엇이 얼마나 큰지 잰다면, 그래서 저마다 다른 치수를 댄다면, 누구 말이 옳고 누구 말이 그른지, 누가 참말을 하고 누가 거짓말을 하는지 어떻게 알 수 있겠습니까? 모두가 옳고 모두가 그르고, 모든 말이 참말이자 동시에 거짓말이 될 테니, 이런 세상에서는 저절로 말길이 끊길 것입니다. 의식이 모순에 빠지면 하는 말마다 횡설수설일 뿐입니다. 따지고 보면 우리가 날마다 하는 말 가운데 횡설수설 아닌 것이 몇 마디나 되겠습니까? 제가 여기서 이렇게 하는 말도 거의가 횡설수설이라고 보면 됩니다. 침묵이 금이라는 말이 달리 나왔겠습니까?

하나도 같은 것이 없는 현상세계에서 같은 것을 찾아 다른 것과 나눌 수 있는 길이 없겠느냐, 만일에 같은 것이 없다면 먼저 닮은 것, 비슷한 것부터 찾아볼 수 없겠느냐를 놓고 고민하던 플라톤이 결국 시간과 공간을 벗어난 형상〔idea〕의 세계에서 현상세계에 있는 모든 하나의 근거를 찾을 수밖에 없었다는 사실은 의미심장합니다.

앞에서 저는 'ㄱ은 ㄴ과 다르다'라는 일상 언어에는 'ㄱ에 있는 (어떤) 것이 ㄴ에는 없고, ㄱ에 없는 (어떤) 것이 ㄴ에 있다'는 뜻이 담겨 있다고 말했습니다. 그러니까 ㄱ에 없는 것이 ㄴ에 있는 것이고, ㄱ에 있는 것이 ㄴ에 없는 것이지요. 만일에 'ㄱ에 있는 것이 ㄴ에도 다 있고, ㄱ에 없는 것이 ㄴ에도 다 없다'면 ㄱ과 ㄴ은 같은 것이고, 하나가 될 것입니다. 수학에서 이야기하는 합동(合同)의 의미는 바로 이것입니다.

하나의 근거는 있는 것입니다. 같은 것의 근거도 있는 것입니다. 반대로 여럿의 근거는 없는 것이고 다른 것의 근거도 없는 것이라고 볼 수 있습니다. 현상계에 있는, 우리들 감각에 주어지는 모든 것이 저마다 다 다른 고유명사의 세계를 이루는 것은 그것들이 지닌 기본 특성이 모두 없는 것이기 때문입니다. 없는 것에서는 참된 인식이 나오지 않습니다. 우리 의식이 파악하는 없는 것은 모순된 것이고, 모순된 것은 여럿과 크기와 바뀜이 있는 현상세계의 반영물로서 우리 의식을 모순에 빠뜨립니다.

지금부터 현상세계를 구제하려는 플라톤과 아리스토텔레스, 그리고 플로티노스의 전략을, 저 나름으로 엉성하게나마 재구성해 보도록 하겠습니다.

먼저 플라톤의 전략을 한번 들어 보도록 하지요.

"자, 파르메니데스가 이야기한 하나로 있는 것은 우리가 사고로 파악할 수 없다는 점에서 헤겔이 《논리학》에서 이야기한 그대로 아예 없는 것이나 마찬가지다. 현상세계에 있는 이것저것, 우리가 오관으로 파악하는 삼라만상을 미망의 세계로, 백일몽으로 돌려 버리지 않으려면, 이것들을 있는 것과 닮은 것, 있는 것과 비슷한 것으로 규정할 수 있어야 하는데, 보다시피 현상세계에서는 하나를 찾을 수 없다. 왜냐하면 하나는 여럿의 세계에서 독립해 있는 것, 어떤 다른 것과도 관계를 맺지 않는 것, 아예 없는 것으로 둘러싸인 것, 유식하게 말하자면 모든 관계가 끊어지고 허무에 둘러싸여 절대 고립된 상태에 멈추어 있는 것인데, 현상세계에 있는 모든 것은 다른 모든 것과 이어져 있고, 관계 맺음 속에서 저됨을 지니지 못하고 끊임없이 바뀌고 있기 때문이다.

쉽게 설명하기 위해서 기하학 도형인 삼각형을 보기로 들자면, 유클리드 평면 공간이라는 추상 공간에서 정의〔definition〕로 잡아낸 삼각형은 '세 직선이 서로 만나서 이룬 안각의 합이 180도인 평면 도형'이다. 이 정의된 삼각형은 어떤 특정한 크기도 각도도 가지고 있지 않다. 정의된 이 삼각형은 하나라는 점에서 삼각형 바로 그것과 맞닿아 있는데 하나로서 크기가 없는 삼각형 바로 그것은 크기가 없고 바뀌지 않는다는 점에서 시간과 공간의 규정을 받지 않는다. 다시 말해서 이것은 있는 것 바로 그것과 같은 것, 있는 것 바로 그것에 맞닿아 있는 것이 된다. 우리가 이렇게 하나로 있는 삼각형이나 원을 찾아낼 수 있다면, 이것을 실마리로 삼아 현상세계에 있는 이것저것 모두에 저마다 하나를 찾아 줄 수 있고, 이렇게 해서 삼각형 하나, 소나무 하나, 사람 하나, 좋은 것 하나 들이 형상의 세계에 자리 잡으면 이 하나를 바탕으로 현상세계에서도 삼각형 하나, 소나무 하나와 같거나 비슷한 것, 좋은 것 하나와 닮거나 같은 것 따위를 찾아낼 수 있다. 저마다 고유명사로 우리의 감각 대상이 되는 시간과 공간 속의 수없이 많은 이 삼각형, 저 삼각형, 이 소나무, 저 소나무는 시간과 공간을 벗어나 형상의 세계에 하나로 있는 삼각형 바로 그것, 소나무 바로 그것과 같거나 닮았다는 뜻에서 삼각형, 소나무라는 일반명사로 추상될 수 있고 이렇게 해서 최초의 하나가 나타나면 이 삼각형, 저 삼각형, 이 소나무, 저 소나무는 특정한 크기와 자리와 변화된 모습에 아랑곳없이 감각적인 특질을 벗어나 하나씩 헤아릴 수 있는 것, 곧 여럿 속의 하나가 될 수 있는 것이다."

현상세계를 구제하려는 아리스토텔레스의 전략은 스승인 플라톤의 전략과 조금 달랐지요. 아리스토텔레스라면 아마 이렇게 말했을 겁니다.

"하나로 있는 '있는 것' 바로 그것이나 아예 없는 것이 현상세계에 없다는 것은 나도 인정한다. 설명을 쉽게 하기 위해서, 하나로 있으면서 바뀌지 않는 신(神)적인 것을 스스로는 움직이지 않으면서 남을 움직이게 하는 것으로 놓고, 아예 없는 것과 맞닿아 있어서 무엇이라고 부를 수 없는 것을 순수한 질료라고 부르자. 이 둘을 빼면 나머지는 모두 현상세계의 식구들이다. 현상세계의 식구들은 모두 있는 것과 없는 것, 하나와 여럿, 형상과 질료, 현실태와 가능태의 복합체다. 여기에서 있는 것, 하나, 형상, 현실태는 같은 울타리에서 사는 같은 식구고, 없는 것, 여럿, 질료, 가능태는 다른 울타리에서 사는 다른 식구라고 할 수 있다. 이 두 울타리에 사는 식구들이 저마다 짝을 지어서 있는 것과 없는 것이 한 몸, 하나와 여럿이 한 몸, 형상과 질료가 한 몸, 현실태와 가능태가 한 몸이 되어 사는데 이 여러 한 몸들은 겉으로 보기에만 다르지, 본질에서는 같다. 다시 말해서 다른 여러 한 몸들은 '있는 것과 없는 것 한 몸'의 여러 현상 형태라 할 수 있다. 그러니까 현상세계에 몸담고 있는 온갖 것들은 있는 것이자 없는 것이요, 하나이자 여럿이요, 형상이자 질료요, 현실태이자 가능태인 것이다.

이 현상세계를 보는 관점은 둘이다. 없는 것, 여럿, 질료, 가능태 쪽으로 시선을 집중하면 감각과 연관된 고유명사의 세계가 펼쳐지고, 있는 것, 하나, 형상, 현실태 쪽으로 시선을 돌리면 이성과 연관된 일반명사의 세계가 열린다. 이 일반명사 세계의 확실성을 보장하는 것은 우리가 신(神)이라 불러 마땅한 있는 것 바로 그것의 다른 이름인 움직이지 않으면서 움직이게 하는 것, 현상세계를 벗어나 있으면서 현상세계를 움직여 자기에게 향하게 하는 것이므로, 우리는 고유명사의 세계에서 방황하지 말고, 일반명사의 세계를 지향해야 한다. 현상세계의 하나는 현상세계에 있는 것이 보장하고, 현상세계에 있는 것은 가장 큰 하나이면서 크기가 없는 현상세계 밖의 하나이신 있는 것, 곧 신이 보장한다."

마지막으로 신플라톤주의자로 알려진 플로티노스의 현상세계 구제 방법론을 한번 들어 보겠습니다.(플로티노스의 이론은 플라톤과 아리스토텔레스 이야기보다 조금 길어질 것 같습니다.)

"사람들은 우리 집 족보를 들출 때 플라톤이라는 할아버지만 자꾸 들먹이는데, 그건 우리 가문의 내력을 잘 모르는 탓입니다. 저희 고조부 파르메니데스 옹은 금실 좋은 고조모 제논이라는 분과 함께 아테네로 이민 온 이탈리아 마피아 출신입니다. 이분들이 소크라테스라는 박수무당 증조부를 낳고, 소크라테스 옹이 저희 할아버지 플라톤을 낳으셨는데, 저희 할아버지 꿈은 마피아 왕국을 건설하는 것이었지요. 그런데 그분 꿈이 워낙 커서 우주 안에는 그 왕국을 세울 땅이 없었어요. 이분이 저희 부친 아리스토텔레스를 낳고, 아리스토텔레스 슬하에서 제가 태어났습니다.

저는 고조부 파르메니데스 옹으로부터 하나님〔一者〕이 있다는 것을 배웠고, 박수무당인 소크라테스 옹으로부터 이 거룩한 존재를 찾아가는 길을 배웠고, 할아버지인 플라톤 옹으로부터 이 하나님이 좋은 분이자 빈틈이 하나도 없는 꽉 찬 분으로서 이 세상 울타리 밖에 계신다는 이야기를 들었고, 아버지 아리스토텔레스 옹으로부터는 이분이 이 세상 울타리 밖에 계시지만 이 세상이 좋은 세상이 되도록 끊임없이 이 세상을 위해서 영향력을 행사하고 있다고 들었습니다.

제가 한 일은 이 여러 말씀들을 하나로 엮어서 하나님의 세계와 우리 현상세계를 묶는 노끈을 만드는 작업이었다고 할까요. 파르메니데스 옹과 제논 마님께서는 늘 있는 것만 있고 없는 것은 없다고 입버릇처럼 말씀하시면서 없는 것을 있다고 하면 거짓말이라고, 거짓말을 해서는 안 된다고 타이르셨는데, 자라면서 보니까 거짓말하는 사람들이 수두룩하더라고요.

저는 세상에는 거짓말도 있고 속임수도 있다는 것을 알고 나서 곰곰이 따져 보았지요. 있는 것만 있고 없는 것은 아예 없다면 거짓말도 없을 것 아니냐, 없는 것이 있으니까, 없는 것이 있다는 말이 생겨난 것 아니겠느냐, 그러니까 없는 것이 있다는 말을 생판 거짓말이라고 보기는 힘들지 않겠느냐, 없는 것이 있다는 거짓말보다 더 큰 거짓말은 있는 것이 없다는 말일 텐데, 이 세상에는 없는 것도 있고, 있는 것도 없는 일이 비일비재하더라. 그렇다면 고조부모님 말씀을 곧이곧대로 받아들이기 힘들지 않겠느냐, 이렇게 생각했지요. 그 뒤로 증조부님과 조부님의 언행을 기록한 책들을 읽어 보니, 딱히 없는 것이 있다고 드러내 놓고 말씀하신 적은 없지만 같은 것, 다른 것, 닮은 것, 안 닮은 것, 인 것, 아닌 것, 하는 것, 되는 것, 형상, 생성…… 뭐 이런 말이 자꾸 나와요. 가득 찬 것, 빠진 것 같은 말도 나오고요.

저는 파르메니데스 옹이 있는 것은 하나이고, 빠진 데 없이 가득 차서 둥근 모습을 하고 있고…… 이런 말씀을 하신 것은 이해할 수 있더라고요. 그런데 빠진 것〔steresis〕이라는 말이 무슨 뜻을 지닌 말인지는 도통 모르겠더라고요. 나중에 사람들이 일상용어에서 '빠진 것이 있다' 는 말을 '없는 것이 있다' 는 말로 바꾸어 쓰는 버릇이 있다는 걸 상기해 내고, '아하, 그렇구나. 없는 것이 있구나. 그건 빠진 것이로구나. 가득 찬 물통에서 물을 조금씩 빼내면 물은 그만큼 빠져 나가서 물통은 조금씩 비게 되는구나' 하는데 생각이 미쳤지요. 그 뒤로 저는 있는 것만이 아니라 없는 것도 있다고 확신하게 되었습니다.

생각이 여기에 미치니까 우리 할아버지들과 아버지가 씨름하던 문제들이 존재론 공간의 어느 자리에서 제기되는지가 훤히 눈에 보이더라고요.

이제부터 용렬한 후손의 조상 망신시키기가 어물전 망신을 꼴뚜기가 시키는 꼴보다 더 심하더라는 욕을 먹을 셈 치고 어디 한번 제가 비몽사몽 중에 본 있음의 살붙이와 없음의 살붙이들을 그림으로 그려 볼까요?

그림 18

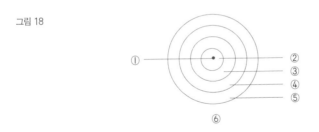

이 그림을 보면 가운데 있는 점①을 중심으로 네 개의 동심원이 그려져 있습니다. 그리고 맨 바깥에 있는 동심원 밖에는 텅 빈 바탕⑥이 있습니다.

자, 이제 번호 ① 에서 ⑥ 까지 저마다 무엇을 가리키는지 살펴볼까요?

① – 하나(있음, 있는 것, hen)

②－생각(정신, nus)

③－생명(영혼, psyche)

④－자연(생성, physis)

⑤－질료(없는 것=비존재, hyle)

⑥－아예 없음(허무, ouk)

이 그림을 눈여겨보신 분은 아마 조금 의아할 거예요. 그리고 아마도 이렇게 묻겠지요?"

"너 플라톤 손자 맞냐?"

"예. 맞아요."

"신플라톤학파에 속한단 말이지?"

"글쎄요. 다들 그렇게 부르고 있으니까 제가 뭐라고 할 수는 없지만 그렇게 말해도 무리는 없을 거예요."

"그렇다면, 지금 네가 그려 놓은 그림 그게 뭐냐?"

"왜요? 뭐 잘못된 게 있나요?"

"어허, 그 그림은 네 할아버지가 그린 우주를 완전히 거꾸로 뒤집어 놓은 것 아니냐? 그러니까 네 할아버지 플라톤 옹이 《티마이오스》에서 설명하신 우주를 그림으로 그리면 아마 이런 모습일 게야.

그림 19

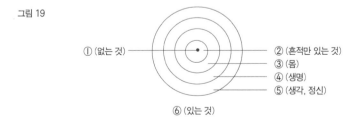

① (없는 것) ――― ② (흔적만 있는 것)
③ (몸)
④ (생명)
⑤ (생각, 정신)
⑥ (있는 것)

자, 봐라. 네 할아버지는 우주 밖에 있는 것만 두고 '있는 것과 같은 것〔tauton〕'으로 우주의 바깥 테두리를 둘러 이 우주를 하나로 만들었다는 것을 너도 인정하겠지? 그러니까 '있는 것과 다른 것〔heteron〕'은 그것이 정신〔nus〕이 되었건, 생명〔psyche〕이 되었건, 물질〔soma〕이 되었건, 물질이라고 할 수도 없는 것〔hypodoke〕이 되었건, 시쳇말로 운동이 되었건, 공간이 되었건, 하나도 빠짐없이 이 우주 안으로 밀어 넣지 않았더냐? 같은 것의 고리가 우주를 감싸서 이 우주가 영원불변한 하나의 닫힌 우주로 될 수 있었던 까닭은 이 우주가 하나인 있는 것과 맞닿아서 그 영향을 받기 때문이 아니겠느냐?

네 할아버지의 우주를 함께 꼼꼼히 들여다보자꾸나. 네 할아버지 생각에 따르면 이 우주는 전체로 보아 빈틈없이 질서 지워진 완벽한 겉모습을 지니고 있어. 그러나 같은 것〔tauton〕으로 도배된 우주 표면 안쪽은 다른 것〔heteron〕으로 도배되어 있는데, 다른 것이란 도대체 무엇을 가리키겠느냐? 있는 것과 다른 것, 하나와 다른 것, 형상〔idea〕과 다른 것이 아니겠느냐?

있는 것과 다른 것은 무엇이겠느냐?

언뜻 상식으로 생각하면 없는 것이 아니겠느냐? 그러나 네 할아버지는 네 고조할아버지를 닮아서 아예 없는 것〔虛無〕은 생각할 수도 없고, 말로 드러낼 수도 없는 것이라고 여겨 아예 없다고 여겼어. 그 점에서는 네 할아버지의 할아버지나 네 할아버지나 모두 그리스 정신의 소유자라고 볼 수 있겠지. '있는 것만 있고 없는 것은 없다'고 생각하는 그 오랜 그리스 정신의 전통이 네 할아버지 플라톤 옹의 머릿속에도 꼭 박혀 있었던 거야. 없는 것을 있다고 인정하면 합리적 사고의 바탕이 아예 무너져 버린다고 여긴 거지. 그래서 네 할아버지가 고심 끝에 이끌어 낸 결론은 '있는 것과 다른 것은 없는 것이 아니요, 있는 것과도 다르고, 없는 것과도 다른 어떤 것, 다시 말해서 있다고도 할 수 없고, 없다고도 할 수 없어서, 있는 것과 없는 것 사이에 방황하고 있는 것〔planomene aitia〕이다' 였지. 자, 그렇다면 이렇게 규정할 수 있겠구나. '있는 것과 다른 것〔heteron〕'은 '있는 것도 아니고 없는 것도 아닌 것〔apeiron〕'이라고 말이야.

그렇다면 다음으로 하나와 다른 것은 무엇이겠느냐?

그것은 두말할 나위 없이 여럿이 아니겠느냐? 그런데 여럿이란 무엇이냐? 여럿의 최소 단위는 둘이라고 하지 않았느냐? 그런데 둘이 나타나면 그 둘이 따로 있을 자리가 필요하게 되어 당장에 공간이 나타나고, 그 둘이 따로 떨어져서 관계를 맺지 않으면 둘이라고 할 수 없으므로 둘은 서로 관계를 맺어야 하는데, 둘이 관계를 맺자마자 둘 사이에 서로 저됨〔identity〕이 사라지는 변화가 일어나 운동이 시작되는 것 아니겠느냐? 그러니 '하나와 다른 것〔heteron〕'은 여럿이요, 공간 규정이요, 시간 규정이라고 할 수밖에 없지 않겠느냐? 그런데 앞에서도 이야기했듯이 다른 것〔heteron〕의 성격 하나는 '있는 것과 다른 것'으로서 '있는 것도 아니고 없는 것도 아닌 것〔apeiron〕'이라고 볼 수 있겠지? 그렇게 따지면 둘은 다시 말해 '있는 것이 아닌 것임과 동시에 없는 것이 아닌 것'이겠구나. 적어도 네 할아버지의 논리에 따르면 그런 것이겠지?

마지막으로 형상〔idea〕과 다른 것은 무엇이겠느냐?

하나하나의 형상은 시간과 공간을 벗어나서 저마다 하나로 있는 것이고, 그런 뜻에서 다른 어떤 것과도 관계를 맺지 않는 것이고, 관계를 맺지 않으므로 정지되어 있는 것이 아니겠느냐? 그런데 정지의 반대는 무엇이지?

운동이 아니겠느냐? 그렇다면 운동이 무엇인지를 알아보기 전에 어떤 운동이 있는지 먼저 살펴볼 필요가 있겠구나.

크게 보아 운동 가운데는 질서 있는 운동도 있고 무질서한 운동도 있지? 무엇을 질서 지워서 형성하는 운동도 있고, 질서를 흩뜨려서 허물어뜨리는 운동도 있지 않느냐?

네 할아버지가《티마이오스》에서 말한 일정한 수치와 척도에 따라서 우주를 만들어 낸 데미우르고스(Demiourgos)의 운동은 바로 질서 있는 운동이라고 할 수 있고, 이 데미우르고스의 운동이 우주 안에 반영되면 정신〔nus〕의 운동이 되고, 생명〔psyche〕의 운동이 되겠구나. 너도 네 할아버지 플라톤 옹이《티마이오스》(Timaios)에서 한 말을 기억하고 있겠지?

데미우르고스가 한편으로는 설득하고, 다른 한편으로는 강제해서 생성〔gignomenon〕을 버무려 우주의 몸〔soma〕을 만들고, 그 몸속에 생명〔psyche〕을 집어넣고, 그다음에 정신〔nus〕을 집어넣어 이 우주를 살아 있는 것, 이성적인 것으로 만들었다는 이야기 말이야. 그러니까 네 할아버지 말에 따르면 이 우주 속에 있는 생명과 정신 작용의 근원은 데미우르고스가 아니겠느냐?

그렇다면, 질서를 지향하는 운동이 있고, 그 근원이 어디라는 사실은 밝혀졌다고 치고, 거꾸로 무질서를 지향하는 운동은 어디에 원인이 있다고 보아야 하겠느냐? 우주 밖에는 있는 것만 있고, 없는 것이나 다른 것은 없다고 네 할아버지가 우기고 있으니까, 그 말을 그대로 받아들이자면, 우주 밖에 있는 것은 형상과 데미우르고스뿐이겠구나.

그러면 무질서한 운동의 원인은 우주 안에 있어야 하는데 그 원인이 무엇이겠느냐? 형상과도 다르고, 데미우르고스의 운동과도 다른 것은 우주 안에 있는 어떤 것임이 분명한데, 있는 것과 다른 것, 하나가 아닌 것, 형상과 다른 것, 질서 있는 운동의 원인과 다른 것, 그래서 질서에 따르도록 타이르면 그 타이름을 따르기도 하지만 어떤 때는 엇나가기도 하는 것은 과연 무엇이겠느냐? 그래, '있는 것도 아니고 없는 것도 아닌 것', 여럿인 것, 움직이는 것, 움직이되 내버려 두면 번번이 무질서와 혼돈 쪽으로 몸을 맡기려고 하는 것, 네 할아버지가 흔적[ikne]이라고도 부르고, 방황하는 원인[planomene aitia]이라고도 부르고, 생성[gignomenon]이라고도 부른 바로 그것이 아니더냐?

이야기가 너무 장황하게 늘어져서 곁길로 새어 나간 느낌이 없지 않다마는, 네 할아버지가 그려 놓았을 것으로 보이는 우주의 모습으로 다시 돌아가자꾸나. 너도 이 그림이 네 할아버지 머릿속에 들어 있는 우주의 모습이라는 걸 인정하느냐?"

"그림이 삭막하기는 하지만 얼추 비슷하네요."

"삭막하기는 네 머릿속에 들어 있는 우주의 모습도 오십보백보야. 어디 네 할아버지의 우주와 네 우주 그림을 나란히 그려 놓고 견주어 보랴?

그림 20

있는 것(형상, 제작자) ①
정신[nus] ②
생명[psyche] ③
몸[soma] ④
흔적[ikne] ⑤
없는 것(아예 없는 것은 아닌 것) ⑥
플라톤의 우주

① 하나(있는 것)
정신[nus] ②
생명[psyche] ③
자연[physis] ④
질료[hyle] ⑤
⑥ 없는 것(아예 없는 것)
플로티노스의 우주

보다시피 네 우주의 모습과 플라톤 옹이 생각한 우주의 모습은 정반대가 아니냐?

먼저 플라톤은 우주의 밖에 있는 것 ①을 두고, 있는 것의 세계와 맞닿아 있는 같은 것의 고리에서 가장 멀리 떨어져 있는 우주의 중심에 없는 것이나 마찬가지인 것을 두었는데, 너는 거꾸로 우주의 중심에 하나(있는 것)를 두고 우주의 맨 바깥쪽에 없는 것을 두고 있지?"

"네, 그렇습니다."

"다음으로 너는 마치 해에서 햇살이 흘러나와 사방으로 흩어질 적에 빛의 중심인 해에 가까이 있을수록 빛다발이 더 많이 뭉쳐 있고, 해에서 멀리 떨어질수록 빛다발이 성글어지면서 햇살이 힘을 잃는 것처럼 하나에 가장 가까운 누스(nus)에서 프시케(psyche)를 거쳐 힐레(hyle)에 이르는 동안 있는 것이 조금씩 잇달아 빠져나가 마침내 있는 것이 없는 완전한 결핍 단계에 이르는 것으로 보아, 우주의 중심에 있는 하나(있는 것)에서 멀어질수록 없는 것이 지배하는 어둠의 영역으로 확산하는 우주를 그리고 있다. 그런데 플라톤은 반대로 중심에 있는 것으로 여겨지는 '없는 것이나 다름없는 것'을 소마(soma)가 감싸 안고, 소마를 프시케(psyche)가 또 감싸 안아 흩어지지 못하게 하고, 개별화하는 경향을 지닌 프시케를 그보다 더 강한 끈을 지닌 누스(nus)가 감싸서 우주가 전체로서 질서 있는 하나의 틀을 유지하도록 하고, 마지막으로는 맨 바깥에 있는 있는 것과 같은 것인 같음(또는 같은 것=tauton)의 끈이 우주를 칭칭 동여서 하나로 수렴하는 우주를 그리고 있지 않느냐?"

"그것도 맞는 말씀입니다."

"그렇다면 하나로 뭉치는 네 할아버지의 우주와 여럿으로 흩어지는 네 우주는 전혀 거꾸로가 아니냐?"

"바로 보셨습니다. 그러나 아시다시피 무엇인가 빠져 있는 것, 비어 있는 것은 빠진 무엇이 채워지기를 바라지 않겠습니까? 이 아쉬움이 그리움을 낳고, 이 그리움이 절실하면 할수록 빠져 있는 그 무엇, 다시 말해서 하나를 찾으려는 열망이 그만큼 강해지는 것 아니겠습니까? 제 할아버지의 우주는 이미 하나로 완성되어 있는 것이기 때문에 이 충만한 우주에는 크게 보아 빠진 것, 아쉬운 것이 없습니다. 이 우주 밖에는 텅 빈 것이 어디에도 없습니다. 할아버지의 우주에서 완전한 결핍과 비슷한 것이 있다면 그것은 우주의 중심에 점의 형태로나 있겠지요. 그리고 할아버지의 우주에서 가장 중심에 있는 것은 우리가 사는 지구일 터이므로 현상만 살피면 이 지구에는 온갖 혼란이 일상화되어 있고 우리 의식도 그 영향을 받아 혼란투성이가 됩니다. 그러나 이 우주 내부의 모순은 비록 근본적으로는 해결될 길이 없다 할지라도 사람의 경우에는 영혼의 정화를 통해서 하나와 같은 것〔tauton〕의 경지에 이를 수 있으므로 사람에게는 구원의 길이 열려 있다고 볼 수 있겠지요. 그러나 보시다시피 제가 그리는 우주는 허무에 둘러싸여서 어찌 보면 훨씬 더 상황이 비극적이라고 여겨질 수도 있습니다. 그러나 이 우주에는 아예 없는 것(허무)을 빼면 아무리 희미하게나마 하나인 있는 것에서 흘러나오는 빛이 닿지 않는 것이 없습니다. 어둠을 헤치고 이 빛살을 따라가면 우주의 모든 것이 다 하나와 하나가 되어 구원을 얻을 수 있습니다."

"어떻든 네 우주 모형에 따르면 여러 우주, 무한한 우주가 있다고 할 수밖에 없는데, 네 할아버지의 우주 모형에 따르면 하나의 우주밖에 있을 수 없거든. 그런데도 사람들은 어찌하여 너를 신플라톤주의자라고 부르고, 심지어는 신플라톤주의 창시자라는 딱지까지 붙이는지 궁금하기 짝이 없구나."

"그거야 제 잘못이 아니지요. 제가 그리는 우주가 플라톤 할아버지의 우주와는 달리 닫힌 우주가 아니고 열린 우주라는 것은 분명합니다. 그러나 제가 이런 우주를 생각하게 되기까지는 고조할아버지인 파르메니데스 옹으로부터 시작하여 아버지인 아리스토텔레스 옹에 이르기까지 이루어 놓으신 형이상학의 유산에 헤아릴 수 없이 많은 힘을 입었습니다. 특히 할아버지 플라톤 옹의 영향은 더없이 컸지요. 저는 파르메니데스 옹이 하나로 있는 것만 인정한 결과로 후손들을 어떤 궁지에 빠뜨렸는지 잘 알고 있었고, 이 궁지에서 벗어나려고 할아버지 플라톤 옹이 여러 하나인 형상의 세계를 가정한 결과로 어떤 문제는 해결했지만, 그에 못지 않은 골치 아픈 문제를 새로 불러일으켰다는 것도 분명히 이해했습니다. 또 아버지인 아리스토텔레스 옹이 형상의 세계를 거부하고 형상의 세계와 경험 세계라는 두 세계 사이에 있는 틈을 메워 보려고 애를 썼지만 어느 점에서 실패할 수밖에 없었는지도 눈치챘지요. 따라서 제가 하고 싶었던 일은 이 모든 작업의 성과를 한데 모아서 모순 없는 체계를 만드는 것이었습니다. 그 결과가 비록 제 조상들 뜻에 어긋나는 쪽으로 드러났더라도 너그러이 보아주시기 바랍니다.

자, 이제 다시 앞서 나왔던 제 할아버지의 우주 그림으로 돌아가도록 하겠습니다. 이야기가 너무 곁가지를 많이 쳐서 그 그림이 어떤 것이었는지 잊어버렸다고요? 그렇다면 다시 그리지요. 힘든 일은 아니니까요.

제 고조부모인 파르메니데스 옹과 제논 마님에 따르면 이 그림에서 ①만 있고 ②부터 ⑥까지는 없습니다. 할아버지 플라톤 옹에 따르면 ①과 ②의 속살은 시간과 공간을 뛰어넘는 저 세상[이데아(idea)의 세계와 직관의 세계]에 있고 ②의 겉껍데기와 ⑤까지만 현상계에 있습니다. 제 아버지 아리스토텔레스는 ①은 없다고 본 듯합니다. 제 아버지가 신으로 모셨던 분은 ①이 아니라 ②라고 저는 믿는데 그 까닭은 이렇습니다. 제 아버지는 신을 '스스로는 움직이지 않으면서 남을 움직이는 것'이라고 말씀하셨지요. 그러면서도 다른 한쪽으로는 신은 '생각의 생각[noesis noeseos]'이라고 말씀하십니다.

좀 묘하지요? 제 생각으로는 생각[noesis]은 움직임입니다. 생각이 멈추면 그걸 어떻게 생각이라고 할 수 있겠어요? 그런데 생각이 다른 쪽으로 움직이지 않는다면 생각은 멈추게 되고, 그건 생각하지 않는 겁니다. 제 아버지가 하나이신 '하나님(신)'을 생각과 같은 것이라고 여긴 것은 잘못이라고 봅니다. 생각이 하나를 찾는 것은 생각이 하나에서 나왔기 때문이고, 또 생각과 하나는 마침내 하나가 될 수 있지만, 동시에 생각 속에는 생각함과 생각됨이 더불어 있다고 볼 수 있습니다. 그러니까 생각은 하나이자 여럿이라고 볼 수 있는 것이지요.

고조할아버지 파르메니데스 옹으로부터 아버지 아리스토텔레스에 이르기까지 이어져 내려온 존재론의 전통을 저 나름으로 졸가리를 찾으면 아마 이렇게 정리할 수 있을 것입니다.

　　하나이신 있는 것이 생각을 낳고, 생각이 삶을 낳고, 삶이 자연을 낳고, 자연이 질료를 낳았습니다. 파르메니데스 옹 말씀 그대로 하나이신 있는 것은 가득 차서 빠진 것이 하나도 없는 분이라고 할 수 있습니다. 그런데 생각은 하나에서 나왔고, 그 때문에 늘 하나를 지향하지만, 생각 속에는 빠진 것이 있습니다. 제 아버지가 신을 '생각의 생각'이라고 규정하셨을 때 앞생각〔noesis〕과 뒷생각〔noeseos〕은 같은 것이겠습니까, 다른 것이겠습니까? 저더러 말하라 하면 저는 다른 것이라고 대답하겠습니다. 그러면 앞생각과 뒷생각 사이에는 틈이 있다고 보아야 합니다. 대체 이 틈은 어디에서 생겨난 것입니까? 틈은 빈 데를 뜻합니다. 무엇인가 빠져 있을 때 빈틈이 생깁니다. 틈이 있으면 하나로 있던 것이 둘로 갈라집니다. 하나를 둘로 가르는 이 틈은 무엇 때문에 생겨날까요? 무엇이 빠져서 둘 사이가 갈라질까요? 빠진 것이 무엇일까요? 그것이 무엇인지 몰라도 아무튼 '빠진 것이 있다'는 사실은 분명하지 않아요? 그런데 누구한테 들었더니 '빠진 것이 있다'는 말은 '없는 것이 있다'는 말과 같은 뜻이라고 하데요.(누구한테 듣기는 누구한테 들어? 윤 모가《철학을 다시 쓴다》라는 글에서 자기네 조상들이 쓰던 말이 그렇다고 했지!) 자, 앞생각과 뒷생각이 갈라지자 어느 틈에 없는 것이 모습을 드러내지 않습니까? 없는 것이 모습을 드러내는 자리는 있는 것이 모습을 감추는 자리이기도 합니다. 다시 말해서 하나가 빠지는 자리이지요. 생각이 하나로부터 갈라서는 자리 말입니다. 그러나 생각이 하나를 찾지 못하면 생각은 길을 잃지요.

감각을 징검다리로 삼는 보통 사람의 생각에서부터 고도로 추상화한 사유에 이르기까지, 생물학자가 찾는 생명의 단위에서 언어학자가 찾는 음소〔phoneme〕나 형태소〔morpheme〕에 이르기까지, 모든 생각이 하나를 찾기에 그처럼이나 애를 쓰는 까닭은 다른 데 있지 않습니다. 하나를 찾지 못하면 생각은 생각이기를 그치지요. 하나를 잃은 생각은 의식불명 상태에 빠지니까요. 무엇이 무엇인지를 알아보지 못하는 사람의 상태를 가리켜 우리는 의식불명이라 이르지 않던가요? 하나를 찾아 빠진 것을 메워야 생각이 제 구실을 합니다. 제가 생각을 '하나이자 여럿인 것'이라고 보는 것은 바로 이 때문입니다.

　하나이자 여럿인 생각은 있는 것에서 흘러나오지만 있는 것 바로 그것은 아닙니다. 생각에는 빠진 것, 다시 말해서 없는 것이 섞여 있다는 말이지요. '없는 것이 없게' 만들려는 플라톤 할아버지의 노력이 있는 것들의 모두인 여러 하나들의 세계, 곧 이데아의 세계를 만들어 냈지만, 이데아 세계의 여러 하나들이 구제를 받을 수 있는 것은 파르메니데스의 오직 하나, 곧 하나님이 있기 때문입니다. 아무리 깨끗한 생각도, 이것과 저것을 먼저 놓고 그것을 같거나 다른 것으로 파악하는 추론의 공간 속에서 움직이는 생각은 하나를 알 수 없습니다. 왜냐하면 이것과 저것이 함께 있는 세상, 곧 둘이 있는 곳에는 공간이 있게 마련이고, 공간이 있는 곳에는, 비록 그 공간이 순수한 사유 공간이라 할지라도 하나가 드러나지 않기 때문입니다. 모든 하나는 직관의 대상이지 추론하는 사유의 대상이 아닙니다. 제 할아버지 플라톤 옹이 이데아의 세계는 직관의 대상이라고 한 까닭은 바로 여기에 있지요. 그러니까 생각에는 직관도 있고 추론도 있습니다. 직관은 하나를 지향하는 생각이고 추론은 여럿과 관계를 맺는 생각입니다.

그렇다면 하나 밖에 다른 어떤 것이 있다는 말인데, 하나는 곧 있는 것이니 있는 것과 다른 어떤 것이란 없는 것밖에 더 있겠어요?

저는 없는 것을 그렇게나 꺼리고 두려워했던 우리 고조할아버지 파르메니데스 옹으로부터 아버지 아리스토텔레스 옹에까지 이어져 내려온 이른바 '그리스 사유의 전통'을 깨지 않으면 존재론의 일관된 체계를 세우기가 힘들다는 사실을 깨달았습니다. '있는 것과 생각은 하나다'라고 이야기하면서 동시에 '있는 것만 있고 없는 것은 없다. 있는 것은 하나로 있다'고 우기는 고조할아버지의 고집을 저는 이해할 수 없었습니다. 그야 물론 우리의 생각은 늘 하나를 지향하지요. 일관된 생각이란 하나를 지향하는 생각을 가리킨다는 것은 분명합니다. 생각이 둘로 흩어지면 종잡을 수 없다는 것도 사실이고요. 그러나 앞에서 이야기했듯이 생각은 움직이는 것이지 제자리에 머물러 있는 것이 아닙니다. 생각이 있는 것과 하나가 되려고 해도 하나 쪽으로 움직여야 합니다.

이렇게 반문할 수도 있겠지요.

당신은 아예 없는 것, 다시 말해 허무를 생각할 수 있고 말로 표현할 수 있느냐? 그럴 수 없으면 아예 없는 것은 말 그대로 없는 것이 아니냐? 우리가 없는 것이라고 부르는 것은 아예 없는 것이 아니라 플라톤이 이야기하는 '규정할 수 없는 것(apeiron)'이나 아리스토텔레스가 염두에 두고 있는 '순수 질료' 같은 것이 아니겠느냐?

그 반문에 대해서 대답하지요. 그렇습니다. 다 옳은 이야기입니다. 그렇지만 여전히 문제는 남습니다. 그 순수 질료니, 무규정적인 것이니 하는 것의 뿌리가 무엇이냐 하는 것입니다. 철학은 뿌리를 찾는 학문이고, 까닭을 캐는 학문입니다. 그리고 이러한 성격을 지닌 철학이 제대로 서려면 존재론의 바탕이 단단히 다져져야 합니다. 우리가 나날의 삶에서, 또 그 삶을 반영하는 감각이나 사유 속에서 없는 것을 몰아내려고 아무리 애를 써도 없는 것은 여전히 우리의 삶과 생각의 빈틈을 비집고 들어옵니다. 배가 고픈데 먹을 것이 없습니다. 추운데 난로에 온기가 없습니다. 있는 것 하나밖에 없으면 생각도 없습니다. 구체적인 생활에서나 감각에서나 생각에서나 어디에서나 드러나는 이 없음의 근원은 무엇입니까?

비어 있음이라고요? 결핍이라고요? 이미 있었던 것의 사라짐이라고요? 늘 있는 것과 연관되어 나타나는 것이지 홀로는 드러나지 않는 것이라고 요? 무슨 말을 해도 소용이 없습니다. 아무리 천하장사라 해도 이 세상에는 감각의 세계와 사유의 세계로부터 이 없음을 몰아낼 사람은 없습니다. 그러니 차라리 얼버무리지 말고 솔직히 인정합시다.

'태초에 있는 것 밖에 없는 것도 있었다.'

'없는 것은 하나인 있는 것을 둘러싸고 있었다.'

'하나의 힘이 넘쳐흘러 없는 것을 밀어내고 둘레에 생각의 고리를 만들었는데 이 생각의 고리는 하나와 맞닿아 있어서 늘 하나를 지향한다. 이 하나이자 여럿인 생각의 고리에서 최초로 운동 가능성이 나타났다.'

'생각의 고리 둘레를 생명의 고리가 둘러쌌는데 생명의 세계에서 처음으로 둘이 뚜렷이 갈라졌다. 하나의 힘이 지배하는 우주 생명은 생각의 고리에 닿아 있어 하나로 남았으나, 밖에 있는 자연의 고리에 잇대어 있는 생명은 없는 것이 사이에 들어 여럿으로 나누어졌다.'

'생명의 고리 바깥에 자연의 고리가 둘려 있는데, 이 고리에서 하나인 있는 것과 하나가 아닌 없는 것이 팽팽하게 힘으로 맞섰다. 여기에서 비로소 동물과 식물과 땅같이 감각으로 지각되는 크기를 가진 몸뚱이를 지닌 것들이 나타났다. 이 자연도 생명의 고리에 가까운 '만드는 자연'과 밖에 있는 질료의 고리에 가까운 '만들어진 자연'으로 갈라졌다. 하나인 있는 것의 힘이 미치는 테두리는 여기까지다.'

'자연의 고리 밖에는 있는 것의 힘이 미치지 못하는 질료의 영역이 있는데 이것은 없는 것이다. 그러나 이 없는 것이 없으면 낱낱으로 구별되는 여러 하나도 생겨나지 못한다. 고유명사로 부르는 낱낱의 저마다 다른 것은 이 없는 것의 힘으로 모습을 드러낸다.'

있는 것뿐만 아니라 없는 것까지도 받아들이자고 한 제 생각의 큰 테두리는 이런 것입니다."

여기까지가 플라톤과 아리스토텔레스, 그리고 플로티노스의 현상세계 구제 전략을 제 방식대로 재구성해 본 내용입니다.

제가 이렇듯이 플라톤과 아리스토텔레스의 이론을 간단히 줄이고 플로티노스의 이론을 저 나름으로 해석하여 장황하게 늘어놓는 까닭은 다른 데 있는 게 아닙니다. 플라톤과 아리스토텔레스가 모자 속에 감추어 놓고 끝까지 보여 주려 들지 않았던 것의 실체가 플로티노스의 이론에서 분명하게 드러나기 때문입니다.

당사자들은 인정하려 들지 않을지 모르지만 제 생각에 플로티노스는 서양 중세에서 현대에 이르기까지 모든 위대한 신학자와 철학자들에게 숨은 영감의 원천이었습니다. 플로티노스의 제자인 포르피리오스뿐만 아니라 아우구스티누스도, 토마스 아퀴나스도 예외가 아니었습니다. 스피노자도 헤겔도 베르그송도 마찬가지였습니다.

파르메니데스와 제논이 부정했고, 플라톤과 아리스토텔레스가 감추려고 애썼던 없는 것이 플로티노스에 의해서 있는 것으로 드러났으니, 이제부터 그동안 우리가 뒤로 미루어 놓았던 과제, 곧 '없는 것이(은) 있는 것이 아니다'라는 문장이 모순율을 뒷받침하는 가장 기본 되는 판단 형식이 될 수 있는지 따져 봅시다. 보통 모순율을 대표하는 문장은 'ㄱ은 ㄱ 아닌 것이 아니다(A is not non-A)'로 표현됩니다. 그러니까 없는 것이 ㄱ이라면 있는 것은 없는 것이 아닌 것이라는 점에서 ㄱ 아닌 것이고, 따라서 '없는 것은 있는 것이 아니다'라는 문장은 'ㄱ은 ㄱ 아닌 것이 아니다'라는 문장 형식에 일치합니다.

모순율을 뒷받침하는 존재론 차원의 문장으로 왜 '있는 것이(은) 없는 것이 아니다'를 들지 않고 하필이면 '없는 것이(은) 있는 것이 아니다'를 들었느냐고 묻는 분에게는 있는 것은 하나이고, 하나로 있는 것은 다른 어떤 것과도 관계를 맺지 않으므로 사유의 대상이 될 수 없고, 따라서 추론의 공간 속에 자리 잡을 수도 없다는 이야기를 되풀이하는 것으로 대답을 대신하겠습니다.

다시 모순율로 되돌아가서, 만일에 '없는 것이(은) 있는 것이 아니다'라는 판단 형식이 어떤 경우에도 참임이 증명될 수 있다면 모순율은 자명한 논리학 공리로서 자리를 굳힐 수 있습니다. 그러나 경위야 어떻든 없는 것은 분명히 우리의 생각 속에 있는 것이고, 이 생각 속에 있는 것이 없는 것이라는 말로(글자로) 지금 우리 눈앞에 드러나 있습니다. 그러니 어떻게 없는 것이라는 말을 버젓이 들으면서(글자를 눈앞에 보고 있으면서) 그것을 있지 않다고 우길 수 있겠습니까? 어떤 판단 형식이 공리 행세를 하려면 그 판단 형식에 실오라기만 한 의심의 여지도 없어야 합니다.

'없는 것이(은) 있는 것이 아니다'라는 문장이 참이 아닐 수도 있다는 의심은 '없는 것이(은) 있는 것이다' 라는 문장을 나란히 놓고 판단할 때 한층 더 강화됩니다. 만일에 이 두 문장을 놓고 볼 때 그 가운데 어느 하나는 분명히 참인데 다른 하나는 거짓임이 틀림없다는 결론을 내리기 힘들다면 사태는 더 심각해집니다. 모순율이 깨지면서 동시에 배중률도 공리로서 구실을 할 수 없기 때문이지요.

이 사태는 다만 아리스토텔레스의 형식 논리학이 설 자리를 잃는 것으로 마무리되지 않습니다. 아리스토텔레스의 형식 논리학이 무너지면 파르메니데스가 주춧돌을 놓고 플라톤이 그 위에 기둥을 세운 그리스 존재론의 전통이 한꺼번에 와르르 주저앉을 위험이 있다는 사실이 눈에 선하지 않습니까?

아페이론(apeiron) :
'있는 것'도 아니고 '없는 것'도 아닌 것

오늘 제가 할 이야기는 아페이론(apeiron)이 중심입니다.

이 강의는 이 땅에서도, 여기 앉은 사람들 가운데서도 몇 안 되는 사람만 귀를 기울일, 그리고 귀가 둘이니까, 한 귀로 듣고 한 귀로 흘리는 것이 정신 건강에 도움이 될, 사는 데 아무짝에도 쓸모없을, 추상 단계가 너무나 높아서 공기가 희박해 호흡곤란을 느낄지도 모를 그런 이야기입니다.

이 세상에는 끊어진 것, 또는 그렇다고 여기는 것, 이어진 것, 또는 그렇다고 여기는 것이 있습니다. 끊어진 것, 또는 끊어 내는 것, 이것과 저것을 갈라놓는 것, 겉이, 갓이, 끝이 있는 것을 페라스(peras)라고 부릅니다. 이 페라스가 없으면 이것저것을 가를 수 없고, 죄다 이어져 있으면, 아무것도 이것, 또는 저것이라고 말할 수 없습니다. 그냥 혼돈이죠. 가르지 않으면 살길이 없는 게 목숨 지닌 것에 주어진 숙명이라고 해야겠지요. 갈라야죠. 금 긋고 나누어야죠. 바이러스, 박테리아 수준에서도 살아남으려면 가르고 나누어야죠.

살길과 죽을 길, 갈림길, 그게 모두 사람 비슷한 것들이 맞닥뜨린 한계죠. 너도나도 한계는 아는 척해요. 잣대를 대고 금을 그으면 되니까요. 그런데 아페이론은, 그어도 그어도 속에 남는 이건 무어죠? 이게 오늘 제 강의 주제예요. 졸라 힘들고, 뭐가 뭔지 모를 말들이 횡설수설 겹칠 텐데, 그래도 듣고 싶나요?

먼저 페라스에 대한 문제를 인간의 수준에서 어떻게 해결했는지 잠깐 살펴봅시다.

1의 문제, '일자(一者)'라고도 하고 하나님이라고도 하는 이 문제를 아주 깔끔하게 처리한 사람이 아리스토텔레스라고 하지요. 기독교의 하나님은 바로 아리스토텔레스 작품이에요. 플라톤은 정지와 운동의 원인을 나누었어요.(파르메니데스 수준에서는 엉켜 있었어요.) 플라톤은 이데아(idea)의 세계와 데미우르고스(Demiurgos)의 역할을 나누어 보았지요. 그래서 데미우르고스는 우주를 창조하지만, 이데아의 세계는 우주 밖에 독립된 실체로 남아 있습니다.

그런데 아리스토텔레스는 우주 안에 이데아들을 끌어들입니다. 순수형상이라는 에이도스(eidos)는 1입니다. 1은 스스로는 정지해 있으면서 운동의 원인(kinoun akineton)으로 작용하지요. 이것이 바로 기독교에서 말하는 신입니다. '하나'님입니다.(교부철학■은 플로티노스를 거쳐서 변형된 아리스토텔레스 이론을 신학의 근거로 삼아요.) 1에서 0에 이르는 과정은 두 가닥으로 된 끈으로 꼬여 있어요. 요즘 사람들은 이것을 '이중나선■■'이라고 하나요? 아리스토텔레스는 끌어올리는 과정만 보아요. 0은 순수 질료라고

■   기독교를 단순한 믿음에 따른 종교가 아닌, 철학 이론에 근거한 이성 종교로 승화시키기 위해서 그리스철학(특히 플로티노스 이론)에 기독교 교리를 접목한 것을 말한다.
■■   디엔에이(DNA) 분자구조 모델이다. 당과 인산으로 된 두 가닥 사슬이 고리 모양의 유기 화합물인 '염기'와 나선형으로 이어져 있는 구조를 이른다.

규정하지요. 0은 1에 끌려서 상향 운동을 해요. 물론 0도 1과 마찬가지로 부동의 원동자[kinoun akineton]예요. 나중에 헤겔이 순수 유[reine Sein]와 순수 무[reine Nichts]는 같은 거다, 그걸로 운동 설명 못 한다, 사유의 틀에서 벗어난다. 자인(Sein)을 있음으로, 니히츠(Nichts)를 없음으로 보지 말고, 자인(Sein)을 임이고 니히츠(Nichts)를 아님이라는 측면에서 보자, 그러면 긍정, 부정, 부정의 부정이라는 정반합의 변증법적 운동을 설명해 낼 수 있다, 이렇게 주장해요. 이게 헤겔《논리학》의 핵심이에요. 현상계에 있는 운동을 사유의 전개 과정에 맞추려고 해요. 개념[Begiff]의 자기 전개라고 하면서요.

반면에 마르크스는 이거 아니라고, 물질이 의식을 결정한다고, 형이상학 때려치우라고 하면서 헤겔의 철학을 뒤집지만, 결국은 헤겔 아류이자 속류 헤겔론자로 볼 수 있어요. 0과 1의 문제에는 관심이 없어요. 마르크스에게는 형이상학보다 훨씬 더 중요한 현실 문제가 있었으니까요. 그런데, 서양 역사 전체를 관통하는 것이지만, 마르크스도 인간의 울타리에서 벗어나지는 못해요.

플로티노스가 중요한 건, 질료에서 형상으로, 그리하여 마침내는 순수 질료에서 순수형상으로 향하는 상승운동의 가닥만 본, 아리스토텔레스의 그 위로 치켜 뜬 눈길을 아래로 돌리게 한 거예요.

유출설이라고 하나요?《엔네아데스(Enneades)》에서 플로티노스는 이

■　　스스로 움직이거나 변화하지 않으면서 다른 존재를 운동하게 하는 힘을 가진 존재를 뜻한다. 아리스토텔레스가 규정한 개념으로, 신(神)을 말한다.
■■　　신플라톤주의 대표 철학자인 플로티노스가 쓴 논문집 제목이다. 윤리학, 자연학, 영혼론, 존재론들에 대해서 플로티노스가 펼쳤던 사상을 만날 수 있다.《에네아데스》라고도 한다.

렇게 말해요.

"자, 봐라. 저기 눈부신 햇살로 빛나는 1이라는 해가 있다. 광명이 있다. 그런데 그 햇살을 아래로 아래로 끌어내리는 0이라는 어둠이 저 밑에 도사리고 있다. 1이 위로 위로 끌어올리면서 페라스를 증가시킨다면 0은 아래로 아래로 끌어내리면서 그 페라스들을 뭉개서 아페이론을 증가시킨다. 1에서 누스(nus)로, 누스(nus)에서 프시케(psyche)로, 프시케(psyche)에서 또 무엇으로 내려가는 과정은 어둠에 이르는 길이다. 그야말로 '태양은 빛을 잃어' 빛이 없는, 나중에 1의, 하나님의 권능이 깡그리 사라져 버리고 마는 '흑암'이 저 맨 밑바닥에 도사리고 있다."

이렇게 되면 운동은 이중나선, 새끼꼬기(그걸 두고서 요즘 물리학자들은 초끈〔string〕▪이라고 하나요?)처럼 상승운동과 하강운동이라는 두 가닥 끈이 상호작용해서, 1에서 0에 이르는, 또 0에서 1에 이르는 각 단계에서, 1과 0이 어떻게 작용해서 '평형'을 이루고 그 평형 상태를 공간화하는지, 정지로 볼 수 있는지, 운동의 이중성이라고 볼 수 있는 여러 국면이 드러나요.

베르그송(Bergson)이 아리스토텔레스의 공간 이론을 비판하는 데는 까닭이 있어요. 제 마음대로 재구성한 베르그송의 생각을 잠간 들어 보지요.

"흐르는 물을 물방울로 해체시킨다고 해서 어느 순간 그 물이 멈추는 것으로 착각하지 마라. 지속〔durée〕과 계기〔succession〕는 다르다. 계기는 시계 문자판에 고정시킨 시간이고, 공간화된 시간이고, 사람의 의식이 인위적으로 금을 그어 놓은 페라스일 뿐이다. 지속은, 순간순간 아페이론을

▪ 초끈이론과 같은 말. 우주를 구성하는 최소 단위를 아주 작으면서도 끊임없이 진동하는 '끈'으로 보고, 이 끈의 움직임으로 우주와 자연의 궁극 원리를 밝히려는 이론이다.

그 안에 안고 있는 페라스를 뛰어넘는 도약이다. 제논이 아무리 '날으는 화살은 날지 않는다' '한 시간은 반 시간이고, 두 시간이다' '바보 같은 짓 걷어치우고 파르메니데스로 돌아가자'고 해도, 그렇게 해서는 현상계를 구제할 수 없다고 해서 플라톤이 나섰다. 플라톤이 이데아와 데미우르고스의 역할을 갈라놓았는데, 그 가운데 아리스토텔레스는 데미우르고스를 1로 놓고 모든 운동을 그 정지 모델로 공간화했는데 그거 문제 있다, 나 베르그송은 그거 뛰어넘겠다. 생명이라는 게 운동인데, 그 운동 멈추면 죽는데, 우주 전체가 살아남으려면 끊임없이 운동해야 하는데……. 살아남으려는 이 몸부림을 뛰어넘기로 보자. 그게 '삶의 도약'〔élan vital〕이고, 궁극으로는 '사랑의 도약'〔élan d'amour〕이다."

뭐 이렇게 이야기해요. '엘랑 비탈'까지는 그럴싸해요. 그러나 '엘랑 다무르'라니, 이거 다 생명이신 하나님, 1로 가자는 거예요. 물론 베르그송은 2원론자"이기 때문에 질료의 측면, 아리스토텔레스의 힐레(hyle)를 무시하지 않아요. 늘 두 개를 나란히 놓아요. 《물질과 기억》에서처럼 1과 0을 나란히 놓아요. 0의 해체 기능을 잘 알고 있어요. 아마 베르그송 철학의 밑바닥에는 헤라클레이토스의 상상력이 깔려 있을지 몰라요. 근현대 물리학자들의 의식 밑바닥에 플라톤의 《티마이오스》와, 루크레티우스의 《사물의 본성에 관하여》에서 종합되는, 데모크리토스의 원자와 공간이라는 단일한 우주 이론이 눌어 붙어 있는 것처럼이요.

그러나 베르그송은 생기론자(生氣論者)""이기 때문에 아리스토텔레스처럼, 희망과 낙관을 버리지 않아요. 물론 아리스토텔레스만큼 낙관적이지는 않기 때문에 두려움이 밑바닥에 깔려 있기는 해요. 그러나 둘은 공통점이 있어요. 페라스와 아페이론 이론을 다루는 데서 1과 0의 문제를 파고들 때 아리스토텔레스나 베르그송이나 모두 인간의 의식을 벗어나지 못해요. '사람만이 희망'이라는 생각이 이 사람들 머리에서 떠나지 않아요.

박홍규 선생님한테서 들은 말인데, 한때 교황청에서 베르그송 철학으로 신학 이론을 바꿔치기했다고 해요. 그때 아리스토텔레스를 바탕으로 한 신학 이론은 근대 물리학의 성과를 받아들일 수도 없고, 그렇다고 진화론을 기독교 신학 체계 속으로 끌어들일 수도 없어서 이모저모로 고심했던 적도 있다고 해요. 그래서 테이야르 드 샤르댕(Teilhard de Chardin) 같은 신부도 《인간현상》이라는 책에서 베르그송 이론으로 신학을 재구성하려고 들지 않았나요? 참, 군소리가 길어졌네요. 그런데 이거 다 박홍규 선생님의 형이상학 강의에서 나왔던 말들이에요.

아페이론을 다룰 때 빼놓을 수 없는 주제 하나는 우연과 필연, 거기에서 파생되는 자유의지 문제예요. 현상계를 운동 중심으로 파악하려면, 그리고 그 운동의 원인이 우주 밖에, 정지된 그 무엇에 있지 않고 우주 안에 있다고 하려면, 우연의 문제를 회피할 수 없어요. 루크레티우스가 궁여지책으로 무한 공간과 무한 수의 원자를 놓고, 수직하강운동(이거 아리스토텔레스식으로 뒤집으면 수직상승운동으로 보아도 돼요.)만으로는 해결할 수 없는 원자들의 결합을 설명하기 위해서 끌어들인 게 원자의 경사운동〔klinamen〕***인데, 이거 느닷없는 때에 느닷없는 곳에서 우연히 일어난다고 하는 거예요.

<hr>

■ 　서로 대립되는 두 실재가 우주의 근본 원리라고 생각하는 학자들을 말함. 서로 대립되는 두 실재에는 빛과 어둠, 선과 악, 신과 자연, 정신과 물질, 의식과 물질, 영혼과 육체 들이 있다.
■ ■ 　생명현상은 과학이나 자연법칙만으로는 파악할 수 없으며 과학이나 자연법칙을 초월한 또 다른 원리에 의해 창조, 유지, 진화된다는 이론(생기론)을 주장하는 학자를 말한다.
■ ■ ■ 　무수히 많은 원자가 무한한 공간 속에서 수직하강운동을 하는 가운데, 그중에서 우연히 이탈된 원자들끼리 서로 충돌하고 반발하게 되는 것을 말한다.

정말 느닷없는 이야기예요. 이 우연과 필연의 문제는 베르그송도 제대로 다루지 못했다고 해요. 도약, 이거 우연이에요. 자유의지라는 말로 분칠되어 있지만 '살아남기 위해서' 라는 이유밖에 다른 근거가 없어요. 물론 베르그송도 자유의지 측면에서 우연과 필연 논쟁에 끼어들기는 해요. 그런데 그게 큰 설득력이 없어요. 감성으로는 받아들일 수 있어요. 그러나 형이상학적 근거는 부실해요.

박홍규 선생님 고민도 거기서 출발했다고 봐요. 이 문제로 끙끙대고 있는 박 선생님한테 자크 모노(Jacques Lucien Monod) 책이 눈에 띄어요. 《우연과 필연》이라는 책이지요. 저는 안 읽었어요. 모노 이론 잘 몰라요. 그렇지만 그 책 안에서 박 선생님은 형이상학에서 골머리를 앓던 문제에 대한 실마리를 찾아내셨을지도 몰라요.

이제부터 제 이야기할게요.

1을 우리 의식 안에서 형상화할 수 있는 측면에서만 받아들입시다. 그리고 있는 것, 하나로 있는 것(기독교에서는 유일신이라고 부르죠.)을 1로 표기합시다. 0도 우리 생각 속에 들어오는 측면에서만 받아들여서 '없는 것' 이라고 합시다. 그리고 '없는 것' 도 있다고 칩시다.

있는 것 하나, 없는 것 하나(없는 것을 하나로 놓는 건 무리가 있지만 어쨌든 극한치에서 볼 때는 하나로 볼 수 있다고 가정합시다.), 그러면 '1+0=2' 가 돼요. 이때 '+' (더하기, 보태기)는 1과 0을 맺어 주는 구실을 하지요.

그런데 '+' 는 실체가 없어요. 기능이에요. 운동이지요. 맺어 주는 그 무엇이지요. 제3의 것이에요. 1과 0을 떼어 놓으면서 이어 주는 것, 그러면서 1도 0도 아닌 것, 이게 바로 아페이론이지요. 아페이론은 성격이 아주 복잡해요. 이게 바로 운동의 근거인데, 따지고 보면 이것도 저것도 아닌 것이란 말이에요. 이 아무것도 아닌 것이 사이에 들어 이 우주를 움직이고, 생성과 소멸의 근거가 돼요. 이렇게 볼 수도 있어요.

'결국 없는 것은 그 자체 규정상 없는 것이니까 아무런 힘도 없다. 있는 것만이 두 순간 이상 지속되어 공간 표상인 모습을 드러낼 수 있고, 그 모습이 두 번 이상 반복되어 공간화될 수 있는 것 아니냐. 있는 것만이 공간을 차지할 수 있고, 운동할 수 있다. 따라서 공간과 시간의 근거는 있는 것에 있다.'

여기까지가 상식에 드는 영역이에요. 누구나 이렇게 말할 수 있어요. 그러나 형이상학은 (바로 그래서 욕을 바가지로 먹지만) 몰상식에서 출발해요. 눈 믿지 마라, 귀도, 코도, 입도, 혓바닥도, 니 살갗을 자극하는 그 어떤 감각도 믿지 마라, 이거 헤라클레이토스가 한 말이에요. 데모크리토스도 같은 말을 해요. 기독교에서도, 불교에서도, 이슬람교에서도 같은 말을 해요. 덧붙이는 말만 달라요. '믿어라' '끝까지 왜냐고 물어라.'

철학은, 그 가운데서도 형이상학은 아이티올로기(aitiology), 원인학이라고 부르잖아요. '끝까지 왜냐고 따지고 물어라' 이렇게 말하잖아요. '죽을 때까지?' 그건 잘 모르겠어요. 그런 삶 행복할 것 같지 않아요.

또 곁길로 들어섰는데 다시 제3자 문제, 아페이론으로 돌아갑시다.

우리는 1과 0, 있는 것과 없는 것에서 2를 끌어냈어요. 여럿의 최소 단위가 끌려 나온 거예요.

'있는 것과 없는 것이 다르다. 따라서 갈라놓아야 한다. 무언가 사이에 들어 이것들이 이어지지 않게 끊어 놓아야 한다. 그러려면 그놈은 한편으로는 있는 것도 없는 것도 아니어서 둘을 갈라놓고 또 한편으로는 이 둘이 관계를 맺을 수 있게 있는 것에도 끼어들고, 없는 것에도 끼어드는 뚜쟁이

구실을 맡아야 한다.'

이 역할을 아페이론에게 요구할 수밖에 없어요. 새끼를 꼬는 것, 초끈을 만드는 것, 시간과 공간을 가르고 운동과 정지를 주관하는 것, 다 이 아페이론에게 떠넘겨요. 그런데 도무지 그 구실을 맡을 필연성이 아페이론에게는 없어요. 있는 것과 없는 것이 관계 맺을 필연성이 없는 것과 마찬가지이지요.

하지만 상승운동만 있다면, 하나님이 무에서 이 세상을 창조한 것으로만 본다면, 문제가 간단하죠. '빠방!' 이게 아리스토텔레스의 신이고, 부동의 원동자이고, 기독교의 하나님, 유일신이죠.(이런 측면에서 베르그송은 대안이 아니에요. 2원론자이거든요. 하나밖에 없는 세상 인정하지 않거든요.)

어떻게 해서든 없는 것도 힘이 있다는 걸 인정해야 해요. 아페이론의 힘이 있는 것에서만 나오는 게 아니라 없는 것에서도 나온다고 가정해야 해요. 생성의 힘 못지않게 소멸의 힘도 받아들여야 해요. 그러면 이런 질문이 나오겠죠?

"도대체 당신이 이야기하는 '없는 것' 의 정체가 뭐야?"

묻고 캐고 할 것 없어요. 있다는 거예요. 한마디로 '없는 것이 있다' 는 거예요. 없는 것이 없다고요? 그러면 다 있게 돼요. 다라는 말은 여럿 모두라는 말이에요. 여럿 모두에는 없는 것도 들어가요.(유식하게 말하면 0집합도 집합이라는 말이에요. 칸토어가 이야기하는 무한집합도 집합이에요.)

'없는 것이 있다' ? 이게 무슨 말이에요? '빠진 것이 있다' 는 말이에요. 빈 것, 빠진 것, 이게 이것과 저것을 갈라놓아요. 이제와 저제를 나누어요. 여기와 저기를 다른 곳으로 바꾸어요. 여기 있는 것이 저기에 없다, 이제 있는 것이 저제 없었다, 이것과 저것이 다른 것은 이것에 빠진 것이 저것에 있고, 저것에 빠진 것이 이것에 있다……. 이렇게 돼요. 빠진 것이 하나도 없으면 모두 같은 것이 되고, 같은 것은 하나가 돼요. 수학에서 말하는 합동이죠. 하나밖에 안 남아요.

있는 것으로 하나가 되든 없는 것으로 하나가 되든, 하나가 되는데, 이걸 헤겔은 순수 유, 순수 무로 보아, '개념의 운동'에는 아무짝에도 쓸모없는 것으로, '똥 친 막대기'로, 그게 그거다 하고 개무시해 버리죠. 입도 뻥긋할 수 없는 걸 뭐에다 쓰느냐는 거죠.

아페이론은 '없는 것이 있다'는 전제가 없으면 있을 필요가 없어요. 존재 가치가 없어요. '없는 것이 얼마나 있느냐'? '빠진 것이 얼마나 되느냐'? 여기에서 양적인 규정이 나와요. 수치화할 수 있어요. 헤겔은 빠진 것의 양이 질을 규정한다고 봐요. 이른바 양질전화의 법칙이죠. 현대물리학자들도 다 그렇게 봐요. 그래야 잴 수 있고, 수치화할 수 있고, 증명이 가능하니까요.

'왜 없지'? '왜 빠졌지'? '뭐가 빠졌지'? 이렇게 가끔 묻죠. '정지가 빠졌어? 운동이 빠졌어?' 이런 질문 안 해요. 그냥 '정지하지 않았어? 그럼 운동하고 있구먼. 운동하고 있지 않아? 그럼 제자리에 머물러 있구먼.' 이렇게 여겨요. 그게 관성의 법칙으로 둔갑해요.

자, 이제 1과 0의 극한치인 정지와 한계(peras)의 최고 영역을 다시 살펴보기로 하지요. 있음은 있는 것과 있을 것이 하나로 뭉친 지점입니다. 있을 것이 있는 것이고, 있는 것이 바로 있을 것입니다. 여기에서는 운동이 사라집니다. 변화가 없습니다. 없음은 없는 것과 없을 것이 하나인 지점이지요. 역시 여기서도 운동이 사라집니다. 양쪽 모두에서 크기도 사라집니다. 따라서 시간도 공간도 여기서는 자리 잡을 곳이 없습니다. 우리가 의식과 현상계에서 겪는 온갖 변화와, 상승운동〔없음→있음〕과 하강운동〔있음→없음〕의 평형상태에서 나타나는 공간지각은 모두 있음과 없음의 한계 안에서 이루어집니다. '있을 것만 있고, 없을 것은 없는' 인간 세상을 우리는 이상향이라고 부릅니다. 유토피아지요. 어디에도 없으니까 유토피아(utopia)입니다. 있을 것만 있고 없을 것은 없는 이 평형상태에서 현상계는 모두 사라집니다. 생명계는 더 말할 것이 없습니다. 들숨과 날숨으로 이루어진 목숨도 없고, 몸을 이루는 모든 것을 움직일 길이 없습니다. 의식도 마비됩니다.

이 평형이라는 말, 대단히 중요한 말입니다. 상승운동만 있는 곳에서도 하강운동만 있는 곳에서도 평형이라는 말은 자리 잡을 수 없습니다. 그런데 평형이 없으면 공간지각이 생겨날 수 없습니다.

여기서부터 우리는 아주 어려운 문제에 부딪히게 됩니다.

먼저 빠진 것(privatio)부터 살펴봅시다. 군더더기는 뒤에 이야기하기로 하지요.

빠진 것은 '없는 것이 있다'는 말로도 드러낼 수 있고, '있을 것이 없다'는 말로도 드러날 수 있습니다. 아페이론의 두 가지 측면입니다. 있을 것은 현상적으로 보면 없는 것입니다. 아직 없는 것이지요. 그런데 단순히 없는 것은 운동이 배제된 개념이지만 있을 것으로 없는 것은 운동을 전제합니다. 있음으로 가는 상향 운동이 이 말 밑에 깔려 있습니다. 아리스토텔레스에 따르면 있을 것을 있는 것으로 현실화시키는 힘은, 부동의 원동자인 순수형상〔에이도스(Eidos)〕은, 일자(一者)인 신(神)한테서 나옵니다. 무로부터 창조하는 것(creatio ex nihilo)이지요. 문제는 이 니힐(nihil)이 아예 없는 것이냐, 순수 질료로서 있는 것이냐입니다. 순수 질료로서 어떤 형상도 지니지 않은 것, 그러나 없음 그 자체는 아니고 카오스(chaos) 형태로 있는 것, 두 순간 지속되지 않고, 두 번 반복되지 않는 어떤 것이라면, 이야기가 달라집니다. 아리스토텔레스도 베르그송과 마찬가지로 2원론을 밑에 깔고 있다고 보아야 합니다.

논의를 더 진행하기 전에 군더더기로 있는 것을 잠깐 살펴지요.

이 군더더기는 '없을 것이 있다'는 말로 표현됩니다. 없을 것은 있는 것입니다. 그런데 군더더기이기 때문에 없애야 하는 것, 없는 것으로 바꾸어야 할 것입니다. 그리고 '없는 것이 없다' → '다 있다'처럼 이렇게 모두 신의 창조물이라는 관점에 서면 군더더기, 없을 것은 없습니다. 그 나름으로 평형 상태를 이룹니다. 여기에서 하나라도 빼면, 없애면, 곧 빠진 것이 생기고, 이것은 결핍으로 나타나서 운동과 변화가 일어나는데 이것은 하강운동을 뜻합니다. 현상 유지가 필요하다는 것은 신의 의지가 됩니다. 어떤 것도 바꾸어서는 안 됩니다. 바꾸는 것은 결핍을, '빠지는 것'을 뜻하기 때문입니다.

그러나 하강운동의 관점에 서면, 빠질 것이 있어야 합니다. 빠질 것, 없을 것은 군더더기로, 삶에 장애가 되는 것으로, 과잉으로 드러납니다. 없을 것을 없애는 힘, 있는 것을 없는 것으로 바꾸는 힘, 형상을 질료로 변화시키는 운동은 신(神)을 말하는 하나[一者]에서 나올 수 없습니다. 저 밑바닥에서 끌어당기는 힘이 있어야 합니다. 그러나 아예 없는 것, 없음 그 자체에는 그 힘도 없습니다. 그래서 없는 것이 있어야 합니다. 이른바 '무의 존재성'(유식한 말이어서 철학하는 사람들은 이렇게 말해야 더 쉽게 알아들을 수 있겠지요?)이 인정되어야 합니다. 0은 그냥 없는 것이 아닙니다. 그것은 없는 것으로 있는 것입니다. 그게 힘으로 나타납니다. 변화와 운동을 불러일으키는 또 하나의 근본 원인인 하강운동을 이끄는 중력 구실을 합니다.

그러나 '없는 것이 있다'는 말은 그 안에 모순을 안고 있기 때문에, 페라스에 익숙해 있는 우리 사고는 이 말을 받아들이기 힘들어합니다. 그렇지만 운동의 원인이 모순에 있다는 말은 낯설지 않을 겁니다.

'있는 것이 없다'는 말과 '없는 것이 있다'는 말은 우리가 다 알아들을 수 있는 말입니다. '있는 것이 없다'는 '하나도 없다'는 말인데, 이 말이 신(神)을 부정하는 말로 들릴 수도 있겠습니다. '없는 것이 있다'는 '빠진 것이 있다'는 말로, 얼핏 들으면 단순한 결핍을 뜻하지만, 군더더기가 없다는 뜻도 함께 담겨 있습니다.

아페이론은 상승운동과 하강운동을 엮어서 하나의 가닥으로 꼬는 이중 나선입니다. 초끈으로 보아도 좋고, 새끼줄로 보아도 상관없습니다. 중요한 것은 꼬인 자리마다 순간적으로 때로는 지속되고, 반복되는 평형상태가 드러난다는 것입니다. 지속 속에서 시간성이 드러나고, 반복 속에서 공간성이 확보된다는 것입니다. 이것이 제3자인, 1과 0사이에 있는 아페이론의 성격입니다.

베르그송이 말하는 물질과 기억은 각 단계에서 무수히 드러나는 이 꼬임을 반영합니다. 이 꼬인 자리, 꼬이는 순간에 비약이 드러납니다. 그것은 삶으로 가는 생성의 비약일 수도 있고 죽음으로 가는 소멸의 비약일 수도 있습니다. '엘랑 다무르'(élan d'amour)는 동시에 그 안에 '엘랑 드 모르'(élan de mort)를 포함하고 있습니다. 평형으로, 페라스로, 겉, 끝, 갓(모두 같은 어원을 가진 말입니다.)으로 드러나는 현상계, 생명계, 물질계의 다양한 모습 뒤에는 그렇게 드러나게 하는 힘이 작용합니다. 우리는 그것을 아페이론이라고 부릅니다. 불교에서는 그것을 무로, 공으로 보기도 합니다. 아페이론이 일시적으로 평형상태를 이룰 때, 상승운동과 하강운동이 형평을 이룰 때, 우리의 의식과 감각에 페라스 형태로 현상계가 드러납니다. 그러나 그것이 언제, 어디서 평형을 이루는지, 또 이룰지 우리는 예측할 수 없습니다. 느닷없는 순간, 느닷없는 곳에서 그 평형은 제 모습을 드러냅니다. 이것이 루크레티우스가 말하는 원자의 경사운동이고, 자크 모노가 이야기한 우연이고, 우리가 가슴 내밀고 뽐내는 자유의지인지도 모르겠습니다.

0과 1의 논의에서 빠뜨려서는 안 되는데, 빠뜨린 사람이 있어요. 스피노자와, 형이상학 측면에서 본 마르크스의 이론입니다. 저, 학사 학위논문을 스피노자의 《에티카(Ethica)》▪, 석사 학위논문을 에피쿠로스 이론을 주제로 삼아 썼어요. 《에티카》는 다시 정독하고 싶고, 마르크스의 《자본론》은 나름으로 제법 꼼꼼히 정독했는데, 마르크스가 고대 원자론자, 특히 에피쿠로스 사상을 바탕으로 유물론을 완성했다는 것은 널리 알려져 있지만, 마르크스 이론에 끼친 스피노자의 영향은 제가 알기론 우리 나라에서 크게 주목하는 사람이 없는 것 같아요. 서양철학계의 동향은 잘 모르겠어요.

마르크스의 '물질이 의식을 규정한다'는 말, 상부구조와 하부구조에 대한 언급은, 거슬러 올라가면, 고대 원자론자들의 세계 인식에 닿아 있지만, 제가 보기에 길잡이 구실은 스피노자가 하지 않았나 싶어요. 스피노자가 말한 '나투라 나투란스'(natura naturans)와 '나투라 나투라타'(natura naturata) 기억하시죠? 제 기억에 능산적자연(能産的自然)▪▪, 소산적자연(所産的自然)

▪ 네덜란드 철학자 스피노자가 쓴 책으로, 범신론에 근거한 스피노자 철학의 전체 체계가 담겨 있다. 1677년에 간행되었다.
▪▪ 만물 생성의 근원이 되는 힘으로서 자연을 이르는 말이다. 소산적자연은 능산적자연에서 생겨난 자연과 사물 일체를 말한다.

으로 번역된 것 같은데, 아마 일본 사람들 번역이 아닐까 싶어요. 필로소피아(Philosophia)를 '철학'으로 옮겨 놓은 것도 그 사람들이지요.

이 말, 나투라 나투란스를 자연스럽게 하는 자연으로, 나투라 나투라타를 자연스럽게 이루어진 자연으로 옮겨도 될 것 같아요. 이때 자연스럽게 하는 것[naturans]은 힘이에요. 이 힘은 생성하는 힘이기도 하고 동시에 소멸하는 힘이기도 하지요. 상승운동과 하강운동에서 새끼줄을 꼬는 힘을 가리킨다고 봐요. 이 운동의 저 밑바닥, 없는 것이 없을 것과 하나가 되는, 없음에 닿는 그 접촉점[tangent]에서 있는 것이 있을 것과 하나가 되는, 있음에 닿는 그 접촉점 사이에서 자연스럽게 생성과 소멸을 관장하는 힘이 이중으로 작용하는데, 이 확산하고 응축하는 두 힘이 평형을 이루는 마디에서 우리의 감각과 의식에 주어지는 것이 바로 자연스럽게 이루어진 자연이 아닌가 해요. 이 마디는 저마다 페라스를 나타내지요. 겉으로, 밖으로 드러나는 페라스이기도 하고, 기억[mémoire]으로 드러났다 망각[oblivion]으로 사라지는 한계점에서 형성되는 페라스이기도 해요. 크게 보면 모두 힘으로 있는 것 1과, 힘으로 없는 것 0의 접촉점에서 나타나는 동요하는 평형이라고 볼 수 있어요.

당구를 쳐 본 사람은 두 당구공이 한 점에서 맞닿아 있을 때, '떡'이다, 아니 '스위치'다 하면서 서로 옥신각신하는 모습을 많이 보았을 거예요. 페라스처럼 얼핏 드러나는 이 점은 페라스가 아니에요. 이 점은 빨간 공에도 안 속하고 하얀 공에도 안 속해요. 이것도 저것도 아닌 제3의 무엇이에요. 이것을 우리는 아페이론이라고 해요. 아무것도 아니면서 이것과도 잇닿아 있고 저것과도 잇닿아 있는, 그러면서 여기에 붙는가 하면 저기에도 붙는, 시간 의식과 공간 의식을 불러일으키는 원초적인 힘, 생성과 소멸의 측면에서 보면 나투란스인데 드러난 현상으로 보면 나투라타인 것, 1에서 0에 이르는 또는 0에서 1에 이르는 각각의 무한한 단계와 과정에서 꼬이고 마디를 이루어 평형을 드러내는 상승운동과 하강운동의 새끼꼬기, 여기에서 1을 원동자로 보느냐 0을 원동자로 보느냐에 따라 '형이상학'과 '세계관'이 달라지는데, 제가 섣불리 입을 놀리자면 '기독교'는 1에 붙고, 불교는 0에 붙어요. 그렇게 보여요.

마르크스는 베르그송과 마찬가지로 2원론자예요. 그런 점에서 베르그송보다 앞서요. 의식과 물질 다 인정해요. 다만 물질에 있는 힘을 더 크게 보아요. 마르크스를 유물론자로 보는데, 크게 보면 '물질의 규정성이 의식의 규정성에 앞선다'는 뜻에서 그렇게 비치는 거예요. 마르크스는 밑에서 올라오는 힘을 더 크게 보았는데, 그 힘의 근원이 1에 있다기보다 0에 있다는 것, 아주 비속하게 '인간학적' 관점에서 보자면 '없는 놈'의 숨은 힘이 '있는 놈'의 드러난 힘보다 더 세다는 것을, 없는 것이 있는 것을 이긴다는 것을, 인간적인 결핍과 과잉, 있을 것(아직 없는 것)과 없을 것(군더더기로 있는 것)의 관계에서 '있을 것이 있고, 없을 것이 없는 세상을 만들자'고, 그게 인간이 바랄 수 있는 최상의 평형이라고 외치는 것뿐이에요. 이 지향점은 오래된 미래를 꿈꾸었던 노자의 과민소국(아주 조그마한 마을 공동체예요. 여기서는 '먹물'들이 아무짝에도 쓸모없어져요.)과 맞닿는 점이 있지요.

있음은 있는 것과 있을 것이 하나, 1이 되는 지점에 한계로, 허공 속에 매달려 있다는 이야기를 했나요? 아무래도 이렇게 뭉뚱그려 말한 적은 없는 것 같습니다. 그러면 있는 것과 있을 것이 하나가 되는 지점은 무엇을 가리킬까요? 여기에서는 있는 것, 하나, 1이 앞섭니다. 아리스토텔레스가 이야기했던 스스로는 안 움직이면서 움직이게 하는 것, 정지이면서 운동의 원인이 되는 것, 순수형상, 일자(一者), 신, 하나님이 앞서지요. 그러나 거기에 달라붙어 있는 있을 것은 없는 것입니다. 있어야 마땅하지만 아직은 없는 것이 있을 것입니다. 그것은 요청이고, 당위이고, 미래입니다. 그런데 사유의 한계이자, 우주의 한계인 이 있음 밖에 또 하나의 한계가 있습니다. 있음이 허공에 감싸여 있다면, 또 하나의 페라스인 없음은 있는 것에 감싸여 있다고 볼 수 있습니다. 없음은 없는 것과 없을 것이, 빠지고 또 빠져서 더 이상 빠질 것이 없는 텅 빈 그 무엇, 0집합, 무한한 것, 무규정적인 것, 아페이론의 극한에 자리 잡고 있다고 했습니다.

플라톤은 《티마이오스》 편에서 이 없음이라는 한계를 우주의 중심에 놓습니다. 있음이, 1이 확장의 한계선이라면, 모든 생성이 그 한계선에서 이루어지고 그것을 벗어나지 못하게 하는 울타리라면, 없음은, 0은 소멸이 그 한 점에서 멈추고 응축되는 한계점입니다.

있음이 파이(π)라면, 무한소수의 바깥 테두리라면, 없음은 보이지 않는 점입니다.(소수〔prime number〕는 1과 0 사이에 무한히 흩어져 있습니다. 이 소수가, 그 가운데서도 가장 큰 소수가 어느 날 슈퍼컴퓨터 연산 작업에서 발견될지도 모른다는, 수학자들이 가졌던 그 꿈은, 수의 영역을 0과 1이 거꾸로 뒤집힌 10진법을 자연의 질서로 받아들인 야바위 노름에 바탕을 두고 있습니다. 피타고라스가 모든 형상을 수로 환원시킬 때, 그리스 수학에는 0이 도입되지 않았습니다. 그래서 10을 3으로 나눈다는 터무니없는 셈법은 자리를 잡을 수 없었습니다.)

없음은 앞에서 이야기했듯이 없는 것과 없을 것이 한 점으로 수렴되는 극한입니다. 이 극한과 맞닿아 있는, 어떤 것도 두 번 되풀이되지 않고, 어떤 순간도 두 번 지속되지 않는 이 한계점 바로 위에서 여럿은 숨은 채로 드러납니다. 있음에서는 있을 것(없는 것)이, 결핍이, 빠진 것이 드러날 듯

숨어 있는 것과 달리, 이 지점에서는 없을 것(있는 것)이, 군더더기들이, 과잉이 생성의 이름으로 평형을 깨면서 이루는, 에셔(Escher)가 '올라가면서 동시에 내려가고, 내려가면서 동시에 올라가는 길'을 그린 그림에서, '뫼비우스의 띠'와 '클라인 병*'이 안과 밖의 경계를 허무는 모순의 통일을 드러내는 그림에서 보여 주는, 혼돈〔chaos〕이 싹틉니다.

'드러날 듯이 숨어 있는 모순'과 '숨은 채로 드러나는 모순'이 있는 것을 없음의 극한까지 끌어내리는 하강운동을 일으키고, 없는 것을 있음의 극한까지 끌어올리는 상승운동을 일으킵니다. 그리고 무한히 올라가고 내려가면서 뒤틀리는 매듭을, 마디마다 무한히 겹쳐 쌓이는 흔들리는 평형의 연속 계단을, 크고 작고 많고 적은 단계를 우리의 감각과 사고에 드러냅니다. 이 매듭은 마야의 베일**에 싸인 채로 우리에게 현상으로, 사유의 파편으로 드러나지요. 감각에 직접 주어지기도 하고, 의식에 직접 주어지기도 하면서 말입니다. 마야의 베일은 때로는 흉내로, 때로는 환상으로, 때로는 견해로, 판단으로, 말로, 거짓으로, 속임수로, 믿음으로, 드러나면서 숨고 숨으면서 드러납니다.

어쩌면 철학은, 사람이라는 별난 생성과 소멸의 모순된 응결체가 생명의 탈을 쓰고 벌이는, 가장 그럴싸한 거짓과 속임수가 판치는 말놀음일지도 모르고, 그 안에서 종교라는 아편을 키우고 있는 '믿음을 통한 세상 편 가

■　　1882년에 독일 수학자 펠릭스 클라인이 발견한 것으로, '뫼비우스의 띠'처럼 안팎 구별이 없는 4차원 도형을 말한다.

■■　　쇼펜하우어의 이론이다. 인간이 지성으로 파악한 세계는 표상된 세계일 뿐이며, 표상된 세계가 지닌 여러 특성들은 세계가 지닌 본디 특성을 제대로 드러내지 못하는, 만들어진 환상과 다를 바 없다는 내용이다.

르기'에 빌미가 되는 걸지도 모르겠습니다.

바로 이 순간에 이 자리에서 내가 여러분 뒤통수를 목침으로 내려치고 있다면, 이에 대해 여러분들이 보이는 직각적인 반응은 어떻게 나타날까요? 여러분이 미처 통증을 느끼기도 전에 까무라치지 않는다면, 여러분들 입에서 이런 말이 튀어나와야겠지요.

"아파, 이 씨팔놈아! 너 죽고 싶어?"

3부

‘함’과 ‘됨’

"우리가 당면한 문제는,
미래가 없는 도시 문명이 우리를 이끌어 가는 대로,
그야말로 '되는' 대로, '될 대로 되라' 고 살아갈 것이냐,
아니면 지속 가능한 미래를 확보하기 위해서
이제부터라도 떨쳐 일어서서 무엇인가 '해야 한다' 는
결단을 내려야 할 것이냐입니다."

'함'과 '됨' : '능동'과 '수동'의 힘

　이제 미루고 미루고 또 미루어 왔던 '운동'의 문제라는, '벼랑 끝에서 허공으로 한 번 내딛기'의 시간이 온 것 같습니다. 오랫동안 이 문제를 다룰 길을 찾아왔지만 여전히 저는 사막 한가운데서 제자리를 맴도는 여행자의 꼴을 벗어나지 못하고 있습니다.

　먼저 제 변화된 환경에 대해서 몇 말씀 여쭈어야 하겠습니다. 저는 그동안 몸담아 왔던 지방 대학을 떠나, 한 해 말미로 이 땅에서는 가장 머리 좋은 학생들이 모여 있다는 중앙 도시의 국립대학 대학원 철학과 석·박사 과정 학생들에게 '존재론'을 강의할 기회를 얻었습니다. 제 계획은 거창했습니다. 이 기회에 고대 그리스에서부터 현대에 이르기까지 서양 존재론 전통의 맥을 짚어 가면서 '존재'와 '운동'의 문제를 중심에서부터 파고들자는 욕심을 부렸으니까요. 이 무리한 욕심이 저를 파멸로 몰아넣을지도 모른다는 두려움이 앞섰습니다. 저는 제가 빠져들 수밖에 없는 '운동'의 깊은 늪에 뛰어드는 시기는 되도록이면 뒤로 미루자고 마음먹었습니다. 한 학기 동안은 그동안 제가 조금씩 쌓아 올렸던 존재론의 비축 양식을 야금야금 갉아먹는 것으로 버텼습니다. 잘하면 이미 쌓아 놓은 양식으로 한 학기를 더 버틸 수도 있겠다는 약삭빠른 생각이 문득 머리에 떠올랐지만 저는 머리를 흔들었습니다. 어차피 이번 한 학기가 제가 대학에 머무는 마지막 날들이었습니다. 다음 해부터는 시골에 들어가 농사를 지을 작정을 하고 있었으니까요. 저는 이 좋은 기회를 적당히 뭉개 버리고 싶지 않았습니다. 죽이 되든 밥이 되든 그동안 망설이고 망설이면서 뜸만 들이고 있던 솥뚜껑을 열어 보자고 다짐했습니다. 더 이상 '모순'을 회피하고 있을 수만은 없었습니다. 이제 모순 속에 빠져들어 모순을 극복할 길을 찾아야 했습니다.

저는 원탁 강의실에 둘러앉아 저를 지켜보고 있는 학생들에게 물었습니다.

"여기에 두 점이 있다고 칩시다. 점〔point〕은 물론 우리 눈에 보이지 않습니다. 그것은 모든 하나로 있는 것이 그렇듯이 크기가 없습니다. 다른 말로 바꾸어 말할 수도 있겠지요. 그것은 모든 끝〔한계, peras〕이 그렇듯이 크기가 없습니다. 따라서 그 두 점은 우리가 감각으로 파악할 수 없습니다. 우리의 감각에 들어오지 않는 이 두 점이 서로 관계를 맺는다고 칩시다. 당구공 두 개가 서로 맞닿아 있는 당구대를 연상해도 됩니다. 이때 서로 맞닿아 있는 이 두 점 사이에서 무슨 일이 일어날까요?"

아무 대답도 없었습니다. 제 물음이 무슨 뜻을 지녔는지 모르는 눈치가 역력했습니다. 저는 달리 물어야 하겠다고 느꼈습니다.

"두 개의 점이 나란히 맞닿아 있을 때 이 두 점 사이에 크기(또는 길이)로 드러나는 공간이 생긴다고 보아야 하겠습니까?"

제 질문에 어떤 학생이 이렇게 반문했습니다.

"선생님, 점은 본디 크기가 없다고 하시지 않았습니까? 그런데 크기가 없는 두 점이 나란히 놓여 있다고 해서 그 사이에서 크기가 생긴다고 보기는 어렵지 않을까요?"

"그렇다면 크기가 없는 두 점이 맞닿아 있다는 말은 무엇을 뜻하지요? 만일에 두 개의 점이 맞닿아 있는데 그 사이에 크기가 없다면, 다시 말해서 두 점이 서로 따로따로 차지하는 자리가 생겨나지 않는다면 그 두 점은 한 자리에 있다는 말이 되고, 두 점이 한 자리에 있다는 말은 두 점이 겹쳐서 하나가 된다, 곧 합동(合同)이 된다는 말이 아니겠습니까? 끝, 곧 한계〔peras〕가 하나인 것만이 크기를 갖지 않으니까요. 그런데 두 개의 점이 있다는 말은 끝이 두 개 있다는 말과 같은 말이지요? 끝이 둘인 것을 우리는 무엇이라고 부르지요?"

"선〔line〕이라고 부르지 않습니까? 옛 피타고라스학파의 전통에 따르면 끝이 두 개인 것은 선분이라고 정의됩니다."

"그렇지요? 그리고 선〔line〕에서 두 끝 사이에는 끝이 없는 것〔apeiron〕이 들어 있지요? 따라서 이렇게 말할 수 있지 않겠습니까? 점이 두 개 있고, 그 두 개의 점이 관계를 맺으면 그 두 점 사이에는 끝이 아닌 것, 곧 끝이 없는 그 무엇, 다시 말해 크기가 생겨나고, 길이로 나타나는 끝이 아닌 그 무엇과 두 개의 끝을 서로 연관시켜 우리는 그것을 선분으로 정의한다고 말입니다."

"글쎄요. 이야기를 듣고 보니 그럴싸하기는 한데, 그래도 석연치 않은 구석이 있는데요. 어떻게 크기가 없는 점 두 개가 맞닿는다고 해서 그 사이에서 크기가 생겨난다, 공간적인 거리가 생겨난다고 할 수 있지요?"

"그것이 바로 둘이 가지고 있는 신비한 특성이자 하나와 다른 점이지요. 모든 하나는 어떤 하나이든 크기가 없습니다. 다시 말해서 공간의 규정을 벗어납니다. 플라톤이 이야기하는 형상〔idea〕의 세계에는 모든 형상이 하나하나 다 고립되어 관계를 맺지 않기 때문에 공간이 없습니다. 플라톤의 형상들은 하나, 둘…… 하고 셀 수 있는 것이 아닙니다. 그러나 어찌어찌 해서 어떤 하나가 다른 하나와 관계를 맺어 둘을 이루면, 다시 말해 둘이 나타나면 이 둘 사이에는 이 하나도 아니고 저 하나도 아닌 것이 나타나는 데, 점의 형상에서 우리가 유추할 수 있듯이 두 개의 하나가 저마다 크기가 없는 것, 끝, 한계이므로 이 하나도 저 하나도 아닌 것은 크기가 없는 것이 아닌 것, 끝이 아닌 것, 한계가 없는 것입니다. 둘이 없으면 크기도 없고 공간도 없습니다. 둘은 이 하나와 저 하나의 만남의 다른 이름이고, '실체'의 이름이 아니라 관계의 이름입니다. 여럿에는 실체가 없습니다. 다시 말해서 둘(여럿의 최소 단위)은 있는 것이 아니고 있다고 여겨지는 것이라고 할 수 있지요. 있는 것은 하나이지 둘은 아니니까요."

"아니, 선생님! 그런 터무니없는 말이 어디 있습니까? 선생님께서는 분명히 '이 하나, 저 하나' '점 두 개'라고 말씀하시지 않았습니까? 또 여러 하나라든지 모든 하나라는 말씀도 하셨고요. 그런데 금방 말을 바꾸어 하나, 둘, 셋……으로 셀 수 있는 하나가 두 개 모여서 둘을 이루는 것이 아니라 둘이나 여럿이 '만남의 이름'이고 '관계의 이름'이라니, 그런 엉터리없는 논리의 모순이 어디 있습니까?"

"그렇습니다. 인정하지요. 저는 지금 분명히 모순되게 여겨지는 말을 하고 있습니다. 그러나 이것은 어쩔 수 없는 일이기도 하지요. 왜냐하면 제가 하는 말은 모두 사유의 공간 속에서 이루어지는 추론을 반영하는데, 알다시피 추론에는 공간, 다시 말해서 이 하나도 아니고 저 하나도 아닌 것, 규정할 수 없는 것이 끼어들어, 하나가 아닌 것을 하나로 보이게도 하고, 관계를 실체로 여기도록 만들기도 하니까요. 미리 앞당겨서 성급히 이야기하자면 없는 것도 있는 것으로 가정하고 들어가지 않으면 우리는 무엇을 생각할 수도 없고, 추론을 이끌어 낼 수도 없는데, 없는 것을 생각하고 없는 것을 바탕으로 추론이 전개된다는 한계 때문에 내가 하는 말이 이렇게 왔다갔다한다고 보면 되겠지요. 아무튼 이제까지 내가 한 말 가운데서 이 말만 귀담아들어 두면 됩니다. '공간은 두 하나의 만남에서 생겨나는데, 하나는 하나이지 둘이 될 수 없으므로, 두 하나라는 말은 관계 맺음의 다른 이름이다.'"

학생들은 의아한 눈빛으로 저를 쳐다보았지만 저는 짐짓 모르는 척했습니다. 제가 이제부터 씨름해야 할 문제는 공간의 생성 배경이 아니라 '운동'의 생성 배경이라고 보았고, 어차피 '운동'과 '공간'은 한배에서 태어난 쌍둥이이므로 '운동'의 문제를 다루는 과정에서 공간 탄생의 내력도 저절로 드러나리라고 믿었기 때문입니다. 저는 두 점이 만날 때 드러나는 또 하나의 이상한 사건을 학생들에게 이야기해 줄 필요가 있음을 느꼈습니다.

"자, 다시 두 점이 맞닿아 있는 상황을 머릿속에 그려 봅시다. 크기가 없는 점이 맞닿아 있는 모습을 머릿속에 그리기 힘들다면 당구공 두 개가 맞닿아 있는 모습을 머리에 떠올려도 좋겠지요. 당구공 두 개는 한 점에서 맞닿아 있겠지요? 우리는 이 점을 '접점'이라고 부릅니다. 이 접점은 당구공 두 개 가운데 어느 것에 속하겠습니까?"

제가 이렇게 묻자 한 학생이 무뚝뚝하게 대답했습니다.

"그 접점이 어느 당구공 하나에 속한다고 말하기는 힘들겠는데요."

"그러면 그 접점은 당구공 두 개에 모두 속한다, 그러니까 당구공 두 개가 접점을 공유하고 있다고 할 수 있나요?"

"그렇다고 보아야겠지요."

"그렇다면 '어느 한 점을 공유하고 있는 두 개의 당구공은 붙어 있다.(이어져 있다. 연결되어 있다.) 따라서 둘이 아니다' 라는 반론이 나온다면 여기에 대해서는 무어라고 대답해야 할까요?"

"글쎄요. 참 대답하기 곤란한데요. 그러니까 그 접점은 어느 순간에는 이 공에, 또 다음 순간에는 저 공에 속한다고 보아야 할 것 같기도 하고, 이 공, 저 공 어느 것에도 속하지 않으면서 두 공이 맞닿아 있게 하는 촉매 역할을 한다고 보아야 할 것 같기도 하고……."

"아무튼 두 개의 공이 맞닿아 있을 때 이 두 개의 공은 '붙어 있는 것도 아니고, 떨어져 있는 것도 아니다' 라고 할 수 있겠지요."

"그렇습니다. 그런데 그런 상태에 있는 것을 어떻게 표현해야 하지요?"

"소박하게 표현하면 붙었다 떨어졌다 한다고 할 수도 있고……. 다시 말해서 접점이 끊임없이 운동한다고 할 수도 있고……."

"더 엄밀하게 정의한다면 어떻게 표현할 수 있나요?"

"입체인 구(球)를 단순화해서 두 개의 원(圓)이 맞닿아 있는 상황을 머릿속에 그려 보기로 합시다. 이때 두 개의 원은 한 점에서 만난다고 할 수 있겠지요? 그래서 접점이라는 말이 생겨났지요?"

"그렇지요."

"그런데 위에서 우리는 '점은 끝(한계, peras)이 하나인 어떤 것을 말한다, 그리고 끝에는 크기가 없다' 고 하지 않았습니까? 또 '하나는 어떤 하나이든 크기가 없고 따라서 운동하지 않는다(정지해 있다.)' 는 말도 했지요?"

"예, 파르메니데스가 증명하고자 했던 것이 바로 그것이었다고 봅니다."

"그렇다면 이번에는 이 두 원 가운데 어느 하나를 다른 원 위로 굴려서 처음에 두 원이 맞닿아 있던 점까지 한 바퀴 돌린다고 가정해 봅시다. 이 때 한 원의 모든 끝은 다른 원의 모든 끝과 하나도 빠짐없이 다 맞닿는다고 볼 수 있겠지요?"

"그렇게 볼 수 있겠네요."

"잘 생각하고 대답해야 합니다. 왜냐하면 이 사유의 실험에서 우리는 아주 기묘한 결과를 얻게 되니까요."

"무엇이 기묘하지요?"

"먼저 원 둘레의 모든 점은 한정된 것[peperasmenon]이므로 이 한정된 것의 집합도 역시 한정된 어떤 것이라는 결론이 나옵니다. 그러나 원주율을 측정하려는 현대 수학은 아직까지도 한정된 측정치를 내놓지 못하고 있을 뿐 아니라, 심지어 반복되는 수의 계열조차 찾지 못하고 있습니다. 따라서 원주율에는 한정되지 않는 어떤 것이 있다고 보는 것 같습니다. 되풀이되지 않는 수의 계열이 무한히 연속된다는 것은 원을 이루는 곡선 안에 무한[apeiron]이 있다는 것을 드러내지요. 우리의 추론과 실제 측정치 사이의 이런 불일치가 기묘하게 여겨지지 않습니까?"

"그거 참! 그건 그렇다 치고 다음으로 기묘한 결과는 어떤 것을 가리키지요?"

"점은 끝이고 크기가 없는 것이라는 정의가 맞다면, 크기가 없는 점을 무한히 더해 보아야 크기가 있는 어떤 것이 나올 수 없는데, 알다시피 선분[line]의 한 끝을 한 자리에 고정시켜 놓고, 다른 끝을 고정된 한 끝과 같은 거리로 움직여서 드러나는 자취를 그린 원은 크기를 갖게 되거든요. 크기는 없지만 서로 맞닿아 있는 두 개의 점을 가지고 실험해도 결과는 마찬가지일 것입니다. 크기가 없는 것에서 크기가 나온다는 것이 기묘하지 않습니까?"

"이거야 뭐. 야바위 노름 같은 느낌이 드는데, 선생님 말씀을 드러내 놓고 야바위 노름으로 몰아붙이기도 그렇고……. 어떻게 대답해야 할지, 당장 뭐라고 하기 힘든데요."

"그러면 다시 한 번 접점의 성격을 살펴봅시다. 접점은 서로 맞닿아 있는 두 개의 점이지요?"

"그렇습니다. 아 참! 그렇고 보니 끝이 두 개 있으면 그 사이에 끝이 없는 것, 크기로 드러나는 것이 끼어들어 선분[line]으로 규정된다는 이야기를 앞에서 하셨지요?"

"기억을 해냈군요. 그러나 그것만이 아닙니다. 접점의 성격 가운데는 더 까다로운 무엇인가가 숨어 있습니다."

"그게 뭐지요?"

"앞에서도 잠깐 비쳤지만 그걸 이른바 둘이 가지는 모순, 둘에서 생기는 원시 우연이라고 할 수 있겠지요. 우선 모순의 측면을 적극적인 것으로 원시 우연의 측면을 소극적인 것으로 나누어 놓고 생각해 봅시다. 먼저 두 점이 만나면 그 사이에서는 원초적인 공간 규정인 크기도 생겨나지만, 원초적인 시간 규정인 운동도 생겨난다고 귀띔했던 것을 기억해 주기 바랍니다. 접점에서 만나는 두 점은 이어져 있는 것도 아니고 떨어져 있는 것도 아니라는 이야기는 조금 앞서 했습니다. 그런데 만남, 관계의 성격은 바로 이런 것입니다. 이 세상에 하나만 있다면 만남도, 관계도 없지요. 만남은 늘 둘 이상의 무엇이 있음을 전제합니다. 그런데 있는 것은 하나로 있고, 바로 하나라는 특성 때문에 사유의 공간에서도 벗어납니다. 다시 말해서 우리는 있는 것 바로 그것을 사유로는 파악할 수 없습니다. 없는 것 바로 그것도 사유의 대상이 아님은 거듭해서 밝혔습니다.

그렇다면 우리가 일상생활에서 흔히 있다, 없다고 하는 것, 있는 것, 없는 것이라고 일컫는 것은 엄밀하게 말해서 하나로 있는 것도 아니고, 아예 없는 것도 아닌 그 무엇들이라고 할 수밖에 없을 것입니다."

"선생님, 잠깐만요. 그러니까 우리가 있다, 없다, 있는 것, 없는 것이라고 부르는 것은 모두 관계 속에 있는 것, 다시 말해서 시간과 공간의 규정을 동시에 포함하고 있는 것이라고 해도 되나요?"

"그렇습니다. 우리는 어떤 사물을 볼 때 그것이 무엇임이 드러나는 측면을 보고 있는 것이라 하고 무엇임이 드러나지 않는 측면을 보고 없는 것이라고 부르는 일이 많습니다. 이를테면 컴퓨터는 1과 0으로 드러나는 이진법(二進法) 체계를 써서 정보를 처리하는데 1과 0은 그 자체로서는 어떤 기능도 할 수 없습니다. 컴퓨터 전원(電源)을 꺼 버리면 컴퓨터 안에서 1과 0은 관계를 맺지 못하고 이에 따라 컴퓨터 화면에 떠올랐던 모든 정보는 눈앞에서 사라집니다. 우리가 앞에서 여러 차례에 걸쳐 이야기했듯이 1(하나)을 있는 것으로 보고 0을 없는 것으로 보면 모든 정보의 체계는 바로 이 1과 0을 관계 맺어 주는 '운동'(이 말을 1과 0의 만남에서 생겨나는 운동이라고 불러도 됩니다.)에서 세워진다고 볼 수 있겠지요. 이렇게 바꾸어 말할 수도 있겠지요. 우리는 어떤 사물의 끝(겉이라고 불러도 좋고 갓이라고 불러도 좋습니다. 이 세 낱말—끝과 겉과 갓은 같은 말에서 나왔으니까요.)을 보고 그것이 무엇임을 알고, 그 무엇인 것을 있는 것이라고 부르고, 그 사물의 안(끝도 갓도 겉도 없는 측면)은 보이지 않으므로 무엇인지 알 수 없으니까 무엇임이 드러나지 않는 이 측면을 가리켜 없는 것이라고 흔히 부른다고 말입니다. 이렇게 겉과 속, 안과 밖, 끊어진 데와 이어진 데가 있는 모든 것은 관계 맺음이 드러나는 한 방식이며, 이 방식을 어떤 측면에서 보느냐에 따라 크기와 운동이 드러납니다. 그러니까 있는 것과 없는 것의 관계에서 공간 규정과 시간 규정이 나타난다고 할 수 있겠지요."

"그러니까 선생님 말씀에 따르면 우리가 일상생활에서 흔히 있는 것이라고 부르는 것은 무엇인 것, 다시 말해 규정할 수 있는 어떤 것이고, 없는 것이라고 부르는 것은 아무것도 아닌 것, 다시 말해 어떤 방식으로도 규정되지 않는 어떤 것이라는 이야기지요?"

"그렇지요."

"그런데 선생님께서는 늘 이 세상에는 진짜로 있는 것도 없고 진짜로 없는 것도 없다고 주장하고 계시지 않습니까? 어떤 근거에서 그렇게 이야기하시지요?"

"이를테면 나 윤구병은 윤구병으로서는 있는 것이지만 나 밖의 다른 모든 사람으로서는 없는 것입니다. 그러니까 나 윤구병은 있는 것과 없는 것의 그물코에 얽혀 있는 관계의 산물이라는 뜻이지요. 다른 모든 것들도 마찬가지입니다. 공간적으로 여기 있는 것은 저기 없는 것이고, 저기 있는 것은 여기 없는 것입니다. 시간적으로도 같은 말을 할 수 있습니다. 과거는 이미 없는 것이고 미래는 아직 없는 것인데 지금 있는 것인 현재와 관계를 맺음으로써 과거—현재—미래라는 시간의 흐름을 형성합니다. 내가 시간과 공간을 비롯해서 여럿과 운동으로 드러나는 삼라만상 모두가 실재하는 것이 아니라 관계의 이름이라고 부르는 까닭은 여기에 있지요."

"선생님은 없는 것이 있다고 하셨지요?"

"그렇습니다. 적어도 우리가 사는 이 시공간에는 없는 것도 있습니다."

"그리고 없는 것이 있다는 말은 빠진 것이 있다는 말과 같다고도 하셨지요.”

“그렇지요.”

“그렇다면 없는 것은 빠진 것을 가리킨다고 볼 수 있지 않겠습니까?”

“맞습니다. 없는 것이 갖는 특성 가운데 두드러진 것 하나가 바로 빠진 것, 결핍이지요.”

“그런데 빠진 것은 과거에 있었던 것이 지금 없는 것을 가리키거나 어느 자리에 있는 것이 다른 자리에는 없는 것을 가리키지 않습니까?”

“그것뿐만이 아니지요. 빠진 것이 있다는 말은 있을 것이 없다 함을 가리키기도 합니다. 그리고 있을 것은 반드시 과거에 있었던 것만을 가리키거나 지금 있는 것만을 가리키지는 않습니다. 과거에도 없었고, 현재에도 없지만 머지않아 있게 될 것을 가리키기도 합니다. 또 여기에도 없고 저기에도 없고 아무 데에서도 눈에 띄지 않지만 거시 세계나 미시 세계의 어딘가에 있으리라고 짐작되는 것을 가리키기도 하고요.”

“아무튼 빠진 것은 무엇인가가 없음을 가리키는데 그 무엇은 있는 것을 가리킬 터이므로 없는 것이 있다는 말이 꼭 없음, 곧 허무의 실재를 전제하는 것은 아니지 않을까요?”

“좋은 질문입니다. 자, 우리 여기에서 우리가 지금까지 썼던 낱말들을 다시 한 번 달리 규정하고 들어갑시다. 그동안 나는 일부러 있음이나 없음 같은 낱말을 쓰지 않으려고 애써 왔습니다. 우리 말에서 있음이나 없음을 하나의 개념어로서 쓸 경우에 자연스러운 우리 말 질서를 깨뜨리는 흠이 있다고 보았기 때문입니다. 그러나 여러분들 사이에 존재나 무(이런 말 내가 무척 싫어하는 까닭은 이미 밝혔지요?)의 여러 층위에 관해서 혼동이 있는 것 같으니, 앞에서 우리가 있는 것 바로 그것이라고 했던 것을 있음으로 고쳐 부르고, 아예 없는 것이라고 불렀던 것을 없음이라고 바꾸기로 하지요. 앞에서 여러 차례 밝혔듯이 있음이나 없음은 우리의 사유 공간 속에 들어오지 않습니다. 따라서 우리는 어떤 방식으로든지 있음이나 없음을 규정할 수 없습니다. 뿐만 아니라 있음이나 없음을 두고 우리는 있다, 없다는 말도 할 수 없습니다. 왜냐하면 우리가 입 밖에 내어 말할 수 있는 것은 모두 우리 생각 속에 들어 있는 것인데, 생각은 사유 공간에서 성립하는 것이므로, 이 공간을 벗어나는 것은 도무지 입 밖에 나올 길이 없기 때문입니다."

"선생님 주장대로라면 있는 것 바로 그것이나 있음이나 아예 없는 것이나 없음 같은 말도 존재나 무의 실상을 드러내는 말이라고 할 수 없겠네요. 그렇다면 굳이 우리가 생각할 수도 없고 입 밖에 낼 수도 없는 것을 근거 삼아 이런 논의를 할 필요가 어디 있겠습니까?"

"그 말도 맞는 말이에요. 그렇지만 생각해 보세요. 우리는 있다, 없다는 말을 빼놓고는 여럿과 운동으로 이루어져 있는 현상계를 의식에 제대로 반영할 수가 없습니다. 우리뿐만이 아니에요. 있다, 없다는 말은 모든 인류의 사유에 바탕이 되는 기본 언어예요. 에이나이(einai)가 없는 그리스 말, 에세(esse)가 없는 라틴어, 에트르(être), 비(be), 자인(sein)이 없는 불어, 영어, 독일어를 상상해 보십시오. 그리고 언어학자들에게 우리 말 있다, 없다에 해당하는 말을 일상 언어에서 빼놓고도 의사소통이 가능한 언어 공동체가 어디 하나라도 있는지 확인해 보십시오. 내가 알기로는 없습니다. 존재론이 인식론이나 가치론 같은 철학 분야의 기초가 되는 까닭은 바로 있다, 없다는 말, 그리고 그 말이 반영하는 사유 체계의 주춧돌 위에 철학, 과학, 상식…… 이 모든 것들의 기둥과 벽과 지붕과 창틀이 세워지기 때문입니다. 문제는 우리 의식이 어떤 경로를 밟아서 추상의 최고 단계에서 나타나는 가장 보편적인 이 개념을 아주 어린 나이 때부터 자연스럽게 받아들여 가장 자주 쓰는 낱말로 삼았느냐를 밝힐 수 있느냐인데, 나로서는 아직 이 수수께끼를 풀 능력이 없어요.

다만 있다, 없다는 말은 우리가 의식적으로 선택하기에 앞서 어린 시절부터 우리에게 주어진 말이고, 이 주어진 말의 통로를 따라 우리의 생각이 흘러가기 때문에 우리의 의식은 이 말길에서 벗어날 수 없다는 사실만 밝히기로 하지요.

어쨌건 있음이나 없음은 우리 생각 속에 들어와 우리 사유의 가장 넓은 테두리를 이룹니다. 우리의 모든 생각은 이 울타리 안에서 움직인다고 해도 과언이 아니지요. 그런데 우리의 의식 공간에서 있음과 없음이 관계를 맺으면 아주 이상한 일이 일어납니다. 있음은 여럿 하나인 있는 것들로 분산되고 없음은 아무것도 아닌 것이기는 하되 없다는 규정 아닌 규정을 받아들이는 어떤 것으로 바뀌어 나름으로 있게 되고 있는 것으로서 어떤 힘을 지니게 됩니다.”

“선생님이 우리 사유 속에 있는 것이든 현실 세계에 있는 것이든 있는 것, 또는 없는 것으로 규정되는 모든 것은 실재하는 것도, 실재를 부정하는 것도 아닌 관계의 이름일 뿐이라고 이야기하려는 의도는 이해하겠습니다. 그리고 이렇게 있는 것, 없는 것으로 규정되는 여럿 하나와 운동의 세계가 있음(하나)과 없음의 관계 맺음에서 비롯한다는 것도 받아들인다고 칩시다. 한 걸음 더 나아가서 여럿과 운동 속에서는 있는 것도 없는 것도 모두 상대적 규정일 뿐이고, 있는 것이 없는 것과 다르지 않으며 없는 것이 있는 것과 다를 바도 없으며, 있는 것이 없는 것이요 없는 것이 있는 것이라고 볼 수도 있다는 극단의 가능성까지도 인정할 수 있겠지요. 불교 경전의 하나인 《반야심경》에 나오는 '색불이공 공불이색 색즉시공 공즉시색(色不異空 空不異色 色則是空 空則是色)'이라는 말도 그런 뜻을 담고 있는 것 아니겠습니까? 불교식으로 이야기하자면 모든 것이 모든 것과 관계를 맺어 순간순간 바뀌는 이 연기(緣起)의 세계에서 '늘 머무는 것〔常住〕'은 하나도 없고 모든 것이 덧없이〔無常〕 생겨났다가 없어졌다〔生滅〕 하겠지요.

그런데 관계라는 이 끝없는 흐름의 어느 측면을 어떤 방식으로 고정시켜서 우리는 있는 것이라 일컫고, 또 어떤 측면을 일컬어 없는 것이라고 부르지요?"

"좋습니다. 아주 좋아요. 어쩌면 우리는 이 논의를 통해서 의식이 저지르는 잘못 가운데 가장 큰 잘못인 실체화의 오류(이 끔찍한 말을 용서하기를!)에서 벗어날 수 있을지도 모르겠습니다. 여기에서 나는 살아 있는 화석(化石) 언어라고 할 수 있는 한어(漢語)를 예로 들어 이야기의 실마리를 풀어갈까 합니다. 여러분도 알다시피 한어에는 명사가 따로 있고 동사가 따로 있는 것이 아니라 글자가 놓이는 자리가 어디냐에 따라 명사가 되기도 하고 동사가 되기도 하는 일이 아주 많습니다. 다시 말해서 한 글자가 전체 문장의 어디에 자리 잡느냐에 따라서 고정된 실체의 모습을 띠기도 하고 운동을 나타내기도 한다는 것입니다. 섣부르다는 욕을 먹을 셈 치고 물리학 용어를 빌려 말하자면 한 낱말의 위상을 관계 고리의 어느 측면에서 관찰하느냐에 따라 낱말의 입자성과 파동성이 그때그때 달리 드러나는데, 이것은 관찰자의 위치에 탓이 있는 게 아니라 낱말과 그 낱말이 반영하는 객관 세계의 여러 있는 것 안에 그것들을 고정시키는 공간과 그것들을 움직이게 하는 운동이 공존한다는 사실을 반영한다는 것입니다.

따지고 보면 공간도 시간도 관계의 이름입니다. 공간이라는 관계의 그물

속에서 질〔quality〕은 저마다 따로 떨어져서 고정된 모습으로 드러납니다. 우리가 있는 것이라고 부르는 것은 공간 관계 안에서 흩어진 모습으로 드러나는 질이라고 할 수 있지요. 그러나 시간이라는 관계의 그물 속에서는 질들이 서로 엉켜 있습니다. 이를테면 앞에서도 예를 들었듯이 하나의 기타 줄에는 무한히 많은 소리들이 한데 엉켜서 이어진 음의 계열을 이루는데, 30센티미터 되는 기타 줄 안에 엉킨 채로 들어 있는 저마다 다른 이 소리들의 무한한 계열을 어떤 무모한 사람이 하나하나 따로 떼어 내어 공간 속에 늘어놓으려고 든다고 칩시다. 그 사람은 현악기 줄을 건반악기의 건반으로 바꾸려고 들 텐데, 이 경우에 30센티미터의 현악기 줄에 담긴 소리를 하나도 빼지 않고 다 담는 건반악기의 건반 수는 무한할 수밖에 없고, 만일에 이 우주 공간이 유한하다면 그 건반악기는 우주 공간을 다 채우고도 우주 밖에서 무한히 늘어놓이는 건반들을 주체할 수 없을 것입니다.

도대체 이렇게 모순되면서도 불가사의해 보이는 현상을 어떻게 이해해야겠습니까? 현상세계의 모든 현상들을 공간 속에 좌표화할 수 있다는 사고는 이런 단순한 좌표화의 실험조차도 견딜 수 없는 무지몽매한 단순함을 내포하고 있다는 사실이 이로써 밝혀졌을 줄 믿습니다."

"그렇다면 선생님은 이 우주가 원자(편의에 따라 이렇게 부릅니다만 물질의 최소 기본단위라고 불러도 상관이 없겠습니다.)와 공간으로 이루어져 있다는, 고대 원자론자들로부터 현대물리학자들에 이르기까지 공유하고 있는 전제를 틀렸다고 보십니까?"

"그렇습니다. 자를 만들고, 그 자로 질과 양을 나누고 재는 일, 공간 축과 시간 축이라는 좌표를 만들어 차원을 설정하고 그 단순화된 차원 속에 삼라만상을 배치하는 일은 삶의 필요에 따라 사람의 의식이 하는 것입니다.

이 우주에 텅 빈 공간은 어디에도 없습니다. 사람들이 '진공'이라고 부르는 것도 모든 질이 다 빠진 텅 빈 순수 공간은 아닙니다. 따지고 보면 시간의 흐름이 과거에서 현재를 거쳐 미래로 향하는 이른바 '비가역적'이라는 말도 바르지 않습니다.

어쩔 수 없이 이미 개념화한 말을 빌려 표현하자면 이 우주는 서로 엉켜 있는 질[quality]들로 가득 차 있습니다. 이 말을 더 단순화하면 이 우주(이 말도 개념입니다. 여기에 대응하는 실체는 없습니다.)에는 있는 것도 없고, 없는 것도 없습니다. 이 우주는 일관된 사유의 법칙으로 정리될 수 있는 게 아닙니다. 그런데 진화의 방향을, 두뇌 용량을 늘리고 두뇌 회로 길이를 연장하여 의식이 성장하는 쪽으로 돌려서 삶의 길을 찾은 인간의 경우에, 떼를 이루어 살아야 한다는 사정도 겹쳐, 말하자면 흐르는 물을 하나하나의 물방울로 고정시키려는 소망이 싹텄습니다. 그 소망의 가장 명료한 표현은 옛 그리스인들의 의식 속에 못 박힌 뒤로 지금까지 이 우주를 재는 바뀌지 않는 잣대 노릇을 해 온 '있는 것은 있고, 없는 것은 없다'는 말입니다. 있는 것이 없는 것으로, 또 없는 것이 있는 것으로 바뀌지 않는 세계에는 참된 변화와 운동은 없습니다. 우주 안에 있는 이러저러한 것들은 바뀔 수 있으나 우주는 바뀌지 않습니다. '에너지 보존의 법칙'이란 이러한 세계관의 반영입니다. 우주는 있는 것을 대표하는 하나, 곧 영원불변한 하나의 단위로 설정되는 것입니다. 이렇게 해서 하나의 큰 단위가 설정되면 그다음 일은 쉬워집니다. 그 큰 단위를 이루는 하부 단위들을 일정한 체계에 따라 설정하면 되니까요. 그리스 학문의 전통은 이것을 주춧돌로 삼아 세워졌고, 그 전통은 현대 과학에서도 흔들리지 않고 있습니다. 이 의심할 여지 없는 전제 위에 서구 과학도 종교도 서 있습니다. 이 우주는 하나의 세계, 하나님의 세계입니다. 그러나 그 우주는 그 사람들의 우주고 당신들의 우주입니다. 내 우주에는 있는 것도 없고, 없는 것도 없습니다. 거꾸로 말해도 상관없습니다. 내 우주에는 있는 것도 있고, 없는 것도 있습니다. 표현은 다르지만 마찬가지 말입니다.

이쯤에서 내가 첫 강의에서 한 말로 되돌아가기로 하지요. 같은 말을 되풀이하자는 뜻에서가 아니라, 딴 이야기를 하자는 뜻에서요.

다 아는 뻔한 말인데도 굳이 상기시켜 드렸듯이 있는 것이 없다는 말은 하나도 없다는 말의 다른 표현입니다. 이 말을 받아들이면 우리가 가장 큰 단위로 여기는 우주도 없습니다. 또 없는 것이 없다는 말은 다 있다는 말의 다른 표현입니다. 이 말을 받아들이면 우리가 가장 큰 단위로 여기는 우주가 하나가 아니라 무한히 여럿이 됩니다. 없는 것이 있다는 말은 빠진 것이 있다는 말의 다른 표현입니다. 이 말을 받아들이면 우리가 가장 큰 단위로 받아들이는 우주는 완전한 것이 아닙니다.

있는 것이 있다는 말은 하나가 있다는 말의 다른 표현입니다. 이 말을 받아들이면 우리가 가장 큰 단위로 받아들이는 우주는 하나입니다.

이 네 마디 말은 저마다 존재론이나 우주론의 주춧돌로 쓸 수 있는 것들입니다. 언제, 어디에서 어떤 말로 주춧돌을 놓느냐는 개별 상황이나 집단 상황의 반영일 수도 있고, 시대가 요청하는 것일 수도 있습니다.

우리의 의식이 없는 것이 있다는 말이나 있는 것이 없다는 말을 주춧돌로 삼기 꺼리고 그 쪽으로 돌려지는 생각을 거짓으로 못 박아 자꾸만 외면하려는 데에 까닭이 없지는 않습니다. 그렇다고 의식 안에 자리 잡고 있고, 자꾸 자맥질시켜 물 속에 잠기게 하려고 해도 끊임없이 의식의 표면에 떠오르는 이 불길한 말에 끝까지 귀를 막을 수는 없지요.

더 솔직히 말할까요? 의식이 몰아내고자 하는 이 어둠의 소리는 사실 의
식 활동의 숨은 전제들입니다. 없는 것이나 없다는 말을 빌리지 않으면 의
식은 한 걸음도 발길을 떼 놓을 수 없습니다. 있는 것만 있는, 하나만 있는
세상에는 의식이고, 감각이고, 추억이고, 기대고, 행복이고, 불행이고,
…… 그야말로 하나도 없습니다.

하나를 살려 내기 위해서도, 단위를 설정하고 법칙을 세우기 위해서도
이 세상의 삼라만상을 질과 양으로, 시간과 공간으로 나누고 그 나누어진
것을 다시 하나로 통일시키기 위해서도 없는 것이 있어야 하고, 있는 것이
없어야 합니다.

있는 것을 있다고 하고 없는 것을 없다고 하는 것이 참말이고, 있는 것을
없다고 하거나(하고) 없는 것을 있다고 하는 것이 거짓말인데, 참말이 참말
로 들리는 것은 거짓말이 있기 때문입니다. 멀쩡하게 있는 것을 없다고 우
긴다고 해서 없어지나요?

있는 것만 있고 없는 것은 없는 세상에는 있을 것도 없고, 없을 것도 없
습니다.

우리의 의식은 하나로 이어진 물의 흐름을 지난날의 물방울, 지금의 물
방울, 앞날의 물방울로 나누어 고정시킨 뒤에 물방울 저마다에 있었던, 있
는, 있을이라는 딱지를 붙입니다. 거꾸로 없었던, 없는, 없을이라는 딱지를
붙이기도 하지요. 그러면 지금부터 이 딱지 이론을 조금 가까이서 눈여겨
보기로 할까요?"

"선생님께서 앞 강의 시간에 '아우구스티누스의 시간론'이라고 부를 수
도 있는 고백을 장황하리만큼 길게 인용하신 것이 혹시 이 딱지 이론을 펼
치기 위한 전제는 아니었나요?"

"그렇게 보일 수도 있지요. 아우구스티누스는 시간과 연관되는 딱지 이론의 대가이니까요. 알다시피 아우구스티누스의 시간은 살아 있는 시간(참된 운동)이 아니라 의식 속에 고정된(매장된) 시간 의식입니다. 이 점에서는 그 전통을 이어받은 후설(Husserl)도 마찬가지지요. 이 이론에서 살아 움직이는 것은 모든 살아 움직이는 것을 움직이지 못하게 핀으로 고정시키는 의식뿐입니다. 아우구스티누스는 과거를 이미 없는 것으로 미래를 아직 없는 것으로 못 박습니다. 그러니까 있었던 것은 이미 없는 것이고, 있을 것은 아직 없는 것이라는 말이지요. 지금 있는 것? 그것은 이미 없는 것과 아직 없는 것을 이어 주는 흔들리는 접점 노릇을 할 뿐입니다. 그러니까 거꾸로 말하면 이미 없는 것도 아니고, 아직 없는 것도 아니고, 무엇이라고 규정할 수 없는 것이라고 할 수도 있습니다.

아우구스티누스의 과거, 현재, 미래를 없음과 연관지어 살펴보는 것도 흥미 있을 겁니다. 있음과 연관지어 있었던 것, 있는 것, 있을 것이 저마다 과거, 현재, 미래를 가리킨다면, 여기에 짝이 되는 없음의 계열은 없었던 것, 없는 것, 없을 것이 되겠지요. 여기에서 없었던 것은 무엇을 가리킬까요? 그것은 이미 있는 것을 가리킵니다. 그리고 없을 것은 아직 있는 것을 가리키겠지요? 없는 것은 이미 있는 것과 아직 있는 것 사이를 이어 주는 흔들리는 접점 노릇을 합니다. 그러니까 없는 것은 여기에서 이미 있는 것과 아직 있는 것을 한편으로는 갈라놓으면서 또 한편으로는 이어 주는 징검다리 노릇을 하는데, 있는 것과 대비시켜 이야기하자면 이미 있는 것도 아니고, 아직 있는 것도 아닌 무엇이라고 규정할 수 없는 것이라고 할 수 있겠지요.

말장난 같다고요? 아닙니다. 나는 지금 여러분들을 붙들고 말장난을 할

겨를이 없습니다. '길은 멀고 마음은 급하고'라는 말이 내 심정을 드러낸다고 생각하면 됩니다.

지금부터 우리는 시간 축을 중심으로 우리의 의식 속에서 토막 난 과거와 현재와 미래의 기능을 살펴볼 차례입니다. 본디 공간이 없는데 여기저기가 어디 있으며, 본디 시간이 없으니 과거가 따로 있고 현재가 따로 있고 미래가 어디 따로 있겠습니까마는 우리의 의식이 분별지를 요구하니 당분간 그 요청에 순응하기로 합시다."

솔직하게 털어놓자면 이렇게 말하면서 저는 숨이 가쁘고 두려웠습니다. 제 마음 저 깊은 곳에서 음울하고 불길한 경고의 소리가 울려 왔습니다.

'너는 지금 불가능한 일을 시도하려 하고 있다. 사유와 추론이 이루어지는 의식 공간에 한 발짝만 들어서도 의식의 칼날 아래 토막 나고 산산이 저며져서 형체조차 찾을 길 없는 것을 제물로 삼아 네 이론을 정당화하려고 하고 있다니, 바로 이런 오만을 경계하여 옛날 불가(佛家)에서 한 말이 있지 않더냐. 개구즉착(開口則錯). 입만 벙긋해도 틀린다. 차라리 입을 다물려무나.'

어쩌면 저는 시간과 공간을 초월한 직관지의 영역에 속하는 것을 시간과 공간으로 파편화한 분별지의 영역으로 끌어내리고 있는지도 모르겠습니다. 시간과 공간 속에서 시간과 공간의 문제를 논한다니요? 이것은 작은 그릇 안에 큰 그릇을 담으려는 것이나 좁쌀 안에 우주를 집어넣으려는 시도만큼이나 어리석은 일이 아니겠습니까? 그러나 어차피 엎질러진 물이요, 시위를 떠난 화살이었습니다.

"자, 지금 우리는 시간 축 속에서 토막 난 운동의 시체들을 보고 있습니다. 이 여섯 토막 난 시체, 그야말로 육시처참한 시체의 부위들을 하나하나

들어 볼까요? 이것은 있었던 것, 이것은 그 짝이 되는 없었던 것, 또 이놈은 있는 것, 그 짝인 이놈은 없는 것, 그리고 이 무엇인지 모를 만큼 뭉개져 버린 것은 있을 것, 그리고 이 흉측하게 생긴 놈은 없을 것이라는 이름이 붙어 있습니다. 한배에서 태어난 놈들인데, 그리고 본디 하나였던 몸인데, 이렇게 의식이라는 백정이 토막 내 놓으니까 저마다 다른 놈인 것처럼 보이지 않습니까?

이제부터 시체 해부 시간인데 어떤 놈부터 분해를 할까요? 시간의 흐름을 따라 과거에서 현재를 거쳐 미래로 가자고요? 할 수 없지요. 여러분들의 의식이 그렇게 한 방향으로 고정되어 있으니, 그리고 한 방향으로 고정된 시간 회로를 유일한 흐름인 것으로 알고 있으니 그 요구를 따를 수밖에요.

우리는 앞에서 파르메니데스로부터 시작된 서구 철학의 오랜 전통을 짐짓 받아들여 과거는 이미 없는 것으로, 미래는 아직 없는 것으로 쳤습니다. 그러나 이제부터 있음과 없음과 연관하여 정말 과거가 이미 없는 것이고, 미래가 아직 없는 것인지 꼼꼼히 살펴볼 필요가 있습니다. 먼저 있었던 것과 연관하여 과거를 살펴볼까요? 있었던 것은 아까 내가 말했듯이 이미 없는 것을 나타내는 말로 볼 수도 있습니다. 그러나 정말 있었던 것을 이미 없는 것으로만 볼 수 있을까요? 지난 날 있었던 것이 지금도 있을 수 있고, 앞으로도 있을 수 있지 않을까요? 우리는 창 밖의 저 관악산이 지난날부터 있었던 것이고, 지금도 있는 것이고, 내일도 있을 것이라고 자연스럽게 받아들입니다. 그렇다면 있었던 것은 이미 없는 것을 가리키기도 하지만 지금 있는 것, 앞으로도 있을 것을 가리키기도 한다고 보아야 하겠지요. 그러니까 있었던 것의 테두리는 이미 없는 것과 같은 것이 아니라 그 안에 지금 있는 것과 앞으로 있을 것까지 담을 수 있는 크기를 가졌다는 말이지요.

이와 연관되는 자세한 이야기는 뒤로 돌리기로 하고 이번에는 있었던 것과 짝을 이루는 없었던 것을 살펴보지요. 앞에서 짐짓 없었던 것은 이미 있는 것이라고 단순화시켜 규정했지만 지금도 없는 것이고, 앞으로도 없을 것을 가리키기도 합니다. 이를테면 네모난 동그라미라는 말을 뒷받침할 수 있는 형상은 지난날에도 없었던 것이지만 지금도 없는 것이고, 앞으로도 없을 것입니다.

이처럼 있었던 것과 없었던 것에는 저마다 있음과 없음의 결이 동시에 숨어 있습니다. 다시 말해서 있음과 없음으로 추상의 최종 단계에서 나누어지는 원초적 관계가 어떤 때는 있었던 것으로 또 어떤 때는 없었던 것으로 나타난다는 것이지요. '실체화의 오류'(이런 식의 거만한 표현을 싫어한다는 것은 전에 한번 이야기했지요?)를 무릅쓰고 말하자면 있음과 없음은 있었던 것에도 없었던 것에도 공존하고 있습니다. 그러니 과거를 이미 없는 것으로 규정하는 것은 있었던 것을 이미 없는 것으로, 그리고 없었던 것을 이미 있는 것으로 단순 규정하고 더 넓은 테두리에 대해서는 입을 다무는 것만큼이나 섣부른 일이지요. 비록 우리의 의식이 이런 단순화를 통해서 일관성을 유지하는 데 큰 힘을 얻기는 하지만요.

과거란 무엇입니까? 그것은 현재와의 연관 속에서만 드러납니다. 과거도 현재도 미래도 독립된 테두리 안에 들어 있는 그 무엇이 아닙니다. 말하자면 그것은 관계항이라고 부를 수 있는 것인데, 관계가 없으면 관계항도 없습니다. 관계항이 먼저고 관계가 나중이 아니라 관계가 먼저고 그 관계를 의식 공간에서 분석하려다 보니 어쩔 수 없이 관계항을 놓게 되더라는 이야기이지요.

한 걸음 더 나아가 이야기하자면 있음과 없음도 따로 있는 게 아닙니다.

있는 것은 이 둘의 관계이고, 우리의 의식이 분석 최종 단계에서 이 두 항을 실체화하는데, 여기에 따르는 위험이 너무 커서 서구 존재론의 역사를 살펴보면 이 함정에서 벗어난 철학자가 아직 한 사람도 없었다 해도 지나친 말은 아닐 겁니다. 그러니 어찌 나라고 해서 이 함정에서 쉽사리 비켜서리라고 기대할 수 있겠어요?

우리가 지난날이다, 과거다, 있었던 것이다, 없었던 것이다 이렇게 못 박는 그 무엇은 스스로 아직도 흐르고 있고, 또 앞으로도 흐를 것이지만 우리 의식은 그것을 고정시켜 완고하게 기억 속에 가두고자 합니다. 우리는 우리의 기억에서 벗어나 끊임없이 요동치고 반란을 일으키는 과거의 모습을 직관하는 힘을 점점 잃어 가고 있습니다. 과거는 추억과 반성의 영역이 아닙니다. 그것은 이미 그렇게 되어 어쩔 수 없는 그런 것이 아니고 스스로 움직여서 현재와 미래의 모습까지도 바꾸어 낼 힘을 지닌 살아 생동하는 그 무엇입니다. 그러니 과거가 이미 없는 것이라느니, 우리의 의식, 우리의 기억, 우리의 영혼 속에 간직되어 있어서 우리 머리나 몸에 간직된 정보를 통해서만 현재나 미래에 힘을 미칠 수 있다고는 말하지 맙시다. 과거는 있음과 없음이라고 실체화되어 고정된 그 어느 것이 아니라 그 나름으로 현실을 구성하는 함과 됨의 영역입니다."

"잠깐, 잠깐만요. 선생님, 선생님께서는 지금 증명되지 않는 수사로 우리를 현혹하고 계시는데, 과거가 그 나름으로 살아 흐른다느니, 세상을 변화시키는 힘을 발휘하고 있다느니, '함' 곧 능동의 힘과 '됨' 곧 수동의 힘을 지닌 무엇이라느니 하는 말을 어떻게 증명할 수 있습니까?"

한 학생이 벌떡 일어나더니 저에게 대들듯이 따져 물었습니다.

"과거와 현재와 미래가 넘나듦은 우리의 의식, 우리의 말 속에서나 볼 수 있는 특별한 현상은 아니지요. 이를테면 우리는 이런 식으로 말합니다. '지난 추석에 말이야. 고향에 갔는데, 차에서 내리니까 어떤 사람이 서 있어. 많이 본 얼굴이야. 가까이 가서 보려고 하니까 그 사람이 고개를 돌리지 뭐야. 그제야 기억이 났지. 어렸을 때 내가 무던히도 골려 주었던 초등학교 동창이야.' 이 말 속에서, 그리고 그 말을 하는 우리의 의식 속에서 과거와 현재와 미래는 자연스럽게 넘나듭니다. 그런데 이런 일은 우리의 의식 속에서만 일어나지는 않습니다. 유전 정보란 무엇입니까? 그것은 모든 생명체 속에서 살아 움직이는 과거입니다. 살아 움직이는 미래입니다. 과거가 거미 꽁무니에서 실을 빼내 거미줄을 치고, 벌에게 밀랍을 만들게 하여 정교한 육각형 집을 짓습니다. 죽어 없어진 저 하늘의 별은 몇억 광년을 가로질러 이 하늘에서 저렇게 찬란히 빛나고 있습니다. 앞으로도 오래오래 그럴 것입니다. 땅속에서 뿜어 나온 과거의 불은 현재 저렇게 큰 바위로 웅크리고 앉아 우리를 내려다보고 있습니다. 언젠가 부스러져 바닷속으로 흘러가서 밑에 깔렸다가 압력이 점점 커지면 다시 한 번 불길로 뿜어 오를지도 모릅니다.

나에게 그런 힘이 주어질지는 모르지만 더 엄밀한 증명이 필요하다면 다음 기회에 하기로 하지요."

그 학생은 못내 불만스러운 표정을 숨기지 않았지만 저는 그 학생에게 '자네의 그 표정을 만드는 힘도 자네의 과거일세' 라는 말은 하지 않았습니다.

가치 판단이 사실 판단에 앞선다

다시 한 번 제 신상에 변화가 있었습니다. 저에게는 꽤 큰 변화이기 때문에, 그리고 이 삶의 변화가 제 생각이나 느낌, 그리고 그것을 드러내는 말투의 변화로 이어질 수 있기 때문에, 이런 글에 맞지 않는 사사로운 이야기일지 모른다는 느낌이 없지 않지만, 보고를 드리겠습니다.

지난번 말씀드렸던 국립대학 대학원의 교환교수 노릇을 끝으로 저는 강단을 떠났습니다. 제가 몸담고 있던 학교에 사표를 내고 서해안에 있는 조그마한 시골 동네 산자락에 묵어 가는 밭을 사서 농사를 짓기 시작한 것입니다. 그리고 그로부터 거의 한 해 반이 흘렀습니다. 늦깎이 농사꾼으로 처음부터 농사일을 다시 배우다 보니, 해 뜨면 일어나 들에 나가고 해 지면 개울물에서 손을 씻고 들어와 저녁을 먹자마자 그대로 쓰러져 자는 날의 연속이었지요. 그러다 보니 이제 돌이켜 보면 내가 강의실에서 학생들과 무슨 이야기를 어떻게 나누었는지 기억이 가물가물합니다. 애써 그때 상황을 되살려 보려 합니다만 제 단순한 삶이 기억까지도 단순화시켜 버렸기 때문에 도대체 옛 기억을 복원하는 게 가능할 것 같지 않습니다. 실제 상황과 많이 다르더라도 그동안 정신이 흐려져 꿈과 현실, 실제와 가상, 과거와 현재와 미래의 엉클어진 실타래를 제대로 추스르지 못하는 탓이라 여기고 너그럽게 보아 주시기 바랍니다.

저는 학생들과 이야기하면서 제가 하는 말에 두서가 없다는 것을 의식했습니다. 그래서 칠판에 다음과 같은 몇 개의 메마른 문장을 적어 내려갔습니다. 본디 뜻은 제 생각을 정리하고 학생들에게 제 머릿속에서 뒤엉켜 있는 검증되지 않은 이론들을 명확한 형태로 전달하려는 데 있었습니다만 그 작업이 성공했는지 실패했는지도 지금은 잘 기억나지 않습니다. 이제 제가 그때 적어 내려갔던 문장을 다시 적어 보지요.

1. 있었던 것이 있다.
2. 있었던 것이 없다.
3. 없었던 것이 있다.
4. 없었던 것이 없다.

"자, 보다시피 여기 적힌 문장들은 존재론 차원에서 과거와 현재가 관계 맺는 네 가지 방식을 문장 형태로 드러낸 것입니다. 우리는 이런 진술을 존재 판단이라고도 합니다. 이 판단들은 모두 사실 판단의 모습을 지니고 있습니다. 이 문장들 가운데 1과 4는 과거에서 현재로 이어지는 있음의, 또 없음의 지속을 드러냅니다. 그리고 2와 3은 변화를 드러냅니다. 2와 3에서 우리는 '있음에서 없음으로 바뀜'(있었던 것이 없다.)과 '없음에서 있음으로 바뀜'을 상식의 기준에서 확인할 수 있지만 그러한 변화의 구체 내용이 무엇인지는 알 수 없습니다.

이를테면 있었던 것이 없다고 할 때 이 변화는 무엇인가 빠져 있다는 결핍을 나타낼 수도 있고, 군더더기가 없어졌다는 뜻에서 평형을 나타낼 수도 있고, 이러한 관계 변화가 낳을 수 있는 여러 차원(현실, 심리, 판단……)의 달라진 사태를 확인할 수 있겠지요. 없었던 것이 있다고 할 때도 마찬가지입니다. 다시 말해서 1, 2, 3, 4의 문장은 모두 객관화한 정보만을 제공하고 있을 뿐 그래서 어떻다, 그러니 어떻게 해야 한다, 그러한 지속이나 변화가 바람직하다, 바람직하지 않다 들에 대한 판단 근거는 제공하지 않습니다.

그러나 이러한 지속이나 변화가 미래의 영역, 곧 있을 것과 없을 것과 관계를 맺으면 사실 판단은 가치 판단으로 바뀌는 계기를 맞습니다."

제가 여기까지 이야기하자 학생 하나가 제 말을 가로막더군요.

"선생님, 있었던 것이 없다나 없었던 것이 있다는 판단이 그 안에 어떤 가치 판단도 내포하고 있지 않다고 말씀하셨는데, 그렇지만은 않은 것 같은데요. 실제로 오늘 저는 있었던 것이 없어서 기분이 몹시 언짢았던 경험이 있었습니다. 강의 발표 요지를 분명히 책가방 안에 넣고 왔는데 찾아보니 없더라고요. '기분이 안 좋다' 이것도 가치 판단이 아닙니까?"

"좋은 질문입니다. 없었던 것이 있다는 판단에 대해서도 같은 말을 할 수 있겠지요. 이를테면 굶주린 사람에게 어떤 계기로 밥이 생겼다 할 때 그 사람에게 없었던 것이 있게 된 계기는 결핍의 충족이라는 점에서 '좋다'는 판단을 내리게 하겠지요. 반대로 갑자기 없었던 위장 장애가 생겨 배가 몹시 아프다면 '나쁘다'는 판단을 내릴 겁니다. 학교 교문이 자유롭게 열려 있다가 어느 날 전투경찰들이 교문을 닫아걸고 기관총을 걸어 놓았다면 두렵다는 느낌을 불러일으키겠고요.

그러나 이러한 모든 가치 판단은 이제부터 말하려는 미래의 영역, 곧 있을 것과 없을 것의 관계 속에서 생겨납니다. 우리는 과거의 존재를 있었던 것으로, 현재의 존재를 있는 것으로, 미래의 존재를 있을 것으로 나타냅니다. 또 과거의 비존재를 없었던 것으로, 현재의 비존재를 없는 것으로, 미래의 비존재를 없을 것으로 나타냅니다.

그런데 있는 것, 없는 것, 있었던 것, 없었던 것과는 달리 있을 것과 없을 것이라는 말에는 크게 보아 두 가지 뜻이 담겨 있습니다. 하나는 단순한 예측이나 추측이고, 다른 하나는 마땅히 그러해야 함, 곧 당위〔sollen〕입니다.

'여기 있는 칠판은 내일도 이 자리에 있을 것이다' '여기 없는 분필은 내일도 이 자리에 없을 것이다' 또는 '있을 것으로 여긴 모래무지는 없고, 없을 것으로 여긴 붕어는 많이 있다' 같은 말에서 있을 것과 없을 것은 추측이나 단순한 예상이라는 뜻을 지니고 있습니다.

그러나 '있을 것이 있고 없을 것이 없는 세상은 좋은 세상이요, 있을 것이 없거나 없을 것이 있는 세상은 나쁜 세상이다' 와 같은 말에서 있을 것과 없을 것은 단순한 예측이나 추측의 뜻을 지니고 있다고 보기 힘듭니다. 여기에서 있을 것이라는 말에는 있어야 할 것이라는 뜻이, 또 없을 것이라는 말에는 없어야 할 것이라는 뜻이 담겨 있습니다.

그러면 왜 있을 것, 없을 것이라는 말에 이런 이중의 뜻이 담겨 있을까요?

파르메니데스에서 아우구스티누스로 이어지는 서양 존재론의 전통에 따르면 미래는 아직 없는 것입니다. 앞에서 네 개의 문장을 보기로 들면서 '있었던 것이 있다' 나 '없었던 것이 없다' 는 있음의 지속 또는 없음의 지속을 나타내고, '있었던 것이 없다' 나 '없었던 것이 있다' 는 말은 있음과 없음의 관계의 변화를 나타낸다고 한 적이 있지요?

과거와 현재의 관계에서 우리는 이런저런 원인 또는 이런저런 원인과 조건에서 이런저런 지속이나 변화가 결과했다고 말합니다. 말하자면 과거와 현재의 관계에서 필연의 법칙을 유추해 내는 거지요. 그런데 그 필연의 법칙은 엄밀히 말하자면 의식의 법칙이라고 할 수 있습니다. 지속의 측면에서는 필연의 법칙을 끌어낼 수 있을지 모르나 변화의 측면에서는 필연의 법칙이 안 나옵니다. 생각해 보십시오. 있었던 것이 없게 되거나, 없었던 것이 있게 되는 이 극단의 변화에 어떤 필연성이 있습니까? 필연성이 없어서 필연의 법칙을 끌어낼 수 없으니까 우리 의식은 자꾸 '없는 것은 없다' '있는 것이 없는 것으로 바뀌거나 없는 것이 있는 것으로 바뀌는 일은 일어날 수 없고, 생각할 수도 없다' '모든 관계는 있는 것과 있는 것의 상관관계이고, 이 관계가 어느 측면에서는 지속으로, 어느 측면에서는 변화로 드러나는 것뿐이다' 하는 식으로 외곬으로 흐르게 됩니다.

그러나 앞에서 귀에 못이 박히도록 이야기했듯이 있는 것은 하나로 있지 여럿으로 있지 않습니다. 따라서 있는 것과 있는 것의 상관관계라는 말은 일상 차원에서는 편의에 따라 쓰이지만 엄밀하게 따지면 어불성설이요 모순입니다. 마치 야바위꾼이 품속에 무엇인가 감추어 놓고 모르는 사람을 속이려 들듯이, 그런 말을 하는 사람들은 '있는 것과 있는 것 사이에는 없는 것이 있어서 이 있는 것과 저 있는 것을 갈라놓는데, 없는 것을 있다고 하면 논리에 모순이 생기므로 없는 것은 없다고 하고 논의를 진행시키자'고 강변을 하는 것입니다.

이 야바위 노름이 서양의 철학과 과학에서 어찌나 오랫동안 사람들을 세뇌시켜 왔던지, 지금 철학자와 과학자들 대부분이 의식하거나 의식하지 못하거나 이 엉터리없는 일면적인 의식의 법칙을 자연의 불변하는 법칙으로 받아들이고 있는 형편입니다."

제가 이렇게 말하자 학생들이 웅성거리기 시작했습니다. 많은 학생들 표정에 불만스러운 빛이 역력했습니다. 손을 드는 많은 학생 가운데 한 학생에게 이야기하라고 했더니 이렇게 반박을 하더군요.

"지나친 매도인 것 같은데요. 만일에 선생님 말씀처럼 있는 것이 하나로 있고, 있는 것과 있는 것 사이의 관계 법칙이 야바위 노름에 지나지 않는다면 그동안 물질의 최소 단위를 찾으려는 과정에서 밝혀진 물질세계의 여러 법칙들, 또 생명체의 최소 단위를 찾으려는 시도에서 파생된 여러 과학 기술의 축적과 그것이 인류 사회에 기여한 공로는 어떻게 해석해야 하지요? 도대체 시공 연속체인 이 우주 안에서 단위인 여러 하나를 찾으려는 시도가 성공하지 못한다면 철학이고 과학이고 다 사상누각이 되는 것 아니겠습니까? 더 나아가서 우리들 삶의 틀도 다 무너지지나 않을까요?"

다른 학생이 일어나서 또 이렇게 말하더군요.

"선생님 말씀을 들으면 이 우주 안에서 양[quantity]의 최소 단위나 질[quality]의 최종 단위를 찾으려는 시도는 모두 부질없는 노력인 것같이 여겨지는데요. 그리고 그 최소 단위나 최종 단위가 확정되지 않으면 무엇을 무엇이라고 규정하거나 무엇이 얼마라고 측정하는 일이 불가능한데요. 질과 양, 척도 뭐 이런 것에 대한 규정이 없이 어떻게 어떤 현상에 대한 합리적인 판단을 내릴 수 있나요?"

"잠깐, 내가 마지막에 덧붙인 말이 성급했다는 건 인정합니다. 그리고 학생들 질문이 매우 중요하다는 것도 알고요. 그러나 그 문제는 나중에 이야기하기로 하고 이미 꺼낸 말이니까 먼저 사실 판단에서 가치 판단으로 전환하는 데 아직 없는 것으로 규정된 미래가 어떤 구실을 하느냐에 대한 설명을 마저 하기로 합시다.

파르메니데스의 규정을 받아들이면 있을 것도 아직 없는 것이요, 없을 것도 아직 없는 것입니다. 있는 것(또는 없는 것)으로 규정되는 현재와의 관계에서 아직 없는 것은 단순히 있는 것(없는 것)의 지속으로 나타낼 수도 있고 이 경우에는 지금 있는 것이 앞으로도 있을 것이라는 예측을 낳겠지요. 또는 지금 없는 것이 앞으로도 없을 것이라는 예측을 낳을 겁니다. 있는 것이 없는 것으로 바뀌는 변화(또는 없는 것이 있는 것으로 바뀌는 변화)로 나타날 수도 있습니다.(있음과 없음을 저마다 독립된 항으로 놓고 실체화시키는 관점에서 보면 이 변화는 불가능합니다. 따라서 우리 의식은 이러한 변화를 모순으로 보아 있을 수 없는 일로 못 박습니다.)

이제부터 파르메니데스가 이미 없는 것으로 규정했던 과거와 아직 없는 것으로 규정했던 미래와 있는 것으로 규정한 현재의 관계가 어떻게 형성되는지 몇 개의 문장으로 나타내 볼까요?

    1-1. 있었던 것이 있었다.

    1-2. 있었던 것이 없었다.

    1-3. 없었던 것이 있었다.

    1-4. 없었던 것이 없었다.

    2-1. 있는 것이 있었다.

    2-2. 있는 것이 없었다.

    2-3. 없는 것이 있었다.

2-4. 없는 것이 없었다.

3-1. 있을 것이 있었다.

3-2. 있을 것이 없었다.

3-3. 없을 것이 있었다.

3-4. 없을 것이 없었다.

위에 적은 열두 개의 문장은 모두 이미 없는 것의 관점에서 본 과거—과거, 현재—과거, 미래—과거의 관계들을 나타냅니다. 먼저 1-1에서 1-4까지 문장을 살펴보겠습니다.

1-1은 과거의 실재를 단순히 확인하는 문장으로 볼 수도 있고 과거의 어느 시점에서 그보다 앞선 과거가 지속되어 왔음을 가리키는 문장으로 볼 수도 있습니다.

1-2는 하나도 없었다는 말의 다른 표현으로 해석할 수도 있고, 또 그보다 앞선 과거에는 있었던 것이 과거의 어느 시점에서 보니 없어졌음을 나타내는 문장으로 볼 수도 있습니다.

1-3은 빠진 것이 있었다는 말의 다른 표현이거나 그보다 앞선 과거에는 없었던 것이 과거 어느 시점에서 있게 됨을 나타낸 문장으로 볼 수도 있습니다.

1-4는 다 있었다는 말의 다른 표현으로 해석될 수도 있고, 또 그보다 먼 과거에도 없었던 것이 과거의 어느 시점에서도 없었다는 것을 확인하는 문장으로 해석될 수도 있습니다.

하나의 문장이 하나의 사태를 가리키지 않고 여럿(둘 이상)의 사태를 가리키는 까닭(다시 말해서 언어의 모호성)은 사태의 무규정성을 반영합니다. 우리가 이미 없는 것, 지나간 것, 끝난 것으로 파악하는 과거에도 여전히 규정되지 않는 것, 유동적인 것, 바뀔 수 있는 것, 변화의 계기가 들어 있고, 바로 이 과거에, 이미 없는 것으로 규정된 것에 남아 있는 변화와 운동의 숨은 힘이 어떤 계기에 현재와 미래를 바꾸는 힘으로 작용합니다.

1-1에서 1-4까지 살펴본 문장이 이미 없는 것 사이의 내부 관계를 드러내는 것이라면, 2-1에서 2-4까지는 지금 있는 것(지금 없는 것)과 이미 없는 것 사이의 관계를 드러내는 문장이라고 볼 수 있습니다.

2-1은 실재하는 것이 지난날에도 있었다는 뜻으로 해석할 수도 있고, 지금 있는 것이 지난날에도 있었다는 뜻으로 해석할 수도 있습니다.

2-2는 하나도 없었다는 말의 다른 표현일 수도 있고, 지금은 있는 것이 지난날에는 없었다는 뜻으로 해석될 수도 있습니다.

2-3은 빠진 것이 있었다는 말의 다른 표현일 수도 있고, 지금은 없는 것이 지난날에는 있었음을 뜻할 수도 있습니다.

2-4는 다 있었다는 말의 다른 표현일 수도 있고, 지금 없는 것이 지난날에도 없었음을 뜻할 수도 있습니다.

얼핏 보면 2-1과 2-4 문장은 현재까지 이어져 온 과거의 사태를 가리키고, 2-2와 2-3 문장은 변화된 사태를 가리킵니다. 그러나 상황은 그렇게 간단하지 않습니다. 2-2, 2-3, 2-4 문장이 단순히 과거의 관점에서 본 현재와 과거의 지속이냐, 변화냐를 나타내지 않고, 이미 없는 것 자리에서 하나와 빠진 것과 여럿(다는 여럿 모두를 가리키는 말입니다.)을 문제삼고 있지 않습니까? 말하자면 이미 없는 것에 지금 있는 것(지금 없는 것)이 문제 상황으로 이미 담겨 있는 것입니다.

저마다 뜻은 다르지만 1-1에서 2-4까지 여덟 개의 문장은 전체로 보아 모두 과거의 관점에서 내린 사실 판단의 틀 안에 들어 있습니다.

그러나 앞으로 살펴볼 3-1에서 3-4까지 문장은 사실 판단의 틀을 벗어납니다. 물론 이 문장들이 지닌 뜻의 일부는 사실 판단의 틀 속에 가둘 수도 있지요. 그러나 사실 판단의 틀을 아무리 넓혀 놓아도 여전히 그 밖에 서 있는 의미의 계열을 확인할 수 있을 것입니다.

3-1은 앞으로 있으리라 예상되는 사태가 지난날에도 있었다는 뜻으로 해석될 수 있습니다. 이 해석의 틀 안에서 보면 이 문장은 사실 판단의 한 갈래입니다. 그러나 이 문장은 또 있어야 할 것이 있었다는 뜻으로 해석해도 손색이 없습니다. 앞으로 있게 될 것이 아니라 지난날 마땅히 있어야 한다고 여겼던 것이 있었다는 뜻도 지니고 있다는 거지요. 3-2, 3-3, 3-4 문장 모두 마찬가지입니다.

이미 없는 것과 아직 없는 것 사이에 사실 판단뿐만 아니라 가치 판단까지 내릴 수 있는 관계가 성립한다는 게 기묘하지 않습니까?

판단 주체의 문제로 돌아가자고요? 그 주체가 무엇입니까? 누구입니까? 인간의 의식인가요? 아니면 초월의식인가요? 혹시 개미나 선인장은 그 주체 안에 들어가지 않습니까?

나머지 문장들을 분석해 보고 논의를 진행시키기로 하지요.

아래에 다른 열두 개의 문장이 있습니다. 이 문장들은 지금 있는 것의 관점에서 본 이미 없는 것과 아직 없는 것과 있는 것의 관계를 드러내는 문장들입니다.

가-1. 있었던 것이 있다.

가-2. 있었던 것이 없다.

가-3. 없었던 것이 있다.

가-4. 없었던 것이 없다.

나-1. 있는 것이 있다.

나-2. 있는 것이 없다.

나-3. 없는 것이 있다.

나-4. 없는 것이 없다.

다-1. 있을 것이 있다.

다-2. 있을 것이 없다.

다-3. 없을 것이 있다.

다-4. 없을 것이 없다.

여기에서, 문장 가-1은 '지난날에 있는 것이 지금도 있다'는 뜻으로 읽힐 수 있습니다. 또 '지난날에는 하나도 없었단 말이냐?' 하는 질문에 '아니다. 지난날에도 무엇인가 있었다'고 답변하는 뜻으로 이 말을 했을 수도 있습니다.

문장 가-2는 '지난날에 있는 것이 지금은 없다'는 뜻으로 읽힐 수 있습니다. 또 '하나도 없었다'는 뜻으로 읽힐 수도 있습니다. 이 두 번째 뜻풀이에서 '없다'는 현재가 '없었다'는 과거로 때매김이 바뀌었다는 사실을 눈여겨보십시오.

문장 가-3은 '지난날에 없는 것이 지금은 있다'는 뜻으로 해석할 수도 있고 또 '빠진 것이 있었다'는 뜻으로 해석할 수도 있습니다. 현재에서 과거로 시점 전환이 또 한 번 더 이루어졌습니다.

문장 가-4에서도 마찬가지입니다. 이 문장이 지닌 뜻 하나는 '지난날 없는 것이 지금도 없다'이지만 다른 뜻은 '다 있었다'입니다. 여기서도 지금 있는 것(지금 없는 것)이 의미 전환을 통하여 이미 없는 것으로 때매김이 바뀌어 버렸습니다. 말하자면 우리 의식 속에서도 불가능한 일이 일어난 것입니다. 과거와 현재, 과거와 미래, 현재와 과거, 현재와 미래, 미래와 과거, 미래와 현재를 이어 주는 비밀 통로가 없고서야 어떻게 이런 일이 일어날 수 있나요? 현실은 그렇지 않은데 우리의 의식이 만들어 낸 가상 통로일 뿐이라고요? 글쎄요, 과연 그럴까요?

나머지 문장들을 살펴보기로 하지요.

문장 나-1에서 나-4까지는 이 강의 처음 시작할 때부터 이제까지, 또 앞으로도 두고두고 되풀이되는 분석의 대상이므로 여기에서는 빼기로 합니다.

문장 다-1에서 다-4까지는 모두 가치 판단을 내포하고 있다는 사실이 한눈에 보일 것입니다. 물론 다른 해석의 가능성이 없는 것은 아닙니다.

다-1을 '앞으로 있게 될 것이 지금 있다'는 뜻으로, 다-2를 '앞으로 있게 될 것이 지금 없다'는 뜻으로, 다-3을 '앞으로 없게 될 것이 지금 있다'는 뜻으로 또 다-4를 '앞으로 없게 될 것이 지금 없다'는 뜻으로 해석하자면 못 할 것도 없지요. 그러나 이 문장들을 그런 사실 판단의 틀 속에 억지로 끼워 맞추려는 데는 무리가 따릅니다.

그러면 여기에서 이런 의문이 떠오를 것입니다.

'왜 과거와 현재의 상관관계에서는 사실 판단만 성립하는데 미래가 끼어들면, 다시 말해 지금까지 살펴본 바로는 미래와 과거, 미래와 현재가 관계를 맺을 때는, 그리고 미래가 주체가 될 때(미래를 나타내는 말이 주어 자리에 올 때)는 가치 판단이 성립할까?'

이 문제에 대한 해명은 나머지 문장들을 살펴보고 난 뒤로 돌리기로 하지요.

이제 아직 없는 것의 관점에서 본 '이미 없는 것과 아직 없는 것' '있는 것과 아직 없는 것' '아직 없는 것'들 상호 관계를 드러내는 열두 개의 문장을 적겠습니다.

ㄱ-1. 있었던 것이 있을 것이다.

ㄱ-2. 있었던 것이 없을 것이다.

ㄱ-3. 없었던 것이 있을 것이다.

ㄱ-4. 없었던 것이 없을 것이다.

ㄴ-1. 있는 것이 있을 것이다.

ㄴ-2. 있는 것이 없을 것이다.

ㄴ-3. 없는 것이 있을 것이다.

ㄴ-4. 없는 것이 없을 것이다.

ㄷ-1. 있을 것이 있을 것이다.

ㄷ-2. 있을 것이 없을 것이다.

ㄷ-3. 없을 것이 있을 것이다.

ㄷ-4. 없을 것이 없을 것이다.

ㄱ-1에서 ㄱ-4까지 이미 없는 것이 주어가 되고 아직 없는 것이 술어가 되는 과거와 미래의 관계에서 있을 것, 없을 것이라는 판단은 있어야 할 것이나 없어야 할 것이라는 당위나, 있으리라 또는 없으리라는 예상이 아니라 추측의 성격을 띱니다. 칸트의 분류에 따르면 이른바 개연 판단이라고 할 수도 있겠지요.

물론 ㄱ-1을 '지난날 있는 것이 앞으로 있으리라 예상된다' 또는 '무엇인가 있었을 것이다', ㄱ-2를 '지난날 있는 것이 앞으로 없으리라 예상된다' 또는 '지난날 하나도 없었을 것이다', ㄱ-3을 '지난날 없는 것이 앞으로 있으리라 예상된다' 또는 '지난날 빠진 것이 있었을 것이다', ㄱ-4를 '지난날 없는 것이 앞으로 없으리라 예상된다' 또는 '지난날 다 있었을 것이다'로 뜻풀이하자면 할 수도 있겠지요. 그러나 특별한 경우에 생략 어법에 따라 현재라는 관계 고리가 빠져도 이해되는 그런 상황에서가 아니라면 이 문장들을 보고 예상이나 예측이 강조되어 있다고 할 수 없을 것입니다.

여기에서는 '무엇인가 있었을 것이다' '하나도 없었을 것이다' '빠진 것이 있었을 것이다' '다 있었을 것이다'라는 의미가 각각의 문장에 함축되어 있어서 술어에서 아직 없는 것이 이미 없는 것으로 시점 전환이 일어납니다. 말하자면 과거의 미래가 현재의 과거로 바뀌는 상황인데 이러한 변화는 나중에 변화와 운동을 통틀어 다룰 때 자세히 이야기하기로 합시다.

ㄴ-1에서 ㄴ-4까지 문장도 예상, 예측의 뜻으로 새길 수 있습니다. 그러나 ㄱ-1에서 ㄱ-4까지 문장과 마찬가지로 이 문장들에서도 추측의 측면이 두드러집니다. ㄴ-1은 '무엇인가 있으리라 추측한다', ㄴ-2는 '하나도 없으리라 추측한다', ㄴ-3은 '빠진 것이 있으리라 추측한다', ㄴ-4는 '다 있으리라 추측한다'는 뜻으로 자연스럽게 풀이할 수 있습니다."

제가 여기까지 이야기했을 때 학생 하나가 다시 질문을 하더군요.

"선생님, 용어에 관한 문제인데, '있을 것이 있을 것이다' 나 '없을 것이 없을 것이다' 라는 표현에서 주어에 나오는 있을 것과 술어에 나오는 있을 것은 성격이 다르지 않습니까? 이 문장들은 '있을 것이 있으리라' '없을 것이 없으리라' 로 표현해서 두 말은 성격이 다름을 분명히 밝혀 주는 게 좋을 듯한데요."

"좋은 질문입니다. 그러나 '엎어치나 메치나 마찬가지' 라는 속담이 있지요? '있으리라' '없으리라' 는 표현을 찬찬히 뜯어보면 그 말이 '있을 이라' '없을 이라' 에서 나왔음을 알 수 있습니다. 마치 '젊은 이' 나 '젊은 것' 이라는 말이 어감은 다르지만 가리키는 대상은 같은 것이나 마찬가지로 '있을 것' '없을 것' 이나 '있을 이' '없을 이' 도 어감은 다르지만 가리키는 것은 똑같습니다. 이 문장들에서 기본 형식은 꼭 같이 'ㄱ은 ㄴ이다' 입니다. 제 생각에는 그렇습니다. 필요하다면 그렇게 말을 바꾸어도 상관없겠지요."

뒤이어 저는 서둘러 나머지 문장들을 살펴보았습니다. 메마른 문장 분석은 저에게도 학생들에게도 지겨울 뿐만 아니라 이 문장 분석은 학생들 이해를 돕기 위한 보조 자료에 지나지 않기 때문에 길게 늘어놓을 필요가 없다는 판단이 들었기 때문입니다.

"이제 마지막으로 살펴볼 문장들은 아직 없는 것의 내부 관계입니다.

ㄷ-1 '있을 것이 있을 것이다' 라는 말은 동어반복으로 읽힐 수도 있지만 '있어야 할 것이 있으리라 예상한다, 기대한다, 추측한다' 라는 말로 해석해도 무리가 없습니다.

ㄷ-2 '있을 것이 없을 것이다' 라는 문장은 '남을 것이 없으리라 예상한

다, 추측한다' 는 말로도 해석할 수 있고 '있어야 할 것이 없으리라 예상한다, 추측한다' 로 해석할 수도 있습니다.

ㄷ-3 '없을 것이 있을 것이다' 라는 문장은 '빠질 것이 있으리라 예상한다, 추측한다' 는 뜻도 있고 '없어야 할 것이 있으리라 예상한다, 추측한다' 는 뜻도 있지요.

ㄷ-4 '없을 것이 없을 것이다' 라는 말은 '앞으로 다 있으리라 예상한다, 기대한다, 추측한다' 는 뜻으로도, 또 '없어야 할 것이 없으리라 예상한다, 기대한다, 추측한다' 는 뜻으로도 해석할 수 있겠습니다.

이처럼 아직 없는 것, 아직 드러나지 않아서 무엇이라고, 어떻다고 규정할 수 없는 것 사이의 내부 관계, 다시 말해서 미래의 세계에는 예상과 기대와 추측뿐만 아니라 어떠해야 한다는 규범까지도 포함한 복잡한 판단들이 잠재해 있습니다.

따지고 보면 이러한 판단 형식의 메마른 분석은 큰 뜻이 없습니다. 판단과 사태가 늘 일치하지는 않으니까요. 긍정 판단(이다)에 부정 사태(아닌 일)가 대응할 수도 있고 부정 판단(아니다)에 긍정 사태(인 일)가 대응할 수도 있습니다. 또 동일성(저됨)을 드러내는 듯이 보이는 문장이 실제로는 차별성(남됨)을 내포하기도 하고 차별성(남됨)을 부각시키는 듯이 보이는 문장이 동일성(저됨)을 드러내기도 하지요.

다만 앞에서 우리가 살펴본 서른여섯 개의 판단 형식이 모두 있음과 없음에 연관된 이른바 존재 판단인데, 여기에는 사실 판단도 있고, 가치 판단도 있고, 헤겔이 말하는 긍정(임)과 부정(아님), 칸트가 이야기하는 여러 판단 형식들이 빠짐없이 대응한다는 것만 눈여겨보면 되겠습니다.

말하자면 우리는 지금까지 과거—과거, 과거—현재, 과거—미래, 현재

—과거, 현재—현재, 현재—미래, 미래—과거, 미래—현재, 미래—미래라는 세 가닥으로 꼬인 밧줄 세 개가 다시 하나로 꼬여 역동적으로 과거와 현재와 미래를 지속과 변화의 흐름 속으로 우리를 끌어들이고 있어서, 현재에서 과거로, 현재에서 미래로, 또 과거에서 현재로, 과거에서 미래로, 그뿐만 아니라 미래에서 과거로, 미래에서 현재로 넘나드는 통로로 안내되는 길목에 서 있음을 이 서른여섯 개의 판단 형식을 통해서 살펴보았던 셈입니다."

제 말이 여기에 이르자 이번에는 노골적인 불만이 터져 나왔습니다.

"선생님, 저희가 선생님 강의를 들으면서 한편으로 이런 생각이 듭니다. 이 부질없는 현학이 과연 무슨 도움이 되겠는가 하는 회의가 일면서 이 존재론 강의와 구체 현실의 관계 고리가 점점 멀어진다는 느낌이 들어요. 물론 앞으로 강의가 진행되면서 지금까지 엉클어진 생각의 가닥이 조금씩 잡혀 가겠지 하는 기대 때문에 이렇게 아직까지 듣고는 있습니다만."

"그래요? 아마 내가 칠판에 적어 놓은 서른여섯 개의 판단과 그 판단들에 대한 틀에 박힌 설명 때문에 그런 인상을 받았겠지요. 그러나 이 판단들에 대한 면밀한 분석은 우리가 앞으로 다루게 될 의식에 주어진 것과 감각에 주어진 것뿐만 아니라 더 나아가 직관에 주어진 것까지도 올바로 이해하는 데 요긴한 길잡이가 되리라 여기고, 시간 나는 대로 들여다보기 바랍니다. 지금 당장 이 판단 형식들의 상호 관계를 전체로 이해하기는 어렵겠지요.

우리가 지속과 변화의 문제에 관심을 가지고 현상계의 법칙과 의식의 법칙을 문제삼는 것은 그러한 문제들이 모두 살기 좋은 세상 만들기와 잇닿아 있기 때문입니다. 그러면 지금부터 여러분들에게 익숙한 개념의 틀 안에서 이 문제들이 어떻게 구체 상황들과 연관을 맺는지 힘이 닿는 대로 밝혀 나가도록 합시다."

이렇게 말하면서 저는 칠판에 적힌 판단 형식들 가운데서 미래가 주어의 자리에 있는 세 계열의 문장들만 남기고 나머지는 모두 지웠습니다. 칠판에 남아 있는 문장들을 다시 눈여겨보시지요. 눈여겨보는 순서는 관심에 따라 다르겠지만 저는 미래—현재, 미래—미래, 미래—과거 차례로 이야기를 풀어 나가겠습니다. 문장 앞에 있는 표시 기호는 일부러 지웠습니다. 여기에서는 그 기호들이 도리어 방해가 되리라 여겼기 때문입니다.

* 미래—현재
있을 것이 있다.
있을 것이 없다.
없을 것이 있다.
없을 것이 없다.

"자, 이 문장들을 다시 한 번 눈여겨보기로 할까요? 꽤 오래 전 이 강의를 시작하면서 우리는 어떨 때 좋다고 하고, 어떨 때 나쁘다고 하는지에 대해 잠깐 이야기한 적이 있습니다. 좋음의 형상을 모든 형상들 가운데 가장 윗자리에 둔 플라톤의 형상 이론을 구태여 들먹이지 않더라도 모든 가치 판단은 맨 나중에 좋다, 나쁘다로 모아집니다. 따라서 플라톤의 말투를 따르자면 좋음의 형상(나쁨의 형상)을 바로 보는 눈이 필요한데, 나를 포함하여 대부분의 사람들이 그것을 직관하는 눈이 열려 있지 않으니, 추상 공간의 마지막 계단에서 정의(definition)를 통해 그 모습을 드러내도록 노력

합시다. 앞 강의에서 나는 좋음과 나쁨을 이렇게 정의했습니다.

좋음 : 있을 것이 있고 없을 것이 없음
나쁨 : 있을 것이 없고(거나) 없을 것이 있음

그리고 보기를 들어 우리가 몸담고 사는 사회가 좋은 사회냐 나쁜 사회냐를 판가름하려면 있을 것과 없을 것의 관점에서 현재 우리 사회에 무엇이 있고, 무엇이 없느냐를 면밀히 살펴야 한다고 했습니다. 이를테면 우리 사회에 억압, 착취, 부정, 부패, 탐욕, 이기심, 분열, 전쟁의 공포, 국토의 분단…… 들이 있는데 이 현상들이 있을 것(있어야 할 것)이냐, 없을 것(없어야 할 것)이냐, 또 우리 사회에 자유, 평등, 평화, 우애, 협동, 관용, 정의, 공과 사의 분명한 구별…… 들이 없는데 이 현상들이 없을 것(없어야 할 것)이냐, 아니냐를 따질 필요가 있다고 했습니다. 그렇게 해서 있을 것이 다 있고 없을 것이 하나도 없으면 그 사회는 온전한 뜻에서 좋은 사회다, 있을 것이 하나도 없고 없을 것으로 가득 차 있다면 그 사회는 온전한 뜻에서 나쁜 사회다, 있을 것이 많이 있고 없을 것이 많이 없으면 그 정도에 따라 더 좋은 사회, 덜 좋은 사회로 등급이 매겨지고, 있을 것이 많이 없고, 없을 것이 많이 있으면, 그 정도에 따라 더 나쁜 사회, 덜 나쁜 사회로 평가된다, 이런 이야기를 한 적이 있습니다.

있을 것만 있고 없을 것은 없는 사회는 그대로 온전히 지속되어야 합니다. 어떤 변화도 마다하는 극단의 보수주의가 이런 사회에서는 가장 바른 노선입니다. 있을 것이 많이 있고 없을 것이 많이 없는 사회는 정도 차이는 있겠지만 지속에 더 힘을 기울여야 합니다.(지속이 주요 변수라면 변화는 종속 변수가 됩니다.) 이런 사회에서는 다양한 편차가 있고 없는 정도에 따라 생기겠지만 보수주의(이른바 우파)의 득세가 정당화됩니다. 그러나 있을 것은 없고 없을 것만 있는 사회는 전체가 변화해야 합니다. 어떤 기존 질서나 가치의 지속도 거부하는 극단의 진보주의가 이런 사회에서는 가장 바른 노선입니다. 없을 것이 많이 있고, 있을 것이 많이 없는 사회는 정도 차이는 있겠지만 변화에 더 힘써야 합니다.(변화가 주요 변수가 되고 지속은 종속 변수가 됩니다.) 이런 사회에서는 있고 없는 정도에 따라 다양한 편차가 나타나겠지만 진보주의(이른바 좌파)의 득세가 당연시됩니다.

우리 사회가 좋은 사회가 되기 위해서 있을 것이 무엇이고, 없을 것이 무엇이냐, 그것이 실제로 있느냐, 없느냐, 있으면 얼마나 있고, 없으면 얼마나 없느냐를 꼼꼼히 살피지 않고 보수주의가 좋으니 진보주의가 좋으니, 수구니, 개량이니, 혁신이니, 혁명이니 하고 말로만 내세우는 것은 다 부질없는 짓이지요.”

제가 잠시 말을 멈추자 그 틈에 학생 하나가 저에게 이렇게 묻습니다.

“선생님 말씀은 책상머리에서 듣고 있으면 그럴싸한데요. 그렇지만 우리 역사를 살펴보면 분명히 없을 것이 많이 있고, 있을 것이 많이 없는 그런 사회가 줄곧 변화 없이 지속되어 온 측면이 두드러지거든요. 이런 현상은 어떻게 설명할 수 있지요?”

제 이야기 흐름이 또 한 차례 끊긴다고 느꼈지만 그냥 얼버무리고 넘어갈 형편이 아니었습니다. 그래서 간단히 이렇게 대답하고 말았습니다.

“실제 상황이야 어떻든 보수주의자들이 쓴 안경에 비치는 현실은 늘 있을 것이 있고, 없을 것이 없는 좋은 세상입니다. 정도 차이는 있지만요. 더러 ‘있을 것이 없다’ ‘없을 것이 있다’ 는 현실 상황이 그 안경을 통해 눈에 들어올 때도 있지만 그것을 변화시키려고 손을 대면 '긁어 부스럼'이라는 두려움이 보수주의자들 의식에 완강하게 뿌리내리고 있습니다. 변화되면 더 나빠진다는 거지요. 보수주의의 기본 성격인 현실 긍정은 보수주의자들이 차지하고 있는 정치·경제·사회·문화적인 기득권과 연관해서 설명할 수도 있지만 이런 설명만으로는 보수주의의 특징이 모두 해명되지 않습니다.

보수주의는 지속을 고집하는데, 지속은 안정과 동의어입니다. 무엇이든지(비록 그것이 나쁜 관습, 나쁜 제도, 나쁜 체제라 할지라도) 오래 지속되면 안정이 이루어집니다. 안정 상태에서는 긴장의 이완이 옵니다. 긴장은 힘의 소모를 가져옵니다. 생명체의 경우에는 그것은 생명력 낭비로 나타납니다. 판판한 길, 잘 닦인 길을 걸을 때 우리는 우리 발걸음에 주의를 기울이지 않습니다. 우리는 무의식중에 일정한 보폭으로 발걸음을 옮깁니다. 습관이지요. 습관이 형성되면 우리 걸음걸이는 자동화합니다. 자동화는 우리가 생체 에너지(생명력)를 최소로 소모하면서 걷는 방식입니다. 자동화, 긴장의 이완은 행동이나 기능의 반복을 가능하게 하고, 이 반복에서 행동 양식이나 기능의 동일화가 확보됩니다. 그리고 그것이 한 걸음 더 나아가면 동일한 형상, 동일한 의식으로 굳어집니다.

이런 생각을 해 본 적이 없나요? 자연 상태에서 나무나 풀은 왜 종마다, 또 개체마다 같은 잎, 같은 꽃을 반복해서 피워 낼까? 나무 한 그루, 이를테면 떡갈나무 가지에 온갖 형태를 갖춘 잎이 다 달려 있는 것이 떡갈나무가 살아가는 데 더 좋지 않을까?

떡갈나무가 꼭 같은 형태의 잎을 자동기계처럼 찍어 내는 데는 떡갈나무 나름의 삶의 경제가 작용합니다. 나중에 더 자세히 이야기할 자리가 있겠지만 미리 귀띔해 두는 것도 나쁠 것 같지는 않군요. 만일에 떡갈나무가 같은 잎만 지속·반복해서 찍어 내지 않고 순간순간 다른 형태의 잎을 피워 낸다고 칩시다.(여기에서 내가 같은이라는 말과 다른이라는 말을 강조한 데에는 뜻이 있습니다.) 이것은 요즈음 우리 경제계에서 유행하는 이른바 '다품종 소량화 정책'에 해당할 텐데, 왜 이런 일이 한 개체나 한 종의 단위에서 생존 전략으로 채택되지 않느냐 하는 데는 큰 까닭이 있습니다. 그 까닭은 나중에 우리가 흔히 양, 질, 척도라고 부르는 같음과 다름, 저됨(동일성)과 남됨(차별성), 이어짐과 끊어짐, 크기와 모습 들을 포괄해서 다룰 때 밝히기로 하고 여기에서는 보수성이 모든 생명체가 살아남기 위해 생명력을 배분하는 방식과 뗄 수 없는 관계가 있는 중요한 특질이라는 것만 이야기하기로 합시다. 인간의 의식에 뿌리를 내리고 있는 보수성도 정치경제학 틀 속에서 간단히 해명될 특질이 아니고 물질과 생명의 관계, 생명체 상호 관계까지 포함한 더 큰 틀 속에서만 제대로 밝혀질 수 있습니다."

학생들은 모처럼 귀 기울여 들을 만한 이야기를 시작하나 싶더니 중동무이[*]를 하고 마는 나에게 못내 불만스럽고 서운한 표정을 감추지 못했으나 모르는 척하고 하던 이야기를 계속했습니다.

"변화의 필요는 있을 것이 없고(거나) 없을 것이 있는 상황에서 생겨납니다. 더 이야기를 진행하기 전에 왜 때매김이 미래로 되어 있는 있을 것이라는(또 없을 것이라는) 말이 있어야 할 것(없어야 할 것)을 가리키는 말로 쓰이는지 간단하게나마 밝혀 놓는 게 좋을 듯하군요. 지금 있는 것, 곧 현

■   하던 일이나 말을 끝내지 못하고 중간에서 흐지부지 그만두거나 끊어 버리는 것.

재는 그 자체만으로 볼 때는 텅 비어 있습니다. 지금 있는 것은 하나의 특성을 지니고 있고 이 하나는 모든 관계에서 독립되어 있기 때문에 크기가 없는 것, 따라서 지속도 변화도 보장해 주지 못하는 것입니다. 헤겔의 말마따나 지금 있는 것(헤겔 식으로 말하면 순수 존재)은 지금 없는 것(헤겔 식으로 말하면 순수 무)이나 마찬가지로 아무 내용도 없는 공허한 것이라고 할 수 있습니다. 생명체 처지에서 보면 지속이냐 변화냐는 살아남느냐 죽느냐를 판가름하는 선택의 기로입니다. 과거에서 현재까지 지속해 왔다, 과거에서 현재까지 이러저러한 변화를 거쳐 왔다는 기억 내용만으로는 삶에 도움이 되는 지침은 될지 모르나 삶의 보장은 안 됩니다. 왜냐하면 과거의 기억은 걸러진 것, 곧 규정된 정보로 이루어져 있는데, 아직 없는 것인 미래는 규정되지 않은 것, 무엇이라고, 어떻다고 할 수 없는 것이기 때문입니다. 과거에서 현재까지 지속된 것, 또는 과거에서 현재까지 변화된 것을 구체적인 자료(data)를 통하여 파악하고 있었던 것이 있다, 있었던 것이 없다, 없었던 것이 있다, 없었던 것이 없다는 판단을 내리고, 그 판단을 기초 삼아 정보 철을 만들지만 그 기억된 정보의 사용가치는 미래의 상황이 결정합니다.

그런데 여기에서 기억에 저장된 정보 철을 뒤지는 인간의 의식이 따르는 통상 경로가 있습니다. 원칙은 간단합니다. '가까운 것에서 먼 것으로' '구체적인 것에서 추상적인 것으로'라는 원칙을 세워 놓고 자료들을 뒤져 나갑니다. 생명 유지는 시간 축을 따라 이루어지니까 현재에서 가장 가까운 과거가 일차 탐색의 대상 영역입니다. 시간 축에 따라 현재로부터 더 먼 과거와 더 가까운 과거 사이에는 이런 대응 관계가 성립합니다.

그림 21　시간의 진행 방향 ⟶

있는 것(없는 것)의 계열

가장 가까운 과거

있을 것(없을 것)의 계열

현재

　가장 가까운 과거의 시점에서 보면 현재는 있을 것(없을 것)의 영역입니다. 그러니까 생명체의 지속과 변화를 통한 생명 유지의 처지에서 살피면 늘 있을 것(없을 것)을 중심으로 있는 것(없는 것)에 대한 정보를 기억에 저장하고 정보 철을 만들고 찾아왔다는 말이 됩니다. 있을 것(생명 유지에 필요한 것)이 다 있고, 없을 것(생명 유지에 장애가 되는 것)이 다 없다면 생명의 유지는 자동적으로 이루어질 테니까 기억도 정보도 필요 없는 생명의 순수 지속만 있었을 것입니다. 생명체가 생명 유지를 위해 지속이냐 변화냐를 상황에 따라 선택할 수밖에 없는 데에는 이 세상이 있을 것만 있고 없을 것은 없는 그런 세상이 아니라, 있을 것이 없기도 하고, 없을 것이 있기도 하고, 때로는 있을 것이 없고 없을 것이 있는, 결핍과 위협이 때로는 간헐적으로 번갈아 들기도 하고 때로는 집중적으로 한꺼번에 몰아닥치기도 하는 세상이라는 까닭이 있습니다. 많은 사람이 믿는 것과는 달리 생명체에게, 그리고 특히 본능으로 전화한 생체 기억에 의존해서 살길을 찾는 생명체들과는 달리 의식에 주어진 외부 세계의 기억에 의존해서 살길을 찾는 인간에게, 가치 판단이 사실 판단에 앞선다는 것은 이런 사정을 반영합니다."

　이쯤 해서 물의가 일어나리라는 것은 예상하고 있었습니다. 과연 예상한 대로였습니다.

　"아니, 선생님, 그렇다면 미래가 현재보다 더 중요하다는 말입니까?"

　"그렇지요. 생명체에게는 그렇습니다. 생명체에게 현재란 무엇입니까?

살아 있음 아닙니까? 이 살아 있음이 이어지느냐, 끊어지느냐, 다시 말해서 목숨이 앞으로도 붙어 있을 것이냐, 떨어질 것이냐가 문제지 우리가 지금 여기 살아 있음에 무슨 주의를 기울여요? 지금 여기 살아 있음에만 주의를 집중할 수 있다면 과거의 기억이나 미래의 예측 다 부질없어져요. 우리가 왜 하나에다 존칭을 덧붙여 하나님〔唯一神〕이라고 해요? 지금 여기 있음이 바로 하나이고, 그 자리에 영원히 머물 수 있는 그 무엇이 있다면 그 무엇은 과거도, 미래도, 시간도, 공간도 다 여의고 자기 자신에게만 주목하는 자라는 뜻에서, 불교식으로 이야기하자면 모든 번뇌 망상을 벗어던졌다는 뜻에서 하나님, 유일신, 부처님 뭐 이렇게 부르는 거예요. 그리고 그런 경지는 존재론의 탐구 영역을 벗어나요. 그런 경지에 이르면 학문이고 철학이고 다 필요 없어요. 그야말로 똥 친 막대기만도 못하지요.

이런 말을 하면 지나치다고 나무랄지 모르지만 사실 판단이 가치 판단에 앞선다고 말하는 사람들은 내가 보기에는 모두 하나님이나 부처님 경지에 있거나 삶이 무엇인지, 죽음이 무엇인지 모르는 멍청이들이에요."

제 말이 지나쳤나요? 아마 지나쳤을 겁니다. 그러나 온 세상이 지금 '있을 것이 없다' (이 말은 곧 빠진 것이 있다는 말이라는 것은 여러 차례 말씀드렸습니다.)고 아우성인데, 점점 심화되는 결핍감이 끝간 데 모를 탐욕으로 전화되는 판에 지금 있는 것에만 주목하자는 말이 가당키나 하나요?

또 다른 한편으로는 '없을 것이 있다'는 게 세 살배기 아이도 알 만큼 산더미를 이루고 있어서 물질세계에만 국한하더라도 온갖 산업 쓰레기가 온 세상을 뒤덮고 있는 판에 '없는 것이 없는' 세상이 좋은 세상이라고 하여 이른바 선진 되었다는 나라에서 국가정책으로 복제 인간까지 만들어 내려는 꿍꿍이셈을 품고 있는데 나 몰라라 하고 지금 여기 있는 것에만 넋을 팔고 있다는 게 말이나 돼요?

어느 시대에 누가 맨 먼저 그 말을 썼는지 모르겠으되, '당파성이 객관성에 앞선다' 는 말이 새삼스럽게 가슴을 울리더군요.

'함' 과 '됨'의 차이: 운동의 두 가지 형태

우리 말 : '뭐 하지?'

독일어 : 'Was tun?' (바스 툰?)

불어 : 'Que faire?' (끄 페르?)

영어 : 'What do?' (왓 두?)

위에 있는 문장을 보면 시제는 현재로 되어 있죠. 그런데 이게 현재를 말하는 게 맞습니까? (대답 없음.) 현재라면 여러분께 이런 의문을 제기하지 않습니다. 여러분들 멀쩡하게 제 강의 듣고 있잖아요. "뭐 하지?" 하고 질문 던질 시간도 없어요. 그렇죠? 이것은 '앞으로 우리가 해야 할 일이 뭐지?', 이 이야기죠? 미래와 연관되어 있습니다.

저도 사실은 할 일은 많은 거 같은데 하는 일 없이 되는 대로 살아가는 경우가 많습니다. 그래서 '뭐 할 일이 없을까? 되는 대로 안 살려면 정신 바짝 차리고 할 일을 찾아야지' 이런 생각으로 골라낸 것이 시골 가서 농사 짓는 일인데…….

이번 강의 주제는 '함' 과 '됨' 입니다. '무엇을 할 것인가' 하는 질문이

한 개인한테 싹트는 것은 도시사회에서입니다. 농경사회나 유목사회에서는 이런 질문을 머릿속에 떠올리지 않습니다. 무엇을 할 것인가에 대한 것은 농경사회에서는 노인들이 결정해 주고, 유목사회에서는 유목민들을 이끌고 목초지를 찾아서 앞장서는 사람들이 결정해 줍니다. 도시사회에 들어서면서 비로소 한 개인에게 이 질문이 구체로 떠오릅니다. '뭘 할까?' 레닌이 쓴 책으로 유명해진 질문이지요. '무엇을 할 것인가?'

'함'과 '됨'은 둘 다 철학적으로 아주 중요한 개념입니다.

"우리는 어떤 때 '한다' 하고, 어떤 때 '된다'고 하지요? 함과 됨이 운동의 서로 다른 두 가지 형태라는 것은 분명하죠. 사람이 하는 것이든, 아니면 다른 것이 하는 것이든, 또 무엇이 어떻게 되든 하는 것, 되는 것은 모두 운동을 나타내는데 이 가운데 하나는 능동성이 크고, 하나는 수동성이 큰 운동 형태입니다. 베르그송 같은 사람들은 '태초에 운동이 있었다'고 이야기하는데, 운동이 뭡니까?"

"시간과 공간에서 뭔가 바뀌는 것이요."

"원자론에서는 운동을 어떻게 이해하고 있습니까? 이를테면 고대 물리학자들이 이야기하는 운동과 현대물리학자들이 이야기하는 운동은 어떻게 다릅니까? 조금 더 쉬운 문제부터 접근을 할까요? 고대 원자론자들에 대해서 잠깐 이야기한 적이 있습니다. 고대 원자론자들 전통이 레우키포스(Leucippos)에서 시작해서 데모크리토스(Democritos), 에피쿠로스(Epicouros), 루크레티우스(Lucretius)…… 이렇게 이어져 내려오는데, 이 사람들이 밑에 깔고 있는 가장 큰 가정이 무엇입니까? '이 세상은 원자와 공간으로 이루어져 있다, 그 외에는 없다, 원자는 수에서 무한하고 공간은 외연으로 무한하다.' 바로 이겁니다. 그런데 이 사람들은 운동의 문제를 어떻게 해결하죠?"

"원자들의 충돌로."

"예, 충돌과 반동으로 이 세상이 생겨났다고 그러는데, 그러면 원자들이 왜 충돌하게 됐을까요? 원자에 무게가 있습니까? 있지요? 그런데 무게가 있는 것들은 현상계에서 모두 수직하강운동을 하고 있잖아요. 그렇죠?

'우리가 현상으로 보면 원자는 무게가 있고 무게가 있는 것은 외부 간섭이 없으면 수직하강운동을 한다. 그런데 무한한 공간 어디에 앞, 뒤, 좌, 우가 있느냐?' 하고 물었을 때 그 질문에는 어떻게 대답을 하죠?"

"사방으로 낙하한다."

"사방으로 낙하한다는 거, 제 갈 길이 있어서 뿔뿔이 흩어지게 되면 거기서 충돌을 하게 되나요?"

"빨리 떨어지게 되면……."

"저분은 지금 갈릴레오 이전 이야기를 하고 있어요. 질의 물리학은 갈릴레오가 피사의 사탑에서 실험한 뒤로 다 사라졌습니다. 지금 말씀하신 것이 아리스토텔레스의 질의 물리학인데 여기에서는, '현상계를 이루는 중요한 것들에는 저마다 제자리가 있다. 불은 위로 올라가는 상승운동을 하고, 돌이나 흙은 밑으로 떨어지는 하강운동을 한다. 그 이유는 그 운동체의 본성상 그렇게 되어 있다'고 '질'을 중심으로 설명을 합니다. 그런데 갈릴레오가 실험한 뒤로 그게 다 사라져 버립니다."

말하자면 등질적인 운동이 나타나면서 이른바 고전물리학이 자리 잡게 됩니다. 뉴턴(Newton)이 앞장섰고 라플라스(Laplace)가 철학 이론으로 뒷받침을 하죠. 등질적인 운동을 뒷받침하기 위한 전제가 뭡니까? 등질적인 공간과 등질적인 시간이 나와야 합니다. 그런데 우리가 살고 있는 이 우주에 등질적인 것이 어디 있습니까? 시공을 통틀어 꼭 같은 것이 어디에 있습니까?

최초로 우주 공간을 등질적으로 보고 원자를 등질적인 실체로 본 것은 고대 원자론자들입니다. 대단히 큰 혁명입니다. 그 사람들은 '등질적인 시간과 등질적인 공간이 어떻게 확보되는가? 그리고 자연계에 정말 등질적인 시간과 등질적인 공간이 실재하는가? 혹시 우리 의식에만 있는 시간과 공간은 아닌가?' 하고 묻고 또 묻습니다.

데모크리토스 같은 사람은, 원자들이 이합집산을 해서 이 우주가 생성되는데 그 가운데 하나가 우연히 충돌을 하게 되고, 여러 놈이 그에 대한 반작용을 하면서 복합체들이 생겨났다, 없어졌다 하게 된다고 이야기합니다. 중요한 발언 가운데 하나입니다. 원자가 운동의 주체라는 말이 겉보기엔 가장 무책임한 이야기 같고 어쩌다 그렇게 됐다는 말도 무책임한 말 같지만, '우연'이라는 것을 끌어들인 것은 서구 '운동' 이론을 뒷받침하는 주춧돌을 놓은 것이라고 보아도 됩니다.

처음에 제가 여러분들에게 설명하려다가 곧 포기하고 말았는데, '컨틴젠시'(contingency)라는 말 생각나요? 당구공을 예로 들어서 얘기했죠. 원자론도 레우키포스에서 데모크리토스, 에피쿠로스에서 루크레티우스로 오는 동안 그 나름대로 진화를 합니다. 이 이론이 날이 갈수록 세련된 모습을 띠는데, 루크레티우스는 《사물의 본성에 관하여(De Rerum Natura)》라는 책에서 '우리가 현상계에서 바람 없는 날 빗방울이 떨어지는 것을 보듯이 원자가 위에서 아래로 수직하강운동을 하는데, 정해지지 않은 시간에 정해지지 않은 곳에서 경사운동을 한다. 무수히 많은 원자가 무한한 공간 속에서 수직하강운동을 할 때 그중에 한 놈이 살짝 휜다, 그렇게 해서 충돌이 일어난다'고 이야기합니다. 그 결과로 이 우주 삼라만상이 모두 충돌과 반동을 일으켜서 형성되고 해체된다고 합니다.

그리고 아주 복잡한 증명들을 합니다. '우주 공간이 무한하고 원자가 유한하다고 할 때 어떤 결론이 나오느냐, 우주 공간이 유한하고 원자가 무한하다고 할 때 어떤 일이 일어나느냐, 우주 공간과 원자가 둘 다 유한하다고 할 때 어떤 일이 일어나느냐'에 대해 질문하고 그런 경우에는 어떤 일이 생기는지 하나하나 증명을 합니다. 서양철학의 전통이 그리스철학에 기원을 두고 있는데 그리스철학은 인도철학이나 중국철학과는 다릅니다. 물론 인도철학과 중국철학에도 자기가 한 말에 대해서 이론적으로 증명하는 전통이 있습니다. 그렇지만 대체로 동양철학의 전통은 증명에 약하고, 또 굳이 증명할 필요가 없다고 생각하는 경향이 큽니다. 그러나 서양철학에서는 자기가 하는 말에 대해서 책임지고 증명을 해서 다른 사람이 수긍을 해야 그 다음 단계로 진행을 합니다.

'정지해 있는 것은 정지해 있는 것이고, 운동하고 있는 것은 운동하고 있는 것이다. 외부에서 힘이 가해지지 않는 한 정지해 있는 것은 영원히 정지해 있고, 운동하고 있는 것은 그대로 운동한다. 그 운동은 등질적인 수평운동이다. 수직으로 하는 중력에 의한 운동은 가속이 붙는다.'

이 운동 관념은 교과서에 나오는 거의 의심할 수 없는 진리로 우리 머릿속에 박혀 있습니다. 운동과 정지는 다르고, 운동하는 것은 정지하지 않고, 정지하고 있는 것은 외부 힘이 가해지지 않는 한 운동하지 않는다는 식으로 말입니다.

"여러분, 공간은 운동을 해요, 안 해요?"

"……"

"공간이 운동하지 않는다는 것이 사실인가요? 여러분들, 여기서 수학이나 자연과학, 물리학 하는 분 계십니까? 없어요? 실제로 등질적인 공간이란 측면에서 우리가 알고 있는 대부분의 공간 관념이란 것은 유클리드기하학 공간입니다. 이를테면 '삼각형을 내각의 합이 180도인 세 직선으로 이루어진 폐쇄된 평면 공간'이라고 말할 때, 우리는 유클리드기하학 공간을 받아들이고 있는 셈입니다."

'함과 됨' : 운동의 난제

여러분들, 서양에서 히스토리(history)라고 하는 말의 어원이 무엇인지 아십니까? 물리학사, 철학사, 생물학사 같은 '역사'를 이야기할 때 서양에서는 그것을 '히스토리'라고 합니다. 이 말은 그리스어 히스토르(histor)라는 말에서 나온 건데 히스토르라는 말은 증인이라는 뜻입니다. 우리는 실증적인 증언이 뒷받침되지 않으면 신화나 상상, 환상이라고 하지 역사라고 하지 않습니다. 역사는 실증과학이라고 하는 말, 이 말을 널리 퍼뜨린 사람이 누구입니까? 실증과학의 아버지는 누굽니까? 불란서 사람인 오귀스트 콩트(Auguste Comte)입니다. 그 사람은 물리학, 화학뿐만이 아니라 사회학, 철학까지도 실증과학으로 만들려고 애썼던 사람입니다. 근대과학의 밑바닥에는 오귀스트 콩트의 실증과학이 깔려 있습니다. 물리현상이나 생물현상이나 화학 현상이나 인간 현상이나 모두 일정한 법칙이 있다고 보고, 누구나 납득할 수 있도록 그 법칙을 설명하지 않으면 다 헛소리로 치부하는 거지요.

"화학에서는 가장 큰 난제가 무엇이었습니까?"

"불이요."

"그렇죠!"

불을 우리가 어떻게 이해할 수 있을까요? 우리는 간단하게 급격한 산화 현상이라고 배웠지만, 산화 현상이라는 것이 밝혀진 것은 지극히 후대 일입니다. 불이란 현상을 어떻게 이해할 것인가 하는 것이 화학에서는 오랫동안 가장 큰 난제였습니다.

생물학에서 가장 큰 난제는 무엇이었습니까? 자연발생설■에 대한 논박이었습니다. 파스퇴르가 나타나서 비로소 아주 조그만 생명체도 그냥 생겨나는 것이 아니며, 생명체에서만 생명체가 나올 수 있다는 것을 밝혔습니다. 그전에는 세균이라는 것은 그냥 저절로 생겨난다고 생각했지요.

물리학에서 가장 큰 난제이고 현재까지도 큰 난제인 것은 무엇입니까? 운동의 문제입니다. 한다, 된다, 이런 것이 전부 운동하고 연관된 문제입니다. 크게 봐서 운동에는 몇 가지 운동이 있습니까? 질적인 운동과 공간운동, 달리 말하면 질적인 변화와 공간에서 위치 변화, 이렇게 크게 두 가지로 나눌 수 있죠? 물리학자들은 질적인 운동을 어떻게 봐요? 양적인 운동으로 환원하죠? 어찌 보면 물리학자들은 극단으로 치닫는 환원주의자들이라고 볼 수 있습니다. 고대 원자론자들이 그랬듯이 단순한 요소를 가지고 전체 우주 삼라만상을 모두 설명할 수 있다면 더할 나위 없이 좋겠죠.

그런데 '질적인 운동을 양적인 운동으로 환원시킬 수 있는가?'에 대한 운동 문제는 대단히 어렵습니다. 지금 현대물리학자들이 빠진 궁지가 있습

■　생물은 어버이가 없어도 무생물 상태에서 저절로 생겨날 수 있다고 주장하는 학설. 아리스토텔레스가 주장한 뒤로 많은 학자들이 믿어 왔으나, 19세기 후반 프랑스 미생물학자 파스퇴르가 이 학설이 틀렸다는 사실을 증명했다.

니다.(저는 아인슈타인도 마찬가지로 그 수렁에 빠져 있다고 봅니다.) 원자론자들은 개방된 우주를 상상했습니다. 원자들도 무한하고 우주 공간도 외연으로 무한하다고 해서 개방된 우주를 생각했는데, 현대물리학자들은 폐쇄된 우주를 그립니다. 아인슈타인의 통일장이론이 일차로 밑바닥에 깔고 있는 것은 하나의 폐쇄된 우주입니다. 질서 있는 운동을 설명하려고 하니까 폐쇄된 공간이 필요한 겁니다.

"열역학 제일의 법칙이 뭡니까?"

"에너지 보존의 법칙."

"네, 에너지 보존의 법칙입니다. 이게 철학적으로는 어떤 뜻을 지니고 있습니까? '있는 것은 있고 없는 것은 없다. 없는 것에서 무언가 새로 생겨나지도 않고, 있는 것이 없어지지도 않는다' 그거죠? 안 그렇습니까? 어떤 면에서는 동어반복에 지나지 않습니다. 철학적인 문제를 물리학적인 동어반복으로 바꾸어 놓은 것입니다.

그다음 열역학 제이의 법칙은 뭡니까? 엔트로피가 증가한다는 건 무엇입니까? 무규정성이 늘어난다는 말이죠. 무질서해진다는 것은 무규정성이 늘어난다는 거고, 그리스 사람들 이야기를 따르면 '있는 것도 아니고 없는 것도 아닌 것이 늘어난다' '인 것도 아니고 아닌 것도 아닌 것이 늘어난다' '이것도 아니고 저것도 아닌 것이 늘어난다' 하는 거고, 그걸 물리학적으로 이해하기 쉽게 말하면 어떤 말이 되겠습니까?"

"……"

"이놈 저놈이 질적으로 구별 안 된다는 말입니다. 결국은 등질화된다는 말입니다. 고전물리학의 완성자로 알려진 뉴턴은 운동을 두 개로 나누는데, '수평운동과 수직운동이 합쳐져서 무한히 튕겨 나가지도 못하고, 무한히 오므라들지도 못하고, 우주에 떠 있는 것들을 둥글둥글 돌게 만든다. 이 두 개가 합쳐져서 조화와 균형을 이루어 우주선도 돌고, 지구도 돌고, 달도 돌고, 해도 돌고, 천체도 운행된다'고 이야기하죠. 참 아름다운 이론입니다."

그런데 중력 중의 중력은 뭐라 그러죠? 블랙홀입니다. 지금 우주 산지사방에 블랙홀이 있는데, 그 블랙홀을 전부 끌어모으는 최종 블랙홀이 나올 겁니다. 그게 중력 중의 중력이거든요. 중력 중의 중력에 중심이 있어서, 흩어지려는 모든 무게 있는 것들을, 성운이라든지 다른 여러 별들을 끌어모아서 통일장을 이룬다는 것이 아인슈타인의 생각이고, 거기서부터 현대 물리학자들이 한 치도 벗어나려고 들지 않고, 벗어나지도 못하고 있습니다. 그러나 이 이론은 파괴 정도에 있어서 고대 원자론자인 데모크리토스 학파의 이론을 못 따라갑니다. 빅뱅(Big Bang)이든 블랙홀(Black Hole)이든 옛날부터 원자론자들이 머릿속에 그리고 있던 것들에 이론적인 정교함과 섬세함을 더하고 거기에 수학을 덧붙여서 새로 정리한 것에 지나지 않습니다.

여러분들이 실제로 알고 있는 정치경제학 이론이라든지 현대 자연과학 이론들, 이 모든 이론들이 물리학 이론을 중심으로 마치 성단처럼 움직이고 있습니다. 그러니까 궁극적으로 이야기하면 중심은 '환원'입니다. 소립자로 환원시키든, 생산력과 생산관계로 환원시키든, 이 모두가 환원론들입니다. 여기저기서 환원론이 지배 질서를 형성하고 있습니다. 왜냐하면 그물을 던져서 그 그물에 걸리는 고기만 잡아야 하니까, 그것이 이론적으로 아름답고 깨끗하니까, 이론을 그렇게 만들어 냈는데, 도시 사람들은 서로 무엇이 닮아 간다고 했죠? 생각이 닮아 갑니다. 시골 사람들은 손이 닮아

가는데, 도시 사람들은 생각이 닮아 갑니다. 그런데 왜 이렇게 생각을 통일시키려고 듭니까? 왜 모두 이렇게 단순한 걸로 환원시키려고 들까요?

'함과 됨', '있음과 없음'의 연관성

오늘은 대단히 어려운 이야기로 다시 돌아가는데, 먼저 유클리드기하학과, 리만기하학에 어떤 차이가 있는가 하는 것입니다. 공간의 성격에 연관되는 것인데, 닫힌 공간이냐 열린 공간이냐 하는 문제입니다. 열린 공간에 대해서 맨 처음 이야기한 사람은 원자론자들이었습니다. 레우키포스에서부터 데모크리토스, 에피쿠로스, 루크레티우스를 잇는 원자론자들이 열린 공간을 생각했습니다. 이 사람들은 '우주는 공간과 원자로 이루어져 있다, 원자는 그 안에 빈틈, 공간이 하나도 있지 않으므로 더 이상 쪼개질 수 없는 것, 아토마(atoma)이다.〔템네인(temnein)이라는 그리스어가 있는데 그것은 가른다, 쪼갠다는 말입니다.〕' 이렇게 이야기합니다. 아토마에서 '아' 는 부정사로서 아톰(atom)은 쪼갤 수 없는 것, 더 이상 쪼갤 수 없는 것이라는 뜻을 지니고 있습니다. 이것은 있음의 성격을 가지고 있는 것, 또는 있는 것의 성격을 지니고 있는 것이라고 봐야 합니다. 그러니까 있음과 있는 것이 갈라지는 지점이 있는데, 그것이 지닌 성격을 원자론자들은 원자라고 불렀습니다. 원자는 '더 이상 쪼개질 수 없는 것' 으로 이해하면 됩니다.

파르메니데스도 비슷한 이야기를 하지요. 있는 것 또는 있음[einai]을, 구(球)처럼 생겼고, 모든 것이 달라붙어서 하나로 되어 있고, 분할할 수 없는 것으로 생각하고, 이것을 파르메니데스는 '있는 것은 하나' 라는 말로 표현합니다. 이 하나를 무한히 작은 것들로 쪼개서 무한한 공간 속에서 흩뿌려 놓은 사람들이 원자론자들입니다. 원자론자들은 그렇게 이야기하죠. 이우주 속에서 원자 수도 무한하고, 있는 것으로 보이는 것도 무한하고, 공간도 무한하다고 합니다. 그런데 고대 원자론자들이 말하는 원자와 공간의 성격은 각각 있는 것과 없는 것의 성격을 그대로 지니고 있습니다.

　　지난번에 제가 함과 됨이 어떻게 다르냐고 이야기했을 때 한 분이 그런 말씀을 하셨죠. '함은 능동성이 강조되는 말이고, 됨은 수동성이 강조되는 말이다.' 그렇습니다. 됨은 수용성, 받아들임, 외부에서 어떤 작용이 있을 때, 거기에 대해서 반작용을 하지 않고 그 작용을 받아들이는 측면입니다. 함은 작용을 하는 측면이죠. 여기에서 이런 문제를 먼저 짚고 넘어갑시다. 우리가 대상이라고 부를 때, 프랑스어로 오브제(objet), 영어로 오브젝트(object), 독일어로 게겐슈탄트(Gegenstand)라고 그러는데, 오브제, 오브젝트라는 말은 '오브(ob)' '이케레(icere)' 라는 라틴어에서 나왔습니다. '가로막고 있다' 는 뜻입니다. '게겐슈탄트' 라는 독일 말은, 라틴어가 어원인 불어와 영어의 독일식 직역입니다. '맞서 있는 것' 이라는 말입니다. 맞서 있는 것은 어떤 작용에 대해서 반작용을 합니다. 그러니까 세상이라는 것은, 이 세상에 있는 저 학생은, 내 시선을 가로막아서 저하고 맞서 버티고 서 있는, 내 시선을 가로막는 장애물이 됩니다. 저는 이 학생 뒤에 있는 다른 학생을 보고 싶은데 말이죠. 이렇게 저한테 장애물이 되는 것은 제 시선에 대해서 반작용을 하는 것이죠.

"반작용은 능력을 무화시키는 방식이 있습니다. 지금 제가 보고 있는 이 책상은 표면만 보면 원목처럼 보이는데, 이것이 진짜 원목인지 아닌지를 구별하는 여러 방법이 있겠죠. 두들겨서 소리를 듣는 방법도 있고, 옆과 앞을 살펴보는 방법도 있습니다. 이렇게 해도 이것이 원목인지 아닌지 확인이 안 되면 어떻게 해야겠습니까?"

"잘라 봐요."

"네, 잘라 봐야죠. 그런데 자르려는데 이 책상이 반항을 한다, 그럼 어떻게 하죠?"

"자를 수 없죠."

"자를 수가 없죠. 그렇죠? 색은 원목 색인데 이걸 자를 수가 없다, 그러면 이것이 나무인지 금강석인지 알 길이 없습니다."

모든 물질들은 저항하는 임계점이 있습니다. 그렇기 때문에 물리학자들은 쪼개고 또 쪼개고, 원자 이하인 아원자 수준으로 계속해서 쪼개서 그 결을 보고 이것이 어떤 물질인지, 어떤 특성을 가졌는지, 어떤 운동을 하는지를 알아내겠다고 합니다.

그런데 쪼개면 당장에 무슨 일이 일어납니까? 우리가 사물을 어떻게 인식합니까? 그 사물의 겉을 보고 인식을 합니다. 갓, 겉, 끝, 어원으로 보면 전부 같은 말입니다. 이 사물과 사물이 아닌 것이 만나는 지점에서 우리가 이 사물을 이해합니다. 그런데 우리가 앞을 보고, 옆을 본다는 것은 무슨 뜻입니까? 되도록 많은 겉을, 표면적을 살핀다는 소리죠. 그런데도 잘 알 수가 없어서 가르고 쪼갠다는 건 무슨 말입니까? 안에 숨어 있는 새로운 겉을 드러낸다는 것이죠? 자꾸 쪼개서 표면적을 늘린다는 말입니다. 그러니까 삼차원 세계를 이차원으로 전부 환원할 수 있다면 모든 결들이 자명하게 드러날 수 있다, 내 인식의 대상이 될 수 있다는 것입니다. 깊이 있는 사물을 깊이 없는 것으로, 삼차원 공간을 이차원 공간으로 환원시키게 되면, 이 모든 물리현상을 이해할 수 있고, 물리현상이 이해된다면 화학, 생물학, 사회, 역사, 인간 현상까지도 전부 단순한 이런저런 것들의 복합체라는 결론을 내릴 수 있고, 또 이해할 수 있다는 말입니다.

이 출발 지점이 어디에 있느냐 하면 그리스철학에 있습니다. 그리스 사람들이 이러한 방식으로 엮어 낸 우주론은 둘로 갈라집니다. 그 주인공 가운데 하나는 원자론자들, 또 하나는 플라톤입니다. 원자론자들이 열린 우주, 개방된 공간을 그렸다면 플라톤은 닫힌 우주, 폐쇄된 공간을 그립니다. 이것이 현대물리학에 이르기까지 조금도 바뀌지 않고 이어져 내려오고 있는 두 가지 거대이론〔Grand Theory〕▪입니다. 이 우주를 열렸다고 보느냐 닫혔다고 보느냐죠. 유클리드는 원자론자적인 전통에 서 있는 사람입니다. 그래서 이 사람은 열린 공간, 등질적인 공간을 상정하고 기하학 이론을 전개합니다.

그렇지만 로바쳅스키(Lobachevsky)나 리만(Riemann)의 경우는 공간을 달리 봅니다. 휜 공간으로 봅니다. 우주론과 성격이 조금 다르긴 하지만 닫힌 공간으로 보느냐, 아니면 닫힌 것인지 열린 것인지 구별하기는 힘들어도 공간 자체가 휘어 있는 것으로 보이느냐, 평행으로 보이느냐 하는 점에서 유클리드와 견해가 다릅니다. 그런데 대단히 이상하지 않습니까? 공간은 없는 것에서 나오는 건데, 이것이 휘어 있다는 말이 무슨 말이죠? 없

▪ 사회·과학 현상의 중요 법칙들을 밝혀낸, 모든 것을 포괄할 수 있는 높은 수준의 사회 이론을 말한다. 만유인력, 진화론, 소외, 합리화, 아노미 들이 거대이론에 들어간다.

는 것은 '휘어 있다'? 공간은 모든 것을 다 수용할 수 있는 것 아닙니까? 어떤 것에도 저항하지 않고 모든 것을 다 수용할 수 있는 것은 무엇입니까? 없는 것뿐이지요? 있는 것은 대상이 됩니다. 맞서고, 저항을 합니다. 없는 것만이 어떤 작용에도 반작용하지 않고 순수 수동성을 띠게 됩니다. 공간이 원자한테 저항을 하지 않는다는 것은 공간의 특성이 없는 것에서 생겨난 것이라는 뜻입니다. '공간은 없는 것의 다른 이름이다. 그러면 있는 것은 뭐냐? 원자만 있다.' 데모크리토스에 따르면 그렇습니다.

있는 것을 상정하고, 없는 것을 상정하게 될 때, 거기서 운동이 나올 수 있는지 없는지 한번 살펴봅시다. 함이 됐던 됨이 됐든 한쪽은 능동적인 운동 양태이고, 한쪽은 수동적인 운동 양태인데 있는 것과 없는 것 안에 운동을 포함할 수 있는 여지가 있는지 없는지를 같이 봅시다.

운동은 바뀌는 것을 뜻하죠? 이 바뀜을 두 가지로 갈라 볼 수 있겠죠. 한쪽은 없는 것에서 무언가 새로 생겨나서 있게 되는 것, 또 한쪽은 있는 것이 사라져서 없어지는 것, 보통 상식으로 이 두 가지 운동이 떠오르지 않습니까? 그런데 운동이 없음에 맞닥뜨리게 되면 어떻게 됩니까? 하강운동을 없음 아래로도 할 수 있을까요? 없죠. 말하자면 없음은 운동도 없는 정지 지점을 나타내는 거죠. 거긴 운동이고 뭐고 다 없습니다. 우리가 운동과 정지로 어떤 변화를 규정하자면 없는 것에 이르러서 하강운동은 멈춥니다. 그러면 상승운동은요? 있는 것 이상으로 올라갈 수 있습니까? 없죠. 있는 것 이상으로 올라간다는 것이 무슨 말입니까? 있는 것의 한계를 넘어서서 없는 것으로 돌아선다는 뜻이죠.

있음과 없음, 또는 있는 것과 없는 것은 운동이 이루어질 수 있는, 상승운동과 하강운동이 이루어질 수 있는 두 한계 지점입니다. 이 한계 안에서 운동이 이루어집니다. 지난번에 제가 당구공을 예로 들어 이야기했던 것을 떠올려 보기 바랍니다. 여기에 있음이 여럿으로 있다면, 여럿의 최소 단위가 뭐라 그랬죠? 둘, 둘이 여럿의 최소 단위죠. 만일에 있는 것이 둘로 있다고 쳐 봅시다. 그럼 이것을 '있는 것 기역'(ㄱ), '있는 것 니은'(ㄴ)으로 나눌 수 있는데, 여기에서 '있는 것 기역'(ㄱ)과 '있는 것 니은'(ㄴ)이 서로 다르다는 것을 증명하기 위해서는 둘을 나누는 경계선이 있어야 할 것 아닙니까? 그런데 이 경계선이 있는 것이냐 없는 것이냐 하고 물었을 때, 있는 것이라 하면 '있는 것 기역'(ㄱ)과 '있는 것 니은'(ㄴ)은 달라붙고, 없는 것이라고 보면 없는 것은 그 자체 규정상 없으므로 'ㄱ'과 'ㄴ'은 하나로 달라붙을 수밖에 없죠. 그래서 있는 것은 하나라고 이야기했죠. 바로 그렇기 때문에 '있는 것이 없다'고 해서 있는 것이 부정돼 버리면, 부분 부분 부정이 되는 것이 아니라 '하나도 없다'는 이야기가 된다고 그랬죠. 통째로 부정이 돼서 '있는 것은 하나다.' 그때 제가 여러분들한테 동의를 얻어 이 이야기를 했습니다.(일동 웃음.)

있는 것은 하나이기 때문에 다(多)와 운동으로 이루어진 세계를 설명하려면 있는 것만 가지고는 안 된다, 있는 것 하나만 놓고 가 버리면 없는 것이 다 사라져 버린다고 했죠. 원자와 공간으로 나누든 질료와 형상으로 놓든 어떤 방식으로든지 두 개를 놓고 나가야 하는데, 최초의 두 개는 뭡니까? 있음과 없음, 이게 최초의 두 개인데 있음과 없음이 서로 관계 맺을 필연적인 이유가 있어요, 없어요? 없습니다. 있음과 없음이 서로 관계 맺을 필연적인 이유가 없기 때문에, '있음과 없음이 접촉하고 있다는 것은 우연이다, 있음과 없음이 접촉할 이유가 조금도 없다. 왜 이 우주에 원자가 있어야 하고 거기에 대응해서 또 공간이 있어야 되는지 아무도 거기에 대해서는 합리적으로 설명할 수가 없다. 그냥 우연히 그렇게 되었다고 할 수밖에 없다. 그래서 원자론이 데모크리토스에 이르는 기간 동안 왜 있음과 없음이, 원자와 공간이 우주를 설명하는 기본 개념으로 설정되었느냐, 동시에 공존하게 되느냐 물었을 때 그 대답은 우연이다, 필연이다, 어쩔 수 없다, 설명할 수가 없다' 는 식으로 이야기가 헛돌고 말문이 막히는 것입니다.

　서로 접촉[contact]하고 있는 최초의 둘이 나올 때, 그럼 이 경계선은 있는 것이냐 없는 것이냐, 있음에 속하느냐 없음에 속하느냐, 있음에 속하면 있음 있음 있음으로 해서 없는 것이 다 없어져 버려서 있음만 남게 되고, 경계선이 없음에 속한다면 없음 없음 없음 해서 있는 것이 다 없어져 버린다, 전에 이야기했듯이 있음에도 속하지 않고 없음에도 속하지 않는 무엇이 나와야 한다, 있는 것도 아니고 없는 것도 아닌 것이 요청된다, 있는 것도 아니고 없는 것도 아닌 것 이것을 그리스어로 아페이론(apeiron)이라고 한다고 여러 차례 이야기했습니다. 이것은 무규정성, 무한성으로 불립니다. 이것도 아니고 저것도 아니다, 규정할 수 없는 것이다, 내적으로 외적으로 무한한 것이다. 있음에 속하지 않으니까 있음과도 구별되고 없음에 속하지 않으니까 없음과도 구별되는 것이다. 제3자다, 이런 결론이 나오는 거죠. 원시 부족들 가운데 수를 셀 때 '하나, 둘, 많다' 또는 '하나, 둘, 셋, 많다' 이렇게 세는 부족들이 있다고 그랬죠? 정확하게 세는 겁니다. 나머지는 모두 정도 차이에 지나지 않고 이 '하나, 둘, 많다' 만 정확하게 알고 있으면 우주 삼라만상을 다 이해할 수 있습니다. 다(多)와 운동도 이해할 수 있습니다.

　그럼 다음 말을 같이 봅시다.

　'무규정성은 실재하는 것이냐, 아니면 상상의 산물이고 허상이냐?'

"여러분들은 이 말을 어떻게 생각해요?"

"……."

이 다(多)와 운동, 우주의 삼라만상을 설명하기 위해서는 반드시 무규정성, 무한이라고 일컫는 것을 놓고 갈 수밖에 없습니다. 우리에게 무한이라는 관념이 없다면 우리는 삼라만상을 갈라놓을 길이 없습니다. 설명할 길이 없습니다. 그래서 당구공 이론이 나오는 겁니다. 당구장에 가면 두 당구알이 접촉하는 경우를 흔히 봅니다. '떡이 됐다'고 하기도 하고, '스위치'라고 우기기도 합니다. 당구대가 완전한 평면이 아니기 때문에 붙어 있던 것이 살짝 구르면 떨어지기도 하고, 다시 붙기도 합니다.

그런데 이 접촉이란 게 묘한 겁니다. 접촉은 대단히 특이해서 떨어진 것도 아니고 붙은 것도 아닌, 이중의 성격을 가지고 있습니다. 하나로 있다고 볼 수도 없고, 둘로 있다고 볼 수도 없어요. 둘로 완전히 떨어져 버리면 접촉이라고 안 하죠. 그리고 하나로 완전히 붙어 있으면 둘이라고 안 하죠? 빨간 공과 흰 공이 만나서 접촉을 하고 있을 때 이 접촉의 성격이 뭐냐면 바로 무규정성입니다. 접촉점은 빨간 공에도 속하지 않고 하얀 공에도 속하지 않는데, 하얀 공과 빨간 공을 서로 관계 맺게 해 주고 있다는 측면에서 이건 우연이라고 볼 수 있는 측면이 있습니다. 흰 공과 빨간 공이 접촉하고 있을 필연적인 필요가 없죠. 이것이 완전한 구(球)라고 생각할 때 접촉점은 몇이죠? 하나죠? 여기에서 최초의 운동이 시작됩니다. 접촉점은 빨간 공에 속했다가 하얀 공에 속했다가 왔다갔다하면서 관계를 맺어 줍니다. 딱 분리되면 관계를 맺지 않죠. 근데 이 접촉점이 하얀 공에 속해 있다고 보기도 힘들고, 빨간 공에 속해 있다고 보기도 힘듭니다.

이 최초의 운동에서, 빨간 공을 있음이라 하고, 하얀 공을 없음이라고 이름 붙여 보면, 운동은 있음과 없음 사이에서 일어나는 것이고, 있음도 운동하지 않고 없음도 운동하지 않지만, 운동은 있음과 없음의 관계 속에서 이루어지는 것이라고 할 수 있습니다. 운동을 둘로 갈라 볼 때 능동적인 측면의 운동이 있고 수동적인 측면의 운동이 있는데, 수동적인 측면이 됨의 특성을 지니고 있으며 이것은 순수 수동성을 특성으로 가지게 됩니다. 그 나름으로 작용을 가지고 있지만 모든 작용을 백 퍼센트 수용만 할 뿐이지 거기에 대해서 저항을 하지 않으니까, 하강운동은 대상 없는 운동입니다. 없음으로 가는 특성이 뭐냐면 등질적인 측면이 자꾸 드러나고, 모든 차이들을 뭉개는 것입니다. 이 컵과 매직펜하고는 왜 다르다고 그랬죠? 컵은 매직펜이 아니고 매직펜은 컵이 아니니까 다른데, 왜 이것은 저것이 아니라고 하느냐면 그것이 색깔이 됐든, 크기가 됐든, 뭐가 됐든, 컵에 없는 어떤 것이 매직펜에는 있고, 매직펜에 없는 어떤 것이 컵에는 있기 때문입니다. 그래서 매직펜은 컵이 아니고 컵은 매직펜과 다르다고 합니다. 수동성은 그렇다 치고 능동성을 지닌 것이 무엇이냐고 할 때, 고대 원자론자들은 능동성을 지닌 걸 무엇으로 보았습니까? 이 우주에는 원자와 공간밖에 없는데, 원자에다가 능동성을 부여했을까요, 공간에다가 능동성을 부여했을까요? 원자에다 능동성을 부여했죠? 왜 그랬냐면 작용을 할 수 있는 건 있는 것뿐이라고 생각했기 때문입니다. 없는 것은 작용을 할 수 없습니다. 없는 것에는 작용도 없습니다. 있는 것만 작용을 하는데, 있는 것은 원자뿐이니까 원자에 능동성이 있고, 공간에는 수동성이 부여되는 것입니다.(원자의 이합집산에 따라서 이 세상의 삼라만상이 다 이루어진다는 것이 원자론자들이 갖고 있는 기본 전제입니다.)

그리고 아까도 이야기했지만 원자도, 우주 공간도 무한하니까, 원자는 수에서 무한하고 우주 공간은 외연에서 무한하니까, 우주는 무한 우주가 됩니다. 이와는 달리 플라톤은 폐쇄된 우주를 상정하죠. 플라톤 뒤로 로바 쳅스키가 됐든, 리만이 됐든, 아인슈타인이 됐든, 현대물리학자나 기하학 자들은 거의 모두 하나로 되어 있는 폐쇄된 우주를 상정합니다. 그렇지 않으면 모든 이론이 다 깨져 나간다고 생각합니다. 등질적인 시간과 공간에 의존해서 구성했던 것들, 그리고 수학적으로 구축했던 우주 체계 전체가 깨져 나간다고 생각하기 때문에 우주 모양에 대해서는 오목렌즈나 볼록렌 즈같이 생겼다든지 도넛같이 생겼다든지 여러 가지 형태를 상정하지만, 전체로 보면 폐쇄된 우주를 놓고 나간다는 것입니다. 어느 관점에서 보느냐, 어떤 가설을 깔고 보느냐에 따라 드러나는 우주는 그 모습이 천차만별입니다. 그런데 그 기본이 되는 가설은 딱 두 개밖에 없습니다. '폐쇄된 것이냐 개방된 것이냐, 열린 것이냐 닫힌 것이냐.' 이 두 가지 가운데 하나를 골라야 합니다. 그런데 현대물리학자들은 폐쇄된 우주를 전제로 삼고 삼라만상을 설명해 들어갑니다.

대체로 마르크스 이래로 서구 스콜라철학▪을 형이상학으로 보아서 형이상학에 대한 비판이 유행하는데, 형이상학에도 여러 가지 종류가 있습니다. 존재론과 우주 삼라만상을 이루는, 가장 작은 것부터 가장 큰 것까지 일관해서 꿰뚫어 보려는 노력에서부터 원인학〔aitiology〕, 왜 왜 하고 끊임없이 물어보는 학문 전통이 생기는데 이것도 형이상학의 한 갈래입니다.

제가 전에 테트락티스(tetraktys)라고 해서 10을 완전수라고 보았던 피

▪   8세기부터 17세기까지 중세 유럽에서 이루어진 신학 중심 철학을 이르는 말이다. 고대 철학이 지닌 전통 권위에 의존하여 학문 체계를 세운 것으로, 토마스 아퀴나스 때 전성기를 이루었다.

타고라스학파 전통을 잠깐 언급한 적이 있죠? 피타고라스학파 전통에 따르면 한계가 하나인 것을 점이라고 보고 한계가 둘이 있는 것을 선이라고 봤죠. 한계가 세 개 있는 것을 면이라고 그랬고요. 가장 작은 수로 된 한계선을 가지고 구현할 수 있는 면이 삼각형이고, 그다음에 입체, 정사면체, 이렇게 해서 '1+2+3+4=10'인데, 우주 삼라만상은 한계가 하나가 있거나, 둘이 있거나, 셋이 있거나, 넷이 있거나 한 것으로 전부 구성이 되어 있다, 이런 이야기를 피타고라스학파 학자들이 했죠.

"여기서 하나 물어보겠습니다. 있는 것은 한계가 몇 개입니까?"

"……."

"하나입니다. 끝이 하나인 것은 보입니까, 안 보입니까?"

"보여요."

"보여요? 보이는 것은 면 아니면 안 보입니다. 선도 안 보입니다. 안 보이죠? 가장 큰 하나도 안 보이고 가장 작은 하나도 안 보인다는 것을 염두에 두고 생각을 해 보겠습니다."

있음은 안 보입니다. 왜냐? 한계가 하나이기 때문에. 그러면 없음은 어떻습니까? 한계가 없으니까 안 보입니다. 한계가 하나인 것도 안 보이고, 한계가 없는 것도 안 보입니다.

그래서 헤겔은 《논리학》 같은 책에서 있음(임석진이 순수 유로 번역한 'das reine Sein'을 우리 말로 하면 그냥 있음입니다.)과 없음(이것도 임석진이 순수 무로 옮긴 'das reine Nichts'의 우리 말 표현이지요.)은 개념으로만 있지 볼 수 없고 정의를 받아들이지도 않는 점에서 똑같은 것이다, 차이가 없다고 이야기했는데, 바로 이런 특성을 두고 하는 말입니다. 그러니까, '있음과 없음에 대해서는 말하지 말아라, 그러면 우리가 말할 수 있는 것은 무엇이냐,

있는 것과 없는 것인데 그것은 개별화된 존재, 개별화된 무, 여럿으로 흩어져 있는 존재와 무를 있는 것, 없는 것이라고 부른다. 그렇지만 있는 것도 있음의 성격에 참여하는 한 하나로 있게 되고, 따라서 그것은 규정할 수 없는 것이 된다. 없는 것은 없음의 성격을 지니고 있는 한 끝이, 한계가 없기 때문에 규정할 수 없는 측면을 지니게 된다'고 할 수밖에 없습니다.

"여기서 주목해야 할 것은 우리가 보고 만지고 귀로 듣고 오감을 통해서 파악할 수 있는 이 세계는 볼 수 있는 세계인데, 우리한테 전해지는 삶의 정보 가운데 시각 정보가 80퍼센트 넘게 차지한다고 그러죠? 그런데 우리가 입체를 볼 수 있습니까? 없습니까?"

"오성 수준에서는 입체를 인지하고요, 감각 수준에서는 입체를 인지하지 못합니다."

"그렇습니다. 우리 시각은 감각기관이니까, 통각 능력은 따로 빼고 우리 시각은 평면만 볼 수 있습니다. 겉, 한계, 갓, 끝만 볼 수 있을 뿐입니다. 우리가 볼 수 있는 것에서 최소 한계는 셋이라 하고, 끝이 세 개인 삼각형으로 이 우주를 모두 구성할 수 있다면 어떤 일이 일어나겠습니까? 모든 것이 인식 영역 속에 들어올 수 있다는 가설이 생기는 겁니다. 알 수 없는 것은 하나도 없게 된다, 모든 걸 알 수 있게 된다, 말하자면 우주 삼라만상에 대한 측정 가능성이 열리는 것입니다. 피타고라스학파한테 큰 재난이 무엇이었습니까? '루트2($\sqrt{2}$)'의 발견이었죠? 루트2는 무규정성이 드러나는 측면인데, 무규정성은 피타고라스학파한테 가장 큰 재난이어서 극구 추방해야 할 것이었습니다. 우주 삼라만상이 수로 이루어졌다는 것은 그것을 전부 규정할 수 있다는 말인데, 실제로 그렇게 될 수 없다는 것이 밝혀지는 것은, 피타고라스학파의 기본을 이루고 있는 세계관을 무너뜨리는 사태였기 때문에 루트2를 오랫동안 비밀로 감추려고 했다는 설도 있습니다."

제가 엊그제 동그란 달을 봤습니다. 요즘 달이 큰데, 이것을 가시적인 원 비슷한 것이라고 생각하지 말고 가시적인 원 바로 그것이라고 생각하십시오. 우리가 원을 볼 수 있습니까? 못 보죠? 원 비슷한 특수한 형태는 시각화해서 볼 수 있지만 원 그 자체는 볼 수 없습니다. 그러면 우리가 원을 어떻게 해서 알 수 있을까요? 한 점으로부터 같은 거리에 있는, 서로 무한하게 이어져 있는 점들을 원이라고 합니다. 현대 수학자들이 '원주율을 계산하는데 몇 조 단위까지 계산을 해냈다, 나는 암산으로 해냈다, 나는 슈퍼컴퓨터로 해냈다' 하는 이런 수치 모음을 책으로 내면 숫자만 계속해서 기록한 책이 수천, 수만 권이 될 것입니다. 그리고 그것을 가지고 서로 유명한 수학자라고 뽐내고 그러겠죠? 왜 이 짓을 하고 있죠? 미분, 적분을 대수학 영역이라 그럽니까? 해석학이라고도 하나요? 뉴턴이 무한 영역을 수학적으로 극복하겠다고 나서서 미분, 적분을 개발했죠. 그런데 미분, 적분은 어떻습니까? 전부 한정된 수치의 영역으로 무한 영역을 수렴해 낼 수 있다는 그런 생각이었죠. 그런데 정작 수렴이 되나요? 수렴이 안 된다는 게 파이(π) 계산에서 나타나죠?

실제로 유한 영역과 무한 영역은 우리 삶 속에 끊임없이 공존을 하고 있는데, 무한 영역을 그대로 방치하다 보면 수리 체계에서부터 재는 것과 연관되는, 말하자면 매트릭스로 표현할 수 있는 영역이 한정되고, 그에 따라 우리의 인지 영역은 그만큼 좁아집니다.(여러분 매트릭스가 어디서 나타났는지 아시죠? 잰다는 말에서 나왔습니다. 좌우, 아래위로 행렬지어지는 것, 재는 것, 그게 매트릭스죠?) 우리는 지금 디지털 시대에 살고 있지요? 그런데 운동은 디지털 세계에서가 아니고, 아날로그 세계에서 일어납니다. 무규정성이 전제되어야 운동이 제대로 이해됩니다. 아까 제가 두 당구알을 가지고 이야기했는데 두 당구알이 접촉을 할 때, 그 사이에 접촉면을 매개하고 있는 '점'이라는 것은 빨간 당구알에도 속해 있지 않고, 하얀 당구알에도 속해 있지 않고, 늘 왔다갔다 요동치고 진동한다(vibration)고 했습니다. 이 바이브레이션(vibration)이라는 말은 대단히 중요한 개념입니다. 베르그송한테도 중요한 개념이고 들뢰즈도 마찬가지입니다.

우선 플라톤 이야기를 다시 합시다. 플라톤에게는 우주를 구성하는 요소가 셋입니다. 데미우르고스(Demiourgos)라고 하는 우주를 빚어내는 신이 있습니다. 그리고 우주를 폐쇄된 공간으로 만들 때 본떠야 하는 이데아(idea), 형상이라는 것이 있습니다. 그다음은 기그노메논(gignomenon)입니다. 아리스토텔레스는 이것을 힐레(hyle), 질료라고 그럽니다만, 이 기그노메논이라는 말은 된다는 말에서 나온 것입니다. 아리스토텔레스식으로 재해석을 한다면 데미우르고스는 스스로는 움직이지 않으면서 다른 것들은 움직이게 하는 것으로 순수형상이라 하기도 하고, 움직이지 않으면서 움직이게 하는 것(kinoun akineton), 원동자(原動者), 그렇게 재정리가 됩니다. 힐레는 그리스에서 목재를 가리키는 말이었습니다. 배도 만들고, 집도 만들려고 켜 놓은 나무라는 뜻에서 나왔는데 이것을 우리 나라 철학책에서 질료라고 번역해 놓았습니다.(끔찍한 번역이죠.)

이제 우리가 보고 있는 삼라만상은 질료와 형상이 결합한 것이고, 우리가 보고 있는 것은 표면에 나타난 형상이라는데, 플라톤에 따르면 형상은 우리가 가시적으로 파악할 수가 없습니다. 형상 세계는 우리가 볼 수 없는 허무로 둘러싸인 다른 곳에 가 있고, 우리가 볼 수 있는 것은 전부 형상을 본뜬 가상들뿐입니다. 다시 말해서 우리는 삼각형 그 자체는 볼 수가 없고,

우리가 볼 수 있는 것은 특수하게 그려진 몇 센티미터, 그러니까 둔각이라든지 예각이라든지 등변삼각형이라든지 이런 삼각형의 특수 형태인 것과 마찬가지로, 형상 그 자체는 볼 수 없고 형상이 투영된 것들만 볼 수 있다는 생각을 하고 있습니다.

그런데 데미우르고스가 이 우주를 만들 때 삼각형으로 만듭니다.

근대 물리학자나 현대물리학자들이 계속해서 쪼개고 쪼개서 면으로 나타나는 끝을 늘리고, 우주 자체를 삼각형으로 분할하여 입체를 평면으로 환원시킬 수 있다면 우주 삼라만상을 다 이해할 수 있을 것이라고 해서 끝없는 환원 작업에 몰두하고 있는데, 이들로 하여금 이렇게 끊임없는 분석과 분해를 하도록 부추긴 사람이 바로 플라톤입니다. '평면으로 우주를 구성했으니까, 해체하면 다시 평면으로 환원될 수 있을 것이다, 정사면체, 정육면체, 정십이면체, 정이십면체 이렇게 점점 원에 가깝게……' 뉴턴에 따르면, 미적분을 통해 조그만 삼각형들을 계속해서 무한히 더함으로써 원주율 계산에 도달할 수 있는 것처럼 생각하게 한 원동력이, 바로 플라톤주의 전통에서 나옵니다.

그렇게 해서 여러 종류 환원론이 나오는데 데미우르고스가 맡은 역할이 무엇이냐면, 수학적으로 산술중항*과 조화중항**이라는 것이 있는데, 어떤 띠는 산술중항을 중심으로 만들고, 어떤 띠는 조화중항을 중심으로 만

■　등비수열을 이루는 세 항 a, b, c에서 중앙에 있는 항 b가 산술중항이다. 등비수열은 '1, 2, 4, 8, 16, 32……' 따위처럼 초항부터 차례로 일정한 수(2)를 곱하여 이루어진 수열을 말한다.
■■　조화수열을 이루는 세 항 a, b, c에서 중앙에 있는 항 b가 조화중항이다. 조화수열은 각 항의 역수가 만드는 수열이 등차수열[서로 이웃하는 두 항 사이에 '1, 3, 5, 7, 9……'처럼 그 차가 일정한 수열]을 이루는 수열을 말한다.

들어서 밖에는 정지의 띠를 두르고, 안에는 운동하는 띠를 둘러서 이 우주를 구성해 냅니다. 우주 겉은 정지의 띠를 가지고 만들었기 때문에 변하지 않고, 안에는 끊임없이 운동이 이루어지는 천체가 있는데 거기에는 항성이 있고, 행성이 있고, 우주 바깥 띠에서 가장 먼 중심에는 지구가 있다고 플라톤은 이야기합니다.

이렇게 지구는 변하지 않는 띠에서 가장 멀리 떨어져 있습니다. 우주 중심에 있다는 것은 불변하는 형상과 불변하는 띠에서 가장 먼 곳에 있다는 말입니다. 기독교에서 세계를 이해하는 것과는 완전히 거꾸로입니다. 지구는 플라톤에 따르면, 데미우르고스의 힘이 가장 적게 미치는 곳이고 형상의 세계에서도 가장 멀리 떨어져 있는 곳입니다. 그렇기 때문에 가장 변화가 다양하고, 가장 불완전한 천체라는 가정을 깔고 나갑니다. 인간을 예로 들 때 신체 부위 가운데 가장 완전한 것이 뭡니까? 옛날부터 인도 사람이나 그리스 사람이나 원을 완전한 세계의 시각적인 표현이라고 보았습니다. 입체로 보면 구(球)가 가장 완전한 것이고, 사람에게 구와 가장 닮은 곳이 있다면 머리입니다. 사람에게 머리만 있으면 그나마 완전한 세계를 더 직관으로 파악할 수 있고, 훨씬 더 좋겠죠. 요즘에도 다른 신체 부위는 다 절단해 버리고 머리만 남겨서 세계를 지배하는 인물이 영화에 나오고 하죠.

실제로 플라톤은 참 재미있는 예를 듭니다. '머리가 굴러다니면서 운동을 하게 되면 가장 완벽한 운동을 할 수 있을 텐데 왜 머리만 있지 않고 손과 발, 그리고 몸 같은 것이 생겨나는가?' 바로 여기에 대한 이야기입니다. 플라톤은 이 지구가 불완전하게 생겨 먹은 것이어서 완전한 구가 아니고 더러운 구덩이도 있기 때문에 굴러다니다가 구덩이에 빠지면 다시 나올 길이 없다, 그래서 손발을 달아서 기어 나오도록 만들었는데 이것이 완전한 운동을 방해하는 장애물이 되었다고 이야기합니다. 그러니까 육체노동, 몸을 움직여서 무엇을 하는 것에 대한 극도에 달한 혐오감이 우화 비슷한 형태로 드러나는 겁니다. 아마 피타고라스학파도 전에 그런 이야기를 한 적이 있을 겁니다.

어쨌든 이렇게 해서 세 개의 요소가 다 있는데 기그노메논〔됨〕에 데미우르고스가 숫자들을 부여해서 질서를 줍니다. 질서를 부여하는데 스스로 질서를 주는 게 아니라 이데아들을 보고, 그 이데아를 본떠서 됨의 운동이 아무렇게나 제멋대로 되지 않도록 이끌어 삼라만상을 구성한다고 이야기합니다. 이렇게 해서 완전히 폐쇄된 세계가 나타납니다. 우주 자체는 하나이고 불변하는 것인데, 우주 내부에서만 변화들이 있게 되는 세계로 상정하고, 맨 위에는 전체로서 하나이자 가장 큰 있음이 있고, 있음의 중심에는 없음에 가장 가까운 혼란스럽고 변화무쌍한 지구가 있다고 생각을 합니다.

플라톤의 세계관은 대체로 보아 비관적입니다. 전에도 이야기했지만 이 거대이론이 근대 물리학을 거쳐 현대물리학으로 오게 되면서, 여러 가지 위장된 형태로 나타납니다. 통일된 우주가 빅뱅으로 터지면 무한 공간으로 흩어져 나갈 건데 그러지 못하도록 하는 장치로 블랙홀을 상정하는 것입니다. 천체 순환이 반복되듯이 펑 터지고, 다시 수렴되고 하는 일이 주기적으로 반복된다고 이야기합니다. 전부 가설이지요. 그리고 이 가설 체계는 인간 정신이 낳은 산물입니다. 인간이 모든 우주 삼라만상의 변화를 두뇌 속에서 단순한 운동, 등질적인 공간 운동과 시간 운동으로 환원시키면서 드러나는 현상입니다. 인간은 두뇌가 서로 닮는다고 그랬죠? 인간의 두뇌가 이론적으로 그럴듯한 가설들을 판박이 하기 때문에 어떤 사람이 우주를 그럴듯하게 머릿속에서 빚어내면 다른 사람들이 그럴싸하게 여겨 그 가설을 받아들이게 되는 것입니다. 유클리드기하학을 대전제로 깔고 나가느냐, 아니면 리만기하학을 대전제로 깔고 나가느냐, 또는 그 밖에 여러 경우에 따라 인간의 두뇌가 그쪽으로 쏠릴 수밖에 없는 지점이 있습니다.

그런데 정말 등질적인 공간, 등질적인 시간이 실재하는 공간이고 실재하는 시간일까요? 풀잎한테 물어보고 지렁이에게 물어봐야 할지도 모릅니다.

'니네 그렇게 어리석니? 사람은 머리가 좋아서 이렇게 모든 것을 등질적인 시공간으로 환원해서 해석하는데, 너희들 눈에는 안 보이고 너희들 머리로는 생각할 수 없으니까, 니네들은 지렁이고 니네들은 풀잎이지?'

이렇게 물으면 지렁이나 풀잎 입에서는 어떤 말이 나올까요?

인간의 행동 양태와 습관

전에 말씀드렸듯이 우리는 보통 때는 '무엇을 어떻게 할 것인가' 묻지 않죠? 상황이 바뀔 때, 또는 긴급한 상황에 맞닥뜨리게 될 때, 미래를 예측하기 힘들고 현재까지 대응해 왔던 방식으로 미래에 다가올 사태에 대비하기 어려울 때 우리는 '무엇을 어떻게 할 것인가'를 묻습니다.

옛 농촌처럼 한 마을 공동체가 우주 전체가 돼서, 거기서 태어나고 자라고 늙어 죽어 뒷산에 묻히는, 시간이 지혜의 함수가 되는 삶 속에서는 이런 질문이 나오지 않습니다. 이런 곳에서는 오랫동안 슬기롭게 살아오면서 가뭄도 겪고 큰물도 겪고 관혼상제 같은 여러 가지 삶의 경험을 통해서, 어떤 일에 어떻게 대처해야 할지를 아는 어른들이 살길을 일러 줍니다. 구태여 젊은 사람들이 '무엇을 어떻게 할 것인가' 묻지 않아도 되도록 만들어 줍니다.

시간이 지혜의 함수가 되는 농경공동체뿐만 아니라, 공간적인 경험의 확장이 지혜의 함수가 되는 유목공동체에서도 떼 지어 다니면서 목축을 하거나 부족한 목축지를 두고 각축전을 벌이게 될 때 신체적으로나 정신적으로 가장 강인한 사람이 앞장서서 '무엇을 어떻게 할 것인가' 하는 문제를 해결해 주기 때문에 여기서도 이런 질문이 나오지 않습니다.

이런 질문이 나오는 곳은 도시사회인데, 특히 개개인이 자기 삶에 대해 전적으로 책임을 지고 삶의 문제를 해결할 수밖에 없는, 그런 상황에 부딪힌 사람들 사이에서 많이 나옵니다.

도시사회라 하더라도 상황과 체제가 안정되어 있을 때는 '무엇을 할 것인가' '어떻게 할 것인가' 하는 질문은 나오지 않습니다. 그것이 독재로 말미암아 강제된 상황이든 민주적인 합의에 따라 서로 용인하는 그런 상황에서든 그 상황이 안정되어 있다면 '무엇을 어떻게 할 것인가' 하는 질문은 나오지 않습니다.

예를 들어 제가 강당 안을 걷는데, 이 강당 바닥은 평탄하기 때문에 왼팔과 오른팔이 움직이는 각도가 어떤지, 보폭이 어떤지에 대해서 전혀 관심을 쏟지 않습니다. 평탄한 길에서 제 동작은 자동화됩니다. 보폭과 팔이 움직이는 각도가 가장 편하고 효율 높은 상태로 조정이 됩니다. 우리 신체 동작이 자동화되는 것은 필요한 일이긴 합니다. 우리가 걸을 때 머리로 '어깨각과 왼팔이 움직이는 각을 몇 도로 하지? 왼손은 이런데 오른손은 몇 도로 하지?' 이렇게 계속해서 거기에 집착하면, 강박관념 때문에 우리 두뇌는 아무 구실도 하지 못하기 쉽습니다. 그렇기 때문에 동작을 자동화시켜야 합니다. 그런데 우리가 깜깜한 밤길을 걷는다든지 깎아지른 벼랑을 타고 산에 오르게 될 때는 보폭 하나하나, 손동작 하나하나에 일일이 신경을 쓰게 됩니다. 이렇게 새로운 사태에 직면해 있을 때만 주의(attention)가 집중됩니다. 우리 몸동작을 어떻게 해야 이 새로운 상황에 제대로 대처해 나갈 수 있을지 숙고를 하게 되고, 그 때문에 그때 '무엇을 할 것인가' '어떻게 할 것인가' 하는 질문이 자기 내면에서 솟아오르게 됩니다.

대부분의 경우 우리 의식은 잠들어 있기 쉽고, 자동화된 상태에서 우리의 신체 동작은 기계화됩니다. 외적인 강제가 엄청나게 심해서 도무지 다른 길을 찾을 수 없는 상황이 조성될 때나 그런 체제에 있을 때도, 우리 의식은 짓눌리고 동작은 최소한으로 바뀌면서 자동화가 됩니다. 이때 자동화되는 의식이 보이는 반응과 행동이 가장 무섭습니다. 비극적인 상황이죠.

　동작에서 자동화는 개인 행동에서 습관으로 나타납니다. 어떤 삶에 길들게 된다는 말이죠. 상황이나 체제가 완고하게 오랫동안 변하지 않을 때, 우리의 사고라든지 행동 양태가 그것에 길들어서 습관이 형성됩니다. 그리고 집단화된 습관은 관습으로 고착됩니다.

　모든 것이 외부 요인으로 해결이 될 때도 거기에 젖어서 길들게 됩니다. 그리고 우리 습관도 거기서 형성됩니다. 사회적으로 더 큰 범위에서 보면 관습이 형성되죠. 그리고 그 관습은 윤리나 도덕으로 나타납니다. 법 형태로도 나타나죠. 그런데 법은 강제화되는 것이기 때문에 관습이나 윤리, 도덕보다도 가변성이 더 큽니다. 잘못된 체제에서도 우리가 그 체제를 뒷받침하는 도덕률을 익히고 그 체제의 윤리와 규범을 내면화하는 것이 가장 큰 비극 상황입니다.

　제가 처음에 말씀드렸죠? 있을 것이 있고 없을 것이 없는 세상이 좋은 세상이고, 있을 것이 없고 없을 것이 있는 세상이 나쁜 세상이라고요. 우리가 없을 것이 있는 세상, 그러니까 억압, 불평등, 증오, 전쟁, 이기심, 탐욕들이 만연된 세상에서 '세상은 그럴 수밖에 없는 거니까, 여기에 적응해서 내 살길을 찾자' 이렇게 길들고 그 상황이나 체제에 자기 자신을 순응시킨다고 생각해 봅시다. 그래서 행동 방식이라든지 사유 방식을 특권화시키게 되고, 그것이 한 사회 전체를 지배해서 증오와 이기심, 탐욕이 들끓는 사회

제도와 체제를 받아들이게 될 때, 희망이 없는 거겠죠? 나쁜 세상에 물든다는 것은 우리한테 비판적인 성찰을 마비시킨다는 점에서 대단히 절망스러운 의미를 가지고 있습니다.

없을 것, 없어야 할 것, 있을 것, 있어야 할 것은 현재 시제가 아니라 미래 시제로 표현됩니다. 있는 것을 있다고, 없는 것을 없다고 말하는 것은 '참말'이고 정직한 증언입니다. 하지만 미래에 다가올 삶과 연결되는, 당위라고 하는 것, 윤리 규범, 도덕이라고 하는 것은 미래의 삶에 대한 전망이 바로 서지 않으면 족쇄나 올가미가 되기 십상입니다. 과거의 굳어진 가치관을 기초로 해서, 그 과거와 현실이 바뀌지 않았기 때문에 미래도 마찬가지일 거라고 판단한 나머지 없을 것이 분명히 있는데도 그것을 없애야 한다는 생각을 하지 못하는, 마비된 의식이 우리 행동을 마비시키고, 없어야 할 것이 가득 찬 이 세상에 주저앉히는 것이죠. 이런 점에서 우리 행동이 어떤 상황에 처해 있을 때 어떤 식으로 길들게 되는가, 그것이 길게 봤을 때 어떤 습관을 형성하게 되고 또 한 사회에서 관습으로 굳어지는가에 대해서 깊이 성찰을 할 필요가 있습니다.

앞서 이야기했던 대로 농경사회에서는 어른들이 자연과 맺은 관계 속에서 경험을 얻고 그것을 내면화해서 하나의 관습으로, 윤리관이나 가치관, 도덕률로 굳히는 것에는 큰 문제가 없습니다. 유목사회에서도 그 위험은 크지 않습니다. 그렇지만 도시사회는 어떻게 보면 흡혈귀들이 대낮에도 설치는 식인 사회라고 볼 수 있습니다. 여러분들, 혹시 〈델리카트슨 사람들〉이라는 영화를 본 적 있습니까? 이 영화에서는 식량을 돈으로 쓰고, 사람 고기를 먹죠. 겉으로 드러나지만 않을 뿐이지 모든 도시사회는 식인 사회입니다. 사람이 사람을 잡아먹고 사는 사회입니다. 여기에 대한 아무런 근본 성찰 없이, 우리는 자기가 처한 상황과 어떤 체제 속에 사느냐에 따라서 자기 정체성을 변화시킬 수 있다고 믿지요? 그렇죠? 하지만 그 변화는 일종의 변형이나 변환(Metamorphosis)이라고 할 수 있습니다. 자동화나 습관, 윤리, 도덕이 형성되는 과정을 잘 꿰뚫어 보려면 고도의 비판의식과 창조적인 지성이 필요합니다. 비판의식이 왜 필요하냐면, 없어야 할 것이 있을 때, '이건 없어야 할 것인데, 없애야 하는데' 그러자면 어떻게 해야 할지에 대한 처방을 제공하기 때문입니다. 그런데 비판의식은 행동으로 나타날 때 파괴 행동으로 나타나기도 합니다. 기존 질서를 파괴하거나 기존 도덕률, 기존 가치관을 거부하기도 하고, 실제 현실에서 파괴 활동으로 나타나기도 하죠.

9.11테러가 일어난 게 언제였죠? 그때 군산복합체를 상징하는 세계무역센터 건물과 미국 국방성 건물을 테러리스트들이 공격했죠. 세계에서 제일 센 나라가 어디지요? 제가 우리 학생들한테 물어봤더니 미국이 제일 세다고 이구동성으로 외쳐요. 그래서 제가, "이 바보들아, 미국이 왜 제일 세냐? 아프가니스탄이 제일 세지" 이렇게 말한 뒤에 아프가니스탄이 제일 센 이유를 말했죠. 세계에서 국민소득이 가장 낮은데다가 어찌나 외교 역량이 부족한지 파키스탄 하나와만 국교를 맺고 있고, 미국이 무서워서 나머지 나라들은 모두 국교를 단절한 나라인 아프가니스탄에, 군사가 오만 명 정도밖에 안 되는 탈레반 정권을 무너뜨리려고, 미국이 혼자 쳐들어가기 무서워서 예순 여섯 나라를 줄 세워 들어가지 않았습니까? 아프가니스탄은 그전에도 강력한 소련군이 와서 탈레반을 소탕하려고 쑥대밭을 만들었는데도 버텨 냈어요. 또 외교 역량이 아예 없는 것도 아니어서, 한때는 미국 돈 받아서 소련하고 맞장 떠서 살아남기도 했죠. 그런데 현재 상황은

어떻습니까? 미국을 비롯한 힘센 연합군들이 곤경에 빠져 있지요? 그러니 아프가니스탄이 최고로 센 나라 아닙니까?

제가 아프가니스탄 전쟁이 일어났을 때 삼차 세계대전이 일어났다고 어디에 썼는데 아무도 믿는 사람이 없었습니다. 지금 삼차 세계대전은 진행 중입니다. 여러분도 믿지 않죠? 제일차 세계대전과 제이차 세계대전이 국경을 사이에 두고 서로 식민지를 뺏으려고 싸운 전쟁이라는 고정관념이 그대로 우리 뇌리에 박혀 있기 때문에, 삼차 세계대전도 국가들 사이에 땅뺏기로 나타날 것이라고 생각하겠지만 이제는 성격이 달라졌습니다. 더블유티오(WTO) 체제도 세계대전의 한 형태인데, 완성된 금융 독점자본에게 국경은 의미가 없습니다. 미국은 아직까지 오사마 빈 라덴 같은 테러리스트들과 이슬람 근본주의자들에게 전쟁 책임을 돌리고 있지만 실상은 그렇지 않습니다.

제가 보기엔 제삼차 대전 형태는 내란입니다. 저는 전쟁이 내란 형태로 전개되는 것이 인류를 위해서 큰 다행이라고 봅니다. 왜 그러냐면 옛날처럼 국경을 사이에 두고 서로 편 갈라서 싸운다고 생각해 보십시오. 그럼 인류를 몇천 번 몰살시키고도 남을 만한 핵무기가 가동될 것입니다. 그런데 나라 안에서 전쟁이 벌어지게 되면 핵무기는 아무런 쓸모가 없게 됩니다. 적과 아군이 뒤섞여 있으니까 자기 나라 안에서 핵무기를 터뜨릴 수는 없죠. 그래서 이제 비로소 프롤레타리아트와 부르주아가, 국가라는 단위를 중심에 놓고 애국심을 내세워 서로 결탁해 다른 나라 형제들에게 총을 겨누지 않아도 되는 세상이 왔다고 보면 됩니다. 세계 제이차 세계대전이 벌어지게 될 때 사해동포주의를 부르짖고 국제 연대를 주장했던 사람들이 결국엔 애국심에 불타서 동료들 가슴에다 총을 겨누었죠. 이제는 적어도 그러지 않아도 됩니다. 국내에서 전쟁이 일어나면 자기를 노예화시키고 착취해야 살 수 있는 계급이 누구고, 자기가 연대해야 할 계급이 누구냐는 것이 분명하게 드러나기 때문에 피해를 최소화하면서 전선을 넓혀 갈 수 있습니다.

그 모범을 9.11테러가 보여 줬는데도 이 사람들이 아직도 정신을 못 차리고 이슬람 근본주의자들과 맞장 뜨자고 하는데, 그건 뻔하죠. 석유 욕심 때문에 그러는 거죠. 제가 이런 말을 하면 곧 잡혀갈 것 같다는 생각이 드는데, 어쨌든 제 생각은 그렇습니다.

상황에 따른 인간의 의식과 행동 변화

　비판은 쉽습니다. 그리고 무엇을 때려 부수는 일은 삽시간에도 할 수 있습니다. 그런데 대안을 제시하는 것, 이렇게 때려 부수고 나서 여기다 무엇을 쌓아 올릴 것이냐를 의논하고 실행에 옮기는 데는 시간이 걸립니다. '없을 것이 있다'는 것에 대해서는 쉽게 동의할 수 있어서 누구든지 민감하게 대응을 하고, 없애야 한다고 뜻을 모읍니다. 스스로 행동에 옮기지는 못해도 없애야 할 것이라는 의식은 분명히 갖습니다. 하지만 '있어야 할 것'인데 지금 없는 것이 무엇인지 찾아내는 과정은 쉽지 않습니다. '서로 편안하게 살자, 서로 사이좋게 살자, 전쟁은 안 돼' 이런 빛 좋은 말로 때우는 것을 넘어서서 구체 실천과 연관 지어, '이건 없는데 우리가 빚어내야겠어, 길러내야겠어, 만들어야겠어' 이렇게 뜻을 모으고 힘을 기르려면 창조적인 지성 결집이 필요할 뿐만 아니라, 아주 애 터지고 지루하고 힘든 건설 과정이 요구됩니다. 그런데 건설은 우리가 머리로 할 수 있는 일이 아니지요. 머리 쓰는 일도 필요하지만 건설은 손과 발, 몸을 놀려서 합니다. 손발이 제대로 움직일 수 있도록 몸이 튼튼해야 건설 사업에 동원이 되죠.

　중국에 문화혁명이 있었죠? 중국에서 문화혁명이 일어나고 십여 년 이상을 마오쩌둥이 생존해 있었고, '사인방(四人幫)'■'이 전면에 나섰을 때는 세계가 온통 중국 문화혁명에 열광했습니다. 요즘 젊은이들이 체 게바라를 읽고 다니듯이 그때는 마오쩌둥이 전 세계 젊은이들에게 최고의 혁명 지도자였습니다. 그러나 그 뒤로 사인방이 몰락하고, 급속도로 경제력이 떨어지게 되고, 세계열강 대열에서 멀어지게 되면서, 그리고 또 문화혁명 기간에 피해가 엄청나게 늘어나고, 비판의식과 창조의식을 겸비하고 있는 사람들이 핍박을 받으면서 치르게 된 대가가 만만치 않았습니다. 결국엔 덩샤오핑 체제가 등장하면서 급속도로 시장경제 쪽으로 경제정책을 바꿔 오늘날 이런 상황에 이르게 되었죠.

중국에서 부정부패는 일상화되어 있습니다. 중국에서 오랫동안 살다가 온 사람에게 직접 들은 말이 있습니다. 다른 나라 같았으면 그 정도로 부정부패가 심하면 나라가 거덜 났을 거라고 합니다. 그러나 '사회주의적 시장경제'라는 괴물 경제를 유지하면서도 아직 희망이 있는 까닭은 문화혁명 시절에 농촌이나 공작소로 하방되었던 많은 청소년들이 지금 중국공산당에서 중간 간부가 되어 국정을 책임지고 있기 때문입니다. 이 사람들이 희망입니다. 이 사람들이 문화혁명 때, 어떤 사람은 스스로 지원하고 어떤 사람은 강제로 끌려가서 농촌에서 몇 년, 공장에서 몇 년씩 몸으로 때운 신체기억이 방부제 역할을 하고 있습니다. 이 사람들이 거의 모두 공산당 당원들이고, 한꺼번에 무너지지 않는 두터운 층을 이루고 있습니다. 이렇게 해

■　중국 문화혁명 기간에 무소불위로 권력을 휘두르던 공산당 지도자 장칭(江靑), 왕훙원(王洪文), 장춘차오(張春橋), 야오원위안(姚文元)을 함께 이르는 말이다. 이들은 마오쩌둥이 죽은 뒤에 정권 탈취를 꾀했다는 혐의로 1976년에 체포되어 자리에서 물러났고, 그로써 문화혁명도 막을 내렸다.

서 부패가 널리 확산되지 않고도 자본의 본원적 축적이 가능한 체제가 꾸려진 것입니다. 몸으로 겪고 때우는 게 그렇게 중요합니다. 우리 의식은 별로 믿을 게 못 됩니다.

체제와 상황이 사람을 규정하는 힘이 너무 커서, 책상머리에서는 혁명가이기도 하고, 영웅이기도 한 사람들이 현실에서 상황이나 체제 압력에 짓눌리게 될 때 어떻게 망가지고 변하게 되는지는 도처에서 확인할 수 있습니다. 설득을 통해서나 토론을 통해서 사람이 변화되는 것만을 기대해서는 안 된다는 말이지요.

생산력과 생산관계의 변증법에 따라, 생산관계가 건강하게 바뀌면서 생산력이 증가하고 그 증가한 생산력은 무한히 다양화되고, 무한히 커 가는 욕망을 무한히 충족시키게 되고, 그렇게 되면 쪼는 질서〔pecking order〕가 없어진다는 이야기를 들은 적이 있을 겁니다. 페킹 오더(pecking order)는, 먹이를 적게 줬을 때, 가장 힘센 닭이 다른 닭들이 접근하지 못하도록 다 쪼아서 쫓아 버린 뒤에 혼자만 먹이를 독차지해서 마음껏 먹다가 배가 차면 물러나고, 그다음 힘이 센 놈이 또 쪼고, 배가 차고, 물러나고, 그래서 힘없는 놈은 나중에 비리비리 말라 죽는, 힘센 놈 중심으로 세워진 위계질서를 일컫는 말입니다. 이것을 쪼는 질서라고 합니다. 마르크스와 레닌은 생산관계가 건강해져서 생산력이 무한히 발전하게 되면 쪼는 질서가 없어지고, 자연히 평등한 세상이 올 것이라고 믿었습니다.

그런데 지금 우리는 그런 신화를 믿지 않죠. 서구 제국주의 국가들에서는 벌써 200년 전부터, 그리고 덩달아 우리 나라에서는 지난 50년 사이에 온 세상이 도시화되는 길로 접어들면서, 우선 지구라는 생태 환경 자체가 급속도로 무너지기 시작했습니다. 무한한 탐욕에 길들어 있는 도시인들이 물질 에너지를 펑펑 써서, 과거부터 이어져 온 삶의 자산과 미래 자손들이 물려받아야 할 생명 자산까지 짧은 시간에 전부 탕진해 버리고 지구를 엉망으로 만들었습니다. 이렇게 후손들이 살 수 없는 곳으로 만들어서 물려줄 것이라곤 전쟁과 굶주림과 증오밖에 없는 상황이죠. 지구라는 한정된 행성에 생명 자원이나 물질 자원이나 모두 한정되어 있는데, 이걸 펑펑 써 버리면서 온 인류가 모두 무한히 증가하는 생산력에 따라서 무한히 증가하는 욕망을 무한히 충족시킬 수 있다니, 이게 말이 됩니까?

지난 수십만 년 동안 인류는 생명 에너지와 생체 에너지로 살아가는 길에서 벗어난 적이 없었습니다. 그러나 불과 200년이 지나지 않은 짧은 기간에 인류는 삶의 양식이 급격히 바뀌었습니다. 이제는 물질 에너지에 기대지 않으면 너도나도 살길이 없는 세상으로 되어 버렸습니다.

물질 에너지는 확산 에너지로, 폭발시켜서 얻는 에너지입니다. 이 폭발 과정에서 80퍼센트 넘는 에너지가 낭비되고 그 낭비된 에너지는 모두 대기를 오염시키고 수질을 오염시키고 토양을 오염시키는 산업 쓰레기로 바뀝니다.

여러분들 확산[divergent]과 응집[convergent]이란 말 알고 있죠? 생체 에너지는 응집 에너지입니다. 응집 에너지가 쓰일 때는 낭비 요소가 최소화되고, 산업 쓰레기도 발생시키지 않습니다. 말하자면 에너지가 순조롭게 순환하는 쪽으로 쓰이게 되는데, 현대 도시사회는 응집 에너지, 곧 생체 에너지만 써서는 살길이 없는 곳으로 바뀌었습니다. 생체 에너지가 응집되어 있는, 정상 상태인 유기물은 자연과 인간관계 속에서만 생산되고 분배되고 소비됩니다.

삶과 생명체

　우리가 당면한 문제는 미래가 없는 도시 문명이 우리를 이끌어 가는 대로, 그야말로 되는 대로, '될 대로 되라'고 살아갈 것이냐, 그렇지 않으면 지속 가능한 미래를 확보하기 위해서 이제부터라도 떨쳐 일어서서 무엇인가 '해야 한다'는 결단을 내려야 할 것이냐입니다.

　도시에서 봉기한 혁명이 성공한 예는 역사상 한 번도 없습니다. 의회주의에 기대서 세상을 바꾸어 보려는 시도는 이미 여러 차례 있었습니다. 가장 가까운 예로 전 세계에서 주목을 받았던 칠레의 아옌데 정권[■]을 들 수 있는데 결국엔 미국이 뒷받침한 군부 쿠테타 때문에 무너졌죠? 지금까지 인류 혁명의 거점은 늘 농촌이었습니다. 그런데 지금 생산과 혁명의 거점이었던 농촌이 다 무너져 버리고 있습니다.

　제가 변산에서 십여 년 넘게 농사를 짓다 보니까, 이상하게 나무가 하는

[■]　칠레의 사회주의 정치가 살바도르 아옌데(1908~1973)가 1970년에 대통령에 당선되면서 세워진 정권. 이로써 남아메리카에서는 처음으로 합법적인 사회주의 정권이 들어섰다. 1973년에 아옌데가 군사 쿠테타로 사살되면서 이 정권은 더 이어지지 못했다.

말도 알아듣게 되고, 물고기가 하는 말도 알아듣게 되고, 들에 나가서 볍씨들이 수군거리는 말도 알아듣게 됩니다.

제가 사는 변산은 소나무가 많았던 지역입니다. 그런데 요즘에 변산 기후도 아열대성 기후로 바뀌면서 소나무가 급속도로 죽어 가고 있습니다. 소나무가 죽은 자리에 참나무가 자라는데, 가을이 오면 참나무는 많은 도토리 알을 떨굽니다. 한 해에도 도토리 수천 알을 땅으로 떨구는데, 제가 참나무에게 '우리 나라 산지가 70퍼센트인데 거기에 모두 네 씨만 뿌리내리게 하려고 그래?' 하고 물었더니 아니랍니다. '그러면 해마다 뭐하러 그렇게 많이 떨어뜨려?' 하고 다시 물었더니 자기가 죽을 때쯤, 떨어뜨린 씨앗 가운데 한두 그루라도 건강하게 자라서 자기를 대신해 종이 유지되면 그것으로 충분하다고 해요.

볍씨도 마찬가지죠. 한 번 심을 때 두 알 세 알 심으면 스무 포기로 늘어나는데 한 포기당 백 알 넘게 달리고 해서 풍년에는 볍씨 하나가 때로는 천 단위로, 때로는 만 단위로 열매를 맺죠. 그래서 볍씨한테 '야, 들판 전부를 니 종자로 덮으려고 그래?' 하고 물으니까 아니라고 그래요. 쥐도 먹고, 새도 먹고, 당신도 먹고, 그렇게 해서 씨앗으로 남은 것으로만 우리 종 유지하면 그만이라고 이야기합니다.

바다에 사는 숭어도 마찬가지입니다. '그렇게 수억 개씩 알을 낳아서 태평양, 대서양까지 온 바다를 전부 니 새끼로 덮을 생각이냐?' 이렇게 물었더니 아니라고 하죠. 그중에 한두 마리만 남아서 자기 종을 유지시켜 주면 그만이라고 해요. '그럼 나머지는 뭐 하려고 그렇게 많은 알이 필요하니?' 하고 다시 물으면 자기 몸을 던져 다른 생명체를 살리고, 자기 새끼들도 그 생명체에 기대 살기 위해서 그렇게 많은 알들이 필요하다고 합니다.

우리가 삼시 세끼 먹는 반찬들이 전부 이렇게 다른 생명체가 '생체 보시' 해서 밥상에 올라온 것들입니다.

유한한 세계에서 무한한 생산력이라는 건 없어요. 그것은 신화에 지나지 않습니다. 마르크스 시대가 낳은 신화죠. 씨 하나 뿌리면 수천수만 알을 얻을 수 있는 유기물 세계에서도 무한이라는 건 없어요. 도시에서는 생산력이 5퍼센트만 늘어나도 '라인강의 기적' '한강의 기적' 이런 소리를 하는데 유기물은 무한 축적이 안 돼요. 곡식 씨앗을 2년만 묵혀 버려도 발아율이 현저히 떨어져서 곡식 구실을 거의 못합니다. 유기물은 오래 두면 썩어 버리니까 싫든 좋든 나눠야 해요.

그런데 '생산력의 무한한 발전'과 '생산물의 무한한 축적'에는 썩는다는 개념이 없어요. 무한 축적이 가능한 것도 무기물밖에 없는데 그것은 전부 부동산이나 동산으로, 화폐나 유가증권 같은 것으로 되면서 종이쪽지 하나에 수억, 수십억까지 자산 축적이 가능한 세상이 되었어요. 그 자산은 자본주의 체제가 지속되는 한 자손만대에 물려줄 사유재산으로 법적인 보호를 받아요. 폭력적인 국가 기구가 이 사유재산을 보호해 주죠.

'사람은 무엇으로 사는가?'

이 질문을 던질 때, 도시 사람들은 답변할 길이 없어요. 도시 공간에서는 사람들만 모여 사니까 '착취하고 살거나 착취당하면서 살지 뭐' '주인이나 노예로 살지 뭐' 이런 대답밖에 할 수 없어요. 전체 생명이 얽히고설킨 그물망 속에서 모든 생명체가 서로 도와 그물을 만들어 가면서 살아야 하는데, 그렇게 살아갈 길이 없어서 도시 사람들은 덫에 갇혀 있는 거예요. 그리고 환상 속에나 있을 법한 세계를 실제 세계라고 자기최면을 걸 겁니다. 정신적인 유목민들이 우글거리면서 가상의 초원, 의식의 평원을 질주하고 있어요. 실재하는 평원이 아니라 등질화된 의식 공간을 질주하면서 '나는 지금 말을 타고 달리고 있다'고 상상을 해요.

어쨌든 밥상에 아침, 점심, 저녁으로 올라오는 것이 다른 생명체의 생명이고, 살아 있는 몸을 나에게 제공하는 거니까 이것을 먹고 뭘 '해야 할지' 성찰해야 해요. 그렇지 않으면 '되는' 대로 살 수밖에 없어요. '하면 된다'는 능동성은 사라지고, '되면 한다'는 수동적인 반응만 남아요.

주체성과 자율성

　제가 자유를 이야기하면 '사회주의자인 줄 알았는데 자유주의자네?' 이렇게 생각할 사람들이 있을 거예요. 자유에는 결이 여럿입니다. 노예 소유주의 자유 개념이 있고, 부르주아 자유 개념이 있고, 지주들의 자유 개념이 있고, 자본가의 자유 개념이 있고……. 저마다 내세우는 자유들이 서로 결이 달라요. 무엇을 자유민주주의라고 그러죠? 자본주의를 자본민주주의라고 말하는 대신에 이렇게 부르는 것입니다. 자유가 하도 좋으니까, 저마다 자기 체제, 자기가 신봉하는 이념에 민주도 끌어다 놓고 자유도 끌어다 쓰고 그래요.

　우리 헌법에 보장된 자유가 뭐죠? 신체의 자유, 사상의 자유, 집회의 자유, 언론출판의 자유, 거주이전의 자유, 이런 것들이 다 들어가죠? 추상적인 것 말고 거주이전의 자유, 신체의 자유, 여행의 자유 같은 소박한 것들을 생각해 봅시다. 자본주의사회에서 돈 없는 사람은 아무 자유도 없어요. 돈이 없으면 거주이전의 자유도 없고, 신체의 자유도 없고, 아무것도 없어요. 헌법에 보장된 자유는 자본주의사회에서 돈이 있는 사람만 누릴 수 있는 자유예요.

여러분들, 추석이나 설 때마다 도시에 붙들려 있는 아들딸이 '어머니, 미안해요. 회사 일이 너무 바빠서 이번에는 못 내려가요' 하는 이야기를 텔레비전 화면을 통해 들어보셨죠? 고향에 돈이 없어서 못 가는 거예요. 돈이 없으면 여행의 자유도 없고 고향 찾아갈 자유도 없어요. 이 세상에는 두 부류의 인종만 있습니다. 있는 사람과 없는 사람. 아주 명쾌하게 갈라지죠. '흑인, 백인, 황인, 이런 인종 구별 없다. 있는 놈과 없는 놈, 딱 두 종류로 구별이 된다. 있는 놈은 다 있고, 없는 놈은 아무것도 없고……' 이건 제가 한 말이 아니라 《셰익스피어 이야기》를 쓴 유명한 찰스 램이 한 이야기입니다. 오죽하면 없는 놈이라 그랬겠어요? 재산이 없으면, 돈이 없으면 존재조차 없는 거예요.

스탠포드 엑스페리먼트(Stanford Experiment) 이야기를 잠깐 떠올려 보지요. 이 이야기는 책으로도 나오고 영화로도 만들어져 있으니까 따로 긴 설명을 하지 않고 간단히 말씀드리겠습니다. 아홉 명이 죄수 역할을 맡고, 열두 명이 간수 역할을 맡은 가상 감옥에서 벌어지는 실제 이야기입니다. 이 실험에 자원한 20대 젊은이 가운데 열두 명은 네 명씩 삼교대로 간수 역을 맡게 됩니다. 간수가 되는 사람은, 죄수 역을 맡은 사람이 한 개인으로서 지닌 자기 정체성, 상식적이고 건강한 시민으로서 갖는 자기 정체성을 잃고 등질적인 죄수 집단이 되도록 만들어야 한다는 지침을 받습니다. 죄수가 된 사람의 자기 정체성을 끊임없이 없애서 비인간화시키는 것이 간수가 맡은 임무예요. 감옥 체제에 무조건 복종하도록 하는 것이 임무이기 때문에 간수들이 자기 역할을 충실히 수행하려면 죄수들을 비인간화시킬 수밖에 없어요. 그리고 그 사람들의 정체성을 없앨 수밖에 없어요. 거기에서 죄수들한테 심각한 시간 왜곡 현상이 나타납니다.

보통 사람들은 생명의 시간 가운데 자연의 시간이 우리 몸에 그대로 작동을 합니다.

쥐들에게 실험을 해 봤는데, 인슐린 주사를 같은 용량으로 시간을 바꾸어서 투여하면 어느 시간대에는 백 퍼센트 죽고, 똑같은 양인데도 어느 시간대에는 한 마리도 죽지 않습니다. 우리 몸 안에 저항이 커지고 줄어드는 생명의 주기들이 있는 거예요. 시계로 측정되는 인간의 시간에는 이런 게 하나도 없는데, 복종을 끌어내기 위해선 생명체가 지닌 자연의 시간, 곧 생명의 시간을 등질화시킬 필요가 있어요.

감옥에서 간수 역을 맡은 사람은 교대 시간이 되면 무조건 호루라기를 불어서 죄수 역 맡은 사람을 일으켜 세워요. 그래서 체제에 순응하고 권위에 순종하도록 팔굽혀펴기 같은 온갖 종류 벌들을 주는 거예요. '너희들은 이제부터 사람이 아니다, 너희들은 개성이 없다, 감옥 안에서 일률로 밥은 몇 분 안에 먹고 소변 보는 시간은 몇 분 만에 끝내라.' 이렇게 모든 것을 통제하게 된단 말이죠.

이 상황에서 죄수로 자원했던 선량한 중산층 대학생이(처음에는 모두 죄수로 자원하겠다고, 간수하기 싫다고 했던 사람들입니다.) 자기가 돈을 받고 계약해서 감옥에 갇혀 있다는 것을 잊어버리고 진짜로 감옥에 갇혀 여기서 벗어날 수 없다는 생각을 갖게 됩니다. '나 이제 그만하고 싶어요' 말하면 금방 나올 수 있는데, 못 나와요. 그리고 간수 역을 맡은 사람들은 점점 잔인해지고, 나중에는 취미 삼아서 성적인 학대까지 하게 됩니다.

이라크에 주둔한 미군들이 포로들을 자기들 전리품으로 생각한 나머지 그 사람들 목에다 줄을 매서 끌고 다니고, 성적인 모욕을 주고, 그 행위를 사진으로 찍어서 자랑스럽게 공개하는 일이 벌어져서 논란이 된 적이 있습니다. 이슬람 세계에서 성적인 모욕이라는 것은 엄청난 상처를 주는 일입니다. 목숨은 내놓을망정 그런 짓을 당하지는 못하겠다고 하는 사람들인데, 바로 그런 반응에 가장 큰 약점이 있으니까 그 의지를 완전히 꺾어 버리려고 그 잔혹한 짓을 태연하게 저지릅니다.

그 미군들이 스탠포드 실험에서 나오는 20대 초반 젊은이들과 똑같은 사람들이죠. 전혀 죄의식을 느끼지 못하고 시스템이, 매트릭스가 작동하는 대로 그런 일을 태연하게 저지르는 거죠. 그러니까 자유 박탈은 인간에게 비인간화, 몰개성화로 나타날 수밖에 없습니다.

자유 박탈 가운데 가장 광범위하게 이루어지는 것이, 자본주의사회에서 공간도 등질적인 공간으로 바꾸고 시간도 등질적인 시간으로 만들어 생명의 시간 가운데 자연의 시간을 죄다 없애 버리고 모두 인공의 시간으로 바꿔 버린 겁니다. 전체 우주 체계를, 아주 작은 소립자 단계부터 아주 큰 우주까지 전부 등질적인 시공간으로 바꿔서 인간의 의식 속에서만 형성되고 합의되는 세계, 수학 공식을 통해서 확정된 세계를 진짜 우주로 감쪽같이 바꿔치기하는 겁니다. 그래서 여러분들이 천체물리학이나 수학을 아무리 열심히 공부해도 이 덫에서 벗어나지 못합니다. 그것이 휜 공간이 됐든, 무한히 확산되는 공간이 됐든, 날마다 해가 뜨고 지는 시간이든, 달이 차고 기우는 시간이든, 지구가 해를 중심으로 공전하는 시간이든, 사람의 의식 속에서 가공되는 시간은 잘라 내는 기준에 상관없이 내용을 채우는 것들은 다 빼 버립니다. 그래야 계산할 수 있고, 측정할 수 있습니다.

아날로그화 된 세계, 이어진 연속체는 늘 무규정성이 들어가 있어서 이게 이렇다, 저게 저렇다 딱 잘라서 수치화되지 않기 때문에 끊어 낼 수가 없습니다. 측정 가능한 것, 수치화된 것이 전제되지 않으면 도시사회에서 삶을 통제하는 것은 불가능합니다. 그리고 도시사회에서는 저마다 살아가는 삶을 인간끼리 통제하지 않으면 살아남을 길이 없습니다. 이렇게 통제하는 세계에서는 맨 밑바닥에서 맨 위까지 위계질서가 반드시 성립해야 합니다. 그러니까 맨 위에는 빅브라더*가 있고 맨 아래에는 노바디(아무것도 아닌 사람)로 위계질서가 생깁니다.(이런 위계질서 세우는 작업을 우리 왼쪽 뇌가 맡습니다. 분석하고 조직하는 일은 왼쪽 뇌에서 하는데, 인간 수컷들이 '반편이' 들이거든요. 언어와 추론을 하는 중추가 왼쪽 뇌에만 몰려 있어요. 여자들은 이야기할 때 양쪽 뇌가 작동하지만 남자들은 한쪽 뇌밖에 작동하지를 않아요. 그래서 수컷들은 조직하면 주욱 늘어서고, 정치 이야기하면 정신을 못 차립니다.)

어쨌거나 자율성이란 것은 생명의 시간 속에서만 싹 트고 꽃 피고 열매 맺습니다. 생명의 시간은 자연계에 있는 여러 생명체가 함께 살아갈 때 가장 도드라지게 드러나게 됩니다. 지나가다 우연히 보게 되는 강아지풀도 누가 언제 싹 터라, 꽃 피워라, 열매 맺어라, 이렇게 명령하고 간섭하고 통제하지 않아도 스스로 자연스럽게 싹 트고 꽃 피고 열매 맺고 죽을 때는 알아서 죽고 또 땅에 묻힙니다.

그리스 사람들이 가장 경계했던 말이 있습니다. 히브리스(hybris), 오만이라는 뜻이죠. 현대 도시에서 디지털화된 시간, 시 단위로, 분 단위로, 초 단위로 끊어 낸 인간의 시간, 공간화된 시간은 인간의 오만이 극대화된 시간이라고 할 수 있습니다.

요즘 사람들은 유전자조작을 해서 하느님 흉내를 내죠? 생명체를 자기

■   영국 소설 《1984년》에 나오는 '독재자 빅브라더'를 따서 만든 말이다. 정보를 독점해서 절대 권력을 행사하는 권력자나 사회 통제 수단을 뜻한다.

마음대로 변형시킬 수 있다고 믿고, 사기도 치죠? 사람 장기를 대신해서 돼지 장기로 마치 프랑켄슈타인처럼 몸 전체를 잘라 내고, 잇고, 기워도 끄떡없다고 여깁니다. 돼지 장기를 사람 몸에 꿰맞추면 사람이 돼지가 될지도 모른다는 생각은 왜 못 하는지 몰라요. 물질 체계에서는 상호 교환이 가능하고 가역성이 성립되지만, 생명계에서는 불가능합니다. 그런데 물질과학에 기초를 둔 생명공학자들은 생체 조직과 물질 조직이 서로 다르다는 것을 생각하지 못합니다. 장기이식이라든지 유전자조작이라는 것이 정말 아무 문제가 없는지에 대한 것은 여러 세대를 거쳐서 지켜봐야 합니다.

저한테 누군가가 그런 질문을 합니다. 장기 기증하지 않을 거냐고. 제가 착해 보이는 모양이에요.(일동 웃음.) 저는 자신이 없다고 그랬습니다. 저도 저 자신을 못 믿는데 만일 안구를 기증해서 어떤 사람 눈을 번쩍 뜨게 만들면, 그 사람이 어느 순간 누구에게 갑자기 심한 증오심을 느껴서 칼로 푹 쑤셔 살인죄를 저지를지 어떻게 알아요? 장기이식을 받은 사람이 꼭 그것을 고맙게 여기고, 착하게만 살라는 법 없잖아요. 제가 보기에는 기증된 장기를 나쁘게 쓰려고 준비하는 사람이 훨씬 더 많아요. 지금은 전 세계가 장기이식 시장으로 바뀌고 있습니다. 있는 나라, 있는 사람들은 없는 나라, 없는 사람 눈알도 빼고 콩팥도 빼는데 혈안이 돼 있는 세상입니다. 죽을 때 기증한 장기가 꼭 성냥팔이 소녀한테 가라는 법 없잖아요. 제가 죽어서 장기 기증하겠다고 하면 착하단 말을 들을 줄 알고 있지만, 이미 죽은 사람에게 착하다는 칭찬이 무슨 소용 있겠습니까?

안식교 사람들은 수혈과 헌혈을 안 하잖아요. 그것을 이기적인 동기와 종교적인 편견 탓으로만 돌려서는 안 됩니다. 전엔 저도 걸핏하면 수혈하고 헌혈하고 그랬어요. 하지만 나중에 비(B)형간염에 걸린 다음부터는 자꾸 간염 걸린 흔적이 복제되는 게 있어서 헌혈해도 그 피 버리게 된다고, 적십자병원에서 하지 말라고 연락이 온 뒤로는 그만두었습니다.

어쨌거나 우리가 어떤 일을 했을 때 사회가 전부 그것이 옳다고 해도 다시 한 번 살펴보고 사회가 전부 그르다 하더라도 다시 한 번 살펴보고, 정말 내가 이 일을 받아들이는데 내적인 확신이 있느냐 없느냐에 따라서 행동을 결정하는 것이 여러분들이 자기 몸과 마음을 자율적으로 이용하고, 상황과 체제에 맞서서 자유로운 공간과 시간을 열어 가는 길이라고 믿습니다.

우리는 생명의 시간을 인공의 시간으로 바꿔치기하려는 모든 통제에 대해서 의심하는 눈길을 거두지 말아야 합니다.

'어떻게 될 것인가' 걱정 말고 '무엇을 할 것인가' 다시 물읍시다.

있을 건 있고 없을 건 없는 사회를 향해

이정우 | 경희사이버대학교 후마니타스칼리지 교수

이번에 출간되는 윤구병 선생의 《철학을 다시 쓴다》는 여러 가지 면에서 관심을 끄는 책입니다.

우선 이 책은 좋다는 것과 나쁘다는 것, 있다는 것과 없다는 것, 된다는 것과 한다는 것 등, 우리 삶에서 가장 기초적인 동시에 핵심적이기도 한 개념들(문제들)을 저자의 일관된 관점과 언어로 풀어내고 있는 책입니다. 좋은 것과 나쁜 것에서 출발해 됨과 함에 이르기까지 우리의 삶과 사유를 하나씩 조망하면서 철학적 논의를 펼치고 있습니다.

이 책은 농민들의 세계, 유목민들의 세계, 도시인들의 세계를 비교하는 인류학적 논의에서 시작해 점차 존재론의 세계로 나아갑니다. 특히, 저자는 '파르메니데스 극복'이라는 그리스철학의 큰 문제에서 실마리를 잡아 헤겔, 마르크스, 베르그송 같은 현대 철학자들에 이르기까지 전개된 서구 존재론사에 대한 흥미로운 이야기를 전개하고 있습니다. 그리고 논의 말미에 다시 구체적 삶의 맥락으로 돌아와 '좋은 세상'에 대한 실천의 가닥을 잡고 있습니다. 있는 현실에서 출발해 존재론으로 사유를 밀고 나간 후 다시 있어야 할 현실로 돌아온다는 점에서, 본 저작은 《소피스트》에서 볼 수 있는 사유의 왕복운동—아나바시스〔상승운동〕과 카타바시스〔하강운동〕

을 잘 보여 주고 있습니다.

이러한 사유 방식은 곧 소은 박홍규 선생의 가르침이기도 하며, 이 점에서 이 저작은 '소은철학'이라는 20세기 한국 철학의 위대한 수확이 '윤구병 철학'이라는 21세기의 새로운 수확으로 이어지는 고리를 보여 준다고도 할 수 있습니다.

저자의 논의들 가운데 특히 "있는 것만 있는" 것이 아니라 "없는 것도 있다"는 생각은 여러 번 반복되어 나오는 생각이며, 이는 곧 파르메니데스로부터 플라톤, 아리스토텔레스를 거쳐 플로티노스에서 완성되는 그리스 존재론의 핵심 테마이기도 합니다. 없는 것, 즉 맥락에 따라 물리적 진공을 뜻할 수도 있고, 올바른 정치의 부재('빠진 것'), 인간관계의 실종, 자연의 파괴 들처럼 극히 많은 것들을 뜻할 수 있는 '무'는 늘 존재론의 중핵에 위치해 왔습니다.

저자의 논의에서 특히 인상 깊은 것은 이 없음=무에 대한 논의가 저작의 말미에서 실천철학적인 함의를 띠면서 "없을 것은 있고 있을 것은 없는" 척박한 세상으로부터 "있을 것은 있고 없을 것은 없는" 희망찬 세상으로의 전회라는 메시지로 이어지는 부분입니다. "우리 사회가 좋은 사회가 되기 위해서 있을 것이 무엇이고 없을 것이 무엇이냐, 그것이 실제로 있느냐 없느냐, 있으면 얼마나 있고 없으면 얼마나 없느냐를 꼼꼼히 살피지 않고, 보수주의가 좋으니 진보주의가 좋으니, 수구니 개량이니, 혁신이니 혁명이니 하고 말로만 내세우는 것"이 표피적인 대안들임을 이 저작은 잘 보여 주고 있습니다.

그리고 있음과 없음의 문제는 '시간' 개념과의 연계성을 결정적인 고리로 해서 됨과 함의 문제로 넘어갑니다. 따라서 이 저작에서 시간론 역시 특히 눈여겨볼 대목입니다.

또 한 가지, 이 저작에서 여러 번 중요하게 다루어진 것으로는 아페이론에 대한 논의가 있습니다. 소은 역시 그의 사유 전반에서 아페이론(무한한 것, 무한정적인 것, 무규정적인 것)에 대한 통찰을 다수 남기고 있습니다만, 저자의 논의에서는 특히 '경계'라는 개념에 관련해서 상세하게 다루어지고 있습니다. 추천하는 이는 21세기 한국 철학의 핵심적인 한 논제가 바로 이 아페이론(경계 개념)에 있지 않을까 생각합니다. 경계라는 개념은 사물들, 생명체들, 사람들이 서로 관계 맺을 때 발생하는 핵심적인 난제들 중 하나이기 때문입니다. '경계학(theory of boundary)'이라 불러 볼 수도 있을 이 주제는 한국에서 소은의 사유를 이어 자신들의 사유를 전개하려는 이들이 발전시켜 볼 만한 좋은 주제가 아닐까 싶습니다. 그렇다면 윤구병 선생의 이 저작은 이런 논의의 출발점을 이룬다고도 할 수 있을 것입니다.

윤구병 선생의 이번 저작은 이전에 펴낸《있음과 없음》의 논의를 그 내부로 흡수하면서, 다시 '좋음과 싫음' 그리고 '됨과 함'의 문제들로 논의를 확장하고 있습니다. 철학적 사유를 매개로 좋은 정치를 꿈꾸는 모든 사람들이 이 책을 읽으면 좋겠습니다.

2013년 2월

1943년

2월 24일에 전남 함평 밤골에서 아버지 윤상인(쉰여섯)과 어머니 송순남(마흔둘)의 막내아들로 태어났다. 위로 큰누님 한 분과 형 여덟 명이 있었다. 면사무소 사환이던 아버지가 병약한 어머니 대신 아들들 밥해 먹이고 도시락 싸고 학교 보내는 일을 했다. 브나로드운동의 영향을 받은 아버지는 순사가 지키는 가운데 마을 사람들에게 한글을 가르쳤다. 아버지는 김구 선생의 함평 지역 독립운동 자금 모금책이기도 했다.

1947년(다섯 살)

고구마 밭에 따라 나갔다가 정신이 딴 데 팔려 있는 바람에 비키라는 소리를 못 듣고 쇠스랑에 머리를 찍혔다. 지금도 그 상처가 크게 남아 있다.

개구쟁이 짓을 많이 하고 아픈 어머니를 괴롭히자 서울 돈암동 큰형네 집으로 보내졌다. 큰형은 양정고보를 졸업하고 철도청에 취직해 있었다. 촌놈이라고 놀리는 서울 아이들을 마구 두들겨 패는 바람에 열아홉 살 형수님이 마을 사람들에게 날마다 항의를 받았다. 1년 뒤, 시골로 쫓겨 내려갔다.

1949년(일곱 살)

둘째 형이 서울 청파초등학교 교원이 되자, 식구들 모두가 서울로 삶터를 옮겼다. 윤구병은 청파초등학교에 입학했다. 자식들 교육에 욕심이 많았던 아버지는 강릉으로 제천으로 다니면서 포목 장사를 했다. 똑똑한 자식들을 보면서 아버지는 아들들이 팔도

도지사가 되는 꿈을 꾸기도 했다.

1950년(여덟 살)

청파초등학교 2학년 다닐 때 한국전쟁이 났다. 서울역 인민위원장을 하던 큰형은 9·28수복 때 북으로 가다가 죽은 것으로 알고 있다. 둘째 형, 셋째 형도 사회주의 운동을 하다 죽었다. 넷째 형은 고향 집에서 죽었고, 다섯째 형과 여섯째 형은 의용군으로 나갔다가 죽었다. 아버지는 자식들 공부 가르친 것을 두고두고 후회했고 남은 자식들은 농사꾼으로 만들겠다고 결심했다.

1951년~1953년(아홉 살에서 열한 살까지)

1·4후퇴 때 아버지와 세 아들은 인천에서 배를 타고 군산으로, 군산에서 다시 목포로, 목포에서 뱃길로 함평까지 내려갔다. 고향 집을 싼값에 친척에게 넘기고 더부살이를 했다. 4년 동안 학교에 가지 않고 목포 뒷개로, 무안군 몽탄으로, 목포시 연동으로, 무안군 명산으로, 함평군 송정으로 떠돌아다녔다.

초등학교는 졸업해야 사람 구실을 한다며 고종사촌 형이 학비를 대 준 덕분에 학다리중앙초등학교에 3학년으로 편입했다. 학교 공부가 끝나면 절대 한눈팔지 않고 농사일을 하겠다는 약속을 하고 겨우 학교에 갔다.

1954년~1957년(열두 살에서 열다섯 살까지)

작은아버지가 교장으로 가 있는 명산으로 옮겨 명산초등학교에 다녔다. 명산에서 어머니가 돌아가셨다. 큰형수가 있는 몽탄으로 옮겼다.

1958년(열여섯 살)

몽탄초등학교를 졸업했다. 응당 받아야 할 도지사 상을 정미소 집 아들에게 빼앗기고 졸업식장에 가지 않았다. 이 무렵부터 아버지는 다시 아들에게 공부 욕심을 품기 시작했다.

중학교 입학시험에서 2등을 했다. 학교 다니는 동안 평균 95점 아래로 내려가지 않으면 장학금을 주겠다는 약속을 받고 학다리중학교에 입학을 했다.

기차 통학을 했는데 표 조사 끝난 칸에 타기, 달리는 열차에서 뛰어내리기, 변소에 숨기, 표 검사하는 다음 칸으로 자리 옮기기 따위 재주를 부려 기찻삯을 아끼며 왕복 삼십 리 길을 어렵게 다녔다.

1959년(열일곱 살)

친구였던 동네 약국 아들의 다섯 살 위 누나에게 첫사랑을 느꼈다. 누나가 빌려 주는 책들을 읽으며 좋은 책과 나쁜 책을 알게 되었다.

도시로 유학 가는 친구 앞에서 마신 막소주 한 사발에 인사불성이 되었고, 톨스토이의 《인생독본》을 읽고 나서 자살하고 싶은 열망을 접었다.

학교 근처에서 자취를 하면서 동기생들 공부를 봐주는 것으로 학비를 조금씩 벌었다.

1960년(열여덟 살)

전국에서 20명밖에 뽑지 않는 '학원 장학회' 6기로 선발되어 고등학교 학비와 학용품비 걱정을 덜었다. 대학교 등록금과 학비도 장학회에서 대 주었다.

중학교 3학년 학년 말 시험을 치는 날, 아버지와 학교 선생님께 긴 편지를 남기고 가출했다가 사흘 만에 풀이 죽어 돌아왔다.

1961년(열아홉 살)

학다리고등학교에 들어갔다. 입학한 뒤로는 학교에 가방만 던져 두고 뒷산에서 낮잠을 자거나 이십 리 떨어진 바닷가에 가서 조개 캐는 것이 일이었다. 호주머니에 소주병 하나 꽂고 오징어 한 마리 뒷주머니에 넣고 다녔다.

방학 때는 무전여행을 했다.

1962년(스무 살)

2학년 여름방학 때 출가를 할까 싶어 수덕사에 머물렀으나 성공하지 못했다. 개학하고 2주나 지난 뒤에 학교로 갔다. 교장 선생님이 아버지 체면을 봐서 졸업장은 주겠으나 학교에 더는 나오지 말라고 하여 학교에서 쫓겨나고 말았다.

집에서 놀다가 새벽마다 불경을 읽으시는 늙은 아버지가 마음에 밟혀서 공부를 열심히 할 결심을 했다. 학교에 놀러 갔다가, 경희대에서 주최하는 전국 고등학교 학력 경시대회에 참가할 아이들이 예비시험을 치고 있어서 우연히 함께 시험을 봤는데 가장 좋은 점수를 받았다. 그래서 경희대에 올라와 시험을 보았고, 전국에서 모여든 학생 가운데 국어 시험에서 2등을 했다. 덕분에 한 해 앞당겨 졸업장을 받았다.

1963년(스물한 살)

서울대학교에 들어갔다. 소설에서 봤던 철학과 학생이 좋아 보이길래 얼결에 철학과에 입학했다. 그저 술 먹고 담배 피우고, 강의는 듣는 둥 마는 둥 하면서 언제라도 바람처럼 돌아다닐 수 있는 학과로 보였기 때문이었다.

1학기 성적표에는 초생달(C), 반달(D)이 가득 떴다. 방학 때 학원 장학회 장학생 모임에 갔다가 그들에게 미안한 마음이 들어서 공부를 좀 더 열심히 해야겠다고 결심했다. 도서관에 앉아서 영어, 불어, 독어, 희랍어, 라틴어를 독학으로 공부했다.

서울대 앞 낙산에 있는 판잣집에서 형들과 살면서 책을 싼값에 팔기도 하고, 막노동도 하면서 지냈다. 단편소설 〈오뚜기〉를 서울대학교 〈대학신문〉 신춘문예 공모 작품으로 보냈다.

1964년(스물두 살)

〈대학신문〉(1964년 1월 1일 자)에 〈오뚜기〉가 소설 부문 당선작으로 뽑혔다. 그러나 그 뒤로 황석영이 쓴 소설 〈객지〉를 보고 나서 소설가가 되고 싶었던 꿈을 접었다.

1965년(스물세 살)

윤구병보다 여섯 살 위였던 일곱째 형이 자살했다.

3학년이 되면서 학기 중에 군대에 가지 않아도 되는 조건 때문에 학생군사교육단 (ROTC)을 지원했다.

1967년(스물다섯 살)

대학교를 졸업했다. 장교로 복무하기 시작했다.

1969년(스물일곱 살)

큰누님 집에 머물고 있던 아버지 윤상인 옹(일흔세 살)이 위독하다는 전보를 받았다. 아들 곁에서 돌아가시겠다 하여 모시고 부대로 들어가던 중 아버지가 돌아가셨다. 5월 말, 2년 3개월 동안의 군 복무를 마치고 제대했다.

하숙비를 해결하기 위해 미국 유학 준비를 하는 학생에게 영어 가르치는 일을 어거지로 맡기도 했다. 가정집에서 하는, 명색만 무역회사인 곳에 취직해 여덟 달 동안 일했다.

1970년(스물여덟 살)

서울대학교 철학과 대학원에 입학했다. '우산 장학회'에서 2년 동안 한 달에 2만 원씩 지원해 주기로 해서 학비 걱정 없이 공부를 했다.

1972년(서른 살)

대학원을 졸업했다. 지도 교수 박홍규 선생이 육군사관학교 강사 자리를 주선했으나 하숙비와 교통비에도 미치지 못하는 강의료 때문에 포기했다.

한국브리태니커회사에 들어갔다. 1979년까지 일하는 동안 봉급 4만 원에 술집 외상값이 20만 원이나 되는 때도 있었다. 사외보 〈배움나무〉를 만들었다. 체제에 반하는 글을 싣기도 하고 외국의 진보 사상가들을 소개하기도 했다.

학원 장학회에서 만난 김미혜의 남동생을 데리고 있으면서 공부를 도와줬다. 김미혜가 자신을 꼬이기 위해 동생을 미리 보내 놓은 것이라고 지금도 믿고 있다.

1973년(서른한 살)

4월 28일에 김미혜(스물다섯 살)와 혼인했다. 나흘 뒤 "풍랑에 배 뒤집혀 몰사할까 두렵다"는 핑계로 신부는 버려 두고 한국브리태니커 사장과 흑산도와 홍도로 여행을 다녀왔다.

1974년(서른두 살)

2월 13일에 첫딸 나래를 얻었다.

1976년(서른네 살)

둘째 아이를 가진 아내를 놔두고 송광사에서 잠깐 동안 행자 생활을 했다. 죽은 셈 치고 찾지 말라는 사연을 적어 집으로 보냈으나, 편지에 찍힌 우체국 소인을 보고 아내가 아이 손을 잡고 찾아왔다. 같이 산을 내려왔다.

12월 6일에 아들 누리가 태어났다.

월간 〈뿌리깊은나무〉 초대 편집장이 되었다.

1978년(서른여섯 살)

기획력이 바닥났다는 이유를 대고 월간 〈뿌리깊은나무〉를 제 발로 걸어 나왔다.

1979년(서른일곱 살)

공부 욕심이 남아 있어서 서울대 철학과 대학원 박사과정에 입학했다. 퇴직금 받은 것으로 생활하면서 공부했다.

첫 번째 번역서 《하느님과 꽤 친한 아저씨》(백제출판)를 출판했다.

1981년(서른아홉 살)

3월에 충북대 철학과 교수 공채 시험을 봐서 합격했다.

1982년(마흔 살)

1년 동안 교수로 살면서 전두환 독재에 대한 울분을 키웠다. 차라리 막노동을 하고 살겠다는 작정으로 난곡에 방을 얻었다. 지도 교수였던 박홍규 선생의 만류로 교수직을 그만두지 못했다. 그 뒤 15년 동안 철학 교수로 살았다.

전집 〈어린이 마을〉(웅진출판)을 기획했다.

판화가 이철수의 그림을 넣은 《모래알의 사랑》(도서출판 까치)을 출판했다.

1983년(마흔한 살)

이오덕 선생님의 권유로 대학 선생으로는 처음으로 '한국글쓰기교육연구회' 회원이 되었다.

1987년(마흔다섯 살)

〈배움나무〉에 실었던 글을 모아 책 《눈먼 뱃길》(종로서적)을 펴냈다.

1988년(마흔여섯 살)

어린이에게 줄 좋은 책을 출판하려고 '보리기획'을 만들었다.

1989년(마흔일곱 살)

진보적인 소장 철학자들과 함께 '한국철학사상연구회'를 만들었다. 처음에는 공동 대표를 맡았고, 나중에는 이사장을 맡게 되었다.

책 《사람 사는 세상은》(이땅)을 펴냈다.

1990년(마흔여덟 살)

한국철학사상연구회에서 계간 〈시대와 철학〉을 창간했다. 청소년들에게 주는 책 《꼭 같은 것보다 다 다른 것이 좋아》(푸른나무)를 펴냈다.

보리기획에서 전집 〈올챙이 그림책〉을 만들었다.

1991년(마흔아홉 살)

보리기획이 출판 등록을 하여 보리출판사가 되었다.

1992년(쉰 살)

책 《몸 가는 데 마음 간다》(철학과현실사)를 펴냈다.

장선우 감독의 꼬임으로 영화 '화엄경'에 거지 왕초로 잠깐 출연했다. 연기력이 없어서 다음 출연 제의는 받지 못했다.

1993년(쉰한 살)

책 《조그마한 내 꿈 하나》(보리출판사)를 펴냈다.

1994년(쉰두 살)

어린이의 생태 감수성을 길러 주는 과학 전집 〈달팽이 과학동화〉를 만들었다.

1995년(쉰세 살)

서울대학교에 교환교수로 있으면서 변산에 터를 잡기 시작했다. 강의 하나만 맡은 덕분에 태안반도와 변산반도를 둘러보면서 산살림, 갯살림, 들살림이 두루 가능한 자리를 알아볼 수 있었다. 변산에 자리를 잡고 공동체를 꾸리기 시작했다.

책 《실험 학교 이야기》(보리출판사)를 출판했다.

일하는 사람들의 이야기를 담는 월간지 〈작은책〉을 창간했다.

1996년(쉰네 살)

충북대학교 철학 교수를 그만두고 완전한 농사꾼으로 살기 시작했다. 호기심에 연락도 없이 찾아오는 이들을 되돌려 보낼 만큼 박대해 가면서 농사꾼으로 거듭나기 위해 노력했다.

책 《세상은 물음표로 가득 찬 것 같아요》(다섯수레)를 출판했다.

1997년(쉰다섯 살)

변산에서 농사를 짓는 동안, 겨울을 나는 산짐승들 이야기를 담은 그림책 《우리끼리 가자》(보리출판사)와 정겨운 집짐승들을 담은 그림책 《심심해서 그랬어》(보리출판사)를 펴냈다.

1998년(쉰여섯 살)

변산공동체학교를 열어 중등 과정 아이들을 가르치기 시작했다.

변산에 내려가서 만난 사람들 이야기와 변산공동체학교 이야기를 담은 책 《잡초는 없다》(보리출판사)를 펴냈다.

1999년(쉰일곱 살)

농촌의 봄을 담은 그림책 《우리 순이 어디 가니》(보리출판사)를 펴냈다.

2000년(쉰여덟 살)

넉넉하고 푸근한 산골 마을의 가을을 담은 그림책 《바빠요 바빠》(보리출판사)를 펴냈다.

2002년(예순 살)

농사일에 전념하고 싶었지만, 〈작은책〉의 편집 책임을 맡게 되면서 어쩔 수 없이 서울에 자주 올라와야 하는 신세가 되었다.

2003년(예순한 살)

책 《있음과 없음》(보리출판사)을 펴냈다. 회갑 기념으로 보리출판사에서 이 책을 펴냈는데 쓸데없는 짓을 했다고 노발대발했다.

큰 스승으로 믿고 따랐던 이오덕 선생님이 돌아가셨다. 살아생전에 어린이 문화 운동을 아우르는 단체와 좋은 어린이 잡지가 꼭 있어야 한다고 간절히 바랐던 이오덕 선생님 뜻을 뒤늦게라도 실천하겠노라 마음먹었다. 그 출발로 한국글쓰기교육연구회를 비롯한 여러 어린이 문화 운동 단체들과 함께 '어린이문화연대 준비모임'을 꾸렸다.

2004년(예순두 살)

남북 학문 공동체가 이루어지기를 바라는 마음으로 기획했던 〈겨레고전문학선집〉 첫 권 《열하일기》(보리출판사)가 출간됐다. 〈겨레고전문학선집〉은 북에서 갈무리한 우리 고전 문학을 새롭게 펴낸 것으로, 원문과 현대문을 아우른 우리 시대 가장 아름다운 고전이라고 자부하고 있다.

이오덕 선생님 뜻을 잇고자 꾸려진 '어린이문화연대 준비모임'이 해체됐다. 이 모임이 남긴 성과를 밑거름 삼아, 보리출판사와 함께 어린이 잡지 기획하는 일을 시작했다.

2005년(예순세 살)

기획자로 참여했던 어린이 잡지 만들기가 결실을 맺어, 2005년 12월에 다달이 나오는 어린이 잡지 〈개똥이네 놀이터〉(보리출판사)가 창간됐다. 〈개똥이네 놀이터〉는 우리 아이들을 '자연과 놀이와 이야기의 세계로 이끄는' 어린이 잡지로, 부모님을 위한 잡지 〈개똥이네 집〉과 한 묶음으로 나왔다.

2007년(예순다섯 살)

우리 민족이 가진 의료 역량을 한데 모아서 소외 계층이 건강한 삶을 꾸려 가는 데 힘을 보태고자 출범한, 재단법인 '민족의학연구원' 초대 이사장을 맡았다. 민족의학연구원은 누구나 쉽게 쓸 수 있는 치료 관련 책과 의학 기반을 튼튼히 세우는 데 보탬이 될

책으로, 《약 안 쓰고 병 고치기》《손 주물러 병 고치기》《발 주물러 병 고치기》《우리 애
몸 주물러 병 고치기》《고루 먹고 병 고치기》 같은 〈약손 문고〉 시리즈를 꾸준히 펴내고
있다.

2008년(예순여섯 살)

기획과 감수를 맡아 7년 넘게 공을 들인 〈보리 국어사전〉(보리출판사)이 출간됐다. 〈보
리 국어사전〉은 출간된 뒤로 보리출판사를 먹여 살리는(?) 대표 책으로 자리매김했다.

책 《변산공동체학교-어제 오늘 그리고 내일》(보리출판사, 공저)과 《가난하지만 행복
하게》(휴머니스트)를 펴냈다.

변산공동체학교를 비롯해 많은 일들을 다른 이에게 넘기고 자연인 윤구병으로 돌아
가 외딴섬에서 홀로 지냈다.

2009년(예순일곱 살)

억지 춘향으로 등 떠밀려 보리출판사 대표 살림꾼이 되었다.

2005년부터 〈개똥이네 놀이터〉 부록으로 나왔던, 부모와 어른을 위한 잡지 〈개똥이
네 집〉을 독립된 정기간행물로 등록했다. 덕분에 어린이 잡지 〈개똥이네 놀이터〉와 어
른 잡지 〈개똥이네 집〉 발행인 몫을 한꺼번에 맡게 되었다.

변산에서 10년 넘게 의지하며 지내 온 당산나무 이야기를 담은 그림책 《당산 할매와
나》(휴머니스트)를 펴냈다.

2010년(예순여덟 살)

한국어린이문학협의회 회장 이주영 선생과 함께 2004년에 해체된 '어린이문화연대
준비모임'을 다시 결성했다. 새롭게 결성된 '어린이문화연대 준비모임'이 '준비모임'
꼬리를 떼고 더 많은 어린이 문화 운동 단체들과 함께할 수 있도록 힘을 쏟았다.

책 《꿈이 있는 공동체》《자연의 밥상에 둘러앉다》《흙을 밟으며 살다》《모르는 게 더
많아》《울보 바보 이야기》(모두 휴머니스트)를 펴냈다.

2011년(예순아홉 살)

열다섯 번에 걸쳐 '우리 말 바로 쓰기' 강좌를 열었다. 힘센 사람들이 힘센 나라 말을 들여다가 우리 말을 나쁘게 물들이는 현실을 더는 두고 볼 수 없어 시작한 일이었다. 학술 용어에 치인 우리 말을 되살리고, 우리 말만으로 느낌과 소리를 주고받을 수 있는 길을 함께 공부하며 찾아보려고 애썼다. 우리 말을 어떻게 하면 바로 되살릴 수 있는가는 평생 풀어야 할 숙제라고 여기며 살고 있다.

2012년(일흔 살)

보리출판사 책이 안 팔려 책 보따리 싸들고 전국을 떠돌면서 '앵벌이'에 나섰다.

2013년(일흔한 살)

반쪽짜리 글《있음과 없음》에 '함과 됨'이라는 철학 문제를 덧붙여《철학을 다시 쓴다》(보리출판사)를 펴냈다. 앞으로 이만큼 두꺼운 철학 책을 다시 쓸 기회가 있을지 모르겠다.

아직도 안 죽었다. 징그럽다. 하지만 살아온 세월이 행복하고 고마웠다고 돌아보고 있다. 무엇보다 사람 복이 많아 행복하다. 현생에 자기를 만난 사람들은 모두 전생에 죄가 많아 괴로움을 당하는 것인데, 스스로는 전생에 복 받을 일을 많이 해서 그 사람들을 현생에서 만난 것이라고 마음 편하게 생각하고 있다.

이제는 잘 죽을 준비를 해야겠다고 다짐하고 있다.

정리 | 보리출판사 편집부

■ 이 책에 나오는 사람들

ㄱ

갈릴레오(Galileo Galilei | 1564~1642) : 이탈리아의 물리학자이자 천문학자. '낙하하는 물체
는 가속도가 일정하다'는 사실을 밝혀서 '물체의 낙하 속도가 무게에 비례한다'고 했던 아리스토
텔레스 이론이 틀렸음을 증명했다. 1609년에 망원경을 만들어 달 표면과 태양의 흑점, 목성의 위
성 들도 발견했다. 지동설을 주장했으며 쓴 책에 《천문 대화》《신과학 대화》들이 있다.

고르기아스 (Gorgias | B.C.483~B.C.376) : 고대 그리스의 철학자로 소피스트를 대표하는 사
람이다.(소피스트는 교양이나 학예, 변론술 가르치는 일을 하던 사람을 이른다.) '일체의 것은 실
재하지 않는다. 실재하는 것은 알 수 없다'는 이론을 근본 사상으로 삼고 있다. 쓴 책으로 《비유에
관하여》《헬레네 송(頌)》들이 있다.

김열규(金烈圭 | 1932~) : 우리 나라 현대 신화학자로 민속과 문학 연구에 힘을 쏟았다. 민족
고유의 특성을 밝히기 위해 '원형비평적 접근 방법'에서 실마리를 얻은 글을 많이 발표했다. 《한국
민속과 문학연구》《한국문학사》《삼국유사와 한국문학》들을 책으로 펴냈다.

ㄴ

나가르주나(Nagarjuna | 150?~250?) : 인도의 승려이자 불교철학자. '공(空)' 사상을 기초로
대승불교 교리를 체계화했다. 《중론송(中論頌)》《십이문론》《대지도론》들을 남겼다.

뉴턴 (Newton, Isaac | 1642~1727) : 영국의 물리학자·천문학자·수학자로 '만유인력의 법
칙'을 발견했다. 광학 연구로 반사 망원경을 만들었고, 빛의 입자설을 주장했다. 수학에서는 미적
분법을, 물리학에서는 뉴턴역학 체계를 확립했다. 근대과학이 이루어지는 데 가장 크게 기여한 사
람으로 평가받는다. 쓴 책에 《광학》《자연 철학의 수학적 원리》들이 있다.

니체 (Nietzsche, Friedrich Wilhelm | 1844~1900) : 독일의 철학자이자 시인. 실존철학의 선
구자로 불리며 '신은 죽었다'고 선언했다. 기존에 있던 합리적 철학, 기독교 윤리 같은 부르주아

394 철학을 다시 쓴다

자유주의 이데올로기를 부정하고 철저한 허무주의(니힐리즘)를 주장했다. 쓴 책으로 《비극의 탄생》《자라투스트라는 이렇게 말했다》들이 있다.

ㄷ

덩샤오핑 (Deng Xiaoping〔鄧小平〕| 1904~1997) : 중국의 정치가. 중화인민공화국 수립에 공을 세웠으며 당중앙위원회 비서장, 정치국 위원을 지냈다. 1966년 문화대혁명 때 마오쩌둥과 노선 갈등을 빚어 실각했으나 1977년에 복직된 뒤로 실권을 장악했다. 1981년부터 실용주의 노선에 따른 개혁과 개방 정치를 추진했다.

데모크리토스 (Democritos | B.C.460?~B.C.370?) : 고대 그리스의 철학자이자 사상가이다. 원자론을 체계 있게 정리했으며 유물론 학설이 만들어지는 데 영향을 끼쳤다.

데카르트 (Descartes, Rene | 1596~1650) : 프랑스의 수학자이자 철학자. 근대 철학의 아버지로 불리며, 해석기하학을 처음 만들었다. '나는 생각한다. 고로 나는 존재한다'는 명제를 철학 사상의 기초로 삼았다. 쓴 책에 《방법 서설》《성찰(省察)》《철학 원리》들이 있다.

ㄹ

라플라스 (Laplace, Pierre Simon | 1749~1827) : 프랑스의 수학자 · 천문학자 · 물리학자. 만유인력을 태양계에 응용한 이론을 펼쳐서 우주진화론 연구에 있어 선구자가 되었다. 확률론과 미분방정식에도 업적을 남겼다. 쓴 책으로 《천체 역학》이 있다.

램 (Lamb, Charles | 1775~1834) : 영국의 비평가이자 수필가. 영국 수필 문학을 대표하는 사람이다. 엘리아라는 필명으로 활동했으며 일생을 독신으로 살면서 문학 활동을 했다. 쓴 작품으로 《엘리아의 수필》《셰익스피어 이야기》《구면의 얼굴》들이 있다.

러셀 (Russell, Bertrand Arthur William | 1872~1970) : 영국의 철학자 · 수학자. 수리철학과 기호논리학을 집대성하여 분석철학의 기초를 쌓았다. 사회 평론가이자 평화주의자로서 제일차 세계대전과 나치스에 반대했고, 원폭 금지 운동과 베트남전쟁 반대 운동에 앞장섰다. 1950년에 노벨 문학상을 받았다. 쓴 책에 《정신의 분석》《의미와 진리의 탐구》《철학의 제 문제》들이 있다.

레닌 (Lenin, Vladimir Ilich | 1870~1924) : 소련의 혁명가이자 정치가. 소련공산당을 만들어

러시아혁명을 지도했으며, 1917년에 케렌스키 정권을 쓰러뜨리고 소비에트 사회주의 공화국을 세웠다. 쓴 책으로 《국가와 혁명》《제국주의론》《유물론과 경험 비판론》 들이 있다.

레우키포스 (Leucippos | ?~?) : 고대 그리스의 철학자. 불생불멸하는 아톰(더 작게는 분할할 수 없는 것)을 가정하고, 이들 아톰이 뭉치고 흩어짐에 따라 우주 만물이 생성되기도 하고 소멸되기도 한다는 원자론(原子論)을 처음 만들었다.

로바쳅스키 (Lobachevsky, Nikolay Ivanovich | 1792~1856) : 제정러시아의 수학자로 비(非)유클리드기하학을 창시했다. 쓴 책에 《평행선 학설에 관한 기하학적 연구》《범기하학》 들이 있다.

루크레티우스 (Lucretius | B.C.96?~B.C.55?) : 고대 로마의 시인이자 철학자. 고대 원자론에 근거를 두고, '어떤 것도 무(無)에서 생겨나지 않고, 어떤 것도 무로 돌아가지 않는다' 는 세계관을 전개했다. 여섯 권으로 된 철학 시 《물(物)의 본성에 대하여(De rerum natura)》를 남겼다.

뤽 브리송 (Luc Brisson | 1946~) : 프랑스의 철학자. 플라톤과 신플라톤주의 전통, 그리고 철학적 신화 분야에서 세계적 권위자로 인정받고 있다. 1989년부터 국제 플라톤학회 부회장을 맡고 있으며, 전 세계 플라톤 연구자들의 지식 교류에 힘쓰고 있다. 프랑스어판 '플라톤 전집' (1987-2006)과 '플로티노스 전집' (2002-2010)의 책임 편집자 겸 공동 번역자로 활동했다.

리만 (Riemann, Georg Friedrich Bernhard | 1826~1866) : 독일의 수학자로 타원 함수론과 아벨 함수론을 연구했다. 논문 〈일반 함수론〉〈기하학의 기초에 있는 가정에 관하여〉를 써서 함수론과 리만기하학의 기초를 세웠다.

□

마르크스 (Marx, Karl Heinrich | 1818~1883) : 독일의 경제학자 · 정치학자 · 철학자. 과학적 사회주의와 사적 유물론 이론을 처음으로 주장했으며 국제 공산주의 조직인 '인터내셔널' 을 만들었다. 1848년에 엥겔스와 함께 《공산당 선언》을 썼고, 그 뒤로 전 생애에 걸쳐 《자본론》을 쓰는 일에 힘을 기울였다. 《자본론》은 마르크스가 죽은 뒤에 엥겔스가 완성했다. 《신성 가족》《경제학 비판》《프랑스의 내란》《철학의 빈곤》《고타 강령 비판》 들을 펴냈다.

마오쩌둥 (Mao Zedong〔毛澤東〕 | 1893~1976) : 중국 공산당의 최고 지도자이자 정치가이다.

1921년 상하이(上海)에서 공산당을 창당할 때 후난 성(湖南省) 대표로 참가했다. 1949년에 세워진 공산 정권에서 초대 국가 주석을 지냈다. 1959년에 국가 주석에서 물러났으며 그 뒤로는 문화혁명을 지도했다. 쓴 책으로《신민주주의론》《연합 정부론》들이 있다.

ㅂ

박홍규 (朴洪奎 | 1919~1994) : 한국 철학계를 대표하는 형이상학자. 1941년에 일본 와세다대학교 철학과에서 칸트, 헤겔, 하이데거, 야스퍼스 학문을 공부했다. 1945년 경성치과의학전문학교 전임강사를 거쳐 1946년에 서울대학교 철학과 교수가 됐다. 희랍철학(그리스철학)과 프랑스 철학이 주 전공이며, 교수로 지냈던 35년 동안 행정직은 한 번도 맡지 않고 형이상학 연구에만 몰두했다. 사후에 제자들이 박홍규의 강의 녹음 자료를 풀어서 〈박홍규 전집〉 다섯 권을 출간했다.

베르그송 (Bergson, Henri Louis | 1859~1941) : 프랑스의 철학자. 삶에서 겪은 체험으로 모든 것을 파악하려고 한 '생의 철학', 그리고 생명현상은 과학이나 자연법칙을 초월한 또 다른 원리로 말미암아 창조, 유지, 진화된다는 '생기론'을 주장했다. 베르그송의 학설은 철학, 문학, 예술 영역에 영향을 끼쳤다. 쓴 책으로《시간과 자유》《창조적 진화》《도덕과 종교의 두 원천》들이 있다.

비루테 갈디카스 (Birute Galdikas | 1946~) : 독일의 영장류 학자. 오랑우탄 연구에 평생을 바쳤으며 제인 구달(침팬지 연구), 다이앤 포시(고릴라 연구)와 함께 세계 3대 영장류 학자로 불린다. 국제 오랑우탄재단 회장을 맡고 있으며 쓴 책으로《에덴의 벌거숭이들》이 있다.

ㅅ

사르트르 (Sartre, Jean Paul | 1905~1980) : 프랑스의 소설가이자 철학자. 실존주의 사상을 대표하는 사람으로 무신론적 실존주의를 주장했다. 문학자의 사회참여를 중요하게 생각했으며 공산주의에도 접근했다. 철학서《존재와 무》, 소설《구토(嘔吐)》《자유에의 길》을 썼다.

살바도르 아옌데(Salvador Allende | 1908~1973) : 칠레의 정치가. 1970년에 대통령에 당선되면서 남아메리카에서는 처음으로 합법적인 사회주의 정권을 세웠다. 그 뒤로 산업 국유화 같은 사회주의 정책을 추진하다가 1973년에 군사 쿠데타가 일어나 사살되었다.

소크라테스 (Socrates | B.C.470?~B.C.399) : 고대 그리스를 대표하는 철학자이다. 문답법을 통한 깨달음, 무지에 대한 자각, 덕과 앎의 일치를 중요하게 여겼으며 시민들의 도덕의식을 개혁하

는 일에도 힘썼다. 신(神)을 모독하고 청년을 타락시켰다는 혐의로 독배를 받고 죽었다. 소크라테스의 사상은 제자 플라톤이 쓴 《대화편》으로 전해진다.

쇼펜하우어 (Schopenhauer, Arthur | 1788~1860) : 독일의 관념론 철학자. 염세사상을 대표하는 학자다. 쓴 책 가운데 《의지와 표상으로서의 세계》가 널리 알려져 있다.

스피노자 (Spinoza, Baruch | 1632~1677) : 네덜란드의 유대계 철학자. 데카르트의 합리주의에 근거한 '물심평행론'을 주장했다. 물심평행론은, 마음과 물질은 각각 독립된 것으로서 서로 나란히 대응하는 관계라고 주장한 학설을 말한다. 스피노자의 철학은 한편으로는 범신론으로, 다른 한편으로는 유물론으로 해석되기도 한다. 쓴 책에 《윤리학》《신학 정치론》 들이 있다.

ㅇ

아리스토텔레스 (Aristoteles | B.C.384~B.C.322) : 고대 그리스의 철학자로 소요학파를 만들었다. 소요학파는 아리스토텔레스가 학원 안에 있는 나무 사이를 산책하며 제자들을 가르쳤다는 데서 붙은 이름이다. 아리스토텔레스의 사상은 중세 스콜라철학을 비롯한 후세 학문에 큰 영향을 주었다. 쓴 책에 《형이상학》《오르가논》《자연학》《시학》《정치학》 들이 있다.

아우구스티누스 (Augustinus, Aurelius | 354~430) : 초기 기독교 교회를 대표하는 교부(고대 교회에서 종교에 관련된 훌륭한 스승과 저술가들을 이르는 말.)로서 교부철학을 완성시켰다. 교부철학과 고대 신플라톤주의 철학을 종합하여 가톨릭 교리 이론에 기초를 다졌으며, 이는 중세 기독교 사상에도 많은 영향을 끼쳤다. 쓴 책에 《고백록》《삼위일체론》 들이 있다.

아이스킬로스 (Aeschylos | B.C.525?~B.C.456) : 고대 그리스의 3대 비극 시인 가운데 한 사람이다. 합창과 낭송만으로 이루어졌던 초기 극예술을 노래와 대사, 행위가 어우러진 형태로 끌어올렸다. 주로 운명에 저항하는 인간의 영웅스러운 자세를 묘사했다. 쓴 작품 가운데 〈페르시아 사람들〉〈결박된 프로메테우스〉〈오레스테이아(Oresteia)〉를 비롯한 비극 7편만이 남아 있다.

아인슈타인 (Einstein, Albert | 1879~1955) : 독일의 이론물리학자이다. 상대성이론, 광양자가설, 통일장이론 들을 발표했다. 제이차 세계대전 때 '맨해튼계획'(미국에서 진행한 원자폭탄 개발 계획)이 시작되는 데 실마리를 제공하기도 했다. 1921년에 노벨 물리학상을 받았다.

안드로니코스 (Andronikos of Rhodos | B.C.?~B.C.?) : 아리스토텔레스학파에 속하는 학자로 기원전 1세기 무렵에 활동했다. 주로 아리스토텔레스가 남긴 글을 편집하고 간행했다.

에셔 (Escher, Maurits Cornelis | 1898~1972) : 네덜란드의 판화가. 초기 작품은 주로 풍경을 다루었으나 1936년 무렵부터는 기하학 원리와 수학 개념을 토대로 해서, 2차원 평면 위에 3차원 공간을 표현한 작품을 많이 발표했다. 주요 작품으로 〈반사구를 들고 있는 손〉〈도마뱀〉〈상대성〉〈뫼비우스의 띠 II〉 들이 있다.

에피쿠로스 (Epicouros | B.C.341~B.C.270) : 고대 그리스의 철학자이자 유물론자. 원자론에 기초를 둔 에피쿠로스학파를 처음 만들었다. 쾌락은 인생에 있어 가장 가치 있는 목적이자 모든 행위를 이끄는 도덕원리라고 주장했으며, 이는 쾌락주의로 통한다. 책 《자연에 대하여》를 썼다.

엠페도클레스 (Empedocles | B.C.490?~B.C.430?) : 고대 그리스의 철학자이자 정치가. 우주 만물은 흙, 물, 공기, 불이라는 네 가지 원소로 이루어져 있고, 이 네 가지 원소들끼리 화합하거나 다투면서 서로 붙거나 떨어지는 과정에서 사물이 태어난다는 이론을 펼쳤다.

유클리드 (Euclid | B.C.330?~B.C.275?) : 고대 그리스의 수학자로 기하학을 처음 만들었다. 책 《기하학원론(幾何學原論)》을 써서 유클리드기하학의 체계를 세웠으며, 이로써 그리스의 기하학이 완성되었다.

임석진 (林錫珍 | 1932~) : 현대 한국 철학자. '한국헤겔학회'를 창립하고 초대 회장을 지냈다. 우리 나라에 처음으로 헤겔을 소개했으며 《정신현상학》《대논리학》《법철학》들을 번역했다. 쓴 책에 《헤겔에 있어서 노동의 개념》《시대와 변증법》《헤겔 변증법의 모색과 전망》들이 있다.

ㅈ

자크 모노 (Jacques Lucien Monod | 1910~1976) : 프랑스의 생화학자로 세균의 유전 현상을 주로 연구했다. 효소의 합성을 막는 유전자 '오페론'을 발견했으며 오페론의 구조를 해명한 오페론설을 정립했다. 또 책 《우연과 필연》에서 생명 발생은 우연성이 주도한다고 주장했다. 1965년에 노벨 생리·의학상을 받았다.

제논 (Zenon ho Elea | B.C.495?~B.C.430?) : 그리스의 철학자. 파르메니데스가 체계를 잡은

엘레아학파에 속했으며 변증법을 처음 주장한 사람으로 알려져 있다. 파르메니데스의 가르침을 이어받아 '존재자는 하나' 라는 설을 주장했는데, 이를 입증하고자 '날아가는 화살은 움직이지 않는다' 는 역설 논증을 펼쳤다.

질 들뢰즈(Gilles Deleuze | 1925~1995) : 프랑스의 철학자. 서구의 2대 지적 전통인 경험론과 관념론을 비판적으로 해명했다. 1968년에 책 《차이와 반복》에서 '일의성, 내재성, 긍정성' 이라는 세 가지 개념을 들면서 경험론과 관념론을 극복하자고 주장했다. 쓴 책으로 《경험주의와 주관주의자》 《니체와 철학》 《칸트의 비평철학》 《1천개의 고원》 들이 있다.

ㅊ

체 게바라(Che Guevara | 1928~1967) : 쿠바의 혁명가. 멕시코에 머물면서 쿠바혁명에 참가했다. 1965년부터 볼리비아 산악 지대에서 게릴라 투쟁을 이끌다가 1967년 정부군에 체포되어 총살당했다. 쓴 책에 《쿠바에서의 인간과 사회주의》 《게릴라전》 들이 있다.

최남선(崔南善 | 1890~1957) : 사학자이자 문인으로 호는 육당(六堂)이다. 신문학 운동의 선구자로 잡지 〈소년〉을 창간했으며, 신체시 〈해에게서 소년에게〉를 발표했다. 삼일운동 때 독립선언문을 기초했고, 민족대표 48명 가운데 한 사람으로 활동했지만 나중에는 친일 활동을 했다. 《시조유취》를 편찬했고 시조집 《백팔 번뇌》, 역사서 《조선 역사》 《고사통》 들을 썼다.

최민순(崔玟順 | 1912~1975) : 한국의 천주교 신부이자 교육자이다. 성신대학교와 가톨릭대학교에서 교수를 지냈으며 가톨릭공용어위원회 위원으로 활동했다. 수필집 《생명의 곡》, 시집 《님》 《밤》 들을 썼으며 단테의 《신곡》(지옥편·신곡 전편), 세르반테스의 《돈키호테》, 아우구스티누스의 《고백록》 들을 번역했다.

ㅋ

칸토어(Cantor, Georg Ferdinand Ludwig Philipp | 1845~1918) : 독일의 수학자. 함수론의 기초를 세웠으며, 무한집합을 분석하여 고전 집합론을 처음으로 만들었다.

칸트(Kant, Immanuel | 1724~1804) : 독일의 철학자로 '비판철학' 을 확립했다. 경험론과 합리론을 통합하는 시도 아래, 인식의 성립과 그 한계를 논하고 형이상학을 비판했다. 쓴 책에 《순수이성 비판》 《실천 이성 비판》 《판단력 비판》 들이 있다.

콘퍼드(Cornford, Francis Macdonald | 1874~1943) : 영국의 고전학자 겸 시인이다. 희랍철학 연구에 있어 대가로 불리며, 플라톤이 쓴 책들에 대한 주석서가 잘 알려져 있다. 쓴 책으로《종교에서 철학으로》《소크라테스 이전과 이후》《쓰여지지 않은 철학》들이 있다.

클라인(Klein, Christian Felix | 1849~1925) : 독일의 수학자로 기하학, 함수론 연구에 많은 업적을 남겼다. 기하학의 새로운 장을 연 에를랑겐(Erlangen)목록 연구가 특히 잘 알려져 있다.

ㅌ

탈레스(Thales | B.C.624?~B.C.546?) : 그리스 최초의 철학자. 이오니아 지방에 있었던 고대 그리스 최강의 도시 국가 밀레토스에서 태어났다. 밀레토스학파를 만들었으며 자연철학에 있어 선구자 몫을 했다. 자연현상이 생겨나는 원인은 자연 내부에 있다고 보았으며 만물의 근원은 '물'이라고 주장했다.

테이야르 드 샤르댕(Pierre Teilhard de Chardin | 1881~1955) : 프랑스의 고생물 지질학자로 가톨릭 사제이기도 하다. 실증과학자로 활동하면서 북경원인 발굴에 참가하기도 했다. 인류의 아프리카 기원설을 주장했으며, 과학과 신앙의 조화를 지향하며 종교적·진화론적 문명론을 전개했다. 쓴 책에《현상(現象)으로서의 인간》이 있다.

테일러(Taylor, Alfred Edward | 1869~1945) : 영국의 철학자로 에딘버러 대학에서 도덕철학 교수를 지냈다. 신플라톤학파와 스콜라철학에서 영향을 받은 학설을 전개했다. 철학사가로도 잘 알려져 있으며 플라톤 철학에 대한 새로운 견해로 주목받았다.

토마스 아퀴나스(Thomas Aquinas | 1224?~1274) : 이탈리아의 신학자이자 철학자. 스콜라 철학을 대표하는 사람 가운데 한 명이다. 이성과 신앙이 조화되기를 추구했으며 방대한 신학 이론 체계를 세웠다. 쓴 책 가운데《신학 대전》이 잘 알려져 있다.

ㅍ

파르메니데스(Parmenides | B.C.515?~?) : 고대 그리스의 철학자. 존재는 유일하며 영원불변한 것이라고 주장한 엘레아학파를 만들었다. '존재하는 것'만이 있으며 '존재하지 않는 것'은 없다고 하는 근본사상을 바탕으로, '존재하는 것'이 지닌 성질을 이끌어 냈다. 존재론과 인식론에 큰 영향을 끼쳤으며 존재의 철학자로 불린다. 철학 시《자연에 대하여》가 160행 정도 남아 있다.

파스퇴르(Pasteur, Louis | 1822~1895) : 프랑스의 화학자. 유산균과 효모균을 발견했으며, 저온 살균법과 광견병 백신을 개발했다. 면역학의 창시자로 불린다.

포르피리오스(Porphyrios | 234?~305?) : 그리스의 철학자로 플로티노스에게 신플라톤학파 철학을 배웠다.《엔네아데스》를 비롯한 플로티노스의 책들을 편찬했다. 아리스토텔레스를 연구해서 펴낸《아리스토텔레스 범주론 입문》은 중세 논리학 연구에 있어 교과서로 자리매김했고 이는 중세 스콜라철학에도 영향을 주었다.

프란체스코 (Francesco, d'Assisi | 1182~1226) : 이탈리아 가톨릭교회의 성인(聖人). 로마 시대에 번영했던 도시 '아시시' 에서 태어났다. 프란체스코 수도회를 창립했으며, 청빈주의를 기본으로 하는 수도 생활을 실현했다.《태양의 찬가》 같은 시도 여러 편 남겼다.

프로타고라스(Protagoras | B.C.485?~B.C.410?) : 고대 그리스의 철학자. 소피스트 가운데 제일인자로 통한다. 민주제 아래 있던 아테네에서 활동했으나 무신론적(無神論的) 사상 때문에 추방됐다. '인간은 만물의 척도' 라고 하면서 절대 진리를 부인하고 상대주의를 주창했다.

플라톤(Platon | B.C.428?~B.C.347?) : 고대 그리스의 철학자로 소크라테스의 제자다. 소크라테스가 제자들과 나눈 대화를 담아서 펴낸 책인《대화편》을 여러 권 남겼다. 피타고라스, 파르메니데스, 헤라클레이토스 사상에서 영향을 많이 받았으며, 이데아론을 근본으로 하는 이상주의 철학 사상을 세웠다. 플라톤의 철학은 관념론 철학에 큰 영향을 끼쳤다. 쓴 책에《소크라테스의 변명》《향연》《국가》 들이 있다.

플로티노스 (Plotinos | 205~270) : 이집트에서 출생한 고대 로마 철학자. 신플라톤주의를 대표하는 철학자다. 태양에서 빛이 사방으로 뿜어져 나가는 것처럼, 완전하고 선한 절대자 신으로부터 현실 세계에 있는 만물이 흘러나온다는 '유출설' 을 주장했다. 그의 사상은 중세 스콜라철학과 헤겔 철학에 영향을 주었다. 쓴 책으로《엔네아데스(Enneades)》가 있는데 이는 사후에 제자인 포르피리오스가 편찬한 것이다.

피타고라스 (Pythagoras | B.C.580?~B.C.500?) : 고대 그리스의 철학자 · 수학자 · 종교가. 수(數)를 만물의 근원으로 생각했으며 '피타고라스의 정리' 를 발견했다.

헤겔 (Hegel, Georg Wilhelm Friedrich | 1770~1831) : 독일의 철학자로 독일 관념론 철학을 완성시켰다. 자연, 역사, 정신에 속하는 모든 세계는 끊임없이 변화하고 발전해 가는 과정이며, 이들은 정반합(正反合)을 기본 운동으로 하는 변증법 논리로 설명될 수 있다고 주장했다. 헤겔이 펼친 철학 체계는 마르크스와 키에르케고르가 계승, 발전시켜 각각 변증법적 유물론과 실존주의로 나아가게 되었다. 쓴 책으로 《정신 현상학》 《논리학》 들이 있다.

헤라클레이토스 (Heracleitos | B.C.540?~B.C.480?) : 고대 그리스의 철학자. '만물의 근원은 물'이라는 탈레스의 학설에 반대하여 '만물의 근원은 영원히 사는 불'이라는 이론을 펼쳤다. 불은 만물로 바뀌고 만물은 불로 바뀐다는 근본사상을 바탕으로, 만물의 생성과 변화를 지배하는 영원한 법칙을 '로고스'라고 주장했다. 쓴 책에 《정치학》 《만물에 대하여》 들이 있다.

헤로도토스 (Herodotos | B.C.484~B.C.430?) : 고대 그리스의 역사가. '역사의 아버지'로 통하며, 동방 여러 나라와 그리스 도시들의 역사를 담아 쓴 책 《역사》가 널리 알려져 있다.

헤시오도스 (Hesiodos | ?~?) : 고대 그리스의 시인. 기원전 8세기 무렵에 활동한 것으로 알려졌다. 민중들의 일상생활과 농업 노동을 담은 시를 많이 썼으며 영웅서사시에도 뛰어났다. 《노동과 나날》 《신통기(神統記)》가 대표 작품이다.

호머 (Homer | ?~?) : '호메로스'를 영어식으로 표현한 이름. 기원전 8세기 무렵에 활동한 것으로 추정되는 고대 그리스의 시인이다. 서양 문학에서 최고 걸작으로 꼽히는 서사시인 〈일리아드〉와 〈오디세이〉를 쓴 사람으로 알려져 있다.

후설 (Husserl, Edmund | 1859~1938) : 독일의 관념론 철학자. 현상학파를 처음 만들었으며 하이데거, 사르트르 같은 실존철학자들에게 많은 영향을 끼쳤다. 쓴 책에 《논리 연구》 《순수 현상학 및 현상학 철학 고찰》 들이 있다.

정리 | 보리출판사 편집부

윤구병 尹九炳

1943년에 전라남도 함평에서 태어났다.

공부는 제법 했으나 말썽도 많이 부리는 학생이었고, 고등학교 2학년 때는
무전여행을 떠났다가 학교에서 쫓겨나기도 했다. 서울대학교 철학과와
같은 과 대학원을 졸업한 뒤에 〈뿌리깊은나무〉 초대 편집장을 지냈고,
1981년에 충북대학교 철학 교수가 되었다. 교수 생활을 하면서
어린이를 위한 책 〈어린이 마을〉〈달팽이 과학동화〉〈올챙이 그림책〉 들을 기획했다.
1989년 '한국철학사상연구회'가 결성되었을 때 초대 공동대표를 맡았고,
그 뒤로 오랫동안 단독 대표를 맡았다. 1996년부터 철학 교수를 그만두고
농사꾼으로 살면서 '변산공동체학교'를 열어 아이들과 함께 지냈다.
펴낸 책으로 《실험 학교 이야기》《꼭 같은 것보다 다 다른 것이 더 좋아》
《잡초는 없다》《변산공동체학교-어제 오늘 그리고 내일》
《모래알의 사랑》《가난하지만 행복하게》《꿈이 있는 공동체 학교》
《자연의 밥상에 둘러앉다》《흙을 밟으며 살다》들이 있다.
기획부터 출간까지 7년 넘게 공을 들인, 남녘과 북녘 어린이가 함께 보는
《보리 국어사전》을 기획하고 감수했으며, 어린이 그림책
《심심해서 그랬어》《꼬물꼬물 일과 놀이 사전》《당산 할매와 나》
《울보 바보 이야기》《모르는 게 더 많아》들도 펴냈다.

윤구병이 쓴 논문

'인위적인 것과 자연적인 것-에피쿠로스의 자연 철학에 대한 견해' (1980)
'아닌 게 아니라 없는 것이 없다-파르메니데스의 존재 개념의 분석' (1980)
'제논의 여럿(多)에 관한 분석' (1982)
'헤라클레이토스의 로고스에 관한 한 견해' (1983)
'엠페도클레스의 우주론에 관한 시론' (1984)
'형상(形相)과 의미(意味)' (1986)
'민주교육과 이념교육' (1987)
'풍경 사진을 통해서 본 베르크손 철학-창조적 진화를 중심으로' (1995)
'박홍규 교수의 삶과 철학' (1995)

모래알의 사랑
윤구병의 철학 우화

윤구병이 직접 쓰고 그린 철학 우화입니다. 보잘것없는, 그래서 누구나
하찮게 여기는 모래알이 진정으로 사랑하는 법을 깨닫는 과정을 보여
주면서 우리 삶을 찬찬히 되돌아보게 해 줍니다.

윤구병 글, 그림 | 112쪽 | 양장 | 8,500원

꼭 같은 것보다 다 다른 것이 더 좋아
이 땅의 모든 청소년에게 주는 철학 이야기

청소년들에게 들려주는 생활 속 철학 이야기입니다. 아이들이 삶 속에
서 세상을 어떻게 배워야 할지, 억압이 없고 착취가 없는 세상을 만들어
가려면 어떻게 해야 할지 들려줍니다.

윤구병 글 | 이우일 만화 | 228쪽 | 8,800원

잡초는 없다
농사꾼이 된 철학 교수와 실험학교 터를 일구는 사람들 이야기

철학 교수를 그만두고 변산에 내려가 공동체를 이루어 사는 이야기를
모았습니다. 땅에 뿌리내린 학교, 사람을 살리는 학교를 만들어 가는 농
사꾼 윤구병을 만날 수 있습니다.

윤구병 글 | 264쪽 | 9,000원

변산공동체학교 어제, 오늘 그리고 내일

《잡초는 없다》가 나온 뒤 10년 동안 변산공동체학교가 이루어 낸 결실
을 모았습니다. 선생님과 부모님도 학생이 되어 배우고, 학생들은 작은
선생님이 되어 가르치는 변산공동체학교를 만날 수 있습니다.

윤구병, 김미선 글 | 276쪽 | 11,000원